# 황금, 설탕, 이자(金糖利; Gold, Sukkar, Máš)

## - 성전기사단의 비밀 編 (上-1) 券 -

## Secretum of Knights Templar

바스코 다 가마의 선박

**황금, 설탕, 이자(金糖利: Gold, Sukkar, Máš)**

**성전기사단의 비밀 編 (上-1) 券**

초판 1쇄 발행 2024년 10월 21일

지은이: 이원희
펴낸곳: (주)하움출판사
펴낸이: 문현광
출판등록 제 2019-000004호
주소: 전북 군산시 소송로 315, MJ빌딩 3층 하움출판사
전화: 070-4281-7160
블로그: blog.naver.com/haum1007, 인스타: @haum1007

표지 및 내지 디자인: 이원희
편집: 이원희
교정: 이원희, 윤혜린
마케팅, 지원: 김혜지
ISBN 979-11-94276-20-3(03900)
값 22,000원

# 황금, 설탕, 이자

## 金糖利

Gold, Sukkar, Más

성전기사단의 비밀 編 (上-1)

**이원희** 지음

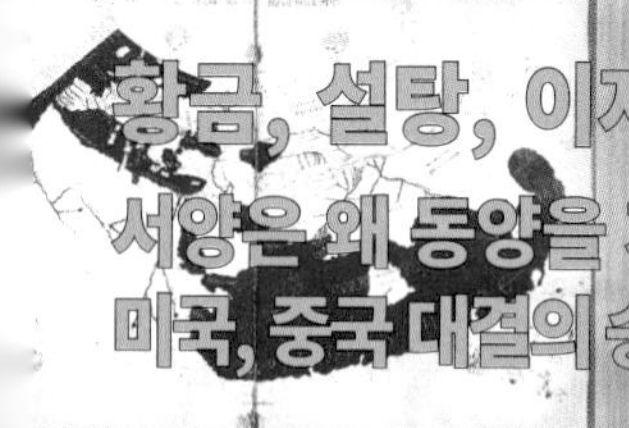

황금, 설탕, 이자를 동시에 장악하는 자가 세계를 지배한다!!!

서양은 왜 동양을 지배하게 되었는가? 세계 질서는 왜 등장했는가?

미국, 중국 대결의 승자는? 황금, 설탕, 이자의 역사 탐구를 통해 그 대답을 찾다!!!

E
N
S
W

***Non Nobis Domine, Non Nobis,***

***Sed Nomini Tuo Da Gloriam!***

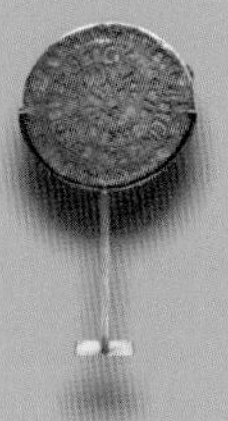

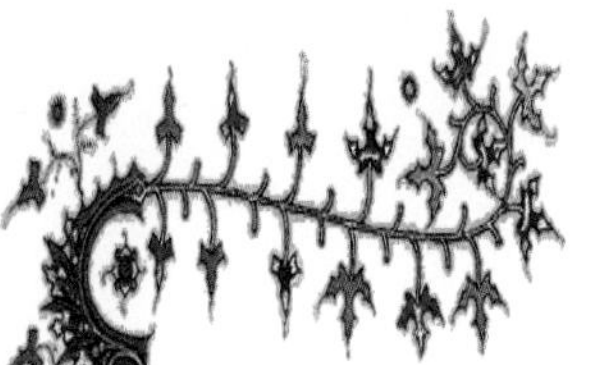
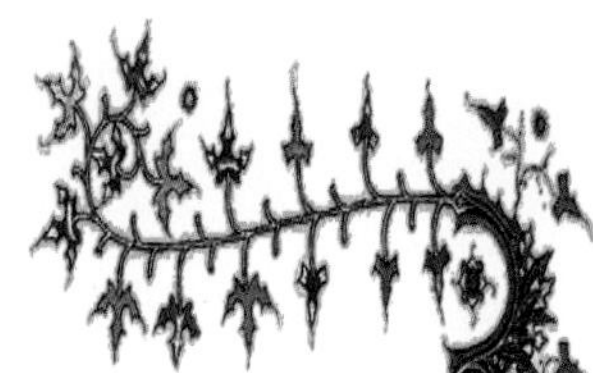

# 머리말

황금, 설탕, 이자. 제목이 뭔가 이상하다? 하지만 제목이 상징하는 것은 책을 읽다 보면 자연스럽게 알게 될 것이다. 나아가 황금, 설탕, 이자, 이 세 가지가 결합하면 무슨 일이 일어났는지도 알게 될 것이다. 예컨대 헨리 키신저는 *『세계 질서』*에서 1948년 이후 세계 질서가 등장한 사실은 지적했었지만, 왜 이 질서가 등장했는지는 설명하지 않았다. 하지만 필자는 1948년 이후 세계 질서가 왜 등장했는지 황금, 설탕, 이자의 결합을 통해 설명할 것이다.

특히 책을 읽다 보면 이 세 가지의 결합은 왜 서양이 동양을 지배하게 되었는지, 미국과 중국 충돌의 승자는 누가 될 것인지, 미래 인류의 발전 방향은 어떻게 흘러가야 하는지도 알려 주는 중요한 요인이라는 것을 알게 될 것이라 생각한다. 예컨대 재러드 다이아몬드는 *『총, 균, 쇠』*가 서양이 동양을 지배한 요인이라고 주장했지만, 필자는 총, 균, 쇠가 아니라 *『금, 당, 리*(金, 糖, 利)*』*의 결합이야말로 서양이 동양을 지배한 원인이라고 감히 주장할 것이다.

이 책은 역사책이다. 하지만 단순히 과거에 무슨 일이 일어났는지를 기록한 역사책은 아니다. 따라서 역사적 사실을 기록하는 과정에서 약간의 오류 가능성은 있을 수 있다. 다만 필자는 황금, 설탕, 이자라는 특정 관점에서 과거 인간 사회의 역사를 추적하고, 이를 통해 현재의 시사점을 찾아내려고 노력했다. 필요한 부분에서는 간단히 미래의 발전 방향까지 제시하려고 하였다. 이제 그 험난하고 오랜 여정을 시작해 볼까 한다.

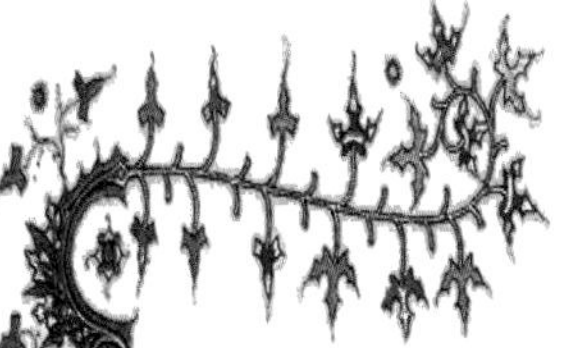

# 저자 및 저서

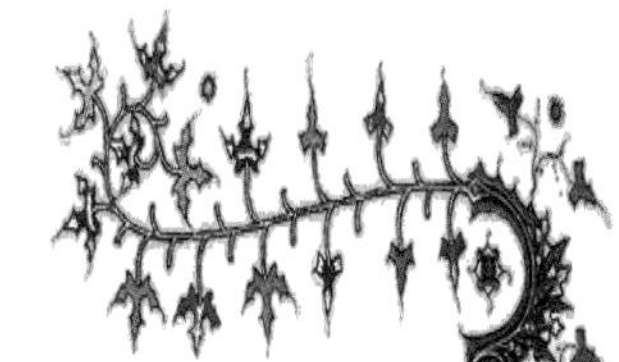

## 이원희(李元熙)

서울대학교 경제학과, 서울대학교 행정대학원
JD at University of New Hampshire School of Law, Attorney at Law (N.Y. State)
행정고시 41회, 산업자원부 자원정책과, 투자진흥과,
국무총리실 심사평가심의관실, 지식경제부 부품소재총괄과
대한무역투자진흥공사 파견근무, 우정사업본부 예금사업단 대체투자팀장, 산업통상자원부
수출입과장, 산업통상자원부 무역규범과장, 무역위원회 덤핑조사과장
現 산업통상자원부 서기관

## 저서

외국인직접투자, 얼마나 알고 계십니까? (2002, 공저)
한일투자협정 해설 (2003, 공저)
대체투자 파헤치기(상) - 세계 경제동향, 헤지펀드 編 (2014)
대체투자 파헤치기(중), 타이타노마키의 서막 - PEF 編 (2015)
대체투자 파헤치기(하), 타이타노마키의 2막 - 주주행동주의, 주요 대기업 그룹 해부 編 (2015)
황금, 설탕, 이자(金糖利; **Gold, Sukkar, Máš**) - 바빌로니아의 수수께끼 編 (上-1) 券(2024)
황금, 설탕, 이자(金糖利; **Gold, Sukkar, Máš**) - 바빌로니아의 수수께끼 編 (上-2) 券(2024)
황금, 설탕, 이자(金糖利; **Gold, Sukkar, Máš**) - 바빌로니아의 수수께끼 編 (下-1) 券(2024)
황금, 설탕, 이자(金糖利; **Gold, Sukkar, Máš**) - 바빌로니아의 수수께끼 編 (下-2) 券(2024)
황금, 설탕, 이자(金糖利; **Gold, Sukkar, Máš**) - 성전기사단의 비밀 編 (上-1) 券(2024)
황금, 설탕, 이자(金糖利; **Gold, Sukkar, Máš**) - 성전기사단의 비밀 編 (上-2) 券(2024)

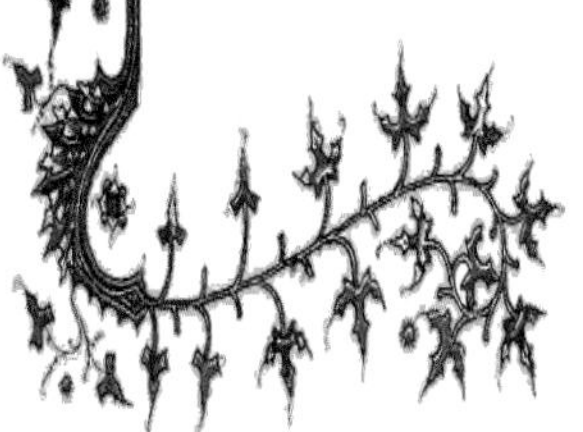

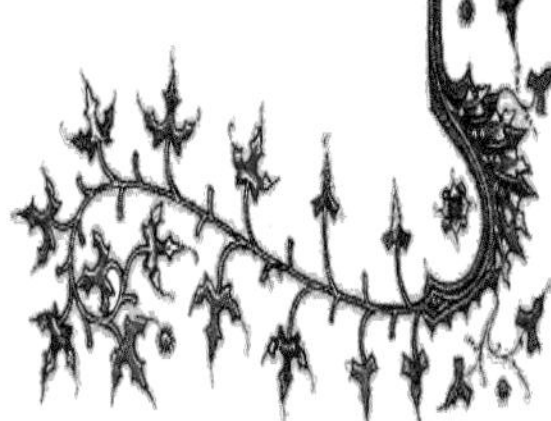

# 차례

## <성전기사단의 비밀 編: (上-1) 券>

XPO FERENS
金糖利

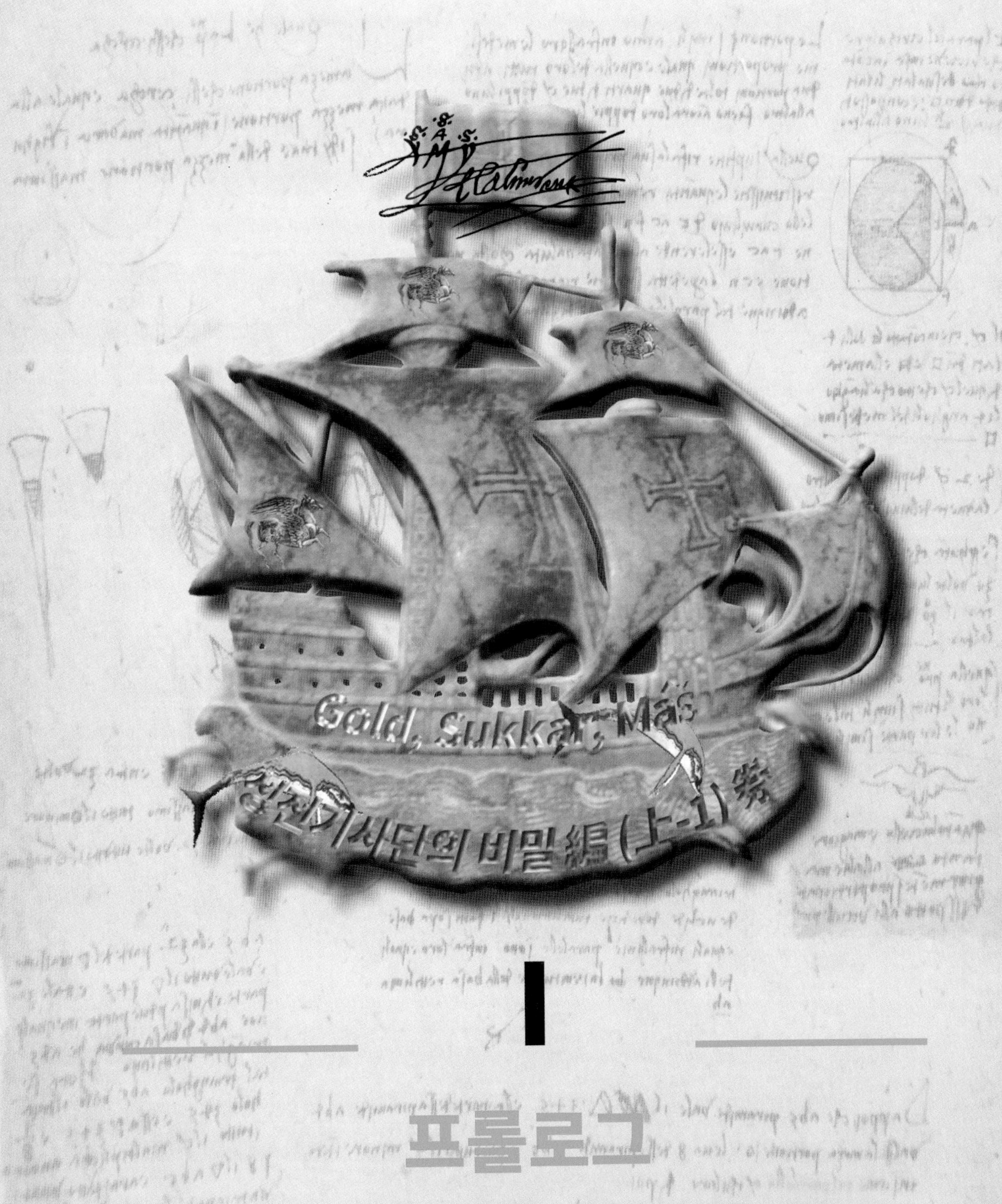


# I

## 프롤로그

# 로마의 멸망과 뱅커의 부상

나이오베를 벌주는 아폴로와 아르테미스, 코펜하겐 미술관 소장

# 01 로마의 멸망과 유럽의 분열

## (1) 476년, 라벤나 약탈

473년과 474년 겨울. 전 유럽에 매서운 눈보라 폭풍이 몰아쳤다. 살을 파고들고 뼈를 에는 듯한 격렬한 눈보라가 마치 비발디의 바이올린 협주곡 4계의 겨울처럼 매서운 광풍을 동반했다. 잉글랜드와 웨일즈에는 4개월 동안이나 눈이 내렸다. 이때 대부분의 가축이 눈에 파묻혀 죽었다. 475년. 원래 군집하지 않는 메뚜기가 알 수 없는 이유로 무리를 지었다. 전 유럽에 메뚜기 떼가 휩쓸고 지나갔다. 농작물이 남아나지 않았다. 전 유럽에 사람들이 굶어 죽었다. 476년 여름, 천둥과 번개를 동반한 비가 무섭게 내렸다. 이탈리아 반도 전체가 홍수로 아수라장이었다.[1]

476년 9월 4일. 초가을이었지만 날씨가 매우 추웠다. 이날 서로마의 수도 라벤나는 아비규환이었다. 무장한 게르만 동맹 부족(포에데라티, foederati)들이 배신감에 극도로 흥분되어 라벤나를 약탈하고 있었기 때문이다. 이들은 왜 이렇게 흥분

---

1 James A. Marusek, 『A Chronological Listing of Early Weather Events』, 2010, p. 46

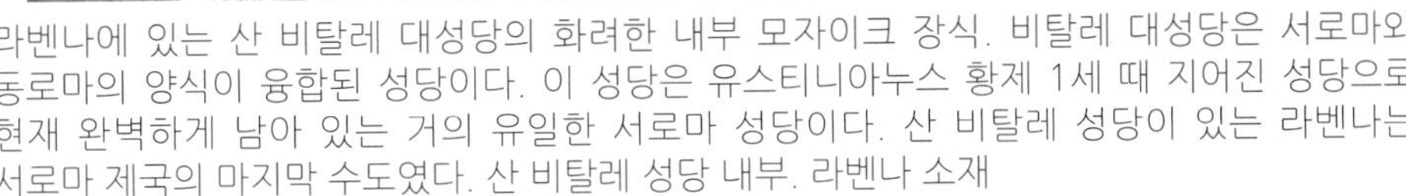

라벤나에 있는 산 비탈레 대성당의 화려한 내부 모자이크 장식. 비탈레 대성당은 서로마와 동로마의 양식이 융합된 성당이다. 이 성당은 유스티니아누스 황제 1세 때 지어진 성당으로 현재 완벽하게 남아 있는 거의 유일한 서로마 성당이다. 산 비탈레 성당이 있는 라벤나는 서로마 제국의 마지막 수도였다. 산 비탈레 성당 내부. 라벤나 소재

했을까?

게르만 동맹 부족은 로마 시민이 아니었다. 하지만 그들은 로마를 위해 싸웠다. 훈족을 피해 고향을 떠난 이들이 원하는 것은 단 하나. 추운 날씨와 배고픔을 피해 안정적으로 정착할 수 있는 "땅"이었다. 하지만 당시 서로마의 실권자 오레스테스(Orestes, ?~476)는 이들에게 정착지 부여를 거부했다. 이들의 분노는 하늘을 찌를 듯했다. 게르만 동맹 부족은 오레스테스를 이미 라벤나 외곽에서 찢어 죽였다.

라벤나로 물밀듯이 들어간 게르만인들은 살인, 방화, 약탈을 자행했다. 이들은 황궁으로 쳐들어갔다. 이때 오레스테스의 아들인 서로마 황제 로물루스 아우구스투스(Romulus Augustus 혹은 Romulus Augustulus, 460~c.507)는 불과 16세였다. 극도로 흥분한 게르만 동맹 부족이었지만, 이 황제를 보고는 마음이 약해졌다. 로물루스가 너무 어렸기 때문이다. 더구나 죽이기에는 너무 잘생긴 소년이었다. 게르만 동맹 부족의 대장인 오도아케르는 로물루스를 죽일 수 없었다. 그는 조용히 로물루스

오도아케르에게 왕관을 바치는 서로마 마지막 황제 로물루스. 영국 소설가 샬롯(Charlotte Mary Yonge, 1823~1901) 작품. 출처: Wikipedia. Public Domain

를 쫓아냈다. 6,000 솔리두스의 금화와 함께. 오도아케르는 그의 가족들도 죽이지 않았다. 결국 로물루스는 남부 이탈리아 지방인 캄파니아(Campania)로 처량하게 쫓겨 갔다. 게르만 동맹 부족은 오도아케르를 왕으로 추대했다.

로마에서 4세기 이후 흔히 있었던 일이었지만, 서양 사학자들은 이날이 서로마가 멸망한 날이라고 주장한다. 만약 서양 사학자들의 주장이 옳다면 로마의 최초 건국 시조와 서로마 마지막 황제의 이름은 로물루스로 같다. 우연의 일치치고는 너무 기막힌 우연인가? 이로써 기원전 8세기부터 천년이 넘게 유지되었던 서로마는 역사 속으로 영원히 사라졌다.

서로마의 멸망은 필연적이었다. 왜냐하면 서로마는 비단과 향신료와 같은 사치품 수입에 몰두하고 자국 산업의 육성에는 전혀 관심이 없었기 때문이다. 서로마의 재정 또한 무리한 정부 지출로 완전히 파산 상태였다. 저유가로 인해 원유라는 산업 기반이 무너진 군사 대국 소련의 붕괴처럼, 로마 제국은 산업 기반이 부족한 군사 대국이 얼마나 취약한 신기루에 불과한지 너무나 잘 보여 주었다.

서로마 제국의 멸망은 유럽 역사, 아니 세계 역사에서 전환기적인 사건이었다. 왜냐하면 통일된 유럽이 분열 상태로 바뀌었기 때문이다. 이후 서유럽 각지에서 실력자로 자칭하는 이들의 군웅할거가 시작되었다. 이후부터 유럽은 잭슨 폴록(Jackson Pollock, 1912~1956)의 추상표현주의 그림인 "No. 5"처럼 혼돈 그 자체로 바뀌었다.

민족도 제각각이었다. 프랑크족, 게르만족, 데인족, 앵글족, 색슨족, 롬바르드족, 노르드족, 스베아족, 핀족, 루스족, 슬라브족. 이들은 글자 그대로 "끊임없이 싸웠다!" 유럽판 춘추전국시대, 5호 16국 시대가 도래한 것이다. 유럽 국가들이 1,000년이 넘는 기간에 전투를 치르면서, 로마 멸망 이후 2차 대전이 끝날 때까지 유럽 국가의 대외 정책은 무력을 동원한 공격적 성향이 필수적으로 동반되

었다. 즉, 유럽 국가들은 로마 멸망 이후부터 자국의 정치적 이해 관계를 관철하기 위해 전쟁을 필수적인 대외 정책으로 채택하는 "파라벨룸(Parabellum) 패러다임"을 추구했다.[2]

예컨대 레오나르도 다 빈치(Leonardo da Vinci, 1452~1519)가 밀라노 공작 루도비코 스포르차(Ludovico Maria Sforza, 1452~1508)에게 자신을 후원해 달라고 설득한 논거는 자신이 뛰어난 화가, 조각가, 음악가, 오페라 무대 감독자, 이 세상에 둘도 없는 빵을 구워낼 수 있는 요리사라서가 아니었다.[3] 당시 이탈리아 도시 국가는 롬바르드 전쟁이라는 끊임없는 내전 상태였다. 따라서 다 빈치가 루도비코 공작을 설득한 논거는 그가 대포, 장갑차, 지하터널 굴착기, 해양 군함, 잠수함 등 각종 전쟁 무기를 만들 수 있는 유능한 군사 기술자라는 점이었다. 우리에게 잘 알려진 과학자인 갈릴레오 갈릴레이(Galileo Galilei, 1520~1591), 아이작 뉴턴(Isac Newton, 1642~1726), 레온하르트 오일러(Leonhard Euler, 1707~1783)가 사실은 총포의 정확성을 높이기 위한 발사체의 탄두나 편차의 원인을 찾아내는 데 몰두했다는 사실은 잘 알려져 있지 않다.[4] 르네상스를 필두로 유럽 전역을 일깨웠던 계몽주의가 사실은 군사 기술의 진보와 절대 무관

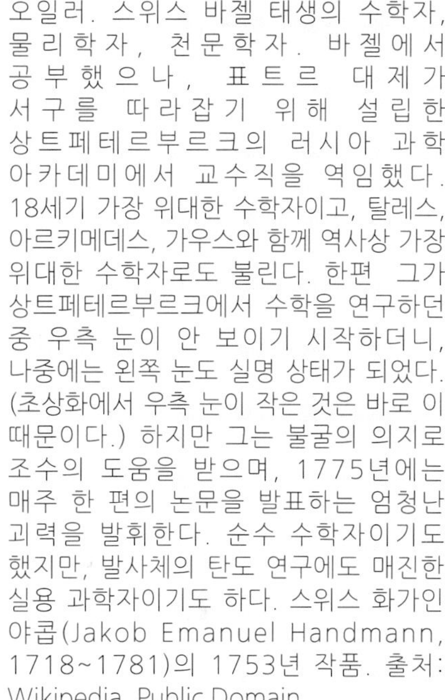

오일러. 스위스 바젤 태생의 수학자, 물리학자, 천문학자. 바젤에서 공부했으나, 표트르 대제가 서구를 따라잡기 위해 설립한 상트페테르부르크의 러시아 과학 아카데미에서 교수직을 역임했다. 18세기 가장 위대한 수학자이고, 탈레스, 아르키메데스, 가우스와 함께 역사상 가장 위대한 수학자로도 불린다. 한편 그가 상트페테르부르크에서 수학을 연구하던 중 우측 눈이 안 보이기 시작하더니, 나중에는 왼쪽 눈도 실명 상태가 되었다. (초상화에서 우측 눈이 작은 것은 바로 이 때문이다.) 하지만 그는 불굴의 의지로 조수의 도움을 받으며, 1775년에는 매주 한 편의 논문을 발표하는 엄청난 괴력을 발휘한다. 순수 수학자이기도 했지만, 발사체의 탄도 연구에도 매진한 실용 과학자이기도 하다. 스위스 화가인 야콥(Jakob Emanuel Handmann, 1718~1781)의 1753년 작품. 출처: Wikipedia. Public Domain

---

2 파라벨룸이란 정치적 목적을 위해 기본적으로 전쟁을 활용한다는 정책이다. 이는 "평화를 원한다면 전쟁을 준비하라(Si vis pacem, para bellum)"는 라틴어 속담에서 유래한 말이다.

3 레오나르도 다 빈치는 1490년 1월 13일 밀라노에서 초연된 오페레타 「Il Paradiso」의 무대 장치, 배우 의상 등 무대 감독을 맡은 적이 있다. 「Il Paradiso」는 밀라노 공작 기안 갈레아초(Gian Galeazzo Sforza, 1469~1494)의 아내인 이사벨라(Isabella of Aragon, 1470~1524)를 축하하기 위해 만든 오페레타이다. 한편 레오나르도 다 빈치는 매우 뛰어난 요리사였는데, 스포르차 공작의 자필 추천서 끝에는 이런 글도 쓰여 있었다. "이 세상에 둘도 없는 빵을 구워낼 수 있음."

4 피터 프랭코판, 『실크로드 세계사』, 책과함께, 2017, p. 427. 오일러는 스위스 출생 수학자, 물리학자로, 함수 기호 f(x)를 처음으로 사용한 과학자이다.

하지 않다고 이야기하면 지나친 비약일까?

이처럼 세계 역사를 뒤흔들었던 십자군 전쟁, 대항해 시대, 종교 전쟁, 식민지 쟁탈전, 1·2차 세계 대전 모두 유럽 국가들의 파라벨룸 패러다임 추구에 따른 역사적 결과물들이다. 유럽의 분열과 이에 따른 전쟁과 분쟁은 오도아케르가 라벤나를 신나게 약탈한 476년부터 EC가 출범한 1993년까지 무려 1,500년이 넘는 기간에 지속되었다. 그 결과 헨리 키신저의 말에 따르면 유럽의 "경쟁하는 왕조와 민족들은 (유럽의) 균형 상태에 이바지하는 복잡한 메카니즘"으로 전환되었다.[5]

## (2) 진시황의 기념비적 업적, 중국은 '하나'

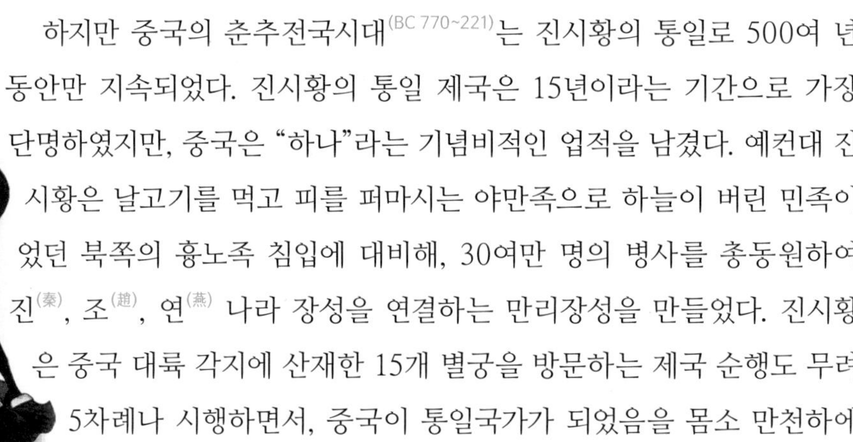

아시아에서 황제라는 용어를 처음 사용한 진시황. 중화민족의 기틀을 마련하고 통일 중국이라는 정체성을 처음 확립한 위인이다. 출처: Wikipedia. Public Domain

하지만 중국의 춘추전국시대(BC 770~221)는 진시황의 통일로 500여 년 동안만 지속되었다. 진시황의 통일 제국은 15년이라는 기간으로 가장 단명하였지만, 중국은 "하나"라는 기념비적인 업적을 남겼다. 예컨대 진시황은 날고기를 먹고 피를 퍼마시는 야만족으로 하늘이 버린 민족이었던 북쪽의 흉노족 침입에 대비해, 30여만 명의 병사를 총동원하여 진(秦), 조(趙), 연(燕) 나라 장성을 연결하는 만리장성을 만들었다. 진시황은 중국 대륙 각지에 산재한 15개 별궁을 방문하는 제국 순행도 무려 5차례나 시행하면서, 중국이 통일국가가 되었음을 몸소 만천하에 전파했다. 진시황의 제국 순행을 직접 목격한 항우와 유방도 통일 중국의 황제가 되겠다는 꿈을 키웠다.

불행히도 만리장성은 흉노족의 침입을 저지하는 데는 거의 역할을 하지 못했다. 오히려 만리장성은 진나라 백성에 대한 잔학한 억압의 상징으로 BC 209년 진승오광의 난을 거쳐 BC

5 헨리 키신저, 『*헨리 키신저의 세계 질서*』, ㈜민음사, 2016, p. 22

206년 결국 진나라를 붕괴시켰다. 하지만 진시황의 만리장성은 그 남쪽의 "중국은 하나(One China)"라는 위대한 상징을 창조했다. 역설적이게도 진나라는 만리장성 때문에 망했지만, 중국은 만리장성 때문에 분열의 시대를 끝낸 것이다. 결국 진시황 이후 중국은 통합이라는 거스를 수 없는 거대한 소용돌이 속으로 빠져들었다.

한편 기후 변화로 인한 민족의 대이동으로 분열이 시작된 곳은 유럽이 먼저가 아니라 중국이 먼저였다. 바로 중국의 5호 16국(304~439) 시대이다. 흉노족의 남하를 저지하지 못한 것과 마찬가지로, 진시황의 만리장성은 추운 날씨로 이동하는 북쪽 민족들의 남하를 저지하는데 거의 아무런 역할도 하지 못했다. 다만 유럽의 경우 셀 수도 없이 많은 종족들이 이동했지만, 중국은 이 시기 흉노(匈奴), 선비(鮮卑), 저(氐), 갈(羯), 강(羌) 등 대략 5개 민족이 기후 변화로 인해 남하했다. 제갈량과 조조 일가를 차례로 제압한 악명 높은 사마의 일가조차도 5개 민족의 파상적인 남하에 밀려 한족 역사 3대 치욕이라 불리는 311년 영가의 변(變)을 거쳐 수도 낙양을 포기하고 화남의 건업으로 피난길에 올라야 했다. 그 결과 화북에는 수십 개의 국가가 난립했다. 역사가들은 16개 나라라고 하지만 사실 3십여 개 국가, 아니 그 이상이었다.

하지만 중국은 유럽과 달랐다. 탁발 씨(拓跋 氏) 성을 사용하는 선비족 국가인 북위(北魏)의 태무제(太武皇帝, 408~452)는 439년 화북을 통일했다. 유럽으로 치면 게르만족이 유럽의 절반을 통일한 것이나 마찬가지였다. 태무제 이후 효문제(孝文皇帝, 467~499)는 수도를 평성에서 중국인들의 전통적인 수도였던 낙양으로 옮기고, 적극적으로 한족 문화를 수용하면서 제국의 기틀을 다졌다. 북위는 결국 서위(西魏), 북주(北周)를 거쳐 마침내 화남을 정복하면서 581년, 결국 중국을 재통일했다. 바로 수나라이다. 수, 당 이후 5대 10국(907~960)의 분열이 있긴 했지만,

북위 효문제. 북위의 7대 황제로 급격한 한족 동화 정책을 추진한다. 이를 위해 수도를 평성에서 낙양으로 옮겼고, 원래의 성씨인 탁발(拓跋)에서 원(元)으로 성씨까지 고쳤다. 이 과정에서 기존 선비족 귀족들의 반발에 부딪히기도 한다. 출처: Wikipedia. Public Domain

레오 3세로부터 로마 황제의 왕관을 받는 샤를마뉴 대제. 샤를마뉴 대제는 로마 멸망 이후 분열되었던 서유럽을 사실상 새로 통일한 왕이다. 구운 고기를 좋아하여 키가 매우 컸다고 알려져 있는데, 실제로 19세기 그의 관을 열고 측정한 키가 193㎝였다고 한다. 샤를마뉴는 라틴어를 말하고 들을 수 있었고, 그리스어도 이해할 정도의 수준이었으나 글씨만은 쓰지를 못했다고 한다. 이에 따라 그의 서명은 단순 십자가였다. 아군에게는 인자했으나, 적에게는 무자비한 모습을 보여 매우 대조적이었다. 14세기 생 드니의 『프랑스 연대기(Chronique de France ou de Saint Denis)』의 1권. 출처: Wikipedia. Public Domain

분열은 거기까지였다.

분열 기간도 춘추전국시대 500여 년, 5호 16국 100여 년, 5대 10국 50여 년으로 갈수록 줄었다. 송나라가 등장한 960년 이후 중국은 기본적으로 통일 제국이었다. 1949년, 대만을 제외한 중국 대륙을 다시 통일한 마오쩌둥에게도 가장 존경하는 인물은 다름 아닌 중국을 최초로 통일한 진시황이었다. 따라서 오늘날 중국의 분열을 책동하는 대만의 천수이볜(陳水扁, 1950~), 차이잉원(蔡英文, 1956~)이나 라이칭더(賴清德, 1959~), 티베트의 달라이 라마, 신장 지구의 위구르족이나 이슬람인들은 중국인들이나 중국 정부로서는 절대로 용서할 수 없는 반역자들이다.

## (3) 샤를마뉴 대제, 카를 5세, 나폴레옹은?

반면 유럽은 서로마 멸망 이후 진시황과 같은 실력자가 없었다. 간혹 프랑크 왕국의 샤를마뉴 대제(Charlemagne I, 742~814), 합스부르크 왕가의 카를 5세(Karl V, 1500~1558)나 프랑스의 나폴레옹(Napoleon I, 1769~1821)과 같은 영웅이 있었다. 이들은 유럽에 광대한 영토를 구축하거나, 로마처럼 유럽 전역을 통일하려고 시도했다. 하지만 통합에는 모두 실패했다. 예컨대 샤를마뉴 대제는 동로마 영토에 대한 지배권을 교황으로부터 공식 인정받고도 동로마를 점령하지 않았다.[6]

뮐베르크의 카를 5세 기마상. 그림에 사용된 갑옷과 무기는 1547년 뮐베르크 전투 때 실제로 사용한 것들이다. 통풍으로 고통받으면서도 황제의 품위를 잃지 않으려는 카를 5세의 집념이 엿보인다. 티치아노의 1548년경 작품. 마드리드 프라도 미술관 소장. Public Domain

6 샤를마뉴는 프랑크어로 위대한 남자라는 뜻이다. 샤를마뉴 대제가 개창한 왕조는 카롤링거 왕조이고, 그의 방계 자손이 개창한 카페 왕조, 발루아 왕조, 부르봉 왕조가 그 뒤를 잇는다

로마 제국 이후 가장 넓은 영토를 소유함으로써 "유럽을 단 한 명의 양치기에게 돌려놓을 수 있는 절호의 기회를 소유했던"[7] 카를 5세는 통일 제국을 유지하기는커녕 오히려 스페인은 아들인 펠리페(Felipe II de Habsburgo, 1527~1598)에게, 신성 로마 제국은 동생인 페르디난트(Ferdinand I, Holy Roman Emperor, 1503~1564)에게 제국을 "분할"해서 물려주었다. 물론 분할 상속은 게르만족의 오래된 전통이었다. 이는 카를 5세의 사고방식이 근대가 개막된 이후에도 중세 부족장의 틀 안에 여전히 갇혀 있었다는 뜻이다. 심지어 그는 1525년 파비아 전투(Battle of Pavia)에서 그의 유력한 경쟁자였던 프랑스의 프랑수아 1세(Francis I of France, 1494~1547)를 생포하고도 나중에 풀어 주었다.[8] 유럽을 통일해야 한다는 개념조차 없었던 카를 5세는 말년에 폭식과 지나친 육식으로 발병한 통풍으로 고통받으면서 스페인의 시골 수도원에 은둔하며 시계 제작기법 학습에 몰두했다.[9]

페르디난트 1세. 카를 5세의 친동생으로, 독일 합스부르크 왕조의 시조이다. 1525년 카를 5세가 독일 왕으로 임명하였는데, 1550년에는 카를 5세가 자신의 장남인 펠리페 2세를 독일 왕으로 교체하려고 시도하였다. 하지만 독일 선제후가 모두 반대하여, 페르디난트 1세의 독일 왕 자리는 그대로 유지되고, 이후 카를 5세의 영향력은 급격히 위축된다. 작자 미상. 16세기경. 빈 미술사 박물관(Kunsthistorisches Museum) 소장. 출처: Wikipedia. Public Domain

7 헨리 키신저, *앞의 책*, p. 26

8 프랑수아 1세는 파비아 전투 후 마드리드로 압송되어 감금된다. 나중에는 머리에 종기가 나 쓰러지게 되어 죽기 직전에 이른다. 이때 카를 5세는 프랑수아 1세를 죽게 내버려 두기보다는 몸값을 받는 것이 더 유리하다고 생각해서, 엄청난 몸값을 받고 풀어 주었다. 1526년 1월 14일, 마드리드 조약(Treaty of Madrid)이라 불리는 몸값 협상은 아르투와(Artois), 플랑드르(Flanders), 부르고뉴 등의 봉건적 수입 양도, 밀라노·제노바·나폴리에서의 권리 양도, 황제 여동생인 엘레아노르와의 혼인 등이었다. 이것도 모자라 카를 5세는 몸값 지급 보증을 위해 프랑수아 1세의 9살 아들 도팽(Dauphin François)과 7살 아들 앙리(Henri François)를 스페인에 인질로 잡아 두었다.

9 카를 5세가 살았던 당시 폭식과 육식은 왕족과 귀족들의 흔한 일상이었다. 이 때문에 근대의 통풍은 귀족 병이라고도 불렀다. 하지만 카를 5세는 통풍과 같은 귀족 병을 앓으면서도, 황제로서의 품위는 잃어버리지 않으려고 무진장 노력한 인물이다. 카를 5세의 초상화는 당대 최고의 베네치아 화가 티치아노(Tiziano Vecellio, c.1488~1576)가 그린 "뮐베르크의 카를 5세(Cahrles V at Mühlberg)"라는 그림에 잘 나타나 있다. 이 그림은 1547년 프로테스탄트 진영을 격파한 뮐베르크 전투의 승리를 기념하기 위해, 티치아노를 아우크스부르크(Augsburg) 궁정으로 불러들여 1548년에 그린 그림이다. 이 그림에서 묘사된 카를 5세의 맞춤형 갑옷과 장창은 뮐베르크 전투에서 실제로 사용한 무기이다. 한편 통풍을 앓았던 대표적인 인물은 본문의 카를 5세, 그의 아들 펠리페 2세, 크리스토퍼 콜럼버스, 영국의 헨리 8세와 네이선 로쉴드, 프랑스의 루이 14세, 루이 15세, 독일의 임마누엘 칸트와 마르틴 루터, 미국의 벤자민 프랭클린, 몽골 황제 쿠빌라이 칸 등이다.

나폴레옹은 황제가 된 후, 제국의 상징을 독수리로 결정했다. 독수리는 바로 로마 제국의 상징이기도 하였다. 그는 또한 역대 프랑스 왕들이 전통적으로 대관식을 치른 랭스 대성당이 아니라, 로마 제국의 적통임을 강조하기 위해 노트르담 대성당을 즉위식 장소로 선택했다. 독수리 깃발을 하사하는 나폴레옹 황제(1804년 12월 5일). 자크 루이 다비드의 1810년 作, 베르사유 궁전 소장

1769년 코르시카 섬의 촌구석에서 태어난 나폴레옹은 프랑스 혁명으로 인해 급격히 바뀐 인재 채용기준에 따라 중앙으로 진출한 인물이다.[10] 아마 프랑스 혁명이 아니었다면 촌구석의 키 작은 하급 귀족 출신 군인이 중앙에 진출하는 일은 절대로 없었을 것이다. 특히 그는 포병대 소위 출신답게 화력을 귀신같이 사용할 수 있었다. 예컨대 1795년 파리에서 왕당파의 폭동, 이른바 방데미에르 13일(Vendémiaire an IV)의 쿠데타로 혁명정부가 위기에 처했을 때, 시가전에서 일종의 산탄환인 포도탄(grapeshot)을 사용하여 시위대를 단번에 진압했다.[11] 이 사건으로 나폴레옹은 일약 영웅이 되고 국내 총사령관으로 진급한다. 프랑스 군대를 완전히 장악한 나폴레옹은 이듬해인 1796년에는 이탈리아 원정, 1798년에는 이집트 원정을 완수했다. 이집트 원정에서 나폴레옹은 자신이 알렉산더 대왕이라는 환상에 젖어 다음과 같이 말했다고 한다.

---

10 프랑스 혁명을 일으킨 주요 인물 3명은 관료이자 변호사였던 당통(Georges Jacques Danton, 1759~1794), 언론인이자 과학자였던 마라(Jean-Paul Mara, 1743~1793), 변호사 겸 정치인이던 로베스피에르(Maximilian Robespierre, 1785~1794) 등이다.

11 이때 시위대가 있었던 혁명 광장은 유혈이 낭자하여 피로 흠뻑 물들었는데, 나폴레옹의 진압 작전 이후 국민 통합이 필요하다는 차원에서 통합을 의미하는 콩코드(concord) 광장으로 이름이 바뀌게 된다.

"이집트에서 나는 성가신 문명의 속박으로부터 해방된 나 자신을 발견했다.
나는 꿈에 부풀었다. ...
나는 한 종교를 창시하여 코끼리를 타고 머리에 터번을 쓰고,
내 입맛에 맞게 직접 쓴 새로운 코란을 손에 들고서,
아시아로 향하는 나 자신의 모습을 보았다."[12]

이후 프랑스판 알렉산더 대왕을 꿈꾸던 나폴레옹은 국민투표를 거쳐 1804년 스스로 황제관을 쓴 후 황제의 자리에 올랐다. 특히 19세기 당시 상비군을 운영하기 위한 비용과 인구 자체의 한계로 유럽의 다른 나라 상비군이 20~30만 명이 최대 한계치일 때, 나폴레옹은 프랑스 혁명 이후 국민 개병제를 도입하여 70만 명이라는 유럽 최대의 대규모 육군(Grande Armée)을 거느렸다. 이후 특유의 기동성과 자신의 강점인 화력을 결합하여 나폴레옹은 영국과 러시아를 제외한 유럽 전체를 장악했다.

하지만 나폴레옹 군대의 치명적 약점은 영국에 대항할만한 강한 해군이 없었다는 것이다. 1805년에는 에스파냐 해군까지 긁어모은 프랑스-에스파냐 해군 연합함대가 트라팔가(Trafalga) 해전에서 영국에 크게 패하면서, 결국 나폴레옹은 1806년 영국에 대한 물자 보급을 차단하는 대륙 봉쇄령으로 대응하였다. 영국과 비슷하게 유럽 대륙의 마지막 非 정복지였던 러시아와는 1807년 틸지트(Tilsit) 조약을 통해

틸지트 조약 후 러시아의 알렉산드르 1세 차르는 프랑스와의 우호적 관계 유지를 위해 시베리아산 보석인 맬러카이트(Malachite, 공작석)를 사용한 화병 등을 프랑스의 나폴레옹 황제에게 선물한다. 원래 이 방은 루이 15세의 모친인 부르고뉴 부인(Duchesse de Bourgogne)의 침실이었다. 이 방의 이름이 맬러카이트 방으로 바뀐 것은 틸지트 조약 후 나폴레옹 황제가 알렉산드르 1세 차르의 맬러카이트 장식품을 이곳에 두면서부터이다. 베르사이유 궁전 소장

12 제러미 블랙, 『*거의 모든 전쟁의 역사*』, 서해문집, 2022, p. 267

우호적 관계를 유지하였다. 불행히도 영국 고립의 핵심 정책인 대륙 봉쇄령에 대해 러시아가 불만을 표시하고 위반하는 사례가 드러나자, 나폴레옹은 1812년 6월 24일에 러시아를 결국 침공했다.

나폴레옹은 특유의 신속한 기동전략과 화력으로 개전 후 3개월도 안 된 1812년 9월 14일, 모스크바에 입성했다. 하지만 러시아 차르였던 알렉산드르 1세(Alexandre I, 1777~1825)는 평화조약을 주장했던 국내 대다수 귀족들의 반대를 무릅쓰고 저항을 결정했다. 나폴레옹 또한 너무 급하게 진군한 나머지 보급이 끊기고 있었고, 특히 러시아의 혹독한 겨울까지 다가오고 있었다. 할 수 없이 모스크바 입성 한 달만인 10월 19일, 나폴레옹은 모스크바 철군을 결정했다.

하지만 적진 깊숙이 들어온 데다 추위까지 겹쳐 퇴각은 그야말로 악몽이었다. 가장 뼈아픈 손실은 나폴레옹 군대의 핵심인 포병부대가 러시아 원정 과정에서 거의 완전히 궤멸 되었다는 것이다. 포병이 없던 나폴레옹은 유럽 각지의 반발을 제압할 수단이 더 이상 없었다. 결국 나폴레옹의 유럽 통일은 실패로 막을 내렸다. 유럽 통일의 야망을 가지고 패권을 추구했던 나폴레옹은 유럽 각국의 자유주의와 민족의식만 부추기면서 유럽의 분열을 오히려 고착화시켰다.

### (4) 히틀러의 야망과 만슈타인(Manstein) 작전

히틀러 역시 유럽 통일을 통해 로마 제국의 부활을 꿈꾸었다.[13] 히틀러의 야망은 화가를 꿈꾸던 자신이 직접 디자인하여 나치의 공식 휘장에 그려 넣은 갈고리 십자가 하켄크로이츠와 로마 제국의 상징인 독수리에서 그대로 드러난다.[14] 처음에는 현대판 로마 제국을 건설하려는 히틀러의 야망에 대해 유럽인 그 누구

---

13 2차 대전의 시작을 히틀러의 폴란드 침공인 1939년으로 정의하는데, 사실은 그렇지 않다. 일본은 1931년에 만주를 침략하여 3국 중에서 가장 먼저 전쟁을 시작했고, 이탈리아도 1935년 에티오피아를 침공하면서 일본의 뒤를 이었다. 이렇게 보면 일본이 가장 먼저 전쟁을 개시했고, 독일은 가장 나중에 전쟁에 뛰어든 셈이 된다.

14 히틀러에 따르면 붉은색은 국가사회주의, 흰색은 국민주의, 스바스티카(Svastika)는 아리안족의 승리를 위한 투쟁의 상징이었다. 제3 제국 깃발은 화가가 꿈이었던 히틀러가 『*나의 투쟁*』에서 밝힌 대로, 그가 직접 디자인한 것이었다.

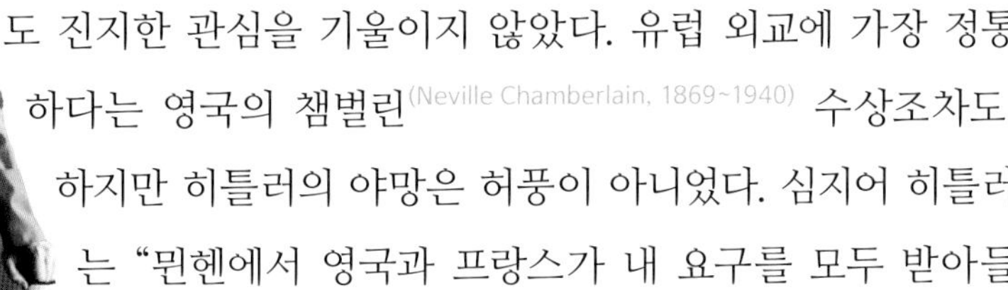

도 진지한 관심을 기울이지 않았다. 유럽 외교에 가장 정통하다는 영국의 챔벌린(Neville Chamberlain, 1869~1940) 수상조차도. 하지만 히틀러의 야망은 허풍이 아니었다. 심지어 히틀러는 "뮌헨에서 영국과 프랑스가 내 요구를 모두 받아들이는 바람에" 1938년 전쟁을 벌이려던 계획이 무산되었다며 불평했다.[15] 영국은 러시아나 러시아 이후 등장한 소련의 견제라는 잘못된 닭을 쫓아가다가, 2차 대전 내도록 지붕 위에서 전 유럽을 호령하는 나치 독일을 쳐다보기만 해야 하는 처량한 신세가 되었다.[16]

히틀러. 독일과 오스트리아 국경 지대 태생으로, 공무원인 부친은 아들이 공무원이 되기를 희망했다. 하지만 히틀러는 열렬한 화가 지망생이었다. 불행히도 빈의 미술학교에 두 번이나 낙방하면서, 비참한 실직자 생활을 이어갔다. 그 후 독일로 이주하여 징집에 응한 후 1차 세계 대전에 참여하였는데, 이때 전투 중 생화학 무기에 노출되어 시력을 거의 잃어버려 할 수 없이 화가의 꿈을 포기했다. 1차 대전 후에는 독일 노동자당에 입당하여 당에서 가장 연설을 잘하는 이로 선정되었고, 1920년 2월 24일, 이른바 뮌헨 맥주 홀 연설을 통해 당 이름을 국가 사회주의 독일 노동당, 즉 나치로 바꾼다. 그러다가 1923년 11월 8일, 히틀러는 나치 당원들을 이끌고 뮌헨의 뷔르거브로이켈러(Bürgerbräukeller)의 맥주 홀에서 국가를 전복하는 폭동, 이른바 맥주 홀 폭동(Beer Hall Putsch)을 일으켰다가 투옥된다. 이때부터 그의 이름이 비로소 전국적으로 알려졌다. 그러나, 대중에게 크게 알려져 있지 않은 터라, 옥중에서 쓴 *『나의 투쟁(Mein Kampf)』*은 인기가 없어 판매가 거의 안 되는 책이었다.(하지만 히틀러 집권 뒤 이 책은 공전의 히트를 기록한다.) 하지만 이런 히틀러에게 행운의 여신이 찾아온다. 바로 1929년 대공황이다. 바이마르 공화국의 2대 대통령인 힌덴부르크(Paul Hindenburg, 1847~1934)는 대공황의 혼란을 수습하기 위해 1933년 그와 대통령 선거에서 맞붙었던 히틀러를 총리로 임명하는 거국 내각을 결성한다. 하지만 이 결정적 실수 한 방으로 히틀러는 정권을 실질적으로 장악하였고, 1934년 힌덴부르크가 노환으로 사망하자 총선을 새로 실시하여 총리와 대통령의 지위를 겸임하는 총통인 퓌러(Führer)가 된다. 히틀러는 칭기즈칸과 마찬가지로 세계를 정복하려는 야심을 가지고 있었고, 그 중심에 아리안족을 두고 세계 수도는 게르마니아(베를린)로 지정하며, 그 가운데는 무려 18만 명을 수용할 수 있는 영광의 홀(Ruhmeshalle)을 건설한다는 엄청난 계획을 가지고 있었다. 그러나 그의 꿈은 산산이 부서지고, 그도 자살로 생을 마감한다. 히틀러의 공식 사진사 하인리히 호프만(Heinrich Hoffmann, 1885~1957)의 1938년 사진. Attribution: Bundesarchiv, Bild 183-H1216-0500-002 / CC-BY-SA 3.0, Licensed under the Creative Commons Attribution-Share Alike 3.0 Germany license. https://commons.wikimedia.org/wiki/File:Adolf_Hitler_colorized.jpg(배경 제거)

15 앤터니 비버, *『제2차 세계대전』*, 글항아리, 2013, p. 25

16 영국의 러시아에 대한 집착은 병적이었다. 어느 정도 병적이었는지 영국은 자신의 식민지인 호주에 러시아가 침입할 것을 우려하여, 시드니 항구 입구에 감옥이 있던 핀치거트(Pinchgut) 섬에 데니슨 요새(Denison Fort)와 포대까지 설치했다. 원래 이 요새는 1839년 미국 함대가 시드니 항에 무단으로 침입하자 1841년부터 건설한 것이다. 하지만 완성되지 않고 있다가 크림 전쟁이 터지자 러시아 함대가 침공할 것을 우려하여 부랴부랴 공사를 서둘러 1857년에 결국 완성한다. 불행히도 호주를 침공한 외세는 러시아나 소비에트 연방이 아니라 일본이었다. 즉 1941년 태평양 전

반면 최고의 과학기술력, 막강한 산업 생산력, 최강의 육군과 공군력 등 삼위일체를 바탕으로 히틀러의 꿈은 거의 실현되는 듯했다. 히틀러는 우선 철강 생산지인 체코를 1938년에 병합했고, 1939년 8월 23일, "독일 국민인 폴크(volk)들이 그들의 총통인 퓌러(Führer)를 얼마나 사랑하는지 안다"라고 아부한 스탈린 치하의 소련과 불가침 조약을 맺은 후 폴란드로 쳐들어갔다. 이후 장기전에 대비한 철강을 추가로 확보하기 위해 1940년 4월 9일, 덴마크를 침공하여 6시간 만에 점령하고서는, 동시에 덴마크 코앞의 노르웨이를 침공했다.[17] 스칸디나비아 반도 진출의 최종 목표는 독일 군수제품 제조에 필요한 철광석의 85%를 조달했던 스웨덴과 이 철광석을 실어 나르던 노르웨이의 부동항 나르비크(Narvik)였다.

챔벌린의 캐리커쳐. 버밍엄 태생으로 버밍엄 시장을 거쳐 보수당 입당 후 재무장관 등의 정부 요직 후 1937년 마침내 총리가 된다. 그는 1차 대전과 같은 또 다른 비극적인 전쟁을 막기 위해 히틀러의 체코 일부 병합을 승인한 뮌헨 협정을 주도하였다. 하지만, 이 때문에 그에 대해서는 평가가 극과 극으로 갈린다. 영국 국가 기록관 소장. 출처: Wikipedia, Public Domain

스칸디나비아 반도 침공 직후인 1940년 5월에는 중립국인 네덜란드와 벨기에까지 침공하려고 계획했다. 다행인지 불행인지 벨기에에 불시착한 독일 비행기에서 네덜란드와 벨기에를 침공하려는 독일군의 작전계획이 영불 연합군 측으로 유출되었다. 더 이상 강 건너 불구경하듯이 쳐다봐서는 안 된다고 판단한 영국과 프랑스는 연합군을 결성하고 프랑스, 벨기에 국경에 집결했다.[18] 탱크 수와 병력 면에서도 독일은 영국

---

쟁이 터지자 일본은 호주 북부를 침공했고, 잠수함으로는 시드니 연안까지 공격했었다.

17 원래 덴마크는 히틀러 침공 계획에 없었다. 하지만 철강 생산과 운송을 위해 필요한 스웨덴과 노르웨이를 확보하기 위해서는 덴마크 점령이 필수적이라 판단한 것이다. (프랑스 총리 에두아르 달라디에(Éduard Daladier, 1884~1970)도 히틀러가 스웨덴의 철강을 확보하지 못하도록 스칸디나비아 반도를 프랑스가 먼저 침략한다는 계획을 세운 적이 있다.) 특히 덴마크를 확보하면 발트해와 북해를 양분하는 스카게라크 해협(Skagerrak Straits)까지 확보할 수 있게 된다. 그 결과 히틀러는 덴마크 침공을 결정하고 1940년 4월 9일, 새벽 4시 15분에 중립을 선언한 덴마크를 침공한다. 영토와 인구, 병력 면에서 절대 열세였던 덴마크는 개전 후 2시간 만에 항복을 선언한다. 통신이 발달하지 않아, 전투는 이후에도 계속되어 개전 후 6시간 만에 히틀러는 덴마크를 완전히 점령한다. 이와 같은 역사적 기억 때문에 덴마크는 2차 대전 후 나토에 가입한다. 나토 회원국으로서 덴마크의 주요한 임무 중 하나가 러시아 함대의 북해 진출을 막기 위한 스카게라크 해협의 방어이다.

18 이 때문에 벨기에에 불시착한 독일 비행기의 작전 유출이 의도적이었다는 주장도 있다. 왜냐하면 이 작전계획

과 프랑스 연합군의 상대가 결코 되지 못할 만큼 열세였다. 더구나 독일은 장기전에 필요한 연료도, 원자재도 보유하고 있지 않았다.[19] 만약 이 상태로 벨기에나 프랑스를 상대로 전쟁을 선포하면 나치의 패배는 불을 보듯 뻔했다. 프랑스 육군의 전략기획가들조차도 히틀러가 프랑스를 침공할 용기를 내지 못할 거라고 결론 내렸다.[20] 이 때문에 잘 알려져 있지 않지만, 독일 군부는 히틀러의 네덜란드·벨기에 침공을 결사적으로 반대했었다고 한다. 심지어 독일의 주요 육군 사령관들은 프랑스와의 전투에서 독일이 결코 승리하지 못할 것이라고 공공연히 말하고 다녔다.[21] 과연 독일 군부의 판단은 옳았던 것일까?

하지만 나치에게는 천재 군인 만슈타인(Erich von Manstein, 1887~1973)이 있었다. 만슈타인은 전략적 열세를 극복하기 위해 네덜란드, 벨기에를 침공한 후 영-불 연합군이 벨기에 안으로 들어오면 공군의 전격적 지원을 앞세워 죽기 아니면 까무러치기식의 무서운 속도로 스당, 아르덴을 통과하여 뫼즈강과 솜강을 건너 영국 해협의 불로뉴를 점령하는 작전을 건의했다. 간단히 말해 네덜란드와 벨기에를 침공하여 영국과 프랑스 전 병력을 벨기에 내로 끌어들인 뒤, 남쪽 프랑스 국경을 독일군이 전속력으로 진군하여 영국, 프랑스 연합군을 남북으로 포위한다는 작전이다. 이 작전에 따르면

만슈타인(Fritz Erich Georg Eduard von Lewinski, 1887~1973)은 대대로 군인 집안이었던 프로이센 귀족 집안 출신이었다. 폴란드 침공 후 열세에 놓여 있던 독일군을 구원한 만슈타인 작전을 히틀러에게 건의하여 채택되면서, 이후 승승장구한다. 전후 나치 전범으로 12년을 복역했고, 이후 독일 연방군 재건에도 상당한 기여를 한 것으로 알려져 있다. 작자 미상. 독일 연방문서 보관소 소장. Licensed under the Creative Commons Attribution-Share Alike 3.0 Germany license. https://commons.wikimedia.org/wiki/File:Bundesarchiv_Bild_183-H01757,_Erich_von_Manstein.jpg(배경 제거)

유출로 영국과 프랑스가 연합군을 결성하고 거의 전 군대가 프랑스, 벨기에 국경에 집결하였기 때문이다. 이는 후일 만슈타인 작전의 중요한 계기가 된다.

19 앤터니 비버, *앞의 책*, p. 109

20 앤터니 비버, *앞의 책*, p. 111

21 앤터니 비버, *앞의 책*, p. 323

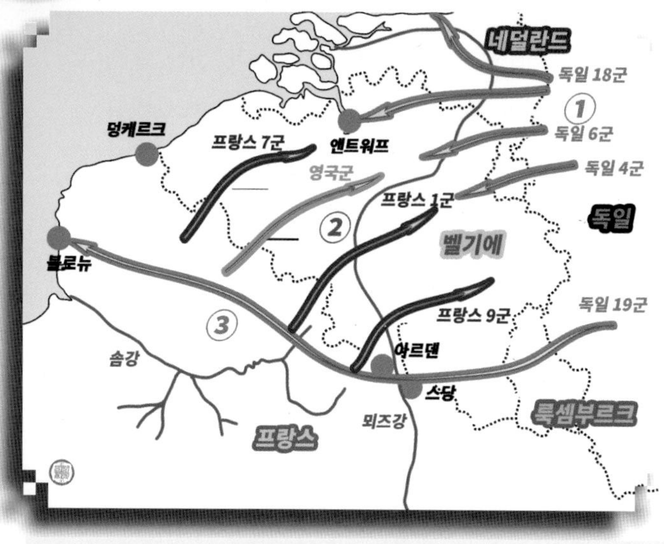

만슈타인 작전

독일군은 벨기에, 네덜란드, 룩셈부르크, 프랑스를 동시에 침공하는 격이 된다!!! 우여곡절 끝에 히틀러는 과감하고 참신한 이 건의, 이른바 "만슈타인 작전(Manstein Plan)," 별칭으로 "만슈타인 (왼쪽) 낫질 계획"이라는 작전을 수용했다.

1940년 5월 10일, 이날은 화창한 봄날이었다. 히틀러는 "이 전쟁은 앞으로 1000년간 독일 민족의 운명을 결정하게 될 것이다."라고 선포한 뒤, 독일 제18 군에게 네덜란드를, 제6 군과 제4 군에게는 벨기에로 쳐들어갈 것을 명령했다. 만슈타인 작전을 까맣게 모르는 영국과 프랑스 연합군 전체는 히틀러의 예상대로 벨기에 국경을 넘어 물밀듯이 들어가 벨기에 내로 진입했다. 아르덴 부근 수풀이 우거진 언덕에 비밀 작전본부를 수립한 히틀러는 이 소식을 듣고 뛸 듯이 기뻐했다고 한다. 같은 날 새벽 4시 30분, 롬멜의 7기갑사단을 비롯한 19군단이 룩셈부르크 국경을 넘었다. 뫼즈강(Meuse river)을 건너 진군하는 동안, 독일 언론은 네덜란드와 벨기에 전황만 강조했다. 남쪽의 전투가 중요하지 않다는 독일의 위장 작전이었지만, 영국과 프랑스는 이 속임수에 완전히 넘어갔다.

한편 퍼버틴(Pervitin)이라는 약물을 복용한 남쪽의 독일 군인들은 전혀 지친 기색 없이 뫼즈강을 건너 이틀 밤을 지새운 채 5월 12일, 벨기에와 프랑스 국경 근처에 있는 프랑스의 스당(Sedan)에 도착했다. 독일의 수직 낙하 폭격기 스투카(Stuka)가 전방을 미리 쑥대밭으로 만든 후, 약물에 중독된 터미네이터 독일 육군은 단 이틀만인 5월 14일에 스당을 점령했다. 프랑스 군은 터미네이터 독일 육군의 파상공세에 밀려 포병대 후퇴를 시작으로 거의 전 병력이 스당을 떠났다. 스

당에 비축한 막대한 규모의 탄약과 포탄은 그대로 나치 수중에 떨어졌다. 빛의 속도로 진격한 독일군에게 스당을 점령당했다는 소식에 프랑스는 글자 그대로 멘탈이 붕괴되었다. 프랑스 군부가 독일군이 3일 만에 스당으로 이동했다는 사실과 스당을 단 이틀 만에 점령했다는 사실 자체를 처음에는 아예 믿지를 않았다고 할 정도였으니까. 스당 점령 소식을 들은 프랑스 사령부는 "완전히 초상집 분위기"였다.[22] 처칠은 스당 점령 소식을 프랑스 총리 레노(Paul Reynaud, 1878~1966)로부터 직접 듣고는 "그렇게 빨리 졌을 리가 있습니까?"라고 반문해야 했다.[23]

스당을 점령한 독일군 지휘관들은 병사들에게 쉴 시간을 주지 않고 차량 정비도 하지 않은 채, 서쪽으로 진군했다. 심지어 서쪽으로 진군하는 사이 패잔한 프랑스 군을 향해서 독일군은 "당신들을 포로로 잡을 시간이 없다"라고 소리쳤다.[24] 일부는 파리를 향해 진군했다. 프랑스 총사령관 가믈랭은 5월 16일, 독일군이 그날 저녁 파리에 당도할지도 모른다고 레노 총리에게 보고했다. 한편 서쪽으로 맹렬하게 진군하던 독일 클라이스트(Paul Ludwig von Kleist, 1881~1954)와 롬멜(Erwin Johannes Rommel, 1891~1944) 장군의 기갑사단은 결국 영국 해협에 도달했다. 이제 영국과 프랑스 연합군 35만 명은 만슈타인 작전으로 프랑스 국경이 독일군에게 봉쇄되어 보급로가 차단되면서 덩케르크(Dunkirk)에 철저히 고립되었고, 결국 도마 위에 오

레노 총리. 프랑스의 변호사이자 정치인. 체코의 주데텔란트 지역의 독일 병합을 허락한 뮌헨 협정에 강력히 반발한 강성 反 나치주의자이다. 이 때문에 처칠과 마찬가지로 2차 대전 이전에는 주변에 사람이 거의 없는 고독한 정치인이었다. 그러다가 1938년에 재무부 장관으로 내각에 입각했고, 1940년 3월에 총리가 된다. 그런데 총리가 된 후 두 달도 안 되어 히틀러의 침공을 받았다. 개전 후 최대 전투인 스당 전투 패배의 책임을 물어 가믈랭을 해고했으나, 이미 프랑스는 완전히 사기를 잃어 독일에게 완패한 것이나 마찬가지 상태였다. 그는 파리를 비우고 남쪽으로 피신하면서도 게릴라전 등을 통해 나치와 끝까지 싸울 것임을 천명한다. 그러다가 포로로 잡혀 독일군 강제수용소에 갇혀 1945년 전쟁이 끝날 때까지 수감된다. 전후 프랑스 하원의원이 되고, 유럽연합 창설을 지지하면서 유럽 평의회 자문위원으로도 재직한다. 1940년 사진. 작자 미상. 출처: Wikipedia. Public Domain`

22 앤터니 비버, *앞의 책*, 글항아리, 2013, p. 140

23 앤터니 비버, *앞의 책*, p. 146

24 앤터니 비버, *앞의 책*, p. 153

른 처량한 생선 신세가 되었다.[25]

사정이 급박하게 돌아가자 5월 16일 오후 취임한 지 일주일에 불과한 영국의 처칠 수상이 파리로 날아갔다. 파리에 도착한 처칠은 프랑스 내각에게 "예비 전력은 어디에 있소?"라고 물었다. 프랑스 가믈랭(Maurice Gustave Gamelin, 1872~1958) 총사령관의 대답은 간명하지만 걸작이었다. "없습니다!" 객관적으로 독일 전력보다 우위에 있던 프랑스는 단 한 번의 세당 전투로 인해 전의를 거의 상실하고, 나치의 대포 공격과 무자비한 전투기 폭격으로부터 도시를 보호하기 위해 예술 도시 파리를 완전히 비우고 서둘러 남쪽으로 도주했다. 나치는 파리에 무혈 입성했다.

가믈랭. 프랑스 육사 출신으로, 중국의 병법서를 탐독하여 『손자병법에 관한 철학적 연구』라는 책도 출간했다. 1차 대전 때 맹활약으로 인명 손실을 최소화하면서도, 영토를 지키거나 확보하는 데 천재적인 역량을 발휘했다. 이후 프랑스군의 총사령관이 되는데, 역설적으로 1940년 독일군의 프랑스 침략 시 예비 전력을 하나도 두지 않아 독일의 프랑스 점령의 계기를 제공하는 결정적 실수를 범한다. 작자 미상. 1939~1940년경. 출처: Wikipedia. Public Domain

이렇게 하여 히틀러는 세당 점령 작전 5월 10일 이후 단 6주 만에 프랑스, 네덜란드, 벨기에를 점령했다.[26] 이는 히틀러가 예측한 그대로였다.[27] 북한이 1950

25 영국은 군함과 민간 선박을 총동원하여 덩케르크에서 고립된 영국과 프랑스 군인 33만 8천 명(영국군 19만 3,000명, 프랑스군 14만 5,000명)을 구출한다. 당초 윈스턴 처칠의 예상 구출 인원은 4만 명 내외였다고 한다. 이 구출 작전이 성공했던 이유는 히틀러가 덩케르크를 완전히 포위한 나치 육군이 아니라, 나치 공군에게 연합군 섬멸 명령을 내렸기 때문이다. 나치 공군은 해상으로 도피하는 선박을 향해 기관총과 폭탄을 쏟아부었지만, 날씨가 흐려 시계가 완전하지 않았다. 날씨가 완벽하게 맑았다 하더라도 하늘에서 수많은 선박을 기관총과 폭탄만으로 적군을 완전히 섬멸하는 것은 그야말로 불가능에 가까웠다. 만약 히틀러가 나치의 육군에게 덩케르크 영불 연합군 공격 명령을 내렸더라면, 영불 연합군은 그야말로 완전히 전멸했을 것이다. 이 기적 같은 구출 작전은 2017년 크리스토퍼 놀란 감독이 영화로도 만들게 된다.

26 일본의 태평양 전쟁도 독일 못지않은 속도로 전개되었다. 일본은 진주만을 폭격한 1941년 12월 7일(미국 시간) 이후, 괌을 12월 10일, 타이를 12월 21일, 웨이크섬을 12월 23일, 홍콩을 12월 25일에 함락했다. 1942년 1월 1일에는 필리핀을 점령했고, 2월 15일에는 윈스턴 처칠이 영국 역사상 최악의 재앙이라고 표현한 사건인 싱가포르 함락이 있었다. 1942년 3월 5일에는 바타비아(현 자카르타), 3월 8일에는 미얀마의 양곤이 함락되었다. 즉 단 3개월 만에 미국, 영국, 네덜란드를 모두 굴복시켰다. 대니얼 임머바르, 『*미국, 제국의 연대기*』, 글항아리, 2020, pp. 277~278. 심지어 일본은 1942년 6월, 미국 본토 공격을 위해 알래스카의 카스카(Kaska)와 애튜(Attu) 섬까지 점령했다. 미국은 1943년 5월, 애튜 섬을 탈환하기 위한 전투를 벌였는데, 이 과정에서 미군 수백 명과 일본 수비군 2,000명이 전멸했다. 괌 탈환전은 더 처참했다. 미군은 1944년 괌 탈환전을 준비했는데, 일본군은 괌 주민이 미군을 도울지 모른다는 두려움 때문에 1만 8,000여 명의 주민들 학살했다. 괌 탈환 전투에서 일본군은 1만 5,000여 명이 사망하고 수백 명의 괌 주민이 전사했다.

27 앤터니 비버, *앞의 책*, p. 123

년 6월, 2개월 반 만에 낙동강까지 진군한 속도는 나치의 프랑스 점령 속도 근처에도 못 가는 속도였다. 심지어 독일 군대조차도 프랑스 군 대부분이 항복을 준비한다는 소식에 얼떨떨해 할 정도였으니까.[28] 프랑스 총리 레노는 미국을 향해 처절하게 원군을 요청하였지만, 루스벨트 대통령은 연민으로 가득 차 있으나 아무런 약속이 없는 공허한 답신만 보내왔다. 프랑스 정부가 마지막으로 했던 일은 고작 노트르담에서 열린 미사에서 신의 중재를 구하며 기도하는 일이 전부였다.[29] 프랑스 군은 92,000여 명이 사망하고, 20만 명이 부상했으며, 거의 200만 명에 이르는 프랑스 군이 포로로 잡혔다.[30]

이후 유럽의 중앙에 위치한 프랑스의 광대한 영토와 4천 1백만 프랑스 인구는 히틀러에게 엄청난 규모의 전쟁 물자와 인력을 제공하는 전략 창고가 되었다.[31] 프랑스 북부는 영국을 공습하기 위한 독일 항공군단의 이륙 기지로 바뀌었다. 제269보병사단의 한 독일 병사가 1940년 5월 20일, 집으로 쓴 편지에 따르면 "우리는 프랑스에서 신처럼 살아. 고기가 필요하면 소를 잡아서 가장 좋은 부위만 먹고 나머지는 버리지. 아스파라거스, 오렌지, 상추, 견과류, 코코아, 커피, 버터, 햄 초콜릿, 스파클링 와인 등이 잔뜩 쌓인 빨랫감만큼이나 많아."[32] 실제로 프랑스의 전쟁 무기, 차량, 말 등은 독일이 소련을 침공할 때 그대로 사용된다. 1차 대전 때처럼 프랑스와의 장기적 소모전을 예상했던 스탈린의 예상은 산산조각이 나 버렸고, 히틀러의 유럽 전체 점령은 그야말로 시간문제였다.[33] 1941

28 앤터니 비버, *앞의 책*, p. 181

29 앤터니 비버, *앞의 책*, p. 157

30 앤터니 비버, *앞의 책*, p. 183

31 독일은 프랑스 북부와 서부를 점령하여 대서양 연안과 스페인과의 연결 통로를 확보했다. 비스마르크에 따르면 식욕은 왕성하지만 이빨이 약한(침략 의욕에 비해 군대가 약한) 이탈리아는 1940년 6월 10일에 영국과 프랑스에 전쟁을 선포한 연유로 프랑스 동남부 지역을 점령했다. 나머지 중남부 프랑스는 온천 도시 비시에 설립된 꼭두각시 정부인 비시 프랑스의 영토가 되었다.

32 앤터니 비버, *앞의 책*, pp. 159~160

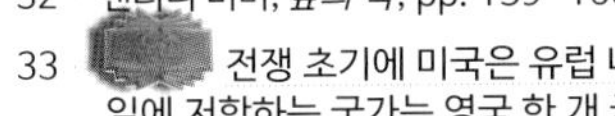

33 전쟁 초기에 미국은 유럽 내전에 참여할 의사가 전혀 없었고 프랑스가 독일에 점령당하면서, 이제 유럽에서 독일에 저항하는 국가는 영국 한 개 국가만 남게 된다. 처칠 수상은 1940년 5월 하순, 영국 단독으로 나치에 맞서겠다는 어려운 결정을 하게 된다. 아울러 처칠은 미국을 어떻게든 전쟁에 참여시켜야겠다고 결심하게 된다.

년 5월 4일, 독일 국회 연설에서 히틀러는 국가사회주의 국가가 "천년을 갈 것이다."라고 선언했다.[34]

## (5) "도라, 도라, 도라"와 히틀러 꿈의 좌절

그러나 히틀러는 유럽 통일에 실패했던 나폴레옹이 했던 것과 경악할 만큼 똑같이 행동했다. 유럽 전체를 휩쓴 후 아프리카를 침공하였고, 영국을 봉쇄했으며, 마지막으로 소련을 점령하기 위해 독일과 소련 국경으로 병력을 집결했다.[35] 다만 히틀러의 소련 점령은 나폴레옹의 러시아 점령과 동기는 조금 달랐다. 나폴레옹은 영국과의 대륙 봉쇄령을 어긴 러시아를 외교적으로 굴복시키기 위한 것이었지만, 히틀러의 소련 침공은 물자 부족이 근본 원인이었다. 즉, 1940년 말부터 히틀러는 원유와 식량의 극심한 부족에 시달렸고, 이 때문에 히틀러가 1941년 초여름부터 소련을 넘보기 시작한 것이다.[36]

이때 독일군이 독소 국경에 집결한다는 첩보를 보고 받은 소련 국방부 장관 세몬 티모센코(Semyon Timoshenko, 1895~1970)는 스탈린에게 독일 선제공격을 제안했다. 스탈린은 티모센코에게 "당신 미쳤소? 히틀

티모센코. 우크라이나 오데사 빈농 출신으로, 러시아 내전 때 스탈린과 생사를 같이하면서 승승장구한다. 국방장관이 된 후에는 독일 침공을 예상하고 스탈린에게 독일 선제공격을 제안하기도 한다. 스탈린의 비아냥대로 그는 머리가 보통 사람보다 크다. Attribution: Mil.ru, Licensed under the Creative Commons Attribution 4.0 International license. https://commons.wikimedia.org/wiki/File : Маршал Советского Союза Герой Советского Союза Семён Константинович Тимошенко.jpg(배경 제거)

34 앤터니 비버, *앞의 책*, p. 288

35 나폴레옹이 이탈리아를 침공한 것과 유사하게 히틀러는 발칸 반도를 침공했다. 이탈리아는 당시 히틀러의 동맹국이었고, 소련을 침공하기 위한 후방 교두보를 확보하기 위해 발칸 반도 침공은 필연적이었다. 이 전쟁에서 가장 큰 희생을 치른 국가가 바로 그리스이다.

36 물론 나폴레옹과 마찬가지로 소련 선제공격은 영국 변수도 있었다. 즉, 프랑스 점령 후 프랑스 북부에서 쉴새 없이 영국을 폭격했지만, 영국 공군은 독일 예상보다 의외로 강했다. 독일은 이 때문에 소련을 점령하면 영국 굴복도 더 쉬울 것이라고 판단하게 된다.

러를 자극할 셈이오? 티모셴코 당신은 건강하고 머리는 크지만, 뇌는 분명히 작군요."[37] 히틀러의 소련 공격이 임박했다는 온갖 정보가 베를린, 로마, 심지어 도쿄에서도 날아들었지만, 스탈린은 다음과 같이 말했다. "우리는 독일과 불가침 조약을 맺었다. 나는 히틀러가 소련을 공격해서 두 번째 전선을 열지 않을 것이라 확신한다. 히틀러는 바보가 아니다!"[38] 특히 모스크바 주재 독일 대사 슐렌부르크(Friedrich-Werner Graf von def Schulenburg, 1875~1944)까지 나서서 독일 침공을 경고하였지만, 스탈린은 "허위 정보가 이제 대사관에게까지 퍼지다니!"라며 고래고래 소리를 질렀다.[39] 이때까지만 해도 스탈린은 독일군이 영국의 공습을 벗어날 목적으로 동쪽으로 이동하고 있다는 히틀러의 확언을 순진하게 믿고 있었다. 심지어 독일의 소련 공격 하루 전날인 6월 21일, 독일의 소련 침공을 경고한 독일군 탈영병에 대해서 스탈린은 허위 정보 유포죄로 즉시 사살하라고 명령했다!!![40]

하지만 전쟁 영역의 확대와 연합국의 저항이 강화되면서 1940년 말부터 독일은 심각한 원자재 및 식량 부족 문제에 시달리고 있었다. 이에 식량 장관이던 헤르베르트 바케(Herbert Backe,

바케. 그는 독일이 아니라 조지아에서 독일 사업가의 아들로 태어났다. 러시아 혁명의 혼란기 때 독일로 입국하여, 농업을 전공하고 하노버 대학교 교수를 역임했다. 히틀러 등장 후에는 독일 친위대 대장을 지냈고, 2차 대전 중에는 식량 장관을 역임하며 전쟁물자를 관리했다. 전후 뉘른베르크 전범 재판에 회부되어 수감 중에 자살한다. 사진작가 미상. 1942년 6월 2일 사진. 독일연방 기록보관소(German Federal Archives) 소장, Attribution: Bundesarchiv, Bild 183-J02034 / CC-BY-SA 3.0, Licensed under the Creative Commons Attribution-Share Alike 3.0 Germany license. https://commons.wikimedia.org/wiki/File:Bundesarchiv_Bild_183-J02034,_Herbert_Backe.jpg(배경 제거)

37 피터 프랭코판, *앞의 책*, p. 628

38 피터 프랭코판, *앞의 책*, p. 629

39 앤터니 비버, *앞의 책*, p. 290. 독일의 소련 침공과 비슷한 상황이 일본의 진주만 공격에도 있었다. 즉 일본의 진주만 폭격 하루 전인 1941년 12월 6일, 미군 해군 암호 해독가가 일본 정부와 워싱턴 주재 일본 대사 사이의 메시지를 해독했는데, 명백한 미국 공격 메시지였다. 국방부 정보국장이 이를 바탕으로 전쟁 계획국의 레너드 게로(Leonard T. Gerow, 1888~1972) 준장에게 도청 내용을 전달했는데, 게로 준장은 이 메시지를 무시했다. 그 이유는 일본의 미국에 대한 전쟁 개시 "통보를 수도 없이 들었기 때문"이었다. 앤터니 비버, *앞의 책*, p. 373

40 앤터니 비버, *앞의 책*, p. 293

몽고메리 장군. 처칠은 파죽지세로 진격하는 롬멜의 북아프리카 군을 저지하기 위해 이집트 현장에서 지휘관을 몽고메리로 교체한다. 이후 몽고메리는 전투원들과의 현장 스킨쉽을 강화하고 미국의 물자를 활용한 지연 전략으로 롬멜의 이집트 진격을 효과적으로 저지하게 된다. 프랭크 샐리스베리(Frank O. Salisbury, 1874~1962)의 1945년 作. 런던 초상화 박물관 소장

1896~1947)는 각종 식료품에 가격, 수출입 통제를 실시하고 있었다. 하지만 이 조치로도 부족한 원유와 식량 공급 문제를 해결할 수 없었다. 예컨대 1941년 2월, 베를린의 식료품 가게는 완전히 텅텅 비었다. 굶주린 독일 대중들의 고조된 적개심은 엉뚱하게도 유대인으로 옮겨가, 가스를 사용한 유대인 홀로코스트라는 비극으로 이어졌다.[41]

결국 히틀러는 암호명 '도르트문트'를 통해 1941년 6월 22일 새벽 3시 15분, 60만 필의 말을 동원한 대략 300만 명의 독일군에게 소련 국경, 밀 산지인 우크라이나와 원유 산지인 캅카스 산맥을 향해 "어떠한 자비심도 보이지 말고" 전속력으로 동진할 것을 명령하였다. 독일군의 목표는 우랄 산맥 서쪽 전체의 러시아 땅과 러시아의 풍부한 원자재였다. 이 무렵 북아프리카에서는 사막의 여우라고 불리던 롬멜 장군(Erwin Johannes Eugen Rommel, 1891~1944)이 승승장구하면서 이집트가 지척이었다. 이집트를 점령하면 수에즈 운하까지 확보할 수 있고 중동으로부터의 원유를 통해 물자 보급이 크게 개선될 수 있었다. 굳이 이런 상황에서 이집트 점령 직전에 소련을 침공할 필요가 있었을까? 1941년 6월, 북아프리카 영국군의 핵심 거점이었던 이집트-리비아 국경 지대의 토브룩(Tobruk) 요새에 도착한 롬멜은 더 많은 전차, 무기, 보급품을 보내 달라고 요청했지만, 히틀러는 단호히 거절했다.[42] 히틀러는 만

41 1939년 개전부터 1942년 말까지 독일군이 살해한 유대인 수는 무려 135만 명이었다. 앤터니 비버, *앞의 책*, p. 330

42 토브룩은 원래 이탈리아 식민지였던 리비아 영토 내에 있었다. 하지만 이탈리아가 1940년 9월에 영국 식민지 이집트를 쳐들어가자 영국이 반격하면서, 영국군이 이탈리아로부터 빼앗은 북아프리카 핵심 항구이다. 히틀러는 이탈리아를 돕기 위해 북아프리카에 롬멜을 지휘관으로 하는 군단을 1941년 2월에 파견하였다. 히틀러는 단지 이탈리아 식민지인 리비아가 영국의 침략으로 통째로 빼앗기는 일만 없게 하는 것이 목표였다. 불행히도 롬멜은 형식상으로는 이탈리아의 지휘권 아래 있었지만, 그는 야망이 보통이 아니었다. 이에 따라 그는 단독으로 1941년 3월, 토브룩 항구의 탈환과 수에즈 운하 점령을 목표로 동진 명령을 내린다. 그 결과 롬멜 특유의 속도전과 기습공격으로 영국군이 점

슈타인 작전에서 눈부시게 활약한 롬멜의 능력을 믿었던 것이다. 대신 히틀러는 소련과의 전투에 전쟁 물자 거의 전부를 동원했다.[43]

그 결과 독일군은 히틀러의 명령대로 석 달만인 1941년 9월 26일에 키이우(키예프)를 쑥대밭으로 만든 뒤 점령하고 50만 명의 소련군을 포로로 잡았다. 만슈타인 작전의 주인공 만슈타인 육군 중장은 러시아 내륙을 향해 자신의 제56기갑군단을 하루에 약 80㎞씩 진군시키며, "그처럼 맹렬하게 돌진해 보는 것이 기갑부대장들의 꿈이었다."라고 자랑스럽게 회상했다.[44] 특히 러시아 군은 KGB의 전신인 NKVD의 경직된 감시와 공포의 즉결

롬멜. 독일 뷔르템부르크 주에서 태어났으며, 항공기에 관심이 많아 원래 항공 기술자가 되려고 하였다. 하지만 부모의 반대로 장교가 되고, 군사학교의 교관을 지냈다. 이후 나치당에 가입하여 히틀러의 경호 대장이 된다. 만슈타인 작전 당시 기갑사단 지휘관으로 엄청난 속도로 프랑스를 가로질러 영불 연합군의 배후를 잘라 버렸다. 1941년부터는 리비아 지역에 파견되어 독일 아프리카 군단을 이끌며 연합군을 철저히 괴롭혀 "사막의 여우(The Desert Fox, 독일어: Wüstenfuchs)라는 별명으로 불렸다. 사진작가: Otto. 1942년 사진. 독일 연방 기록보관소(German Federal Archives) 소장, Attribution: Bundesarchiv, Bild 146-1977-018-13A / Otto / CC-BY-SA 3.0. Licensed under the Creative Commons Attribution-Share Alike 3.0 Germany license. https://commons.wikimedia.org/wiki/File:Bundesarchiv_Bild_146-1977-018-13A,_Erwin_Rommel(brighter).jpg(배경 제거)

령한 리비아 영토 전역을 탈환한다. 하지만 토브룩은 사막전에 핵심적인 보급의 생명줄 역할을 하는 심해 항구였다. 영국은 토브룩을 롬멜에게 넘겨주면 이집트가 위험할 것이라 판단하여, 토브툭 사수를 결정한다. 불행히도 롬멜에게는 보급이 원활하지 않았다. 리비아 수도 트리폴리에서 토브룩 전선까지는 무려 1,200㎞로 보급 자체가 엄청난 작전이었다. 그나마 점령지역에서 북아프리카의 롬멜에게 보내던 전쟁 물자는 지중해에서 영국 해군이 철저히 봉쇄하였다. 예컨대 1941년 1~8월 사이 영국군은 52척의 추축국 선박을 격침하고 38척을 파손했다. 앤터니 비버, *앞의 책*, p. 341. 반대로 롬멜과 맞섰던 영국은 인도인, 유대인, 아프리카인, 프랑스인 등으로 구성된 15만 병력을 파견하여 롬멜의 공격을 막아 내었다. 결국 히틀러는 모스크바를 코앞에 두고 1942년 1월, 롬멜에 대대적인 전쟁 물자 보급을 결정하였다. 히틀러가 보낸 보급품으로 인해 토브룩은 1942년 6월 21일에 롬멜이 결국 점령하게 된다. 롬멜은 처칠의 예상대로 토브룩을 발판 삼아 이집트를 쳐들어갔다. 롬멜의 신화인 '사막의 여우'는 이렇게 해서 시작된다.

43 롬멜이 토브룩을 함락하는 날에 처칠은 워싱턴에 있었다. 처칠은 루즈벨트 대통령을 끈질기게 설득하여 미국이 북아프리카 지역에 엄청난 물자 보급을 받아낸다. 아울러 당시 지휘관이었던 오킨렉(Claude Auchinleck, 1884~1981)을 해임하고, 치밀한 전략가인 몽고메리(Bernard Law Montgomery, 1887~1976) 장군을 임명하면서, 영국군은 엘 알라메인(El Alamein) 전투에서 롬멜의 이집트 침략을 막아내고 결국에는 토브룩을 재탈환한다. 롬멜 진영에 있던 독일 운전사는 미국의 물자 지원을 받은 영국의 1942년 10월, 엘 알라메인(El Alamein) 전투 포격을 "지금까지 수없이 많은 적군의 집중포화를 겪었지만, 이 정도 폭격은 한 번도 경험해 보지 못한 것이었다."라고 기술했다. 대니얼 임머바르, *앞의 책*, p. 320. 북아프리카에서 독일군을 격퇴한 영국군과 미군은 노르망디 작전을 수립하고 실행에 옮겨 전쟁을 결국 승리로 이끌게 된다.

44 앤터니 비버, *앞의 책*, p. 296

처분 때문에 최전선의 장수들조차도 주도권을 거의 가지지 못했지만, 독일군은 전선의 하급 사령관에게도 거의 전권을 부여하고 가장 좋은 방법으로 미션을 달성할 것을 주문했다. 이에 따라 1812년 9월, 나폴레옹이 러시아 군을 겨우겨우 제압한 보로디노(Borodino)의 방어선마저도 독일군이 뚫었다!

히틀러는 독일 병사들에게 소련 "남부의 밀밭을 점령하는데 모든 것이 달려 있으며." 이 땅들을 "우리의 인도," "우리의 에덴동산"이라고 부르면서 독일 병사들을 독려했다.[45] 이후 모스크바로 가는 경로에서 붉은 군대의 저항은 거의 없었고, 독일군은 승리했다는 자만심에 도취해 있었다. 무서운 속도로 치고 들어오는 히틀러의 공세 앞에 스탈린은 1941년 9월부터 모스크바의 철도와 주요 건물을 폭파할 준비를 하고 있었고, 모스크바 소재 주요 극단에게도 수도를 즉시 떠나라는 명령을 내렸다. 나아가 스탈린과 소련 국방위원회는 1941년 10월 15일에 정부를 쿠이비셰프(Kuybyshev)로 피난시키기로 결정했다!

그러나 정작 스탈린은 모스크바의 크렘린궁을 떠날지 말지 결정을 못 하고 있었다.[46] 그는 결국 11월 6일에 모스크바 탈출을 결심하고 마지막 열차에 시동까지 걸어놓고 있었다. 경호원들도 그날 탈출 준비를 마치고 기차역에 스탈린을 마중하기 위해 모두 나와 있었다.[47] 그러나 기차역에는 모스크바를 탈출하려는 시민들이 기차로 마구 달려들면서 인간 소용돌이를 만들고 있었고, 부상병들도 치료받지 못해 기차역에 방치되어 신음하면서 지옥 같은 아수라장을 연출했다. 스탈린은 이런 광경을 보고는 마지막 순간에 마음을 바꿔 결사 항전을 준비했다. 1941년 11월 7일, 스탈린은 붉은 광장에 있는 레닌 무덤에서 히틀러에 저항하기 위해 전열을 새로 정비한 붉은 군대를 사열했다.[48] 11월 17일, 스탈린은 소련의 혹독한 겨울 날씨를 피할 수 있는 후방의 건물을 모조리 파괴하고 불태우

---

45 히틀러 소련 침공의 가장 결정적인 원인은 밀과 석유였다. 히틀러는 소련과 불가침 조약을 맺은 후 매년 스탈린으로부터 석유, 밀, 철강, 망간을 공급받았다. 피터 프랭코판, *앞의 책*, pp. 612~625

46 앤터니 비버, *앞의 책*, p. 357

47 피터 프랭코판, *앞의 책*, p. 632

48 앤터니 비버, *앞의 책*, pp. 360~361

라는 명령을 내렸다. 여성과 노인, 엄마와 아이를 앞세워 항복을 권유하는 독일군의 전략에 대해서도 스탈린은 "감상이란 없다. 이것이 내 대답이다. 적과 동조하는 자는 가차 없이 죽여라."라고 말했다.[49]

1941년 11월 말, 독일 제3기갑군이 모스크바 서북쪽 40㎞까지 진격했고, 12월 1일에는 마침내 독일군의 오토바이 정찰대가 모스크바에서 겨우 8㎞ 떨어진 곳에 도착했다. 과연 모스크바 함락은 시간문제였을까? 불행히도 히틀러의 운명은 나폴레옹보다 더 불행했다. 원유와 밀을 확보하기 위해 소련을 향해 전속력으로 밀고 들어간 히틀러는 아이러니하게도 對 소련 전선이 1,500㎞에서 2,500㎞로 지나치게 빨리 확대되면서 이전보다 더 심각한 보급 문제를 겪었다. 예컨대 모스크바를 에워싸고 있던 나치 전투단은 매일 기차 27편에 달하는 석유가 필요했다. 하지만 1941년 11월, 소련 전선에 보급된 석유는 겨우 기차 3편 분량이었다. 그것도 하루분이 아니라 한 달 동안 사용할 물자에 불과했다. 더 나아가 담요, 장화, 옷, 치약과 칫솔은 물론이고, 먹을 식수조차 부족했다.

소련 침공 후 밀은 더 부족해져 매년 250만 톤의 적자에 직면했다. 이 때문에 포로들에 대한 식량은 아예 꿈도 꾸지 못했다. 1942년 2월까지, 330만 명의 소련 포로 중 200만 명이 굶어 죽었다.[50] 나치는 부족한 기름을 확보하기 위해 수백만 톤의 씨앗을 몰수하고 수백만 마리의 소와 돼지까지 잡아야 했다.[51]

더구나 모스크바가 바로 코 앞이었지만, 나폴레옹도 넘지 못한 러시아의 광활한 영토와 무시무시한 겨울 추위가 기다리고 있었다. 예컨대 가도 가도 끝없는 지평선만 보이는 러시아 영토는 독일군들에게 1812년 나폴레옹의 기억을 끊임없이 떠올리게 했다. 특히 독일군은 프랑스군과 달리 끝까지 항전하는 러시아의 붉은 군대에 심리적으로 지치기 시작했다. 영국 정부는 붉은 군대가 나치의

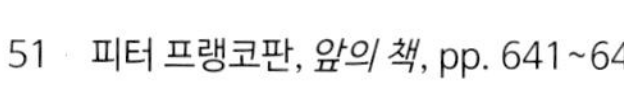

49 앤터니 비버, *앞의 책*, p. 313

50 피터 프랭코판, *앞의 책*, p. 644

51 피터 프랭코판, *앞의 책*, pp. 641~643

맹공에 결코 살아남지 못할 것이라고 예상했지만,[52] 러시아군은 프랑스군처럼 자신들이 패배했다는 사실 자체를 인정하지 않고 계속해서 싸웠다. 그 결과 러시아는 유럽에서 1,000만 명 이상의 군인이 사망하는 최악의 참사를 겪게 된다. 요컨대 프랑스에서 속전속결로 승리한 것이 독일군에게 오히려 독이 된 것이다.

나구모 주이치(南雲忠一, 1887~1944). 도라 도라 도락 작전 당시 제1 항공함대 사령관으로 진주만 공습을 직접 주도한 함장. 그는 원래 5,600㎞나 되는 거리를 미군에게 들키지 않고 이동하는 것이 불가능하다고 판단하고, 야마모토 이소로쿠(山本五十六, 1884~1943) 연합함대 사령관이 구상한 진주만 공습을 반대했다. 하지만 실제로 그의 함대는 미군에게 전혀 들키지 않고, 진주만까지 진격하여 진주만을 쑥대밭으로 만들었다. 하지만 진주만의 유류 시설은 전혀 공격하지 않아, 나중에 미 해군 반격의 빌미를 제공하게 된다. 야마모토 이소로쿠도 진주만 공격 후 6개월~1년 정도는 미국을 제압할 수 있겠지만, "텍사스의 유전과 디트로이트의 공장들"이 우리에게 반격할 것이라고 정확히 예측했다. 출처: Wikipedia. Public Domain

영하 30도 내외의 추위도 문제였다. 동상으로 인한 독일군 사상자가 전투 부상자 수를 넘었고, 배급된 빵은 추위에 얼어붙어 쇠톱으로 잘라 먹어야 했다. 부상병의 피는 금세 얼음이 되었고, 동상 치료를 받지 못한 독일군의 팔과 다리를 자르는 수술이 하루 종일 이어졌다. 수술받지 못한 독일 병사들은 고통을 견디지 못해 총으로 자살했다.[53] 겨울옷과 신발을 훔치기 위한 러시아 민간인 약탈도 기승을 부렸는데, 이 때문에 독일군은 겉으로만 보면 러시아인처럼 보이기도 했다. 12월 4일 모스크바 공방전에 참여한 한 독일군 상병에 따르면 "지독한 추위와 눈보라, 마르지도 않는 군화를 허락 없이 벗을 수도 없어서 내내 젖어 있기만 한 발, 그리고 러시아 군 때문에 받는 스트레스가 우리를 미치게 한다."[54]

미국도 소련에 전쟁 물자를 적극 제공했다. 강철, 대공포, 지프, 트럭, 항공기, 식량 등 상상할 수 있는 모든 전쟁 물자가 미국에서 소련으로 향했다. 독일 편이었던 일본군도 소련을 도왔다. 무슨 소리냐고? 바로 일본이 1941년 12월 7일, 진

52 앤터니 비버, *앞의 책*, p. 335
53 앤터니 비버, *앞의 책*, p. 371
54 앤터니 비버, *앞의 책*, pp. 367~368

주만을 폭격하면서 스탈린은 극동 지역에 일본군과 대치하고 있던 소련의 시베리아 사단을 서쪽으로 이동시켜 모스크바 공방전에 집중할 수 있었던 것이다.

야마모토 이소로쿠(山本五十六, 1884~1943). 일본 해군의 연합함대 제독. 하버드 대학에서 공부하였고, 주미 일본대사관에서도 근무한 경력이 있다. 이 때문에 일본 군부의 미국 공격을 처음에는 결사반대했다. (일본 군부는 미국 본토 공격까지 계획하고 있었다.) 하지만 군부가 일치단결하여 미국 공격을 일관되게 주장하자, 태도를 완전히 바꾸어 진주만 공격을 주도면밀하게 입안하여 실행에 옮겨 결국 성공한다. 특히 야먀모토는 항공모함을 운용하는 전술을 최초로 개발한 해군 제독으로도 알려져 있다. 출처: Wikipedia. Public Domain

당초 일본은 1941년 7월, 블라디보스토크와 시베리아로 진격하라는 독일의 요청을 거부한 데 이어, 일본군 독자적으로 가을과 겨울에 시베리아를 공격할 예정이었다. 그러나, 1941년 4월 소련과 일본이 중립 조약을 체결한 이후 국민당 정부에 전쟁 물자를 대고 있던 최대 국가이면서 중국과 말레이 반도에서 즉각 철수하라고 경고한 미국을 공격하기로 마음을 바꾼 것이다.[55] 괴벨스의 말대로 일본의 진주만 폭격은 독일군에게 그야말로 '날벼락'이면서 '나크바'였다.[56] 이 때문에 히틀러는 소비에트 붉은 군대의 갑작스러운 반격 소식을 듣고 믿을 수 없다는 반응까지 보였다.[57] 독일과 일본은 같은 추축국 소속의 동지였지만, 일본과 사전 교감 없이 독일이 독소불가침 조약을 체결한 이후 양국의 신뢰는 무너졌고 이에 따라 전략적 소통 자체가 원활하지 않았다. 이처럼 스탈린의 저항 결정과 독자적인 일본의 진주만 공격 "도라, 도라, 도라"는 히틀러의 세계 정복의 꿈을 산산조각으로 박살 낸 가장 결정타가 되었다!!!

55 1941년 4월 이전, 국민당 정부에 전쟁 물자를 제공하던 최대 국가는 소련이었다. 스탈린은 국민당 정부가 일본과 소모전을 펼쳐 일본이 소련을 넘보지 못하게 할 계산으로, 일본과의 싸움이 아니라 국민당 정부의 영토 점령에 더 관심이 많은 마오쩌둥보다 장제스에게 더 많은 전쟁물자를 제공한 것이었다. 한편 말레이시아 반도는 주석과 고무가 생산되는 곳이었기 때문에, 일본으로서는 "절대로" 포기할 수 없는 지역이었다. 일본군 점령 이전 이 지역을 식민 지배했던 영국은 이곳에서 얼마나 많은 돈을 벌었던지, 말레이 반도를 '제국의 달러 공장'이라고 불렀다.

56 앤터니 비버, *앞의 책*, p. 419. 나크바는 아랍어로 대재앙이라는 뜻이다.

57 스탈린은 일본이 조만간 미국을 공격할 것이라는 첩보를 11월경에 입수했으며, 이 첩보가 모스크바 사수 결정에 중대한 영향을 미치게 된다.

히틀러의 오판도 문제였다. 히틀러는 당초 소련을 점령하기 전에는 미국과 개전할 생각이 없었지만, 일본이 미국과 개전하면 미국의 소련 보급이 줄어들 것이라고 잘못 생각했다. 이에 따라 히틀러는 진주만 폭격 나흘 후인 1941년 12월 11일, 베를린에 주재하던 미국의 대리 공사를 소환하여 미국에 대한 선전포고를 해 버렸다.[58] 그러나 웬걸? 미국은 일본과 전쟁을 치르면서도 소련에 대한 전쟁 물자를 끊임없이 제공하는 무서운 저력을 보여 주었다. 나아가 히틀러의 선전포고는 영예로운 고립을 고수하던 미국에게 진주만 폭격과 함께 2차 대전 공식 참전이라는 극적인 명분을 제공한 꼴이 되어 버렸다. 그 결과 미국은 병력을 800만 명 이상 동원하는 총동원령을 내렸고, 항공기, 선박, 전차, 군수품 등을 생산하기 위한 총력 생산체제로 전환했다. 미국은 단순히 문제를 해결한 것이 아니라 문제를 아예 압도해 버렸다![59]

그 결과 나폴레옹은 모스크바를 함락이라도 시켰지만, 히틀러는 모스크바에 아예 들어가지도 못했다.[60] 모스크바 함락에 실패한 히틀러는 1941년 겨울을 보내고 또 다른 대규모 공격인 '청색 작전'을 통해 이번에는 스탈린그라드로 쳐들어갔다. 스탈린은 볼가강 중류에 위치한 스탈린그라드가 함락되면 러시아 전체가 두 동강 날 것이라면서, 성인 여성과 십 대 여학생까지 방어전에 동원했다. 예

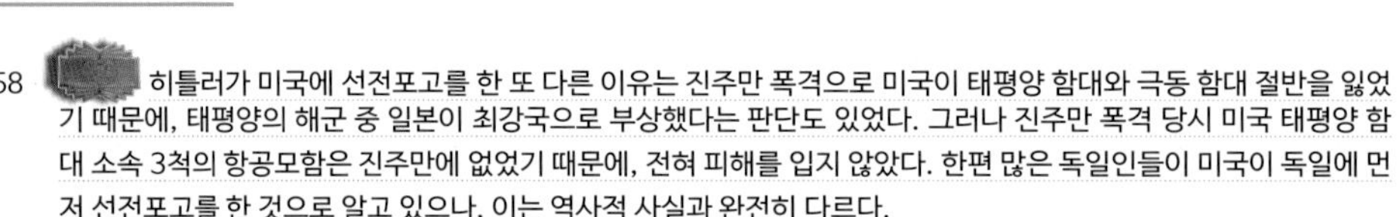

58 히틀러가 미국에 선전포고를 한 또 다른 이유는 진주만 폭격으로 미국이 태평양 함대와 극동 함대 절반을 잃었기 때문에, 태평양의 해군 중 일본이 최강국으로 부상했다는 판단도 있었다. 그러나 진주만 폭격 당시 미국 태평양 함대 소속 3척의 항공모함은 진주만에 없었기 때문에, 전혀 피해를 입지 않았다. 한편 많은 독일인들이 미국이 독일에 먼저 선전포고를 한 것으로 알고 있으나, 이는 역사적 사실과 완전히 다르다.

59 앤터니 비버, *앞의 책*, p. 422

60 히틀러의 독일군은 1942년에 이니그마 암호 체계를 바꾸게 된다. 이 암호 체계의 변경으로 영국은 도청한 독일군 신호를 단 하나도 해독할 수 없게 되어, 연합군은 독일군에게 심각한 피해를 입게 된다. 예컨대 1942년 한 해에만 연합군 선박 총 1,769척과 중립국 선박 90척이 격침되었다. 앤터니 비버, *앞의 책*, p. 425. 이 변경된 암호 체계를 해독한 이는 동성애자 출신의 영국 수학자 앨런 튜링(Alan Turing, 1912~1954)이다. 튜링은 독일군의 이니그마 암호 체계를 해독하기 위해서는 사람의 힘으로는 불가능하다고 판단하여, 일종의 컴퓨터인 복호화 기계를 설계한다. 하지만 그의 제안에는 10만 파운드라는 거액이 필요했는데, 그가 속한 팀의 팀장은 그의 제안을 계속 묵살한다. 튜링은 MI6 요원에게 그의 제안서를 처칠에게 전달하게 했는데, 처칠은 튜링을 나치 암호해독팀인 Hut 8의 팀장으로 앉히고 그의 제안을 수용했다. 이에 따라 탄생한 튜링 봄브(Turing Bombe)는 마침내 나치의 이니그마 암호를 해독하여, 그는 연합군의 2차 대전 승리에 결정적 기여를 하게 된다. 그는 전후에는 현대 컴퓨터의 하드웨어와 소프트웨어 개발에 참여하는 등, 현대 컴퓨터의 아버지로 불리게 된다. 그는 인공지능이라는 말이 나오기 훨씬 전인 1950년에 인공지능에 관한 논문을 발표한 적도 있다. 2014년 그의 영화 같은 암호해독 이야기를 담은 영화 「이미테이션(Immitation)」이 개봉되기도 하였다.

컨대 37밀리 대공포 포병대는 거의 전원이 십 대 여학생들이었다. 하지만 "눈썹 하나 까닥하지 않고 사람들을 사지로 내몰면서도 두뇌 회전이 빠르고 전쟁을 본질을 파악하는 능력이 뛰어난"[61] 스탈린의 이 대응은 그야말로 천진난만한 아이들 장난 수준으로 드러났다. 히틀러가 1942년 8월 23일,[62] 일요일 1,200여 대의 항공기로 1,000여 톤의 소이탄과 폭탄으로 스탈린그라드를 글자 그대로 불바다로 만들어 버렸기 때문이다.[63] 그럼에도 불구하고 소련의 37밀리 대공포 포병대는 이 첫 전투에서 전원이 죽을 때까지 끝까지 저항했는데, 독일군이 이 수비대 병사들의 신원을 확인하고는 크게 동요하기도 하였다고 한다.

추이코프. 2차 대전 당시 스탈린그라드 전투를 성공적으로 이끈 러시아 명장. 빈농 출신으로 공장노동자를 거쳐 1917년 러시아 혁명군이 된 후, 연해주와 중국에서 군사 고문 활동을 벌였다. 소련의 폴란드 침공 당시에는 제4 군을 지휘하였고, 1940년 중일전쟁 때는 장제스를 돕기 위해 중국으로 다시 파견되었다. 1942년 9월에는 히틀러의 스탈린그라드 침공에 맞서, 무슨 수를 써서라도 이 도시를 방어하라는 스탈린의 명령을 받고 도시를 성공적으로 수호한다. 나중에는 베를린 공방전에 참가하여 독일 점령에도 큰 공을 세운다. 1944년과 1945년 두 차례에 걸쳐 소비에트 연방 영웅으로 추앙받았으며, 스탈린그라드를 수호한 공로를 인정받아 미국으로부터 수훈십자상을 받기도 했다. Attribution: Mil.ru. Licensed under the Creative Commons Attribution 4.0 International license. https://commons.wikimedia.org/wiki/File:Vasily_Ivanovich_Chuikov.jpg

하지만 히틀러는 "스탈린그라드는 철저한 공산주의자가 100만 명이나 있어 특히 위험하므로, 도시에 들어가면 그곳의 모든 남성을 제거해야 한다."라는 명령을 내렸다. 이 때문에 독일 공군은 이미 완전히 파괴된 스탈린그라드에 계속해서 공습을 퍼부었다. 한 소련 통신원은 이 당시 스탈린그라드를 "번영의 전성기를 누리다가 재앙으로 사라진 폼페이의 파멸"과 같다고 묘사했다.[64]

특히 히틀러는 스탈린그라드가 스탈린의 이름을 따서 지은 도시라 더욱더 병적으로 집착했다. 그 결과 스탈린그라드 공방전은 두 독재자의 개인적인 위신이

61 앤터니 비버, *앞의 책*, p. 509

62 이때 히틀러가 거주하던 총통 본부는 우크라이나 중서부 도시 빈니차 외곽에 있었다. 총통 본분의 암호명은 베어볼프(Werwolf), 즉 늑대 인간이었다.

63 앤터니 비버, *앞의 책*, p. 506

64 앤터니 비버, *앞의 책*, pp. 533~534

걸린 자존심 문제로 변질되었다. 1942년 9월 13일, 히틀러의 명령에 따라 독일군의 본격적인 공세가 시작되었다. 슈투카의 무자비한 폭격에 이어 독일군 특유의 기갑사단 속도전이 전개되었다. 스탈린그라드 방어를 책임지던 추이코프(Vasily Ivanovich Chuikov, 1900~1982)는 폭격 이후 통신이 끊어지는 악조건에서도 죽더라도 도시를 지키다가 죽겠다는 결연한 의지로 맞섰다. 역설적으로 파괴된 도시의 빌딩 잔해들이 독일군 기갑사단의 가장 큰 장점인 속도를 늦추었다. 반대로 소련군은 이 잔해 속에 숨어 죽기를 각오하고 자리를 지켰으며, 빌딩 잔해 곳곳에 저격수가 배치되어 독일군 장교들과 독일군 병사들에게 물을 갖다주는 러시아 아이들까지도 가차 없이 사살하였다. 소련의 젊은 여성 의무병들 또한 독일군의 자동화기가 불을 뿜는 와중에서도 부상병들을 스스로 옮기는 믿을 수 없는 용기를 보여 주었다.

결국 히틀러는 스탈란그라드를 함락시키지 못했다. 캅카스 유전 확보도 실패했다. 특히 스탈린그라드 공방전 무렵부터 히틀러의 뜻대로 작전이 전개되지 않자, 히틀러는 장교들과 식사도 같이 하지 않고 악수조차 나누지 않았다고 한다.[65] 이는 히틀러가 전장의 상황을 정확히 이해하지 못한 상태에서 판단을 내리기 시작했다는 뜻이다. 쉽게 말해 히틀러가 최소한 겉으로만 보면 완전히 고집불통으로 바뀐 것이다.

그의 가장 큰 전략적 실수는 소련을 함락시키기 위해 일본과 공동으로 대처하지 못한 점, 그리고 소련을 굴복시키기도 전에 미국에 대해 성급하게 선전포고를 한 점, 전장 상황을 정확히 알고 있는 장교들과의 극심한 소통 부족 등이다. 만약 일본이 진주만을 폭격하는 대신 시베리아를 공격했다면, 2차 대전의 결말은 어떻게 될지 알 수가 없었을 것이다. 특히 히틀러는 말년에 엄청난 전쟁 스트레스로 인한 관상동맥 경화증을 앓았고, 파킨슨병 때문에 왼팔을 너무 떨어서 오른손으로 왼팔을 잡지 않으면 대중 앞에 나서지도 못할 정도로 건강이 악화되

65 앤터니 비버, *앞의 책*, p. 535

었다.[66] 히틀러는 결국 자살로 생을 마감했다. 전쟁이 끝나자 독일은 동서로 분열되고, 수도 베를린마저 양쪽으로 쪼개졌다. 이처럼 로마 멸망 이후 모든 통일 노력이 무산되면서 유럽은 하나가 아니었다.

## (6) 리슐리외와 비스마르크의 자발적 선택, 분열!

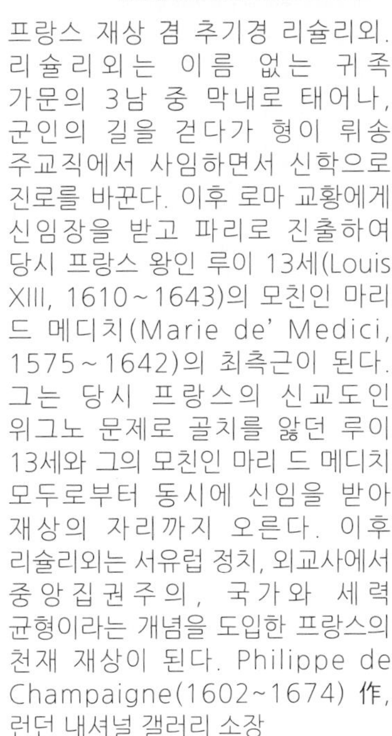
프랑스 재상 겸 추기경 리슐리외. 리슐리외는 이름 없는 귀족 가문의 3남 중 막내로 태어나, 군인의 길을 걷다가 형이 뤼송 주교직에서 사임하면서 신학으로 진로를 바꾼다. 이후 로마 교황에게 신임장을 받고 파리로 진출하여 당시 프랑스 왕인 루이 13세(Louis XIII, 1610~1643)의 모친인 마리 드 메디치(Marie de' Medici, 1575~1642)의 최측근이 된다. 그는 당시 프랑스의 신교도인 위그노 문제로 골치를 앓던 루이 13세와 그의 모친인 마리 드 메디치 모두로부터 동시에 신임을 받아 재상의 자리까지 오른다. 이후 리슐리외는 서유럽 정치, 외교사에서 중앙집권주의, 국가와 세력 균형이라는 개념을 도입한 프랑스의 천재 재상이 된다. Philippe de Champaigne(1602~1674) 作, 런던 내셔널 갤러리 소장

특히 유럽인들은 진시황 이후 중국처럼 하나라는 인식이 없었다. 아니 정반대였다. 유럽은 통일 제국 로마 이후 스스로 분열을 택했다. 예컨대 역대 중국의 황제들이 북방 유목민족의 통일을 봉쇄하기 위해 의도적으로 분열을 조장한 것과 같이, 통일 국가를 이루고 있었던 영국과 프랑스는 국력을 총동원하여 독일과 이탈리아의 통일을 결사적으로 저지했다. 심지어 카톨릭 추기경이었던 "강철 발톱을 가진 이리" 프랑스 재상 리슐리외(Cardinal Richelieu, 1585~1642)는 독일의 분열을 고착시키기 위해 무려 800만 명이 목숨을 잃은 인류 최악의 종교 전쟁인 30년 전쟁(1618~1648)에서 자신의 종교적 신념을 배반하여 네덜란드, 스위스, 스웨덴 등의 프로테스탄트 국가를 적극 지원했다. 만약 카톨릭 강국인 오스트리아가 30년 전쟁에서 승리한다면, 프랑스가 오스트리아의 그다음 제물이 될 것이 거의 확실했기 때문이다. 국익보다는 종교관에 몰입된 일부 프랑스 왕족과 귀족들이 프로테스탄트를 지원하던 리슐리외의 정책에 반발하여 그를 암살하려고 여러 차례 시도했지만, 리슐리외는 비밀경찰을 동원

---

66 로날트 D. 게르슈테, 『질병이 바꾼 세계의 역사』, 미래의창, 2020, pp. 262~263

하여 이들을 모조리 색출한 후 도매급으로 이들의 목을 줄줄이 잘랐다.

리슐리외의 희망대로 30년 전쟁으로 인해 인구 밀집 지역에 양측의 총공세가 집중되면서 전쟁, 기아, 질병 등으로 중부 유럽 인구의 ¼이 목숨을 잃었다.[67] 실제로 인구 대비 사망 비율로 따지면 30년 전쟁은 2차 세계 대전(0.29%), 1차 세계 대전(0.27%)에 이은 제3위(0.25%)를 기록한 인류 역사 최악의 전쟁이다. 이 지역에 자리 잡은 독일은 이 참혹한 30년 전쟁 때문에 200년이 넘는 기간 동안 회복이 불가능할 정도로 궤멸적인 타격을 입었다. 즉, 리슐리외 추기경의 의도대로 57개의 공국으로 분열된 독일은 로마 멸망 직후 촌락이 난립하는 중세 시대로 되돌아갔다. 반면 그들 바로 옆에 위치한 국가 프랑스는 유럽 대륙 전체를 호령하는 강대국으로 급격히 부상했다.[68] 태양왕 루이 14세(Loius XIV, 1638~1715)가 "짐이 곧 국가"라는 절대 왕정을 자신 있게 선언하고, 유럽에서 가장 막강한 세력이 될 수 있었던 이유도 다름 아닌 리슐리외 추기경의 적극적인 유럽 대륙 분열 정책 덕택이었다.[69]

더 나아가 30년 전쟁을 종식한 1648년의 베스트팔렌 조약은 유럽 각국이 국력의 크기나 영토의 규모에 상관없이 그 주권이 동등하게 존중되어야 한다는 이른바 "주권 평등의 원칙"을 확립한 기념비적인 전환점을 만들었다. 예컨대 네덜란드나 스웨덴과 같은 신생 국가들도 프랑스나 오스트리아와 같은 전통 강대국과 동일한 의전 대우를 받았다.[70] 나아가 베스트팔렌 조약은 "제국이나 왕조, 종

67 헨리 키신저, *앞의 책(세계 질서)*, p. 11

68 30년 전쟁을 통해 또 하나의 강국으로 부상한 나라가 스웨덴이다. 스웨덴은 유럽 최초의 징병제를 통해 전쟁 자금 없이 전쟁 능력을 향상시켰고, 당시 스웨덴의 왕이었던 구스타브 아돌프(Gustavus Adolphus, 1594~1632)의 탁월한 지도력을 바탕으로 영국, 프랑스에 이은 제3의 강국으로 부상한다.

69 루이 14세는 72년 동안 왕위에 있었다. 유럽에서 가장 길다. 하지만 그의 아들인 그랑 도팽(Louis, Grand Dauphin, 1661~1711)이 1711년 천연두에 걸려 사망하고, 그랑 도팽의 장남이자 루이 14세의 손자인 프티 도팽(부르고뉴 공작 루이, Louis, duc de Bourgogne, 1682~1712)도 이듬해인 1712년 2월 18일에 홍역으로 사망한다. (그랑 도팽은 아들이 3명이었는데, 둘째인 필리프 5세(Philip of Anjou, Philip V of Spain, 1683~1746)는 나중에 스페인 왕이 되어 45년을 통치한다. 이 45년도 스페인 왕가 역사상 가장 긴 통치 기간이다.) 프티 도팽의 장남인 브르타뉴 공작 루이(1704~1705)는 1살도 안 되어 이미 죽었고, 둘째인 브르타뉴 공작 루이(1707~1712) 또한 부친 프티 도팽이 숨진 지 한 달도 안 된 1712년 3월 8일에 사망한다. 이로써 루이 14세의 후임은 그의 증손자로서, 프티 도팽의 3남인 루이 15세(1710~1774)가 된다. 사람의 앞일은 아무도 모르는 일이다!

70 헨리 키신저, *앞의 책(세계 질서)*, p. 37

파가 아니라 국가가 유럽 질서의 기본 요소"임을 유럽 역사상 최초로 확인하였다.[71] 국가가 외교 질서의 기본 단위로 확립됨으로써 베스트팔렌 조약은 개인의 희망이나 종교적 신념과는 완전히 독립된 "국익," 즉, "레종 데타(Raison d'Etat)"라는 개념까지도 유럽 역사상 최초로 만들었다. 하지만 필자가 보기엔 근대적이고 자유주의적인 국익 우선이라는 외교 원칙을 확립한 베스트팔렌 조약은 유럽의 분열을 사실상 유동적인 액체 상태에서 국제 규범으로 뒷받침되는 확고한 고체 상태로 고착시킨 가장 결정타였다. 즉, 베스트팔렌 조약 이후 유럽 통일은 그야말로 "미션 임파서블(Mission Impossible)"이 되었다.

30년 전쟁 후 유럽 최강국으로 부상한 루이 14세 치하의 프랑스는 어떻게 되었을까? "프랑스의 힘을 나머지 유럽 국가들이 견뎌낼 만한 수준으로 떨어뜨리기 위해" 영국·네덜란드와 신성 로마 제국, 스페인은 결국 손을 잡았다.[72] 아우크스부르크 동맹이라고 부르는 이 군사 동맹은 1688년부터 1697년까지 지속된 9년 전쟁을 통해 루이 14세의 프랑스 부상을 저지했다.[73] 나아가 아우크스부르크 동맹에 참여했던 합스부르크 왕가 출신의 스페인 카를로스 2세(Carlos II, 1661~1700)가 후사가 없어 루이 14세의 손자인 앙주 공작인 필리프 5세(Felipe V, 1683~1746)를 후계자로 지명하자, 스페인과 프랑스가 합쳐질 것을 우려한 신성 로마 제국, 영국, 네덜란드 공화국 등이 프랑스를 다시 공격했다.[74] 스페인 왕위 계승 전쟁(1701~1714)이라 부르는 이 전쟁으로 스페인의 펠리페 5세는 겨우 왕위를 유지했지만, 프랑스 왕위는 계승할 수 없게 됨으로써 스페인과 프랑스가 합쳐질 가능성은 제로가 되었다.

---

71 헨리 키신저, *앞의 책*(세계 질서), p. 38

72 그레이엄 앨리슨, 『*예정된 전쟁*』, 세종서적, 2017, p. 383

73 1688년 11월, 명예혁명 후 네덜란드의 오라네 공 빌럼 3세(Willem III van Orange, 1652~1702)가 영국 왕을 겸했으므로, 이 당시 영국과 네덜란드는 사실상 같은 나라였다. 하지만 아우크스부르크 동맹으로 전비 지출을 급격히 늘렸던 영국 왕실은 1694년 120만 파운드의 자금을 빌리는 대신 잉글랜드 은행(Bank of England) 설립을 허가하게 된다.

74 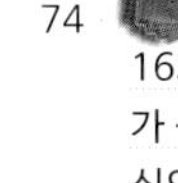 필리프 5세는 루이 14세의 손자인데, 루이 14세의 부인인 마리 테레즈(Marie-Thérèse d'Autriche, 1638~1683)의 손자이기도 했다. 마리-테레즈는 스페인 합스부르크 왕가 출신이므로, 필리프 5세는 합스부르크 왕가 출신이면서 동시에 부르봉 왕가 출신인 셈이다. 하필 이때 카를로스 2세가 후사가 없었으므로, 마리-테레즈는 자신의 손자인 필리프 5세를 스페인 왕위에 강력히 추천한 것이다.

## Fun Fun 상식: 유럽의 분열, 카를로스 2세와 주걱턱

본문에서 언급한 대로 카를로스 2세는 후사가 없었다. 그에게 자식이 없었던 이유는 그가 심각한 유전 질환을 앓고 있었기 때문이다. 그를 옆에서 지켜보던 이들에 따르면 카를로스 2세는 주걱턱 때문에 위 이빨과 아래 이빨이 서로 엇갈려 음식을 도저히 씹을 수가 없어서, 모든 음식을 그냥 통째로 삼켰다고 한다. 입을 제대로 다물 수도 없어 거의 매시간 침을 흘려야 했고, 음식을 씹지 못했으므로 당연히 위가 견딜 수가 없어 심각한 위장 장애도 앓게 된다.

나아가 상체는 큰 데 다리가 너무 가늘어, 제대로 서 있기도 어려운 상태였다. 이 때문에 왕실의 전유물인 사냥은

마르가리타 테레사. 마르가리타는 남동생인 카를로스 2세와 달리 심각한 건강 문제는 없었다. 성격도 활달하여 주변에서는 그녀를 작은 천사라고 부르기도 했다. 그녀는 어릴 때부터 많은 하녀들 사이에서 자랐는데, 이런 그녀의 환경이 벨라스케스가 그린 대작인 「라스 메니나스(Las Menina, 시녀들)」의 배경이 된다. 그녀는 성인이 되어서 신성 로마 제국 황제인 레오폴트 1세(Leopold I, 1640~1705)와 15세에 결혼하는데, 6년 결혼 생활 동안 2번의 유산과 4명의 아이를 출산한다. 출산한 아이들은 가문의 유전병 때문에 오직 마리아(Maria Antonia, 1669~1692)를 제외하고는 모두 1년이 안 되어 사망하고, 마르가리타 본인도 7번째 임신 기간인 1673년에 21세의 나이로 사망한다. 합스부르크 왕조는 마르가리타의 유산을 유대인 탓으로 돌리고, 비엔나에서 유대인을 축출하기도 하였다. 작자 미상. 1662~1664년경. 빈 미술사 박물관 소장. 출처: Wikipedia. Public Domain

카를로스 2세. 필리페 4세와 그의 두 번째 부인인 마리아나(Mariana de Austria, 1634~1696) 사이에 태어난 아들로, 스페인 합스부르크 가문의 마지막 왕이다. 주걱턱에 치아 불교합 문제로 입을 거의 다물 수가 없었고, 키는 컸지만 다리가 너무 가늘어 제대로 서 있는 것조차 불가능했다고 한다. 그래서인지 후사가 없었고, 평생동안 프랑스와 오스트리아의 간섭을 받아야 했다. 말년에 오스트리아의 합스부르크 왕가에 후손 자리를 넘기려고 했으나 실패하였고, 그의 후사는 루이 14세의 손자인 앙주 공작인 필리프 4세(Felipe V, 1683~1746)가 차지한다. 이를 계기로 스페인의 합스부르크 왕조는 종말을 고하고, 스페인 왕가는 부르봉 왕가의 후손이 차지한다. 유럽 주요 열강들은 이를 계기로 스페인 왕위 계승 전쟁이라는 또 한 번의 전쟁을 겪게 된다. 스페인 화가인 후안 까레뇨(Juan Carreño de Miranda, 1614~1685)의 1685년경 작품. 빈 미술사 박물관 소장. 출처: Wikipedia. Public Domain

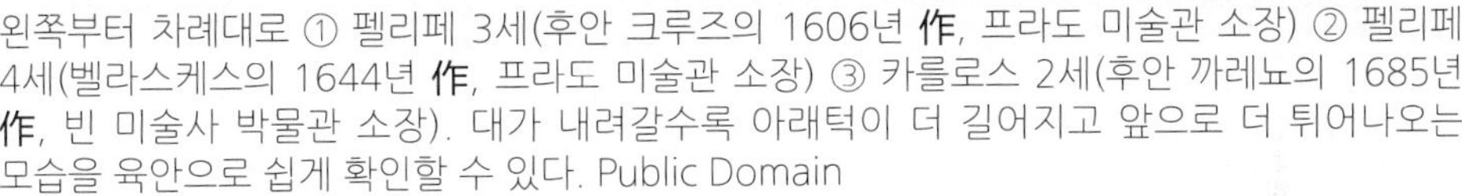

왼쪽부터 차례대로 ① 펠리페 3세(후안 크루즈의 1606년 作, 프라도 미술관 소장) ② 펠리페 4세(벨라스케스의 1644년 作, 프라도 미술관 소장) ③ 카를로스 2세(후안 까레뇨의 1685년 作, 빈 미술사 박물관 소장). 대가 내려갈수록 아래턱이 더 길어지고 앞으로 더 튀어나오는 모습을 육안으로 쉽게 확인할 수 있다. Public Domain

꿈도 못 꾸는 상황이었으며, 이 때문에 심각한 우울 증상까지 앓게 된다. 심지어 35세부터는 탈모 증세까지 나타나 대머리가 되었고, 가끔 발작 증세도 보였다. 이런 그가 어떻게 아이를 가질 수가 있나?

다만 이와 같은 신체적 약점에도 불구하고, 그의 지적 능력에는 아무 문제가 없었다. 그의 친누나로 벨라스케즈의 가장 유명한 초상화인 「시녀들」의 모델이 된 마르가리타 테레사(Margarita Teresa de Espa a, 1651~1673) 또한 최소한 어릴 때에는 신체적으로, 정신적으로 아무런 문제가 없는 정상인이었다. 물론 그녀는 합스부르크의 턱이라는 유전병을 피할 수는 없었다.

이는 카를로스 2세의 신체적 결함이 가문에게 유전되는 특이한 유전병 때문임을 시사하는 것이다. 카를로스 2세 유전병의 원인은 잘 알려진 대로 근친혼 때문이다. 스페인 왕가의 근친혼은 그의 7대 조부인 카를 5세 때까지만 해도 심각하지 않았다. 하지만 카를 5세의 아들인 펠리페 2세 때부터 상황이 심각해지기 시작했다. 즉 펠리페 2세는 자신의 여조카인 오스트리아의 안나(Anna of Austria, 1549~1580)와 결혼한다. 이 둘 사이에서 태어난 펠리페 3세(Philip III of Spain, 1527~1598)는 6촌 사촌인 오스트리아의 마가렛(Margaret of Austria, 1584~1611)과 결혼

하고, 이 둘 사이에 태어난 펠리페 4세(Philip IV of Spain, 1605~1665)는 그의 여동생 마리아(Maria Anna of Spain, 1606~1646)의 딸로 자신의 조카가 되는 오스트리아의 마리아나(Mariana of Austria, 1634~1696)와 결혼한다. 이 둘 사이에 난 사람이 바로 카를로스 2세이다.

이들의 극단적인 근친혼은 아래턱이 길게 돌출되는 하악전돌증(Mandibular Prognathism, 下顎前突症)이라는 특이한 유전병을 잉태하였고, 세대가 지날수록 그 정도가 심하게 되었다. 예컨대 펠리페 3세부터 펠리페 4세, 카를로스 2세의 초상화를 보면 대를 지날수록 뚜렷하게 아래턱이 돌출되고 있다는 사실을 눈으로 직접 확인할 수 있다. 하악전돌증뿐 아니라 근친혼은 스페인 왕실의 평균 수명 또한 급격히 떨어뜨렸다. 2009년 과학 저널인 Public Library of Science(PLOS ONE)는 근친혼이 시작된 펠리페 2세 이후 스페인 왕실의 34명 자녀 중 29.4%가 1살이 되기 전에 사망하였고, 50%가 10살 이전에 사망했다는 놀라운 연구 결과를 발표하기도 하였다.

루돌프 1세. 그는 강력한 제후들의 틈바구니에서 신성 로마 제국 황제의 자리에 오른다. 이후 합스부르크 가문의 정체성을 확립하여, 합스부르크 가문을 지속적으로 유지하는 기반을 마련하게 된다. 네덜란드 화가인 피터 사우트만(Pieter Soutman, c.1593~1657)의 1640년경 그림. 출처: Wikipedia. Public Domain

이들 합스부르크 가문은 왜 이렇게 근친혼을 고집했을까? 합스부르크 가문의 시조는 스위스에 거주하던 클레가우의 라드보 백작(Radbot of Klettgau, c.985~1045)인데, 그는 영지 수호를 위해 스위스 아르가우(Aargau) 지방에 합스부르크 요새(Castle of Habsburg)를 건설하였다. 이후 이 가문의 이름은 합스부르크로 바뀌게 되는데, 이들이 출범할 당시 합스부르크 가문은 신성 로마 제국 내 시골 촌구석의 말단 귀족 집안에 불과했다.

그런데 이들이 가문의 정체성을 확립할 무렵, 신성 로마 제국은 선거를 통해 황제를 뽑고 있었다. 선거를 통해 황제를 선출하는 이 시스템은 유럽의 분

열상이 얼마나 고질적인 것인지를 적나라하게 보여주는 가장 단적인 사례이기도 하다. 하여튼 이 와중인 1254년부터 신성 로마 제국 내 제후들의 힘이 너무 강해지면서, 신성 로마 제국은 황제를 1273년까지 무려 19년 동안 뽑지 못하고 있었다. 이 시기를 대공위 시대(Interregnum)라고 부른다. 그러다가 대공위 시대 말기에 힘이 강대했던 신성 로마 제국의 선제후들은 상호 간 힘의 균형을 맞추고 황제의 부재에 따른 혼란을 끝내기 위해서, 당시에 이름이 전혀 알려져 있지 않던 유명무실한 가문인 합스부르크 가문 출신인 루돌프 1세(Rudolph I of Germany, 1218~1291)를 1273년에 황제로 내세우는 데 합의했다. 한 마디로 55세의 나이로 오늘내일 사망할지도 모르는 루돌프 1세를 바지 사장으로 옹립한 것이다.

그러나 이게 웬걸? 루돌프 1세는 황제라는 이름을 내걸고 스위스를 벗어나 오스트리아로 진격하여 영토를 확장하더니, 나름대로 신성 로마 제국 내에서 가문의 명성을 조금씩 떨치기 시작했다. 그의 후손인 알브레히트 2세(Albrecht II, 1298~1358)가 조카에게 암살당하면서, 합스부르크 가문의 위기가 일시적으로 찾아오기도 하였다. 하지만 합스부르크 가문은 문서를 위조하면서까지 선제후 지위를 지켰고, 근거지인 오스트리아의 비엔나에 슈테판 대성당(Stephansdom) 증축, 비엔나 대학교 설립 등 엄청난 자금을 투자하면서 가문의 세력을 유럽 전역에 본격적으로 확장하기 시작했다.

알브레히트 2세. 신성 로마 제국 황제의 외동딸과 결혼하여 독일의 국왕으로 선출되었지만, 신성 로마 제국 황제의 자리에는 오르지 못했다. 헝가리로 침략해 들어온 오스만 튀르크와 전쟁 중 사망한다. 작자 미상. 16세기경. 빈 미술사 박물관 소장. 출처: Wikipedia. Public Domain

특히 1422년 9월 28일, 합스부르크 가문의 알브레히트 2세(Albrecht II of Germany, 1397~1439)는 비엔나에서 신성 로마 제국 황제인 지기스문트(Sigismund of Luxembourg, 1368~1437)의 "외동딸(!)"인 엘리자베스(Elisabeth of Luxemburg, 1409~1442)와 결혼했다. 말이 결혼식이지 엘리자베스가 헝가리와 보헤미아를 상속받는다는 사실을 만천하에 공식 확인하는 자리였고, 그 확인을 바탕으로 합스부르크 가문과 결혼한다는 일종의 결혼 조약 체결식이었다. 그 뒤 1437년 지기스문트 황제가 사망하자, 헝가리와 보헤미아를 상속하게 된 외동딸 엘리자베스 덕분에 알브레히트 2세는 바로 헝가리와 보헤미아 왕위에 올랐고, 나중에는 독일인의 왕까지 된다. 즉, 결혼 하나로 3개 왕국의 왕이 된 것이다.

이 일로 재미를 본 합스부르크 가문은 15세기부터 가문 세력 확장의 주요 수단으로 자금이 많이 들고 승리할지, 패배할지 알 수 없어 불확실성이 매우 높은 전쟁보다, 유럽 왕실과의 적극적 혼인을 세력 확장의 주요 수단으로 선택하게 된다. 실제로 알브레히트 2세 이후 신성 로마 제국의 황제는 오스트리아의 합스부르크 가문이 거의 완전히 독점하게 된다. 얼마나 그 위세가 대단했는지 합스부르크 가문 출신으로 처음 신성 로마 제국 황제의 자리에 오른 15세기 프리드리히 3세(Friedrich III, 1415~1493)는 A.E.I.O.U, 즉 "모든 땅이 오스트리아에 복종한다.(Alles Erdreich ist sterreich untertan)"를 가문의 모토로 삼았다.

프리드리히 3세의 아들인 막시밀리앙 1세(Maximilian I, 1459~1519) 또한 당시 샤를 1세의 외동딸로 자신에게는 6촌 사촌인 마리 드 부르고뉴(Marie de Bourgogne, 1457~1482)와 1477년에 근친 결혼하였고, 우연인지 필연인지 5년 만에 그녀가 사망하자 부르고뉴 땅을 꿀꺽 삼켰다. 마리 사망 8년 후인 1490년에 막시밀리앙은 브리타뉴 공작의 안(Anne of Brittany, 1477~1514)과 "대리인을 통해" 혼인했지만, 프랑스 샤를 8세의 방해로 1492년에 결혼이 무효화되면서 그 땅을 차지하지는 못했다. 막시밀리앙은 결혼 무효화 직후인 1494년 밀라노의 비앙카 마리아 스포르차(Bianca Maria Sforza, 1472~1510)와 혼인하여 밀라노까지 차지하려고 하였다. 하지만 그녀가 사망하기 전인 1499년, 프랑스가 밀라노를 점령하면서 사용 가치가 없다고 판단한 막시밀리앙은 그녀와 별거하게 된다.

하여튼 이런 식의 혼인 조약을 통해 합스부르크 왕가는 스페인, 네덜란드, 룩셈부르크, 스위스 일부, 밀라노·나폴리·사르데냐·시칠리아 등 이탈리아 일

1547년 합스루브크 왕가의 영토. Sir Adolphus William Ward, G.W. Prothero, Sir Stanley Mordaunt Leathes의 『*The Cambridge Modern History Atlas*』, Public Domain

부, 오스트리아 및 헝가리, 남부 독일 등 유럽 영토의 거의 절반을 차지하게 된다. 이처럼 합스부르크 가문의 영토가 극도로 확대되면서, 이제는 더 이상 다른 가문과의 혼인을 통해 영토를 넓힐 수 없는 지경에까지 이르게 되었다. 그럼 이제 어떻게 하나? 만약 자신들이 구사한 혼인 전략을 다른 나라의 왕족들이 사용하면, 자신들이 어렵게 이룩한 제국이 결혼을 통해 다른 나라 왕족에게 넘어가게 된다. 그것만은 절대 안 된다! 이제 남은 것은 바로 그들 가문끼리 결혼, 즉 근친혼밖에 답이 없었다. 이것이 바로 합스부르크 가문이 근친혼을 할 수밖에 없는 이유였다.

그렇다면 중세 유럽의 합스부르크 가문만이 근친혼을 한 것일까? 아니다. 근친혼의 시조는 바로 고대 이집트이다. 고대 이집트 파라오는 왕족의 순수한 혈통을 지킨다는 목적으로, 파라오 친인척끼리 결혼했다. 이집트 파라오 중 가장 유명한 파라오인 투탕카멘은 자신의 부인이 그의 이복 여동생인 안케세나멘(Ankhesenamen)이었다. 안케세나멘 또한 투탕카멘과 결혼하기 전에는 그녀의 부친인 아크나톤과 혼인한 사이였다. 투탕카멘 또한 그의 부친인 아크나톤과 그의 여동생 아들이기도 하다.

이 때문에 합스부르크 가문과 마찬가지로 이집트 파라오들도 신체가 미약하거나, 혹은 알 수 없는 이유로 모두 일찍 죽었다. 예컨대 2015년 259구의 파라오 미이라를 분석한 결과에 따르면, 남자 파라오의 평균 키는 165.8㎝에 불과했고 공주의 경우는 156.7㎝에 불과했다고 한다.[75] BBC도 2019년에 투탕

75 Michael E. Habicht, Maciej Henneberg, Lena M. Öhrström, Kaspar Staub, Frank J. Rühli, 『*Body height of*

카멘의 DNA를 분석한 적이 있는데, 그 결과에 따르면 투탕카멘은 골반이 여성의 골반처럼 넓었으며 발이 안쪽으로 휘는 내반족을 앓고 있어 10대임에도 불구하고 지팡이를 짚고 다녀야 했다는 사실이 밝혀졌다.[76] 히타이트인들은 이러한 이집트 파라오의 행태를 보고 이집트인들을 "더러운 야만족"이라고 불렀다.

근친혼은 합스부르크 왕가만큼은 아니지만, 프랑스에서도 유행했다. 메로빙거 왕조(Merovingian dynasty, 5세기~751), 카롤링거 왕조(Carolingian Dynasty, 580~840)에 이은 프랑스 제3의 왕조인 카페 왕조(Capetian dynasty, 987~1328)는 초기에는 근친혼이 별로 없었다. 하지만 왕조 말기로 갈수록 근친혼이 성행했는데, 대표적인 인물이 성전기사단을 해체한 필리프 4세이다. 그는 나바라 왕국의 후안(Joana I.a Nafarroakoa, 1273~1305)과 결혼하는데, 그녀는 필리프 4세와 함께 루이 8세(Louis VIII le Lion, 1187~1226)의 증손자였다. 그들 사이에는 아들이 4명, 딸이 3명 있었다. 아들 4명 중 장남인 루이 10세(Louis X, 1289~1316)는 필리프 4세가 사망하면서 왕이 되었으나, 불과 2년 후인 1316년에 테니스를 친 후 와인을 마시고 3일 만에 27세의 나이로 사망했다. 그 뒤를 이은 루이 10세의 동생인 필리프 5세(Philippe V le Long, 1292~1322)도 1322년 30세의 나이로 온갖 질병을 앓는 상태에서 사망했고, 필리프 5세의 동생으로 그의 뒤를 이은 샤를 4세(Charles IV, 1294~1328)도 33세의 젊은 나이로 정확히 병명이 알려지지 않은 질환으로 사망하였다. 샤를 4세는 자식이 3명이나 있었지만, 모두 딸이라 왕위를 계승하지 못해 결국 발루아 왕조로

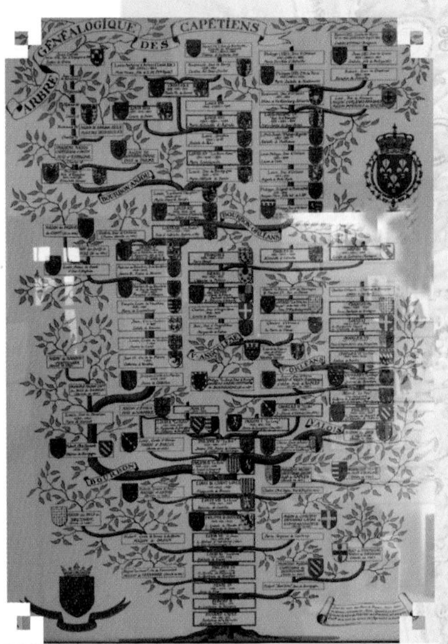

카페 왕조 가계도

mummified pharaohs supports historical suggestions of sibling marriages」, 2015. Apr 27

76 BBC, 『Tutankhamun: The Truth Uncovered』, 2019. Sep 4

샤를 6세. 1380년, 12세의 어린 나이에 왕에 올라, 20세부터 단독 통치권을 행사했다. 하지만 1392년, 24세 때부터 친구를 살해하려거나 전투에서 자신의 부하들을 공격하는 등 인지 기능이 저하되는 섬망 증세를 앓더니, 죽을 때까지 정신이 온전하지 못했다. 그의 아들인 샤를 7세(Charles VII of France, 1403~1461)는 잔다르크와 협심하여, 백년전쟁을 승리로 이끌면서 잉글랜드의 프랑스 왕위 주장을 완전히 끝내게 된다. 1411~1415년경 파리 삽화집 마자린 마스터(Mazarine Master). 제네바 도서관 소장. Public Domain

교체된다. 이 왕위 계승 문제 때문에 프랑스는 영국과 백년 전쟁을 치르기도 한다. 근친혼으로 인한 왕실의 건강 문제만 아니었다면 백년전쟁은 일어나지 않았을 것이라고 이야기하면 지나친 단순화일까?

근친혼으로 대가 끊긴 카페 왕조에 뒤이은 발루아 왕조(Valois Dynasty, 1328~1589)도 근친혼의 저주를 벗어나지 못했다. 발루아 왕조의 친족간 결혼은 특이하게도 유전적 정신병을 잉태하게 된다. 대표적으로 발루아 왕조의 샤를 6세(Charles VI, 1368~1422)는 근친혼으로 인해 자신이 왕이라는 사실도 모르고, 나중에는 자신의 이름조차 기억을 못하는 심각한 정신질환을 앓게 된다. 이를 틈타 백년전쟁 중에 프랑스로 쳐들어온 영국의 헨리 5세(Henry V, 1386~1422)는 샤를 6세의 딸인 까뜨린느(Catherine de Valois, 1401~1437)와 결혼하고 만약 샤를 6세가 먼저 죽으면 헨리 5세가 프랑스 전체를 차지한다는 트로와 조약(Treaty of Troyes)에 서명하게 된다. 헨리 5세는 당연히 샤를 6세가 먼저 죽을 줄 알았겠지만, 헨리 5세가 이질로 샤를 6세보다 2개월 먼저 사망하면서 다행히 프랑스는 자신의 영토를 보전할 수 있었다.

아이러니하게도 샤를 6세의 정신질환은 그의 딸인 까뜨린느가 헨리 5세와 혼인하면서, 영국 왕실로 넘어갔다. 까뜨린느는 헨리 5세와 혼인 후 아들을 낳게 되는데, 이가 바로 영국의 헨리 6세(Henry VI, 1421~1471)이다. 이 헨리 6세도 근친혼으로 인한 정신질환을 앓았던 프랑스의 샤를 6세와 마찬가지로 주변 인

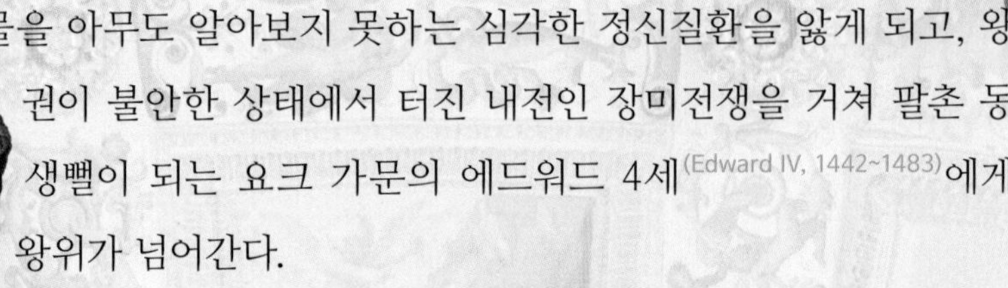



물을 아무도 알아보지 못하는 심각한 정신질환을 앓게 되고, 왕권이 불안한 상태에서 터진 내전인 장미전쟁을 거쳐 팔촌 동생뻘이 되는 요크 가문의 에드워드 4세(Edward IV, 1442~1483)에게 왕위가 넘어간다.

영국으로 넘어간 근친혼의 역사는 근대 역사를 송두리째 바꾸는 무서운 역사적 계기가 되기도 한다. 대표적으로 영국 산업혁명 시대의 전성기 시절 빅토리아 여왕(Queen Victoria, 1819~1901)은 모계 혈통을 통해 혈우병 인자를 가지고 있었다. 그녀는 자신의 자식들을 총동원하여 유럽 왕족들과 혼인하게 했고, 혼인 후 그 자식들끼리 다시 혼사를 치르는 근친혼을 적극 장려했다. 사람들은 이런 빅토리아 여왕의 행태로 인한 그녀 DNA의 유럽 왕실 확산을 빗대어 그녀를 냉소적으로 "유럽의 할머니"라고 부르기도 했다.

빅토리아 여왕. 해가 지지 않는 대제국(The empire on which the sun never sets.)을 이룩한 영국의 최전성기 시절 여왕. 1837년부터 1901년까지 64년을 통치하여, 70년을 통치한 엘리자베스 2세 여왕에 이어 두 번째로 오래 영국을 통치한 여왕이다. 아편 전쟁과 인도의 식민지화 등 제국주의 정책의 수호자라는 비판도 있다. 특히 그녀는 혈우병 인자를 보유하고 있었는데, 둘째 딸 알리스 공주, 넷째 아들 레오폴드 공작, 막내딸인 베아트리스 공주가 혈우병 보인자였다. 둘째 딸 알리스 공주는 이 보인자를 가지고 러시아 황실로 출가했는데, 이 혈우병 인자는 러시아 황실 붕괴와 소비에트 연방 국가의 성립이라는 엄청난 파급 효과를 초래한다. 영국 사진작가 알렉산더 바사노(Alexander Bassano, 1829~1913)의 1882년 사진. 출처: Wikipedia. Public Domain

그런데 문제는 그녀가 혈우병 유전인자를 보유한 환자였다는 점이다. 이 때문에 당시로서는 불치병에 가까운 혈우병이 유럽 왕실 내에서 급속히 확산한다. 특히 혈우병은 여성에게는 나타나지 않고 오직 남성에게만 발현되는 특징이 있어, 왕실 혈통의 승계에 심각한 문제를 야기하였다. 대표적으로 프로이센, 스페인 등 유럽 왕실로 확산한 빅토리아 여왕의 혈우병 인자는 결정적으로 러시아 왕정을 붕괴시키는 부메랑이 된다. 즉 러시아 마지막 차르인 니콜라이 2세(Nikolai II, 1868~1918)의 부인은 빅토리아 여왕의 외손녀인 알렉산드라 표도로브나(Alexandra Feodorovna, 1872~1918)였는데, 그녀

는 빅토리아 여왕과 마찬가지로 혈우병 인자를 보유하고 있었다.

불행히도 니콜라이 2세와 알렉산드라는 딸 네 명과 아들이 한 명 있었는데, 그 유일한 아들이 바로 비운의 황태자인 알렉세이(Alexei Nikolaevich, 1904~1918)이다. 하지만 혈우병은 오직 남성에게만 나타나고, 여성에게는 나타나지 않는 질환이다. 이 때문에 그는 태어날 때부터 출혈 후 피가 멎지 않는 혈우병 증상 때문에, 생존 자체가 위협받는 심각한 상황에 직면한다. 온갖 치료법이 통하지 않자, 알렉산드라는 괴승인 라스푸틴(Grigori Yefimovich Rasputin, 1869~1916)의 도움을 받게 된다. 사실인지 아닌지 알 수 없지만, 라스푸틴의 치료법은 어느 정도 효과가 있었고, 이후 러시아 황실은 라스푸틴에게 내정과 외교 등 국정을 완전히 넘겨 버렸다.

결국 라스푸틴의 학정에 견디다 못한 러시아 귀족 일부가 1916년에 그를 암살했고, 이 혼란을 수습하지 못한 러시아 황실은 1917년에 민중 혁명으로 붕괴되었다. 니콜라이 2세와 알렉산드라, 그리고 그들 5명의 아이는 모두 총살형을 받게 된다. 특히 러시아 혁명으로 러시아가 공산화되면서, 이후 세계는 자본주의와 공산주의의 극단적인 대립이라는 거대한 역사의 소용돌이에 빠져들기도 한다. 이쯤 되면 카를로스 2세의 주걱턱이 상징하는 근친혼이 유럽 역사에서 얼마나 엄청난 혼돈과 소용돌이를 만들어 냈는지 이제는 이해가 될 법도 하지 않을까?

알렉산드라 표도로브나. 그녀는 프로이센 공작인 루드비히 4세(Ludwig IV, 1837~1892)와 빅토리아 여왕의 셋째 자녀이자 둘째 딸인 알리스 공주(Princess Alice, 1843~1878) 사이에서 2남 5녀 중 4녀로 태어났다. 모친인 알리스 공주가 영국의 공주라는데 큰 자부심을 가지고 있었기 때문에, 그녀도 어릴 때부터 영국식으로 주로 교육받았다. 미모가 뛰어나 주변에서 청혼이 많았는데, 특히 구혼에 적극적이었던 러시아의 니콜라이 황태자와 결국 결혼한다. 약혼식 후 루터교에서 그리스 정교로 개종하고, 이름도 알릭스(Alix)에서 알렉산드르 표도로브나로 개명한다. 다만 그의 외조모인 빅토리아 여왕은 러시아 정정이 불안하다는 이유로, 이 결혼을 극구 반대했는데 그녀의 예언은 후에 그대로 현실이 된다. 스위스 사진작가 프레데릭 보아손(Frederick Boasson)과 독일 동료인 프리츠 이글러(Fritz Eggler)의 1908년 사진. 출처: Wikipedia. Public Domain

1803년부터 1814년까지 유럽을 전쟁의 화마로 몰아넣었던 나폴레옹 전쟁을 수습하기 위해 1815년에 체결된 빈 회의의 결과도 마찬가지였다. 당연히 빈 회의의 주도권은 나폴레옹 승리의 주역인 영국이 쥐고 있었다. 영국은 전쟁 방지를 위한 힘의 균형이라는 명분으로 유럽 대륙에서 누구도 자신을 능가하지 못하도록 국경선을 설정했다. 분열이 바로 영국의 유럽 대륙 통치 방식이었던 것이다. 이때부터 독일이 부상하던 1871년까지 영국은 유럽은 물론 전 세계 최강자의 지위에 올라, 팍스 브리태니카(Pax-Britannica) 시대를 열었다.

사이크스. 영국 웨스터민스터 출생으로 평생 라이벌이 그 유명한 사막의 로렌스(Thomas Edward Lawrence, 1888~1935)이다. 어렸을 때부터 부친을 따라 오스만 여행을 자주 가서, 오스만 튀르크 최고의 전문가가 된다. 이 때문에 영국 정보 장교로서, 외교부의 중동 고문 역할도 하였다. 그는 오스만 제국의 아랍 통치에 매우 부정적이었으며, 아랍의 독립에도 매우 적극적이었다. 이런 그의 성향은 오스만 제국을 유럽 열강끼리 분할한다는 사이크스-피코 비밀 협정으로 그를 이끌게 된다. 그는 1919년 파리 강화회의에 참석했다가, 당시 유행하던 조류 독감에 걸려 사망한다. 작자 미상. 1918년경 사진. 출처: Wikipedia. Public Domain

피코. 프랑스 출신 변호사로 1895년 외교관이 된 후, 1차 세계 대전 직전에 베이루트 주재 프랑스 총영사가 된다. 이후 중동 지역의 영사 경험을 바탕으로 레바논과 시리아에 대한 프랑스 통치를 내용으로 영국인 사이크스와 비밀 협정 체결을 주도한다. 1916년에는 아랍 민족주의자들의 명단을 폭로하는 논문을 발표하고 그 후 이 논문에 거론된 인사들이 죽게 되자, 아랍 지도자들로부터 전범이라는 맹렬한 비난을 받기도 한다. 사이크스-피코 협정은 원래 비밀 협정이었으나, 조약에 개입했던 러시아가 1917년 혁명으로 정권이 바뀌자 이 조약을 언론에 공개하면서 세상에 알려졌다. 작자 미상. 1918년 1월 16일 사진. 출처: Wikipedia. Public Domain

프랑스나 영국만 그런 것이 아니었다. 유럽의 가장 촌구석 중 하나인 베스트팔렌에서 체결된 조약의 가장 큰 희생양으로 분열을 거듭하던 독일조차도 유럽의 분열을 의도적으로 조장했다. 즉, 우여곡절 끝에 강철과 선혈을 통해 1871년 독일 공국을 통일한 프로이센의 철혈재상 비스마르크(Otto von Bismarck, 1815~1898)는 러시아와의 친교를 통해 프랑스를 외교적으로 고립시키고, 유럽의 분열 상태를 현상 유지한다는 외교 책략을 29년 동안이나 밀어붙였다. 베스트팔렌 조약이 채택했던 주권 평등의 원칙은 환상이며 오로지 힘에 의한 외교를 신봉했던 철저한 마키아벨리스트였던 비스마르크의 현실 정치이론은 유럽의 분열을 高 난이도 체스 게

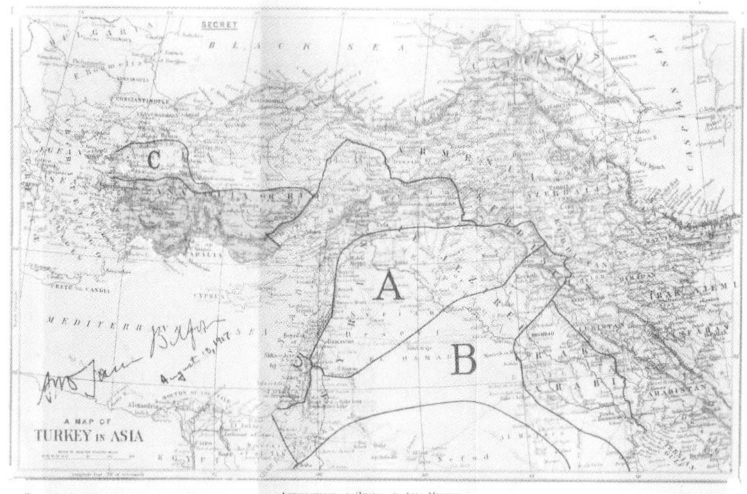

1917년 8월, 영국 총리 밸푸어(Arthur James Balfour, 1848~1930)가 서명한 튀르키에 분점 지도. 이 지도는 1917년 8월~9월 사이에 남부 프랑스의 생-장-드-모리엔느(Saint-Jean-de-Maurienne)에서 개최된 영국, 프랑스, 이탈리아 3국 간 비밀 회담에서 합의된 지도이다. 밀라노의 알도브란디 마레스코티(Alfovrandi Marescotti)의 1938년 스캔. Public Domain

임인 "세력 균형" 전략으로 변질시켰다.[77]

비스마르크 이후 유럽 정치, 외교가 추구해야 하는 지상 최대의 과제로서 자리 잡은 유럽 국가 상호 간 "세력 균형" 전략은 유럽 열강의 식민지 쟁탈전에도 그대로 사용되었다. 대표적으로 유럽 열강들은 오스만 튀르크와 청나라의 식민지 이익을 차지하는 과정에서도, 각 국가 상호 간의 균형을 유지해야 한다는 세력 균형 이론을 철두철미하게 준수했다. 예컨대 자부심이 강했던 영국 정보 장교 마크 사이크스(Mark Sykes, 1879~1919)와 오만한 프랑스 외교관 프랑수아 조르주-피코(François Georges-Picot, 1870~1951)가 오스만 튀르크가 장악했던 중동을 영국, 프랑스, 러시아, 이탈리아가 신탁 통치한다고 합의한 1916년의 사이크스-피코 비밀 협정(Sykes-Picot Agreement)은 본질적으로 중동 지역의 이권을 각국이 "사이좋게" 균점한다는 협정이었다. 청일전쟁에 승리하여 요동

77 체스는 원래 인도 게임 차투랑가(Chaturanga)에서 유래한 것이다. 현대 체스에서 비숍은 원래 인도 게임에서는 코끼리였다. 인도에서 페르시아의 샤트란지(shatranj)를 거쳐 이슬람이 사산조 페르시아를 점령하자, 이슬람의 샤트레지(shaterej)로 전파되었다. 이슬람이 이베리아 반도까지 진출하자 체스는 스페인의 아헤드레즈(ajedrez), 포르투갈의 샤드레즈(xadrez) 등의 이름으로 유럽으로 전파되었다. 프랑스에서는 에첵(eschecs)으로 불리고, 영국에서는 체스(chess)로, 이 두 나라를 제외한 거의 모든 나라는 샤(shah)라는 발음이 들어간다.(독일어 schach, 덴마크어 skak, 노르웨이어 sjakk, 헝가리어 sakk 등) 체스는 11세기 중세에 유럽 전역으로 확산되었고, 16세기 무렵 현재의 형태로 확정된다.

반도를 차지한 일본조차도 청나라 황실의 요청에 따라 움직인 러시아 주도로 프랑스, 독일과 연합한 세력 균형 전략에 밀려 결국 요동 반도를 포기해야 했다.[78] 이에 따라 오스만 튀르크와 청나라 정부는 자신의 나라를 유럽 열강이 갈기갈기 찢어서 만신창이가 되는 장면을 자신들의 눈앞에서 생생하게 목도하면서도 국가나 중앙정부가 유지되는, 역사상 단 한 번도 기록되지 않았던 "좀비(Zombie) 국가" 신세를 경험해야 했다.[79]

인류 역사상 최악의 전쟁인 1차 세계 대전과 2차 세계 대전 또한 유럽 세력 균형 체제가 제대로 작동되지 않았기 때문에 발생한 비극이었다. 즉, 1차 세계 대전은 오스트리아·헝가리 제국, 러시아, 오스만 튀르크 3개국이 발칸 반도에서 균형을 상실하면서 발생한 전쟁이고, 2차 세계 대전은 1차 종전 협상에서 프랑스가 지나치게 독일을 억압함으로써 프랑스와 독일 사이의 균형이 깨지면서 시작된 것이다. 심지어 1990년 독일이 통일될 당시에도 영국의 대처 총리와 프랑스의 미테랑 대통령은 미국의 부시 대통령에게 독일의 통일을 저지할 것을 강력히 촉구하기도 하였다.[80]

이처럼 유럽의 분열은 서로마가 멸망한 476년을 기점으로 30년 전쟁 이후 1648년의 베스트팔렌 회의, 나폴레옹 전쟁 이후 1815년의 빈 회의, 1차 세계 대전 이후 1919년의 베르사유 회의를 거쳐 1993년 유럽연합이 출범하기까지 무려 1,500년 넘게 지속되었다. 즉, 베스트팔렌 체제도, 빈 체제도, 베르사유 체제도 유럽 통일이 아니라, 로마 멸망 이후 시작된 유럽의 분열을 확립하기 위해 만들

78 이 사건 이후 삼국간섭의 주도자 러시아를 향해 일본은 복수의 전쟁 준비를 한다. 일본의 러시아에 대한 전쟁 준비는 그야말로 치밀함 그 자체이다. 우선, 일본은 러시아를 격파하기 위해 1895~1904년 사이에 해군 병력을 3배, 육군 병력을 9배 늘렸다. 1897년에는 일본이 런던에서 국채 4,300만 엔을 발행하였고, 1899년에는 9,763만 엔을 발행하여 전쟁 준비에 모두 사용하였다. 1902년에는 러시아 남하를 견제하는 공동의 이익을 가진 영국과 영일동맹도 맺었다. 일본은 전쟁 중에도 런던 금융시장을 통해 총 4회, 8,200만 파운드의 국채를 팔아 치웠다. 러일 전쟁은 일본이 국제금융시장에 데뷔하는 첫 무대였다.

79 반면 인도는 오롯이 영국의 식민지였다. 인도라는 식민지를 영국이 독점하지 않았다면 영국의 산업혁명은 한단지몽에 그쳤을 것이다. 금융 용어로 인도는 산업혁명 시기의 영국에게는 왕관의 보석(crown jewel)과도 같은 소중한 존재였다. 나치 독일은 아리안족의 세계 지배를 위해 소수의 다수 지배라는 영국의 인도 지배 모델을 끊임없이 연구했다고 한다.

80 그레이엄 앨리슨, *앞의 책*, p. 294. 유럽의 이와 같은 싸움꾼 기질은 미주 대륙과 동양 정복에도 그대로 사용한다.

마하바라타의 서적 일부. 마하바라타는 라마야나(Ramayana)와 함께 인도의 양대 고대 서사시 중 하나이다. 마하라바타는 두 왕족인 카우라바(Kauravas) 족과 판다바(Pandavas) 족 사이의 전쟁 기원과 그 영향을 기술한 大 서사시로, BC 10세기 무렵의 실제 사건을 기반으로 만들어졌다고 한다. 인도인들은 마하라바타에는 세상의 모든 것이 담겨 있고, 마하라바타에 없는 것은 세상에도 없다고 하여 엄청난 자부심을 가지고 있다. 이 장면은 마하라바타에서 묘사된 전투 장면으로, 카우라바(Kauravas) 족과 판다바(Pandavas) 족 사이의 쿠루크세트라(Kurukshetra) 전쟁 중 일부 전투 장면이다. 18세기경 삽화. 출처: Wikipedia. Public Domain

어진 체제였다. 통합을 외친 유럽연합조차도 2016년 영국의 EU 탈퇴 국민투표 이후 또다시 분열이냐 통합이냐의 기로에 서 있을 정도이다.

### (7) 인도, 마우리아 왕조와 빅토리아 여왕

고대부터 가장 발달한 문명 수준을 향유하던 인도도 유럽과 마찬가지로 분열 국가였다. 인도 제국은 메소포타미아의 영향을 받아 BC 2500년경부터 인더스강 유역을 중심으로 250여 개 도시 국가가 번영하는, 당시까지 인류 역사에서 가장 발달한 문명 수준을 향유하고 있었다.[81] 예컨대 BC 10세기경 있었던 실제 사건을 모티브로 만들어진 것으로 보이는 인도의 가장 오래된 무훈 서사시 마하라바타(Mahābhārata)와 그의 시편 중 하나인 바가바드 기타(Bhagavad Gītā)에는 핵무기로 보이는 물체가 묘사되어 있다.[82] 즉, 마하바라타(Mahābhārata) 제8 권(Karna Parva)에는 구르카(Gurkha)라는 신이 비르마나(virmana)라는 비행물체를 타고 브리쉬니스(Vrishnis)와 안다카스(Andhakas)라는 도시에 "우주의 힘"으로 무장한 발사체를 던졌다고 기록되어 있다. 이 발사체로 인해 "천 개의 태양과 같은 눈부시게 밝은 화염 불꽃"이 일어

81 오늘날 아프가니스탄의 칸다하르(Kandahar) 근방에 위치한 문디가크(Mundigak) 문명은 BC 3000년경 거대한 성벽을 쌓은 도시 문명이었는데, 이는 메소포타미아 문명이 인더스 문명으로 전파되면서 발생한 문명으로 보인다.

82 바가바드 기타는 고대로부터 구전되어 온 이야기들을 기원전 4세기 전후에 문자화된 것으로 추정되는 인도의 무훈 서사시이다. 즉, 바가바드 기타는 판두(Pandu) 왕의 5형제(Pandavas)와 판두 왕의 동생 드리타라슈트라(Dhritarashtra)의 맏아들 두료다나(Duryodhana) 사이에 전쟁이 터지기 직전, 판두 왕의 셋째 왕자인 아르쥬나(Arjuna)와 그가 숭배하는 신인 크리슈나(Krishna) 사이의 대화를 기록한 서사시이다. 베다, 우파니샤드와 함께 힌두교 3대 경전을 이룬다. 인도 독립의 아버지 간디는 바가바드 기타를 매일매일 읽었다고 한다.

바가바드 기타의 전쟁 장면. 바가바드 기타에서는 비시누 신의 8번째 환생 신인 크리슈나(Krishna) 신이 판다바 5 형제 중 셋째인 아르주나(Arjuna)에게 기타의 이야기를 들려주는 내용으로 이루어져 있다. 좌측은 크리슈나 신 뒤에 판다바의 영웅 아르주나가 전차에 앉아 있고, 우측은 카우라바 족의 수장인 카르나(Karna)가 전차에서 서로 대치하고 있다. 작자 미상. 1820년경 삽화. 출처: Wikipedia. Public Domain

나, "브리쉬니스(Vrishnis)와 안다카스(Andhakas) 사람 전부를 순식간에 잿더미로 만들었다!" 바가바드 기타에서 핵무기를 묘사하는 것처럼 보이는 문구는 11장(Ekādaśo 'dhyāyaḥ, 일체상, 一切相)에 나온다. 바가바드 기타 11장은 절대 신인 크리슈나(Krishna)가 자신의 모습을 아르쥬나(Arjuna)에게 보여 주는 것을 묘사하는 장면으로, 바가바드 기타의 가장 핵심 부분이다.

"(9절) 오 왕(드리타라슈트라, Dhritarashtra)이시여, 이렇듯 말씀하시면서 위대하신 요가의 주, 하리(크리슈나)께서는 프리다의 아들(아르쥬나)에게 지극히 높으신 지고의 존엄하신 모습을 보여 주셨습니다.

(10절) (그 모습은 바로) 수많은 얼굴과 눈, 수많은 신비한 모습, 수많은 거룩한 장식품, 치켜든 수많은 천상의 무기들(이었습니다.)

(11절) (나아가 그 모습은) 천상의 화환과 옷을 걸치고, 천상의 향을 바르고, 눈이 부시며, 온갖 기이함으로 이루어진 무한한 신의 모습(이었습니다.)

(12절) **만일 천 개의 태양 빛이 한꺼번에 폭발한다면, 그것은 전능한 신의 광채와 같을 것입니다.**

(30절) **(당신의) 불타는 입은 온 사방의 세상을 삼켜 버립니다. 당신의 무서운 광염은 온 세상을 불꽃으로 채우고 태웁니다.**[83]

(32절) **나는 전능한 시간이자, 세상의 파괴자다. 너희들이 없어도 적들은 죽을 것이다."**

---

83 미국 핵물리학자인 오펜하이머는 바가바드 기타의 30절 및 32절의 핵무기 문구("If the radiance of a thousand suns were to burst at once into the sky that would be like the splendour of the Mighty One… I become Death, the Shatterer of Worlds.")를 자주 인용해서 세간의 주목을 받기도 했다.

이처럼 엄청난 문명 수준을 자랑하는 고대 인도였지만 인도는 기본적으로 분열된 도시 국가 체제였다. 우선 인도는 경작지가 열대 우림으로 인해 단절되는 경우가 많아 국경이 자연스럽게 형성되면서, 물리적으로 통일 제국이 탄생할 수 있는 지리적 여건이 갖추어져 있지 않았다. 수천 년간 분열을 거듭하던 인도가 처음으로 통일되었다고 평가할 만한 왕조는 기원전 4세기, 찬드라 굽타(Chandragupta Maurya, BC 340~c.298)의 마우리아 왕조가 최초였다. 불행히도 인도 최초의 통일 왕국이라고 평가받는 마우리아 왕조조차도 유럽 전체를 완전히 지배한 로마나 중원 전체를 통일한 진나라와 달리 인도 남부 전역까지 완벽하게 통치한 국가가 아니었다.

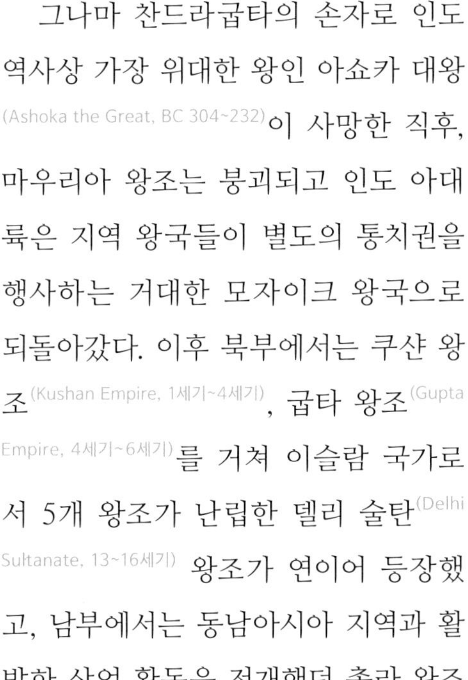

아쇼카 대왕의 사자 기둥 머리(Lion Capital of Ashoka)는 아쇼카 대왕이 인도 북서부의 사르나스에 세운 기둥의 머리 부분이다. 이 기둥은 찬드라굽타의 손자인 아소카 대왕이 정복 전쟁의 피로감 때문에 BC 261년에 불교로 개종한 이후, 싯다르타가 처음으로 설법한 장소를 기념하기 위해 세워졌다. 아쇼카 대왕은 불교를 마우리아 왕조 전역에 전파하면서도, 브라만교나 바가바트교와 같은 다른 종교에 대해서도 매우 관대했다. 4마리의 사자상 아래에는 달마의 바퀴라고 불리는 다르마차크라(Dharmachakra)라는 문양이 보인다. 다르마차크라의 의미에 대해서는 설이 분분한데, 엄격한 법의 상징이라는 설, 태양을 상징한다는 설, 세계의 눈이라는 설 등이 그것이다. 다르마차크라는 현재 인도의 국기에도 그려져 있다. 1911년 발굴 당시 아일랜드 역사가 빈센트 스미스(Vincent Arthur Smith, 1843~1920)가 찍은 사진. 인도 북서부의 사르나스(Sarnath) 출토. 출처: Wikipedia. Public Domain

그나마 찬드라굽타의 손자로 인도 역사상 가장 위대한 왕인 아쇼카 대왕(Ashoka the Great, BC 304~232)이 사망한 직후, 마우리아 왕조는 붕괴되고 인도 아대륙은 지역 왕국들이 별도의 통치권을 행사하는 거대한 모자이크 왕국으로 되돌아갔다. 이후 북부에서는 쿠샨 왕조(Kushan Empire, 1세기~4세기), 굽타 왕조(Gupta Empire, 4세기~6세기)를 거쳐 이슬람 국가로서 5개 왕조가 난립한 델리 술탄(Delhi Sultanate, 13~16세기) 왕조가 연이어 등장했고, 남부에서는 동남아시아 지역과 활발한 상업 활동을 전개했던 촐라 왕조(Chola Dynasty, BC 4세기~13세기), 비자야나가르 왕조(Vijayanagara Empire, 14~16세기)가 등장하면서 무굴 제국이 등장하기 전까지 인도는 남과 북이 완벽하게 통일된 적이 단 한 번

구호품을 나눠주는 무굴제국의 4대 황제 자한기르. 자한기르는 세계의 정복자라는 뜻이다. 그는 정복 활동을 활발히 전개했지만, 부친 악바르와 마찬가지로 정복지에 이슬람 개종을 강요하지 않았다. 하지만 말년에는 원래 이름이 메르 운 니사(Mehr-un-Nissa)로 화려한 미모와 재능을 가진 황후인 누르 자한(Nur Jahan, 세계의 빛이라는 뜻)에게 정사를 아예 맡겼다. 그 결과 말년에는 황후와 아들들의 반란으로 국정이 조용한 날이 없었다. 뭄바이 웨일즈 왕자 박물관 소장

도 없었다.[84]

16세기에 등장한 무굴 제국은 17세기 아우랑제브(Aurangzeb, 1618~1707) 왕 후반기 때 마우리아 왕조처럼 남과 북을 사실상 2천 년 만에 다시 통일하였다. 하지만 통일 인도 제국인 무굴 제국 또한 인도의 분열상이 그대로 투영된 국가였다. 즉, 무굴 제국의 공식 종교는 이슬람이었고, 지배층의 인종은 튀르크와 몽골족이었으며, 지배층이 향유하던 문화는 페르시아 문화였다.[85] 더 나아가 이슬람교를 믿었던 아우랑제브 왕은 이전의 황제들과 달리 힌두교, 불교, 시크교 등 인도 종교의 다양성을 부인하고 이들을 잔혹하게 차별했다.[86] 즉, 제국 전역에 이슬람 율법을 강제하고 감시하는 도덕 검열관(무흐타 시브, Muchta Shive)을 설치한 후, 힌두교 사원과 사당을 무차별 파괴하였고, 시크교를 완전히 근절시키기 위해 시크교 사원 파괴와 시크교도 처형에 매진하였으며, 1679년에는

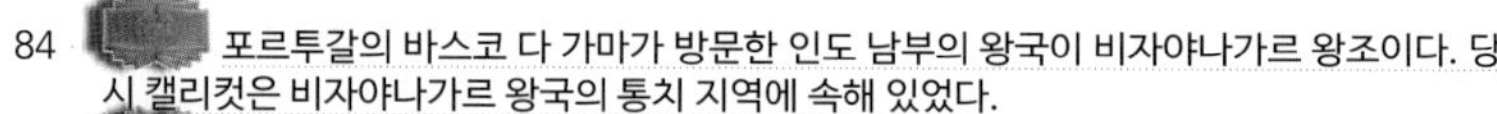

84 포르투갈의 바스코 다 가마가 방문한 인도 남부의 왕국이 비자야나가르 왕조이다. 당시 캘리컷은 비자야나가르 왕국의 통치 지역에 속해 있었다.

85 무굴 제국을 건설한 이는 바부르(Babur, 1483~1530) 왕으로 우즈베키스탄 출신 티무르(Timur, 1336~1405) 왕의 직계 후손이다. 따라서 그는 튀르크 출신이다. 하지만 그는 몽골 여인과 여러 번 결혼하여 몽골 문화에 매우 집착했다. 원래 사마르칸트에서 권력을 잡았다가 쫓겨나고, 이번에는 카불로 가서 권력을 잡았다가 다시 쫓겨난다. 마지막으로 그는 델리에 정착하여 로디(Lodi) 술탄 왕조를 몰아내고 정권을 잡았다. 바부르의 아들이 후마윤(Humayun, 1508~1556)으로 이후 악바르(Akbar, 1542~1605), 자한기르(Jahangir, 1569~1627), 샤 자한(Shah Jahn, 1592~1666), 아우랑제브(Aurangzeb, 1618~1707)로 이어진다. 아우랑제브는 샤 자한의 세 번째 아들이지만, 쿠데타를 일으켜 집권했다. 그는 마우리아 왕조와 비슷한 영토를 차지하면서, 2천 년 만에 다시 인도 대륙이 거의 통일된다. 한편 샤 자한이 그의 아내 뭄타즈 마할(Mumtaz Mahal, 1593~1631)이 14번째 아이를 낳다가 죽은 것을 기념해 지은 무덤이 바로 마할의 왕관, 타지마할이다. 샤 자한은 처음에는 아내의 죽음을 기리기 위해 가난한 자에게 음식을 나누어 주는 것으로 시작했다. 장례가 끝난 이후 처음에는 35m 높이의 반구 모양 지붕을 한 대리석 건축물을 지었는데, 부족해 보이자 황금 칸막이도 추가했다. 그것도 모자란 듯해서 지붕에 다시 최고급 에나멜과 금을 덮었고, 이후에는 다시 부속 건물을 능묘 양쪽에 추가했으며, 마지막에는 4개의 수직 탑인 미나레트를 추가했다. 이렇게 해서 22년 동안, 현재 가치로 대략 10억 불의 돈으로 만들어진 것이 오늘날의 타지마할이다.

86 아우랑제브와 달리 이전 무굴제국의 황제들은 종교에 대해 매우 관대했다. 예컨대 악바르는 자신과 다른 종교인 힌두교를 신봉한 라지푸트족의 공주와 결혼하고, 황실에서 힌두교 사당을 두고 예배할 수 있도록 허락했다. 힌두교와 이슬람교를 혼합한 시크교가 악바르 시대에 출현한 것은 결코 우연이 아니다. 악바르의 후계자인 자한기르 또한 기독교에 매우 관심이 많아, 예수회 출신 선교사들을 우대했다. 샤 자한이 지은 타지마할도 페르시아, 인도, 이슬람, 힌두교 특성이 종합된 건축 양식으로도 유명하다. (타지마할은 유럽이 신대륙을 통해 수입한 은을 인도와 중국 제품 수입으로 사용하면서, 인도로 유입된 대규모 은이 있었기에 가능한 것이었다.)

非 이슬람교도에게 부과하던 징벌적 세금인 지즈야도 부활시켰다. 따라서 아우랑제브는 거의 인도 대륙 전체를 통일했음에도 불구하고, 인도라는 단일 민족의식을 완성하는 대업과는 아무런 상관이 없는 인물이었다. 아우랑제브가 임종에 가까운 시기에 남긴 말대로 "나는 내가 누구인지, 무엇을 했는지도 모른다."[87] 결국 아우랑제브 사후에는 마라타인들이 부흥하면서 제국이 다시 쪼개져 버렸다.

법정을 주재하는 아우랑제브(가운데 우측에 앉아 있는 이). 그는 샤 자한의 셋째 아들이고, 모친은 타지마할의 주인공인 뭄타즈 마할이다. 아우랑제브는 마우리아 왕조 이후 무려 2,000년 만에 인도 전역을 사실상 통일한 군주이다. 가운데에 매를 손에 들고 덮개가 있는 황금으로 장식된 왕좌에 앉아 있는 이가 아우랑제브, 정면에서 보아 그의 우측에 검은 수염을 한 이는 그의 최측근인 샤이스타 칸(Shaista Khan, 1600~1694), 정면에서 보아 그의 좌측에 아우랑제브를 쳐다보는 아이는 그의 셋째 아들인 무함마드 아잠(Muhammad A`zam, 1653~1707)이다. 17세기 인도 화가 비치트르(Bichitr, 17세기경)의 1660년경 작품. 출처: Wikipedia. Public Domain

이 때문에 근대 이후 탄생한 통일 인도라는 민족의식은 오래된 역사적 과정을 통해 인도인 스스로가 성취한 것이 아니다. 이런 평가를 들으면 인도인은 격렬하게 반발할지 모르겠다. 하지만 냉정하게 평가하면 1857년 힌두나 이슬람을 믿는 인도 용병이 소나 돼지의 비계 기름을 바른 탄약통 포장 종이를 뜯어 쓰라는 명령을 거부하고 영국의 동인도회사를 대상으로 저항한 세포이 항쟁 이후, 1858년 영국 왕실이 인도를 통일 왕국으로 직접 지배하기로 결정한 것이 통일 인도 의식의 출발이었다.[88] 즉, 영국은 효율적인 인도 통치를 위해 50년 만에 아시아 전체의 철도 길이보다 긴 6,600㎞의 철도를 인도 전역에 깔았고,[89] 공용어로 영어를 강제했으며, 민주주의라는 서양 정치학을 가르쳤다.[90] 인도

87 에이미 추아, 『제국의 미래』, 비아북, 2007, p. 277

88 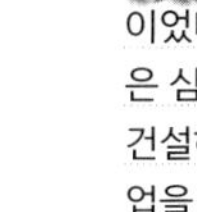 세포이(용병이라는 뜻의 페르시아어) 항쟁이 실패한 이유도 인도라는 통일된 민족의식이 없었기 때문이다. 즉, 대다수의 인도인들은 세포이에 대한 차별에 공감하는 민족의식이 이때까지만 해도 거의 없었다.

89 중국과 한국은 19~20세기 외국인들의 철도 건설에 대해 강력하게 저항했다. 철도가 자국의 자원을 수탈하거나 외국 군대의 이동을 목적으로 건설된다는 것을 인식했기 때문이다.

90 영국이 인도에 철도를 부설한 가장 중요한 이유는 인도 전역에 효율적인 군대와 군사물자를 파견하기 위한 것이었다. 영국은 인도에 엄청난 길이의 철도를 깔았지만, 인도의 산업 발전과는 아무런 관련이 없었다. 왜냐하면 영국은 심지어 증기기관차에 사용할 석탄마저 자국에서 가져다 썼기 때문이다. 특히 영국은 인도에 어떠한 중공업 공장도 건설하지 않았고, 오로지 원료 조달과 소비 시장으로서 철저히 인도를 수탈했다. 예컨대 영국은 벵골 지역의 면화 산업을 동인도회사를 내세워 잔인하게 궤멸시킨 후, 맨체스터 지방의 면직물을 인도에 팔아 인도 내수 시장까지 완전히 장악했다.

의 행정수도 뉴델리 또한 기존의 영국 총독부가 위치한 캘커타(현재의 콜카타)가 동쪽에 치우쳐 있어 인도 전역 통치에 부적합하다고 판단한 후, 영국인 건축가 에드윈 루티엔스(Edwin Lutyens, 1869~1944)의 도시 설계를 바탕으로 영국 정부가 효율적인 인도 통치를 위해 만든 계획도시이다.[91] 인도인이 들으면 기분이 몹시 상할 수도 있겠지만, 영국인은 뉴델리를 '대영 제국의 선물'이라고도 불렀다.

그 결과 인도는 마침내 통일된 인도라는 개념, 인도라는 민족의식을 가지게 되었다. 요컨대 근대 통일 인도라는 민족의식은 영국인이 강제로 이식한 것이다. 불행히도 2차 대전 후에는 이슬람교를 믿는 서파키스탄(파키스탄)과 동파키스탄(방글라데시)이 인도에서 다시 떨어져 나올 정도로, 영국인이 이식한 통일 인도라는 개념조차 성공적으로 안착하지도 못했다.[92] 인도의 현행 헌법 또한 인도가 29개 주와 7개의 연방 직할 지역으로 구성된 "연방 국가(a Union of States)"라고 선언한다.[93] 나아가 인도 내에서도 10억 명이 넘는 인구가 거주하고 있었지만 2009년 1월, 12자리 숫자로 구성된 일종의 주민등록번호인 아드하르(Aadhaar)가 발급되기 전까지 인도에는 통일된 신분증조차 없었다.[94]

---

91 원래 델리에는 13세기 이후 델리 술탄이라고 불리는 5개의 왕조가 있었다. 즉 1206년 튀르크계 민족으로 이슬람을 신봉했던 아이바크(쿠트부 우-딘 아이바크, Qutbu'd-Din Aibak, ?~1210)가 델리에 왕조를 처음 세웠다. 아이바크가 마구간 청소부에서 시작해서 노예 전사가 되고, 마침내 왕까지 되었기 때문에 이 왕조를 노예왕조(1206~1290)라 부르기도 한다. 그는 인도 전역을 지배하지는 못하고 북부만 지배했는데, 이 왕조의 수도가 델리였다. (아이바크는 폴로를 치다가 난 상처로 어이없이 죽었다.) 노예왕조 이후 할지 왕조(1290~1320), 투글루크 왕조(1320~1414), 사이이드 왕조(1414~1451), 로디 왕조(1451~1526) 등 4개 술탄 왕조가 난립한다. 이후 16세기 바부르가 델리를 수도로 정한 무굴제국(1526~1858)을 건국했고, 영국이 인도를 식민지화한 이후에는 델리 동남쪽에 영국이 뉴델리를 건설했다. 이 때문에 델리를 일곱 개 왕조의 도시라고 부르기도 한다.

92 파키스탄은 펀자브(Punjab), 아프간(Afgahn), 카슈미르(Kashmir), 신드(Sind) 땅을 합쳐 만든 나라(스탄)라는 뜻이다. 한편 동파키스탄은 모슬린, 초석, 아편 재배지로 명성이 높았지만 심한 멸시와 핍박을 받았던 벵갈 지역의 벵골족이 대다수였다. 이들은 이슬람교를 신봉했지만, 차별에 항거하여 1971년에 서파키스탄으로부터 독립하여 방글라데시가 된다.

93 다만 인도는 중앙정부가 여전히 우월한 지위를 가지고 있어 준 연방제(quasi-federalism)라고 불린다.

94 아드하르는 개인의 증명사진, 열 손가락의 지문과 홍채 정보도 같이 등록한다. 이 때문에 위조가 거의 불가능하여, 공공기관과 금융기관에서 아드하르를 거의 무조건 요구한다. 15세 미만은 부모의 개인 정보와 연동하고, 16세 이상은 의무적으로 발급받아야 한다.

## (8) 칼리파 이슬람, 분열된 범아랍 민족주의

시쳇말로 신들린 상태에서 이슬람을 창시한 무함마드(Muhammad, 일명 마호멧, 570~632)가 이룩한 이슬람 제국도 마찬가지였다. 이슬람 국가는 무함마드가 포교를 시작한 613년부터 100여 년 만에 아랍과 중동 전역, 지중해, 중앙아시아, 이베리아 반도 등으로 역사상 가장 빠른 속도로 영토를 확장했던 제국으로, 무함마드 사후 칼리파(Khalifa, 영어로는 Caliph)가 지배하던 국가였다. 이슬람의 칼리파는 무함마드가 죽은 후 무함마드 측근으로 이루어진 소수의 종교 지도자가 선출한 이슬람의 최고 지도자이다. 무함마드 사망 직후 4명의 칼리프가 지배한 시기의 이슬람 제국을 정통 칼리프 국가(Rashidun Caliphate, 632~661)라고 부르는데, 초기에만 해도 이들의 통치권이 그나마 제대로 작동했었다.

하지만 칼리파는 종교 지도자인지 정치 지도자인지 그 성격이 매우 모호했다. 이 때문에 이슬람인들은 엄청난 영토를 확보하고도 정치력이 확고한 중앙 통치자가 없었다. 결국 정통 칼리프 말기에는 분열로 치달았다. 즉 661년, 4대 칼리파로 무함마드의 사촌이면서 사위인 알리(Ali ibn Abi Talib, 601~661) 통치 기간에 지방의 유력자가 알리를 상대로 반란을 일으켰고, 알리는 이슬람 상호 간 내전 (First Fitna, 656~661) 중에 살해당했다.[95] 670년에는 알리의 첫째 아들로 2대 이맘인 하산(Hasan ibn Ali, 625~670)도 사망했다. 그가 병으로 죽었는지, 아니면 독살되었는지 명확하지 않다. 시아파 사람들은 하산이 독살된 것이 확실하다고 주장한다.

680년에는 알리의 둘째 아들로 3대 이맘인 후세인(Hussein ibn Ali, 625~680)까지 수니파에 반발하여 유혈 분쟁을 일으켰다. 마침내 680년 10월 10일, 바그다드 남서쪽으로 약 100㎞ 떨어진 카르발라에서 벌어진 "카르발라 전투(Battle of Karbala)"

---

95 알리 이븐 아비 탈리브의 영묘는 바그다드 남부의 나자프(Najaf)라는 도시에 있다. 이 때문에 나자프는 시아파 이슬람인들에게 메카, 메디나에 이어 3대 성스러운 도시이고, 금으로 도금한 벽과 웅장한 모습을 자랑하는 이맘 알리 모스크는 시아파에게는 무함마드에 이은 2번째 중요한 인물의 매장지로 간주된다. 나자프에 있는 신학교 또한 시아파의 성지인데, 이란 혁명을 주도한 호메이니가 이곳에서 1964년부터 1978년까지 14년 동안 강의한 적도 있다. 시아파 왕조였던 사파비 왕조 또한 나자프를 점령하기 위해 오스만과 2번이나 전쟁을 벌였지만, 결국 탈환하지 못했다. 이 도시는 이후 이라크로 편입된다.

좌측의 무함마드와 우측의 알리. 알리는 무함마드의 사촌이면서 그의 사위이다. 알리는 나중에 4대 칼리프가 되는데, 지방에서 일어난 내전 중에 살해당한다. 이후 정통 칼리프로서 마지막 칼리프였던 알리를 추종하는 이슬람 분파를 시아파라고 부른다. 출처: *『동방의 서(Khavarannama)』*, 1462~1472년경. 골레스탄 박물관(Golestan Palace) 소장. 출처: Wikipedia. Public Domain

라고 불리는 최후의 결전에서 소수의 후세인 군대는 수니파가 완전히 궤멸시켜 버렸다.[96] 전설에 따르면 카르발라 전투에서 전사한 후세인의 피에서 붉은색 튤립이 피었다고 한다.[97] 결국 후세인의 반란은 진압되었고, 이에 따라 알리 이후 알리의 혈족이 아닌 전혀 새로운 칼리프(우마이아 칼리프, Umayyad Caliphate, 661~750)가 이슬람 제국을 지배했다.

불행히도 알리-후세인 분파는 내란 이후에도 당시의 칼리파가 무함마드의 정통 혈육을 살해하였으므로 이슬람 지도자의 정통성이 없다고 격렬하게 반발했다. 이후 50여 년 동안 저항을 계속하던 알리-후세인 분파는 모하멧의 혈통인 이맘(imams)만이 진정한 칼리파의 자격이 있다면서 1대 이맘인 알리를 추종하는 독자적인 분파인 시아파를 결국 만들었다.[98] 시아는 시아트 알리(Shiat Ali), 글자 그대로 알리의 추종자라는 뜻이다.[99]

시아파를 제외한 대부분의 이슬람인들은 알리-후세인 내전 이후 등장한 칼리파를 관습적으로 인정했기 때문에,

96 카르발라는 나자프와 함께 시아파 이슬람인들이 꼭 방문해야 하는 성지가 된다.

97 매년 행하는 이슬람 수니파의 최대 종교 행사인 아슈라(Ashura)에서는 카르발라 전투에서 사망한 후세인의 고통을 느끼기 위해 가슴을 치거나 몸에서 피가 나도록 채찍질을 가한다. 카르발라 전투는 오늘날 이란의 시, 음악, 미술, 영화 등 거의 모든 실생활에 반영되어 있다. 특히 이란 국기의 한가운데는 후세인이 사망할 때 흘린 피에서 피었다는 붉은색 튤립(실제 모양은 붉은색 초승달과 1개의 칼 모양인데, 이는 후세인이 순교할 때 피었다는 튤립을 상징한다고 한다.)이 그려져 있기도 하다.

98 현재 중동 국가는 수니파가 다수이다. 대략 전 세계 85% 이슬람이 수니파로 추정된다. 다만 시아파 이슬람을 국교로 삼았던 사파비 왕조가 지배했던 이란, 이라크, 아제르바이잔은 시아파가 다수를 차지한다. 특이하게도 레바논의 경우에도 시아파가 약간의 격차로 다수를 차지하는데, 이 때문에 수니파 국가들로 둘러싸인 레바논의 정국은 거의 언제나 불안하다. 레바논은 시아파와 수니파가 연합하는 연립정부를 종종 구성하는데, 이마저도 오래 지속되는 경우가 거의 없다.

99 시아파와 수니파 내에도 분파가 따로 있다. 시아파는 12인(Twelvers) 분파 등 3개 주요 분파가 있고, 수니파는 아흐미드 이븐 한빌(Ahmad ibn Hanbal)을 추종하는 한발(Hanbal)파, 극단적 금욕주의인 살라피(Salafi)파 등 이보다 훨씬 분파가 많다. 특히 살라피파는 수니파를 제외한 모든 종파를 처단해야 할 적으로 간주하는 극단적 원리주의자인 지하디스트의 이론적 배경을 제공한 것으로 알려져 있다.

카르발라 전투. 가운데 말을 탄 이가 수니파 대장인 우바이드 이븐 지야드(Ubayd Allah ibn Ziyad)이고, 그의 칼에 난자당하는 이는 시아파 3대 이맘인 후세인. 카르발라 전투는 고통과 순교라는 시아파의 정신이 그대로 투영된 전투로, 오늘날까지도 시아파 이슬람인들이 그 고통을 되새기는 의식을 매년 올리고 있다. 페르시아 화가인 압바스 알-무사비(Abbas Al-Musavi)의 19세기 말~20세기 초 작품. 브루클린 박물관 소장. 출처: Wikipedia. Public Domain

관습을 따르는 사람이란 뜻의 이슬람어 알 수나(Al Sunna)를 붙여 수니파를 형성했다. 이슬람의 종교 분파가 수니파와 시아파로 분열된 상태에서, 칼리프가 고용한 튀르크 기병들의 세력이 커지는 상황까지 전개되자 860년 이후부터는 칼리프의 권위가 완전히 땅에 떨어졌다.

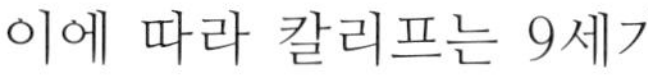

이에 따라 칼리프는 9세기 말부터는 지방의 총독이면서 군벌인 아미르(amir, 혹은 에미르 emir)에게 세금을 일시불로 받고는 지방의 통치에 관한 모든 권한을 넘겼다. 이후 이슬람은 글자 그대로 지방의 유력 군벌이 난립하는 4분 5열 모드로 진입한다. 우마이야(Umayyad) 왕조도 750년 압바스 왕조의 반란으로 이베리아 반도로 쫓겨나서, 최고 지도자인 칼리프조차도 바그다드의 칼리프와 코르도바의 칼리프인 후기 우마이야 왕조로 분열되기까지 한다.

한편 909년에 이스마일파의 한 분파로 모로코로 이동해 있던 시아파 무슬림들은 969년 이집트 수도였던 푸스타트(Fustat)를 침략하여 흉년이 들어 사망자가 속출하던 혼란기를 틈타 왕조를 세운다. 바로 파티마 왕조(Fatima Dynasty, 909~1171)이다. 이들은 카이로라는 도시를 새로 만들어 수도로 삼는다. 이제 이슬람은 압바스 왕조, 후기 우마야드 왕조에 이어, 또 하나의 왕조인 파티마 왕조까지 더해 3분 된다. 파티마 왕조는 그리스 정교를 믿던 동로마, 그리고 로마 카톨릭을 믿고 있던 베네치아나 제노바와도 수교 관계를 맺으면서, 이슬람 전체의 분열 양상을 가속화했다. 이에 따라 11세기 이후 이슬람은 하나가 아니었다. 무함마드가 남긴 코란에 대한 다양한 해석과 견해까지 더해지면서 이슬람 전체가 완전히 균열 모드로 진입한 것이다.

현재 중동 지역의 국경 또한 이란을 제외하고는 이처럼 모자이크처럼 다양한 이슬람의 역사적 분열 모드를 무시하고, 영국과 프랑스가 제국주의 시대에 자국의 편의에 따라 인위적으로 그어 놓은 선일 뿐이다. 영국과 프랑스가 이 지역에 대한 효과적인 식민 통치를 위해 이 지역의 분열된 종족, 종교, 종파 등을 한 국가에 의도적으로 포함했다는 주장도 있다. 실제로 스탈린은 영국과 프랑스의 중동 분할 모델을 그대로 답습하여 러시아의 영향력을 극대화하기 위하여 카자흐스탄, 키르기스스탄, 타지키스탄, 우즈베키스탄, 투르크메니스탄 등의 국경선을 그을 때 민족 경계선을 의도적으로 무시했다.[100]

하여튼 현재 중동 지역 정세의 불안은 이슬람의 본질적인 분열 모드와 영국 및 프랑스가 이를 무시하고 그어 놓은 인위적인 국경선의 복합적인 결과물인 셈이다. 예컨대 이라크는 영국이 지리적, 역사적 산물을 모두 무시하고 국경선을 확정지은 대표적인 국가다. 원래 이라크 지역은 북부의 모술을 중심으로 한 산악 지대, 중부의 바그다드를 중심으로 한 평원 지대, 남부의 바스라를 중심으로 한 습지 지대 등 3 지역으로 지리적으로 명확히 구분되어 있었다. 역사적으로도 이 3 지역은 북부의 산악 지대에서 아시리아가, 중부의 평원지역에서 바빌로니아가, 남부의 티그리스·유프라테스강 유역에서 수메르가 발원하는 등 명확히 구

---

100 소련은 1955년 카자흐스탄의 중앙에서 남서쪽에 위치한 퇴레탐(Тз petaм, 일명 바이코누르, Baiqoй yr)에 대규모 장거리 미사일 시험 발사장을 건설했다. 퇴레탐 인근은 장애물이 거의 없는 사막 초원 지대여서 전파 간섭없이 유도 안테나를 세워 미사일을 추적하는 최적의 환경을 제공한다. 소련은 여기서 핵탄두 탑재 미사일로 사거리 1,000㎞인 R-5를 발사하였고, 세계 최초의 ICBM인 R-7(암호명 샙우드, Sapwood)도 시험 발사했다. 나아가 스푸트니크 인공위성과 가가린이 탄 세계 최초의 유인 우주선도 이곳에서 발사했다. 현재는 러시아의 우주기지로 사용하고 있지만, 각종 무기 시험도 행하는 것으로 알려져 있다. 소련이 멸망한 이후 러시아는 이 기지를 매년 1억 5천만 불을 내고 카자흐스탄으로부터 빌려 2050년까지 사용할 계획이다. 냉전 시기에는 그 위치조차 알려져 있지 않았지만, 현재는 돈만 내면 견학이 가능할 정도로 일반인에게 개방되어 있다. 1인칭 슈팅 게임인 「콜 오브 듀티(Call of Duty)」의 미션에도 이 도시가 등장한다. 한편 과거와 달리 최근 카자흐스탄은 푸틴 대통령의 러시아보다 중국과 서방에 우호적인 사인을 보내면서 러시아와는 최근 미묘한 갈등 중이다. 예컨대 2013년 중국은 일대일로 사업을 카자흐스탄에서  발표한 후 2023년부터 카자흐스탄의 최대 교역국으로 부상할 만큼 이 나라에 공을 들이고 있고, EU도 2021년 우크라이나 전쟁 후 러시아의 천연가스 대체 구매국으로 카자흐스탄에 눈길을 계속 보내고 있다. 미국도 2022년 11월에, 카자흐스탄에 지속가능한 개발을 위한 금융 지원을 제공한다고 발표하면서 러브콜을 계속해서 보내는 중이다.

분되는 지역이었다. 오스만 튀르크도 이 지역을 통치할 때 3개 지역을 구분해서 별도로 분리되는 지역으로 통치했다.

모로코 바히아(Bahia) 궁전의 화려한 내부. 바히아 궁전은 아름다운 궁전이라는 뜻의 아랍어 명칭이다. 이 궁전은 19세기 모로코를 통치했던 하산 1세(Hassan I of Morocco, 1836~1894)가 그의 장관 중 한 명인 시 무사(Si Musa)에게 하사한 저택이다. 시 무사는 흑인 노예의 후예 출신으로, 모로코의 대재상까지 오르는 전설적인 인물이다. 아랍은 이처럼 뛰어난 문명 수준을 보유하고 있었지만, 통합에는 실패한 민족이다. 모로코 마라케쉬 소재

하지만 영국은 1차 대전 때 오스만 제국을 무너뜨리기 위해 아랍인들의 협조를 구하면서 아랍인들에게 영토와 관련된 서로 모순되면서 지키지 못할 약속들을 남발했다. 그러나 배후로는 프랑스와 체결한 밀약인 사이크스-피코 조약을 통하여 자국의 이익에 맞는 국경선을 미리 설정하는 비신사적 행동을 서슴지 않았다. 이라크가 대표적인 희생양이다. 즉, 이라크의 북서쪽에 해당하는 이라크와 시리아의 국경선은 사이크스-피코 라인을 그대로 따랐다. 나아가 영국은 북부의 모술, 중부의 바그다드, 남부의 바스라 등 3개 지역을 뚜렷한 이유 없이 통합하여 이라크 국경선을 확정했다. 바스라 남부의 영국 보호령은 별도로 이라크로 합치지 않고 두는데, 이 나라가 바로 쿠웨이트다.

결과는? 이라크는 그야말로 난장판 국가로 전락했다. 특히 이라크는 유독 독재자 출신이 많다. 이는 서로 다른 3개 지역이 억지로 통합된 나라를 통치하기 위해서는 강력한 힘을 가진 정치인의 탄생이 필연적이었기 때문이다. 후세인이 쿠웨이트를 침공한 이유 또한 영국이 자신의 보호령을 이라크와 합치지 않고 별도로 독립시켜 주었기 때문에 일어난 전쟁이다. 이라크 북부의 수니파 원리주의자들은 아예 이라크 북부와 레반트의 이슬람 국가인 ISIL(Islamic State of Iraq and Levant)

이라는 독립된 나라까지 만든다고 난리다.[101] ISIL은 2014년에 바그다드와 모술 사이에 있는 이라크 북부의 티그리트(Tigrit)까지 점령하면서 세력을 불리다가 2015년 8월, 이라크 정부군과 이라크 및 시리아 IS에 대한 최초의 공습을 퍼부은 미군의 반격으로 패퇴한 적도 있다. 아마 미군의 협조가 없었다면 이라크 정부군의 이 지역 탈환은 거의 불가능했을 것으로 필자는 확신한다.

요르단과 레바논도 영국과 프랑스가 없던 나라를 새로 만들면서, 요르단강과 레바논 산맥의 이름을 따서 국가명으로 확정했다. 요르단은 수도 암만에 아무런 연고도 없는 아라비아 반도의 메카 주변 하시미테 부족(Hashemites, 일명 하심 가문, House of Hashim)을 상대로 영국이 사우드 가문의 협조를 얻어 만들어 준 나라이다. 시리아의 한 지방쯤으로 여겨졌던 레바논산맥 서쪽의 땅도 1920년대 프랑스인들이 이 지역 기독교인들을 지배계층으로 만들면서 탄생한 국가다. 원래 레바논은 기독교인들이 많았으나, 이슬람인들의 높은 출생률 때문에 지금은 이슬람인들이 훨씬 많다. 현재 시리아의 지배자인 알라위파(Alawites) 또한 전통적으로 시리아 하층계층에서 온갖 멸시를 받다가, 프랑스인들이 이들을 경찰과 군대에 고용하면서 지배층으로 부상한 분파다.[102]

아프가니스탄의 동쪽 국경 또한 1893년 영국 외무장관 모티머 듀랜(Mortimer Durand, 1850~1924)이 당시 아프가니스탄의 에미르였던 압두르 라만 칸(Abdur Rahman Khan, ?~1901)에게 넘어서는 안 될 선, 이른바 "듀랜 선(Durand Line)"에 합의하면서 그어진 선이다. 물론 오늘날 아프가니스탄 정부는 이 경계선을 인정하지 않고, 이 때문에 국경선을 둘러싸고 파키스탄과 끊임없는 긴장 관계를 형성하고 있다. 이처럼 확고한 역사적 연원과 주권 개념을 보유한 이란을 제외한 현재의 중동 국가 대

101 ISIL은 이후 명칭이 ISIS로 바뀌었고, 마지막에는 IS로 바뀐다. IS는 아랍 국가 내에서도 적이 많아, 아랍인들은 이 국가를 다이시(Daesh)라고도 부른다. 이는 올바르지 않다는 뜻의 다에(daes), 혹은 죄인이라는 뜻의 파히시(fahish), 또는 멍청하다는 뜻의 자헤시(jahesh)라는 아랍어에서 유래한 것으로 알려져 있다.

102 알라위파가 변형된 수니파인지, 시아파인지조차 명확하지 않다. 하여튼 알라위파 출신의 아사드 일족은 1970년 쿠데타를 일으켜 정권을 잡았고 지금까지도 시리아를 지배하고 있다. 1982년 수니파 무슬림 형제단이 무장봉기를 일으키자, 아사드 정권은 단 며칠 만에 3만 명을 학살했다. 무슬림 형제단은 이 사건을 잊지 않았고, 2011년 시리아 전역에서 보복전이 전개되었다. 이것이 바로 시리아 내전의 최초 계기가 된다. 팀 마샬, *『지리의 힘』*, 사이, 2015, p. 270

부분은 종족 및 부족 경계, 종교 경계, 종파 경계를 무시하고 영국과 프랑스가 인위적으로 그어 놓은 국경선을 따라 배치되어 있다.

이 때문에 중동 국가 대부분은 사실상 이란을 제외한 모든 국가가 다종족, 다부족, 다종교, 다종파로 구성된 분열 국가이다. UAE는 지금도 자신들의 군주를 부족장, "세이크(sheikh)"라고 부른다. 필자가 보기엔 아랍 민족 전체를 통일체 개념으로 간주하자는 범 아랍 민족주의는 이와 같은 역사적 연원 및 뿌리 깊은 부족과 종교적 갈등을 고려하지 않은 비현실적 이데올로기로 보인다. 실제로 범 아랍 민족주의를 내세워 1958년 시리아까지 합병했던 이집트 나세르 대통령의 구상은 3년 남짓 만에 완전히 실패로 돌아갔다.[103] 1980년 이란을 공격한 사담 후세인 또한 이란이 범아랍 민족의 철천지원수로 "미국과 영국의 출장소"로 비아냥거려 부르던 이스라엘과 군사 무기 조달 및 심지어 군사 작전에서도 협력하는 모습을 망연자실하게 쳐다보고만 있어야 했다.

### (9) 아프리카, 분열된 종족 국가

아프리카 국가들도 마찬가지다. 오늘날 아프리카 국경은 1884~1885년 베를

---

103 범아랍 민족주의를 처음으로 본격 제안한 이는 아이러니하게도 아랍인이 아니라 외국인이었다. 즉 1차 대전 직후 영국인 장교 로렌스(T. E. Lawrence, 1888~1935)는 오스만 튀르크에 대항하기 위해 그의 지배를 받던 아랍 민족의 통일의식을 자극하여, 아랍 민족이라는 단일 개념을 아랍인들에게 본격적으로 심어 주었다. 그는 이 때문에 "아라비아의 로렌스"라고 불렸는데, 그의 활약은 영화로도 만들어졌다. 물론 영국 정부는 공식적으로 아랍인의 민족의식을 이용만 했을 뿐, 그들의 단일 국가를 세워주는 것에는 전혀 관심이 없었다. 하지만 영화에서 나오는 것처럼 다양한 부족과 종파로 구성된 아랍인들이 단일 정체를 구성하는 것이 말처럼 쉬운 일이 아니다. 범아랍 민족주의는 2차 대전이 끝나고 아랍인들이 본격적으로 추진하게 되는데, 대표적인 인물이 바로 이집트의 나세르 대통령이다. 그는 실제로 이를 실천하기 위하여 1958년 이집트와 시리아를 합병하여, 연합 아랍 공화국(United Arab Republic, UAR)을 세웠다. UAR은 범아랍 국가 건설의 제1 단계였다. 하지만 시리아가 이에 반발하여 1961년 쿠데타를 일으켜 독립 국가를 선언해 버리는 통에, 그의 구상은 실질적으로 붕괴되었다. 그럼에도 불구하고 나세르는 1970년 그가 죽을 때까지 시리아가 UAR 일부라고 끝까지 우겼다. 범아랍주의가 실제로 위력을 발휘한 사건도 있었는데, 바로 1973년 이집트의 사다트 대통령(Anwar el-Sadat, 1918~1981)이 주도한 욤 키푸르 전쟁과 오일 쇼크이다. 즉 욤 키푸르 전쟁에서 이집트, 시리아가 연합하여 이스라엘을 공격했고, 아랍국가들 모두가 일치단결하여 이들을 지원하기 위해 원유가격을 단 하루 만에 4배로 올린 것이다. 사다트 대통령은 욤 키푸르 작전 시 양치기 소년 작전을 구사한 것으로도 유명하다. 즉 사다트는 이스라엘 침공을 여러 번 공언했지만, 실제로는 단 한 번도 공격한 적이 없었다. 이 때문에 이스라엘은 사다트의 군사적 움직임에 완전히 무감각해졌다. 그 기회를 노려 사다트는 욤 키푸르 전쟁을 개시했다.

린 회담(혹은 서아프리카 회담 또는 콩고 회담)에서 유럽 열강들이 다양한 부족의 경계를 무시하고 자의적으로 그어 놓은 선이다. 예컨대 차드는 인구 1천 6백만 명이지만 부족 수만 200개가 넘고, 인구가 9,000만 명에 이르는 콩고민주공화국에서도 부족 수가 200개가 넘는다. 콩고민주공화국은 1960년에 독립한 이후 반투족과 투치족의 반목과 인접국인 르완다의 후투족과의 갈등까지 더해 오늘날까지도 끝없는 내전의 수렁에 빠져 있다.

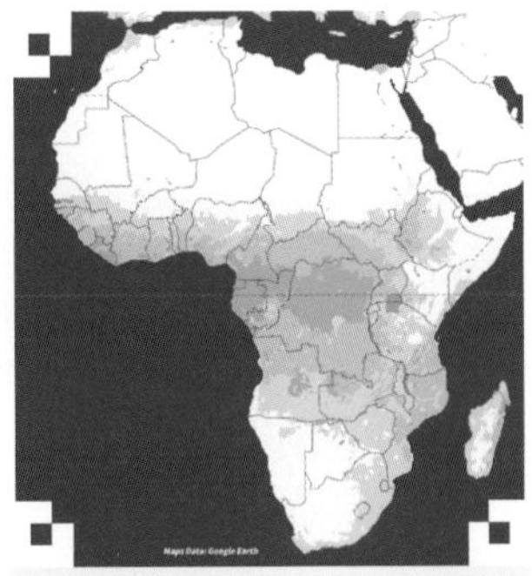

아프리카. 원래 카르타고 인근에 사는 원주민 이름인 아프리(afri)에 라틴어로 땅을 의미하는 -ca를 붙여 생긴 말이다. 현재 55개 국가의 국경선은 제국주의 시대에 열강들의 국경선 설정으로 부족과 문화의 경계가 철저히 무시되어 정해진 것이다. 출처: Google Earth

이와 같은 아프리카의 불안을 최초로 잉태했던 베를린 회담은 1884년 독일 비스마르크 총리의 중재로 베를린에서 개최되었는데, 사실상 독일, 벨기에, 스페인, 오스트리아, 영국, 이탈리아, 포르투갈, 프랑스, 미국 등 14개국 열강이 아프리카를 어떻게 나누어 가질지에 대한 "아프리카 분할 회담(Scramble for Africa)" 이었다. 당시 영국 총리였던 솔즈베리 경(Lord Salisbury, 1830~1903)은 당시 아프리카 국경선을 나눌 때 "우리는 산과 강과 호수들을 기준으로 서로 나누었다. 유일하게 어려웠던 것은 그 산과 강과 호수들이 정확히 어디에 있는지를 알지 못했다는 것이다."[104]

1960년대 아프리카 국가들이 독립하기 시작했을 때, 국경선을 다시 조정하자는 논의가 있기는 있었다. 하지만 국경선을 다시 조정하는 것이 말처럼 쉬운 일은 아니었다. 1964년 아프리카 통일기구의 회원국들은 지역의 안정을 위해 마지못해 현재의 국경선을 인정한다고 발표할 수밖에 없었다.

## (10) 중국은 다르다!

반면 로마 제국 이후의 유럽이나 인도, 이슬람 국가나 아프리카와 달리 중국

104 팀 마샬, 『지리의 힘2』, 사이, 2021, pp. 302~303

은 통일 제국 진(秦)나라 이후 목숨을 걸고 중국 전역을 통일해야 한다는 사명감과 중국인은 하나라는 민족의식이 확고하게 정립되어 있었다. 물론 중국 초기 왕조인 하, 은, 주 시대에는 한족이 차지한 영토도 적었고 주변에 다른 민족이 세운 부족 국가들도 많았으므로, 이때만 해도 한족 중심의 통일의식이 확고했다고 보기는 어렵다. 은나라 또한 천자국으로 제후국의 군대 소집권만 보유한 국가였지, 은나라와 제후국을 하나의 통일된 국가였다고 평가할 수는 없다.

주원장. 묘호는 태조. 원나라 말기 홍건적의 난에 가담하여, 최대 경쟁자였던 진우량을 파양호 전투에서 격파하고, 중국을 다시 통일한다. 작자 미상. 14~15세기경. 대만 고궁박물관 소장. 출처: Wikipedia. Public Domain

하지만 전국시대 진(秦)나라의 소양왕(昭壤王, BC 325~251)이 적극적으로 영토를 확장하고 국력을 키우면서, 중국 대륙의 통일은 이때부터 중국인들이 인위적으로 거부할 수 없는 확고한 물리적 대세가 된다. 55년을 재위한 소양왕의 통일 노력은 그의 증손자인 진시황이 완성하게 되고, 진시황 이후 중국은 확고한 통일국가로 변모한다. 예컨대 진(秦)나라 장수 백기(白起, ? ~ BC 257)가 장평대전 후 조(趙)나라 40만 포로를 생매장한 사건도, 항우(項羽, BC 232~202)가 3만 명의 군대로 60만 유방(劉邦, BC 247~195) 군대를 초나라 수도 팽성(彭城)에서 괴멸시킨 믿기 어려운 팽성 전투도, 사마의(司馬懿, 179~251)가 반란을 꾀한다는 헛소문을 퍼뜨린 후 북벌을 위해 제갈량(諸葛亮, 181~234)이 출사표를 던진 것도, 1363년 파양호에서 수백 척의 선박에 승선한 진우량(陳友諒, 1320~1363)의 60만 대군이 주원장(朱元璋, 1328~1398)의 화공에 휩쓸려 수몰된 것도, 중국인이라는 단일의식을 바탕으로 오로지 중국을 통일하는 과정에서 벌어진 일이었다.[105]

105 나관중이 지은 삼국지연의에서 묘사된 적벽대전은 실제로는 파양호 대전에서 벌어진 대규모 화공을 모델로 지어낸 것이라는 설이 있다.

## Codex Atlanticus: United States of America

조지 워싱턴. 조지 워싱턴은 영국군에 대항한 대륙군의 총사령관 출신이다. 부모 모두 영국인이고, 버지니아에서 태어났다. 그곳에서 농장주로 일하다가 미국 독립 전쟁이 일어나자, 참전한 후 총사령관까지 된다. 전쟁 이후 1787년 필라델피아 제헌의회를 주재한 후 1789년 미국 초대 대통령이 된다. 대통령이 되고 난 이후에도 연방주의자와 反연방주의자를 고르게 등용하여 균형 잡힌 인사로 건국을 지휘했다. 주변에 신망이 높아 헌법에 3연임 금지 조항이 없어 3선 대통령까지 할 수 있었음에도 불구하고, 3선 대통령은 개인적인 독재로 비화할 가능성이 높다고 하여 스스로 직을 고사하고 낙향한 인물이다. 헌법에 3 연임이 금지되어 있음에도, 헌법을 개정하여 3 연임을 하는 어느 나라의 지도자와 대비된다. 길버트 스튜어트(Gilbert Stuart, 1755~1828)의 모작. 런던 초상화 박물관 소장

역사적으로 분열을 거듭했던 로마 제국 이후의 유럽, 인도, 이슬람, 아프리카와 달리 통합을 추구했던 나라는 본문에서 설명한 대로 중국이다. 중국과 유사하게 역사적으로 분열이 아니라 통합을 선택한 또 하나의 대표적인 나라가 있다. 바로 미국이다. 미국은 원래 영국의 식민지 지배에 반발하여 여러 개의 지방 정부가 연합하여 전쟁을 일으켰으므로, 최초에는 강력한 국가 권력을 바탕으로 통합을 지향하던 나라가 결코 아니었다. 1776년 7월 4일, 필라델피아에서 토머스 제퍼슨(Thomas Jefferson, 1743~1826)이 만든 독립선언서 내용도 국가 권력에 저항하는 개인의 기본권이 주요 내용이었고, 발표 형식 또한 13개 주의 식민지 대표가 각자의 권한에 따라 서명한 느슨한 모자이크 작품일 뿐이었다.

하지만 당시는 영국과 전쟁 중이었다. 전쟁을 수행하기 위해서는 강력

한 단일 정부가 필요하다. 특히 영국은 군사 훈련을 받고 대규모 무기를 보유한 정규군이고, 미국 독립군은 군사 훈련도 받지 않고 무기도 변변치 않은, 쉽게 말해 오합지졸의 민병대가 주력이었다. 이런 상황에서 13개 주가 따로따로 각개격파식의 전쟁을 수행하면 당시 최강대국인 영국을 어떻게 이길 수가 있나? 13개 주는 독립 전쟁 초기인 1777년 "연합규약(Articles of Confederation)"을 채택해서, 13개 주 정부가 연합한 형태의 국가 체제를 마침내 구성한다. 이 연합규약의 1조가 바로 13개 주 정부의 연합 명칭을 "미합중국(The United States of America)"이라고 규정하고 있다. 하지만 연합규약은 공동의 방위를 위해 우호적으로 뭉친 "우정 연합(league of friendship)"일 뿐이었다.[106] 그나마 이 느슨한 우정 연합조차도 주 정부 간 이견이 심해 1783년에 13개 주가 모두 비준하는데, 무려 4년이나 걸렸다.

미국의 실질적인 통합 논의가 진전이 없었던 이유는 지방 정부인 13개 주가 먼저 건국된 데다가, 13개 주를 대표하는 통합 정부에 대해 건국 모임을 주도했던 인물들의 정치 철학이 서로 극명하게 달랐기 때문이다. 즉, 존 애덤스(John Adams, 1735~1826)와 같은 연방주의자들은 미국이 강력한 중앙정부를 바탕으로 지방 정부의 통합을 추구해야 한다고 주장했다. 반대로 독립선언서를 기초했던 토머스 제퍼슨과 같은 反연방주의, 공화주의자들은 강력한 중앙정부가 영국과 같이 전제 정치로 흐를 것이 분명하므로 미국은 분권주의로 나가야 한다고 주장했다.[107] 양측의 대립은 독립 전쟁 중에는 잠재되어 있었다. 다행히 영국은 당시 스페인, 네덜란드, 프랑스와 전쟁 중이었고 미국 독립 전쟁에 집

---

106 Articles of Confederation: Article III - The said States hereby severally enter into a firm league of friendship with each other, for their common defense, the security of their liberties, and their mutual and general welfare, binding themselves to assist each other, against all force offered to, or attacks made upon them, or any of them, on account of religion, sovereignty, trade, or any other pretense whatever.

107 존 애덤스는 2대 대통령, 토머스 제퍼슨은 3대 대통령이다. 조지 워싱턴은 연방주의자도, 反연방주의자도 아니었으므로 초대 대통령으로 선출되는데 아무런 무리가 없었다.

중할 여력이 없었다. 결국 1783년 미국은 영국과의 독립 전쟁에서 승리하였다. 하지만 이때부터 연방주의자와 反연방주의자 양측의 대립이 표면화되기 시작했다.

승전 후 미국의 국가 체제를 새롭게 규정하기 위해 1787년 5월, 필라델피아 제헌의회에서 다시 모인 미국 건국의 아버지들은 연방주의자인 제임스 매디슨(James Madison, 1751~1836)이 만든 미국 헌법 초안을 가지고 격렬하게 대립했다. 116일 동안 격론 끝에 인구수와 무관하게 각 주에 2인을 뽑아 구성하는 상원과 인구수에 비례한 하원을 두는 양원제를 설치하는 등, 55인의 건국 아버지들은 매디슨의 연방주의 초안에 "가까스로" 합의했다. 양측의 대립이 얼마나 심했는지는 당시 제헌의회에 펜실베이니아 대표로 참석했던 벤자민 프랭클린(Benjamin Franklin, 1706~1790)의 언급에서도 엿볼 수 있다. 그는 제헌의회의 논의 과정을 "이보다 더 나는 것은 기대하지도 않는다. 하지만 이것이 최선이 아니라고 확신할 수도 없다. 그래서 나는 이 헌법을 찬성한다."라고 묘사했다.[108] 필자는 벤자민의 이 말이 도대체 무슨 뜻인지도 모르겠다. 사람들은 연방주의자와 反연방주의자의 이 고통스러운 합의를 "대

제임스 매디슨. 버지니아 출생으로 부모는 노예를 활용한 담배 농장 경영주였다. 미국 헌법의 기초를 실질적으로 완성한 위인으로, 미국 헌법의 아버지라고 불린다. 미국 헌법 초안을 합의하기 위한 필라델피아 제헌 의회 소집을 주도하였고, 이후 『*연방주의자 논집(The Federalist Papers)*』을 발행하여 로크의 경험주의와 뉴턴의 과학 정신을 결합한 미국 헌법의 철학적 정당성을 열정적으로 전파함으로써 미국 헌법 비준의 1등 공신이 된다. 청년 시절 버지니아주 입법부에서 토머스 제퍼슨과 함께 일한 경험을 바탕으로, 토머스 제퍼슨이 대통령이 될 때 국무장관을 역임한다. 국무장관 시절, 루이지애나를 프랑스로부터 구입하면서, 미국 부흥의 기초를 마련한다. 1809년에는 제퍼슨에 이어 4대 대통령이 되고, 1812년에는 영국을 상대로 선전포고하여 최종 승패가 없는 상태에서 전쟁을 종결함으로써 영국과 대등한 국력을 과시하기도 했다. 미국 화가 존 밴들린(John Vanderlyn, 1775~1852)의 1816년 작품. 백악관 소장. 출처: Wikipedia. Public Domain

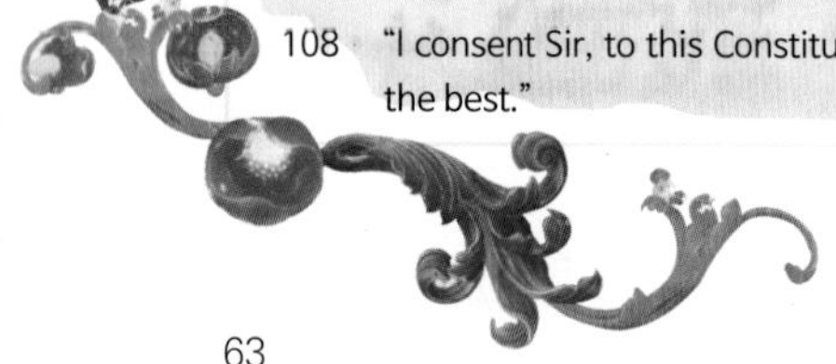

108 "I consent Sir, to this Constitution because I expect no better, and because I am not sure, that it is not the best."

벤자민 프랭클린. 부친은 대장장이면서 농부인 영국인이었다. 부친이 미국으로 이주하면서 보스톤에 정착했고, 벤자민은 그곳에서 태어났다. 벤자민의 부모는 보스톤에서 비누와 양초를 만들었는데, 집안이 어려워 벤자민은 10살 때 학교를 그만두었다. 그 후 형의 인쇄소에서 인쇄업을 배웠고, 17살 때 필라델피아로 무일푼으로 가서 인쇄업자로 성공하여 24살인 1730년에 인쇄업자 사장이 된다. 1731년에는 펜실베이니아 대학에 도서관을 설립하고, 1736년에는 펜실베이니아 하원의원이 된다. 1748년 사업이 번창하면서, 평소 관심이 많았던 과학에 본격 집중한다. 예컨대 1743년에 그가 발명한 난로인 이른바 프랭클린 난로(Franklin Stove)는 현재까지도 사용 중이다. 1753년에는 영국 왕립학회 회원이 되고, 1776년에는 토머스 제퍼슨과 함께 미국 독립선언문 초안을 작성하기도 한다. 벤자민은 해밀턴과 함께 대통령이 아닌 사람으로 달러 지폐 모델이 된 두 사람 중의 한 사람이다. 프랑스 화가 조제프 시프레드 뒤플레시스(Joseph-Siffred Duplessis, 1725~1892)의 1785년경 작품. 국립 초상화 박물관 소장. 출처: Wikipedia. Public Domain

타협(Great Compromise)"이라고 불렀다.

하지만 건국 주도자 55명이 헌법 초안에 어렵게 합의한 이후에도 13개 주가 합의된 헌법 초안의 비준을 두고 분열하기 시작했다. 국가 권력을 중앙정부에 몰아주면 우리가 목숨을 걸고 싸웠던 영국의 전제 정부와 같이 국민을 억압하는 국가 체제가 될 것이라는 우려가 불식되지 않았던 것이다. 13개 주 정부가 분열될지도 모르는 이 위기 상황에서 제임스 매디슨은 알렉산더 해밀턴(Alexander Hamilton, 1755~1804), 존 제이(John Jay, 1745~1829)와 함께 "연방주의자(Federalist)"라는 논문집을 발간하여, 85개에 이르는 "연방주의자 평론(Federalist Papers)"을 통해 강력한 중앙집권 정부가 국민과 지방 정부의 통합에 반드시 필요함을 역설하기 시작했다.[109] 제임스 매디슨의 여론전은 결국 승리했고, 1787년 12월 7일부터 1790년 5월 29일까지 13개 주가 모두 이를 비준했다. 대세가 연방주의로 흐르기 시작하자 反연방주의자인 토머스 제퍼슨은 매디슨의 헌법 초안에 연방 정부의 권한을 제한하고 국민의 기본권과 州 정부의 권한을 추가적으로 보장하는 수정헌법 조항 10개를 추가하자고 제안하였

109 이 평론집은 오늘날에도 미국 헌법 해석을 위해 반드시 참조해야 하는 교과서 역할을 하고 있다.

토마스 제퍼슨. 버지니아의 부유한 농장주의 장남으로 태어나, 어릴 때부터 좋은 교육환경에서 자라 엄청난 학구열을 소유한 인물이었다. 제퍼슨은 베이컨, 로크, 뉴튼 이 3명을 세상이 지금까지 만들어 낸 가장 위대한 인물이라고 칭송하며, 경험주의 철학에 철저히 매료되어 있었다. 이후 변호사가 된 그는 미 독립군에 참여하여, 독립군 중에서 가장 뛰어난 지식인 혹은 철학자로 인정받게 된다. 1776년 마침내 그는 벤저민 프랭클린과 함께 미국 독립선언서의 초안을 작성하게 되고, 버지니아주 하원 위원까지 된다. 독립 후에는 조지 워싱턴 대통령 밑에서 국무장관을 맡았지만, 연방주의자들을 왕당파와 같다고 비난하면서 철저한 反연방주의 견해를 고수하였다. 1801년에는 3대 대통령이 되었으며, 제임스 매디슨과 함께 루이지애나 구매를 주도하여 미국 중흥의 기초를 마련하였다. 미국 화가인 램브란트 필(Rembrandt Peale, 1778~1860)의 1801년 작품. 백악관 소장. 출처: Wikipedia. Public Domain

고, 1791년 12월 15일에는 이를 확정했다.[110]

이로써 세계 최초의 성문헌법인 제임스 매디슨의 헌법(The Constitution)은 마침내 완성되었다. 미국 헌법은 13개 주를 일일이 열거한 연합규약과 달리 서문에 미합중국 국민(We, the People of the United States)이라고 자신을 통합해서 지칭했다. 즉, 미합중국은 13개 주로부터 독립된 통합 정부이다. 나아가 이 통합 정부는 좀 더 완벽한 연합을 추구하기 위해 미합중국 헌법을 수립한다.[111]

한편 헌법 비준 후 미국 사법 체계에도 변화가 생겼다. 연방주의자로서 2대 대통령이었던 존 애덤스는 토머스 제퍼슨에게 대선에서 패배한 직후, 서둘러서 국무장관 존 마샬(John Marshall, 1755~1835)을 연방 대법원장에 임명하고 연방 대법원의 판사직을 신설하는 등의 조치를 취한다. 즉, 임기가 끝나는 날 하루 직전인 1801년 3월 2일에 법원조직법을 통과시켜 연방판사들의 수를 증원하고 증원된 판사들을 모두 연방주의파 사람들로 임명한 것이다.

그중 한 명이 윌리엄 마버리(William

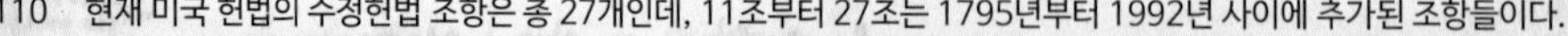

110 현재 미국 헌법의 수정헌법 조항은 총 27개인데, 11조부터 27조는 1795년부터 1992년 사이에 추가된 조항들이다.

111 "We the People of the United States, in Order to form a more perfect Union, establish Justice, insure domestic Tranquility, provide for the common defense, promote the general Welfare, and secure the Blessings of Liberty to ourselves and our Posterity, do ordain and establish this Constitution for the United States of America."

Marbury, 1762~1835)였는데, 그는 영장 심사와 보석만 담당하던 콜롬비아의 치안판사 자리에 임명되었다. 하지만 존 애덤스가 임기 종료일인 3월 3일에 대량의 임명장에 서명은 하였지만, 이를 모두 전달하는 것이 불가능한 상황이 벌어졌다. 결국 몇몇 판사는 임명장을 전달받지 못하였고, 이에 따라 새로 교체된 대통령인 反연방주의자인 토머스 제퍼슨이 임명장을 전달해야 하는 상황이 되었다. 당연히 反연방주의자였던 토머스 제퍼슨 대통령과 그가 임명한 새로운 국무장관인 제임스 매디슨(James Madison, 1751~1836)은 마버리에게 임명장 수여를 거부하였다.

존 마샬. 버지니아 출생으로 어렸을 때부터 매우 명석했다고 한다. 미국 독립 전쟁이 일어났을 때, 민병대에 합류하여 독립 전쟁에 참가하기도 한다. 이후 버지니아 변호사로서 명성을 쌓은 그는, 2대 대통령인 존 애덤스 행정부에서 국무장관을 역임했다. 임기 말년에는 대법원장에 취임하는 데, 취임 직후 그는 마버리 사건에서 법률의 위헌 여부를 최초로 판단하여 연방주의를 공고히 한 엄청난 판결의 주인공이 된다. (존 마샬 이전에는 합헌 여부만 결정한 판례가 몇 건 있었을 뿐이었고, 위헌 판결은 마버리 사건이 최초이다.) 위헌법률 심판 권한을 명시적 규정 없이 미국 대법원이 소유하게 된 것도 오직 존 마샬의 이 판결 하나 때문이다. 미국 화가인 헨리 인만(Henry Inman, 1801~1846)의 1832년 작품. 버지니아 도서관 소장. 출처: Wikipedia. Public Domain

당시 법원조직법 13조에 따르면 연방 판사 임명과 관련된 분쟁 소관은 연방 대법원으로 규정되어 있어, 마버리는 임명장 수여를 요구하는 소송을 연방 대법원에 제기하였다. 이 소송에 대해 연방 대법원장인 존 마샬은 마버리의 주장을 수용하여, 법원조직법 13조는 행정부가 적법 행위를 하지 않을 때 이를 명령하는 직무이행명령(Writ of Mandamus) 권한을 연방 대법원에 부여하고 있다고 해석하였다. 하지만 이렇게 해석할 경우 법원조직법 13조는 헌법 3조 2항이 대법원에 직무이행명령 권한을 부여하지 않았음에도 불구하고 대법원에 직무이행명령 권한을 부여한 조항이 된다. 따라서 동 조항은 헌법이 정한 삼권분립이라는 위임 범위를 벗어나 대법원의 권한을 추가로 확대한 조항이므로, 효력이 없는 위헌이라고 판시하고 소송을 각하했다. 그는 더 나아가 모든 법은 미국 헌법에 구

속되며 연방 대법원은 헌법 합치 여부에 대해 심판할 권한이 있다고 선언해 버렸다.[112] 이 판결로 인해 미국의 모든 법률은 헌법에 합치해야 하며, 미국 헌법의 명시적 규정이 없음에도 불구하고 연방 대법원은 그 합치 여부를 판단할 권한을 갖게 되었다.

요컨대 마샬의 이 판결은 미국 헌법이 법적으로 모든 법률을 지배하는 최상의 지위에 있음을 확인하였고, 연방대법원이 위헌법률 심사권을 갖는다는 원칙도 확립했다. 그 결과 연방 의회든 지방 정부든 제정하는 모든 법률은 반드시 헌법에 합치해야 할 의무를 지게 되었다. 즉, 존 마샬의 판결은 의도하였던, 의도하지 않았던, 연방주의를 실질적으로 강화하는 법적인 조치가 되어 버렸다. 더 나아가 초기 건국의 아버지들이 법률의 해석이나 하라고 평가절하했던 연방법원의 지위가 갑자기 격상되었다. 존 마샬 당시 연방 대법원은 독립 건물이 없어 의회 건물 한켠에 초라하게 세 들어 살고 있기까지 하였다. 그러나 상황이 완전히 바뀌었다. 反연방주의자였던 토머스 제퍼슨은 존 마샬의 이 판결을 두고 "대법원이 대규모 무력 군대도 할 수 없었던 쿠데타를 일으켰다"라고까지 평가할 정도였다. 이로써 표면적으로는 연방주의와 反연방주의의 갈등이 마치 해결된 것처럼 보였다.

하지만 실제로는 그렇지 않았다. 연방주의와 反연방주의의 대립은 수정헌법 통과와 마버리 판결 이후에도 끊이지 않았다. 양측의 대립은 결국 무력을 사용한 내전으로 비화한다. 바로 남북전쟁(1861~1865)이다. 남북전쟁의 원인은 여러 가지가 있지만, 통합을 지향하는 연방주의와 분권을 지향하는 反연방주의의 대립이 가장 근본적인 원인이다. 예컨대 남북전쟁 당시 연방을 탈퇴한 남부군은 23개 북부군을 "연방주의 놈들(The Federal)"이라고 비아냥거려서 부를 정도였다.[113] 사건의 결정적인 계기는 흑인 노예제 폐지를 전국 단위로 시행하

112 Marbury v. Madison, 1803

113 반대로 남부군은 남부연합(Confederate of South Union)이라고 불렀는데, confederate은 초기 느슨한 형태의 연방

려던 링컨 대통령의 당선이었다. 당선 소식이 알려지자 州 정부의 독자적인 권한을 강조하던 反연방주의자들이 남부 주를 중심으로 극렬하게 반발하였다. 결국 남부 7개 주는 링컨 대통령 당선 직후인 1860년 12월에 사우스캐롤라이나를 필두로 하여, 차례차례 합중국 연방을 탈퇴하였다.

이들 주는 1861년 2월에 노예제를 인정하는 새로운 헌법을 제정한 후, 제퍼슨 데이비스(Jefferson Davis, 1806~1899)를 남부 연합(Confederate State of America)의 대통령으로 선출하였다. 전임 대통령인 제임스 뷰캐넌(James Buchanan, 1791년~1868)과 1861년 3월에 취임한 링컨의 새로운 행정부는 남부의 이 조치가 합중국을 분열시키는 "반란 행위"라고 규정했다. 이처럼 남측과 북측의 긴장이 최고조인 상황에서 1861년 4월, 제퍼슨 데이비스가 이끄는 남부군이 섬터 요새(Fort Sumter)를 포격하였다. 섬터 요새 포격으로 남측과 북측은 서로 돌아올 수 없는 루비콘강을 건넜고 마침내 전면전으로 확대되었다.[114] 전쟁의 결과는 모두가 아는 대로다. 기본적으로 북부는 산업 기반, 인구, 무기 제작을 위한 철강, 석유화학 기반에서 남부를 압도했다. 면화 생산이 주력이던 남부는 전쟁 물자 생산 기반이 거의 없었다. 남부군은 남부 지역의 거의 유일한 강점이던 수많은 노예 노동력을 군인으로 차출하려는 전략적 사고조차도 하지 않았다.

링컨. 그는 오늘의 통일 미국을 존재하게 만든 미국 역사상 가장 위대한 대통령이다. 미국 사진 작가 알렉산더 가드너(Alexander Gardner, 1821~1882)의 1863년 11월 8일 사진. 매사추세츠주 애머스트의 미드(Mead) 미술관 소장. 출처: Wikipedia. Public Domain

나아가 북부는 남부를 점령해야 한다는 공세적 전략에 집중하면서 오직 방어만을 목적으로 한 남부군의 전략과는 비교 자체가 안 되었다. 예컨대 북

인 연합규약의 이름에서 비롯한 것이다.

114 노예제 폐지를 주장한 링컨 대통령은 공화당 출신이고, 남부 주가 주도해서 만든 정당이 오늘날 민주당이다. 현재 미국의 공화당은 작은 정부를 지향하고 민주당은 큰 정부를 지향하는데, 역사적으로만 보면 사실상 매우 역설적인 현상이다.

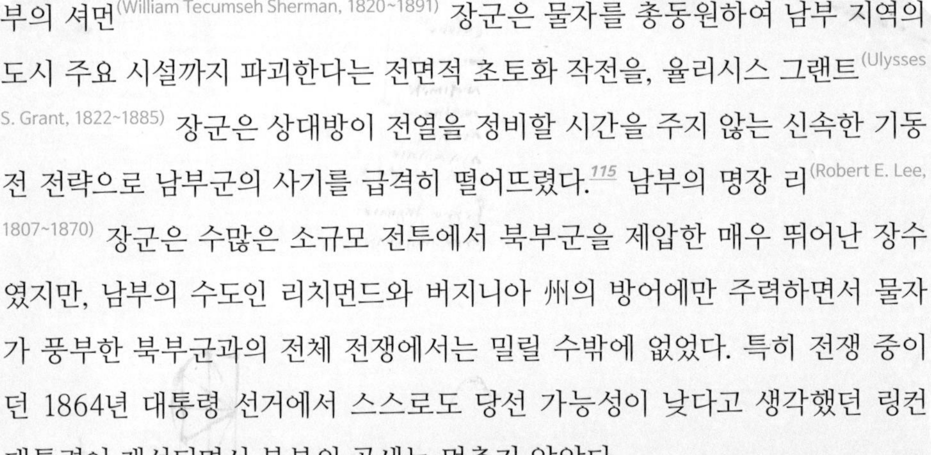

부의 셔먼(William Tecumseh Sherman, 1820~1891) 장군은 물자를 총동원하여 남부 지역의 도시 주요 시설까지 파괴한다는 전면적 초토화 작전을, 율리시스 그랜트(Ulysses S. Grant, 1822~1885) 장군은 상대방이 전열을 정비할 시간을 주지 않는 신속한 기동전 전략으로 남부군의 사기를 급격히 떨어뜨렸다.[115] 남부의 명장 리(Robert E. Lee, 1807~1870) 장군은 수많은 소규모 전투에서 북부군을 제압한 매우 뛰어난 장수였지만, 남부의 수도인 리치먼드와 버지니아 州의 방어에만 주력하면서 물자가 풍부한 북부군과의 전체 전쟁에서는 밀릴 수밖에 없었다. 특히 전쟁 중이던 1864년 대통령 선거에서 스스로도 당선 가능성이 낮다고 생각했던 링컨 대통령이 재선되면서 북부의 공세는 멈추지 않았다.

이처럼 링컨 대통령이 남북전쟁을 승리로 이끌면서 미국은 국내 통합이라는 대업을 1860년대 중반에 마침내 완성했다. 국내 통합을 마친 후부터 미국은 본격적으로 대외 팽창에 돌입한다. 우선 남북전쟁 이전인 1803년에 미국은 프랑스가 지배하던 미시시피강 유역의 루이지애나 땅을 매입한다. 금액은 1,500만 불이었다. 이 땅은 현재 스페인, 프랑스, 이탈리아, 통일 독일, 영국을 합친 것과 유사한 규모이다. 미국 역사학자 헨리 애덤스 말대로 "미국이 투자 대비 이렇게 많은 것을 얻은 일은 여태 없었다."[116]

미국은 더 나아가 1814~1819년 기간에 스페인으로부터 최단 서북부인 워싱턴주와 오리건주에 대한 통치권을 넘겨받아 태평양에 최초로 도달했고, 플로리다까지도 나중에는 확보한다. 1846년에는 멕시코와 전쟁을 일으켜 2년 만에 캘리포니아, 뉴멕시코, 애리조나, 네바다, 유타, 콜로라도 땅을 차지한다. 1867년에는 크림반도에서의 전쟁으로 재정이 바닥난 러시아로부터 알래스카를 단돈 720만 불, 현재 가치로 대략 16억 불에 사들였다. 알래스카는 한반도

---

115 셔먼 장군의 이 전략은 사회적 물자를 총동원하여 전쟁을 수행한다는 현대전의 개념으로 진화한다. 셔먼을 현대전의 아버지라고 부르는 이유이다.

116 팀 마샬, *앞의 책*(지리의 힘), p. 63

의 8배가 되는 땅으로 미국에서 가장 큰 면적을 가진 주이다.

특히 알래스카 매입 시 의회와 언론의 격렬한 반대가 있었지만, 국무부 장관 윌리엄 수어드(William Henry Seward, 1801~1872)는 매입을 강행했다. 수어드 장관은 그린란드와 아이슬란드도 같은 방식으로 구매하려고 하였지만, 알래스카 매입을 "수어드의 뻘짓(Seward's Folly)", "수어드의 얼음 상자(Seward Icebox)", "북극곰 정원(Polar Bear Garden)"이라는 언론의 냉소적인 평가를 넘지 못했다.[117] 하지만 30년 후인 1896년에 알래스카에 금광이 발견되고, 20세기 초에는 이 지역에 대규모 유전이 발견되었다. 미국은 운도 억세게 좋은 나라다. 비스마르크의 말대로 "신은 바보들과 주정뱅이들, 그리고 미국에게 특별한 섭리를 베푸신다."[118] 1898년에는 스페인과 전쟁을 벌여 쿠바, 푸에르토리코, 괌, 필리핀까지 확보하였고, 바로 그해에 태평양 한가운데 섬인 하와이도 미국 땅으로 편입했다.

알래스카 글레이셔 만(Glacier Bay). 알래스카는 자연경관도 뛰어나지만, 금광과 원유가 풍부한 지하자원의 보고이기도 하다.

117 미국의 그린란드 땅 매입 시도는 2019년 8월 트럼프 대통령이 매입을 검토한다는 내용이 공개되면서, 다시 한 번 세간의 주목을 받았다. 이 시도는 덴마크가 미친 짓이라며 거부하면서 결국 무산된다.

118 팀 마샬, *앞의 책(지리의 힘)*, p, 85

영토확장을 19세기에 완성한 미국은 1, 2차 세계 대전을 거치면서 국민 통합의 강도가 남북전쟁 이후보다 비교할 수 없을 정도로 훨씬 높아졌다. 필자가 보기엔 미국이 1, 2차 세계 대전을 통해 축적한 국부보다, 세계 대전을 통해 U.S.A라는 완벽한 통일 국가의 정체성을 확보한 것이 더 큰 성과라고 생각한다. 물론 미국의 연방주의와 反연방주의의 대립은 오늘날에도 여전히 해결되지 않은 미결 이슈이긴 하다. 하지만 반전 가사임에도 불구하고 미국인들이 브루스 스프링스틴(Bruce Springsteen, 1949~)의 팝송 "Born in the USA"를 목청껏 부르는 것도, 이라크의 뜨거운 사막 한 가운데나 아프가니스탄의 황량한 산악지대에 수많은 미국 젊은이들이 자발적으로 전투에 참여하여 기꺼이 목숨을 내놓는 것도 분열된 州 정부가 아니라 미국이라는 통합 국가를 향한 애국주의가 가장 근본적인 원인이다.

따라서 필자는 중국을 분열에서 통합이라는 대세로 이끌었던 진시황과 같은 인물이 바로 미국의 링컨 대통령이라고 생각한다. 만약 링컨 대통령이 남북전쟁에서 승리하지 못했다면, 미국은 오늘날 유럽과 마찬가지로 지리멸렬하게 분열되어 있었을 것이다. 만약 미국이 분열되어 있었다면 무역 패권, 기술 패권, 금융 패권을 달성하지 못했을 것이고, 미국은 오늘날과 같은 세계 패권을 구사할 수도 없었을 것이다.

다만 2021년 1월 6일, 트럼프 대통령의 당선 불복으로 촉발된 트럼프 추종자의 의회 무장 난입은 미국이 분열될지도 모른다는 심각한 우려를 낳게 한다. 트럼프 대통령의 이 행위는 단순히 개인적인 야욕의 문제가 아니라, 미국민의 분열을 촉발할 수도 있다는 차원에서 일종의 반역 행위다. 2023년 9월 30일에는 미국 정부의 셧다운을 막기 위해 45일짜리 임시 예산안을 통과시켰다는 이유로, 미국 의회가 하원 의장인 케빈 매카시(Kevin McCarthy, 1965~)를 의회 표결을 거쳐 해임해 버렸다. 매카시 의원은 공화당 소속으로, 우크라이나 예산 증액을 요청한 민주당과 예산의 대폭 삭감을 요청한 공화당의 요

구 모두를 반영하지 않고 정파를 초월한 결정을 내렸다. 이런 그를 미 의회가 216:210으로 해임해 버린 것이다. 비록 표결 당시 9석이나 많았던 공화당이었지만, 공화당 내 강경파 의원이 거의 모두 해임에 찬성하면서 공화당 출신 하원 의장을 공화당 강경파 의원들이 해임해 버린 어이없는 결과가 나온 것이다.

트럼프 대통령의 대선 불복과 매카시 의장의 해임 배후에는 스티브 배넌(Steve Bannon, 1953~)이 있다고 알려져 있다. 그는 트럼프 대통령의 선거운동 본부장 출신으로, 힐러리 클린턴의 네가티브 공세에 집중하여 트럼프를 대선 승리로 이끈 일등 공신이다.[119] 그의 철학은 서구 가치 우선, 백인의 정체성 유지, 다문화주의 반대 등 철저한 미국·백인 우선주의와 고립주의에 있으며, 이런 그의 정책을 "Alt-right(대안 우익)"라고 부른다. 실제로 매카시 상원 의원의 해임을 주도한 공화당 맷 게이츠(Matt Gaetz, 1982~)와 낸시 메이스(Nancy Mace, 1977~) 의원은 해임 다음 날 배넌의 팟 캐스트 스튜디오인 "War Room"을 방문하여 다음과 같이 말했다. "여기 제국의 수도에서 거대한 판이 움직이고 있다. 우리는 워싱턴 중심가의 썩은 환부를 도려내야 한다."[120]

어쩌면 트럼프 대통령과 같은 인물의 당선 및 대선 불복과 매카시 의원의 축출, 스티프 배넌의 활개는 미국의 건전한 패권이 이미 쇠락하고 있다는 증거일지도 모른다. 특히 매카시 의원의 축출은 234년 미국 의회 역사상 처음 있는 일로, 구국의 영웅 테미스토클레스를 도편추방제를 통해 축출한 후 얼마 안 가서 쇠락의 길을 걸었던 아테네를 떠올리게 한다. 세계 평화나 자유민주주의 가치가 아니라 미국민이나 백인만 우선 생각하겠다는 발상 자체가 그만큼 미국인들의 내부 사정이 안 좋다는 반증이기 때문이다. 실제로 워싱턴

119 그는 백악관 입성 후 만약 한반도에서 전쟁이 터진다면, 북한의 무차별 자주포 공격으로 30분 만에 1,000만 명이 사망할 것이라는 백악관 내부 문서를 언론에 공개했다. 이 때문에 북핵 문제는 군사적 해결이 불가능하다고 주장했는데, 군사적 해결을 주장한 마이클 볼턴과 충돌하면서 결국 해임되었다.

120 "Tectonic plate shift here in the imperial capital. We have to lance the boil that is K Street in this nation." New York Times, Oct 5, 2003. 여기서 K Street은 워싱턴 D.C. 내의 중심 거리를 의미한다.

포스트는 2023년 10월 4일 논평에서 매카시 하원 의장의 해임 사태를 "만약 민주주의에 위기가 닥치면 어떤 모습이 될지 궁금하다면, 바로 이 사태를 보면 된다."라고 평가했다.[121]

전설적인 헤지펀드 매니저 레이 달리오 또한 그의 저서 *『변화하는 세계 질서』*에서 미국은 재정 악화와 함께 주와 주 사이, 부자와 빈자 사이의 양극화가 너무 극심하여, 미국이 이미 정점을 지나 내전이나 혁명이 터지기 직전의 쇠퇴기에 접어들었다는 충격적인 주장을 하기도 하였다.[122] 특히 그는 포퓰리즘과 양극화는 국가의 쇠퇴기인 5단계가 이미 많이 진행되었으며, 혁명과 내전이 얼마 남지 않은 신호라고 단언한다. 트럼프 대통령의 미국 우선주의라는 포퓰리즘과 정치적 반대파에 대한 폭력적인 불복으로 표출된 미국의 양극화가 레이 달리오의 평가와 크게 다르지 않다는 점에서, 그의 예측이 정말 실현될지도 모르겠다는 섬찟한 느낌도 든다. 어쨌든 만약 미국이 지금처럼 통합되지 않고 분열된다면, 미국의 세계 패권은 100% 붕괴한다고 필자는 자신 있게 말할 수 있다. 미국은 중국 견제라는 외교적 정책과 함께, 미국인의 통합이라는 국내 정책 과제도 동시에 수행해야만 현재의 세계 패권을 유지할 수 있다는 뜻이다.

요약하면 오늘날 통합을 추구하는 두 개의 제국이 바로 미국과 중국이다. 현 상황은 국민 통합을 완성한 미국이 세계 패권을 구사하고 있는 와중에, 역사적으로 통합을 추구해 왔던 중국이 중화사상을 축으로 세계 패권을 노리고 있는 형국이다. 따라서 강력한 국민적 통합 체제를 보유한 양측은 논리적으로도, 정신적으로도, 이념적으로도, 물리적으로도 충돌할 수밖에 없는 운명이다. 통합과 분열이라는 시각을 통해 역사를 바라보면 오늘날 미국과 중국의 대립도 충분히 이해할 수 있는 셈이다.

121 "If you want to know what it looks like when democracy is in trouble, this is what it looks like" by Daniel Ziblatt, Washington Post, Oct 4, 2023

122 레이 달리오, *『변화하는 세계 질서』*, 한빛비즈, 2022, pp. 191~192

## (11) 유럽의 분열과 카톨릭

통합으로 향해가는 중국과 로마 제국 멸망 이후 고착된 유럽의 분열은 동양과 서양의 발전 경로를 완전히 바꾸었다. 특히 유럽은 자신들의 독특한 지배방식과 결합하면서, 동양과는 완전히 다른 발전 경로를 창출했다. 유럽 특유의 지배방식이란 동양과 달리 충효를 강조한 통일된 유교정치 사상, 주자학과 같은 지배적인 정치 이데올로기가 유럽 정치사에는 없었다는 것이다. 유럽의 지배 이데올로기는 오직 신 앞의 평등을 외친 카톨릭교가 유일했다. 그것도 콘스탄티누스 로마 황제가 밀라노 칙령을 통해 카톨릭교 박해를 금지한 313년 이후에만.

즉, 콘스탄티누스 대제의 기독교 공인 시점인 313년부터 화폐 경제가 발달하기 시작하는 13~14세기까지는 카톨릭 교리가 서유럽에서 정치 이데올로기 역할을 대신 수행하였다. 예컨대 중세의 영주들은 하느님의 이름을 빌려 성경의 교리를 바탕으로 농노를 통제했다. 특히 교황이 십일조를 통해 수집한 자금을 바탕으로 유럽의 어느 왕보다 권력이 강했던 시기는 카톨릭이 곧 정치이면서 동시에 외교였다. 1077년, 북부 이탈리아의 카노사에서 사흘 동안 맨발로 성문 앞에서 교황 그레고리우스 7세(Pope Gregorius VII, 1020~1085)의 파문을 취소해 달라고 알현을 간청했던 신성 로마 제국 황제 하인리히 4세(Heinrich IV, 1050~1106)의 굴욕이나, 교황의 말 한마디에 전 유럽의 군주들이 자신의 전 재산을 모두 교회에 맡겨 놓고 목숨을 바칠 각오로 일사불란하게 소집된 십자군 원정(1092~1291)은 카톨릭 지배 이데올로기의 최정점이 어디까지 갈 수 있는지 너무나도 선명하게 보여 준 일대 사건이었다.[123]

동로마 제국이나 신성 로마 제국처럼 기독교 이데올로기를 활용하여 왕정을 강화하는 경우도 있었다. 800년 샤를마뉴 대제가 교황으로부터 왕관을 수여 받

---

123 카노사의 굴욕 사건은 유럽 전역의 아낙네들과 작업장의 작업공들까지도 이 사건 이외에는 화제를 삼지 않을 정도로 유명한 사건이었다. 한편 맨발로 3일을 빌어 파문을 면한 하인리히 4세는 3년 뒤인 1080년 로마로 쳐들어가 그레고리우스 7세를 교황에서 축출하고, 클레멘스 3세(Clemens III, c.1025~1100)를 새로운 교황으로 앉힌다.

나폴레옹 황제의 대관식은 1804년 12월 2일, 노트르담 대성당에서 열렸다. 교황 피우스 7세(Pius VII)가 참석하여 황제의 관을 수여하려 했지만, 교황이 황제의 관을 씌우려는 순간 나폴레옹 스스로가 교황에게 관을 뺏고는 자신이 썼다. 이 모습을 지켜보던 다비드는 실제 사건대로 나폴레옹 스스로가 관을 쓰는 모습을 그리려고 하였으나, 로마 교황청의 강력한 항의로 나폴레옹 황제가 황후인 조세핀에게 황후의 관을 수여하는 모습으로 바꾸었다. 자크 루이 다비드의 1807년 作, 베르사유 궁전 소장(거의 똑같은 그림이 루브르 박물관에도 있다.)

은 것은 기독교 이데올로기를 활용하여 왕정을 강화한 대표적 사례이다. 그러나 그것도 4세기 이후에나 가능했고 14세기 이후에는 별로 효과적이지도 않았다. 왜 황제가 교황으로부터 신성 로마 제국 황제의 제관을 받아야 하나? 샤를마뉴 대제의 대관식 후 약 1,000년 뒤인 1804년 12월 2일, 나폴레옹 황제가 노트르담 대성당에서 거행된 대관식에서 피우스 7세 교황(Pope Pius VII, 1742~1823)으로부터 왕관을 빼앗아 스스로 쓰는 장면은 더 이상 카톨릭이 정치 이데올로기가 아니라는 확실한 사망 선고였다.

불행히도 카톨릭 이데올로기는 종교 개혁 이후 부상한 신교 세력의 도전을 받은 이후부터 정치 이데올로기로서의 위상이 사실상 종말을 맞이하였다. 예컨대 프랑스의 재상 리슐리외는 카톨릭 추기경이면서도 독일의 통일을 저지하기 위해 30년 전쟁에서 카톨릭 교리에 목숨을 걸고 반대하는 프로테스탄트를 적극 지원했다. 카톨릭교가 확고한 정치 이데올로기였다면 리슐리외는 로마 교황의 추기경으로서 당연히 독일과 오스트리아의 카톨릭 세력을 군사적으로 지원했어야 했다.

더욱이 카톨릭이 지배층의 정치 이데올로기인지, 아니면 그리스도가 강조했던 소박한 종교나 생활 규범에 머물렀는지도 분명하지 않다. 카톨릭이 정치 이데올로기였던 것처럼 보인 이유 또한 정치 행위를 수행했던 서유럽의 지배층인 왕

족과 귀족들이 카톨릭을 생활 규범, 종교 규범으로 적극 수용했기 때문이었다. 웬만한 유럽의 왕족과 귀족들은 자신의 왕궁과 저택에 개인 기도실을 별도로 설치할 정도였으니까.

필자 판단에는 카톨릭이 정치 이데올로기로서 위세를 떨쳤던 4~14세기 기간 중에도, 카톨릭은 확고한 정치 이데올로기라기보다는 차라리 생활 규범, 종교 규범이라고 하는 편이 옳다. 카톨릭 사제가 없으면 서양의 일반 민중은 아이의 탄생 축복도, 처녀의 결혼도, 부모의 장례식도 치를 수 없었기 때문이다. 특히 카톨릭 규범의 정점에 있던 교황은 사후에 당사자를 지옥에 보낼 수 있는 무시무시한 권력인 파문(excommunication) 권한을 보유했다. 원죄를 타고난 인간이 천국으로 가는 열쇠를 빼앗겨야 하는 것은 상상만 해도 끔찍한 일이었을 것이다. 특히 파문을 당하면 성당의 모든 예식에 참여할 수 없고, 성당 출입도 금지되었다. 중세 유럽에서 성당 출입 금지는 한 마디로 사회에서 왕따를 시키는 것과 동일했다. 파문을 뜻하는 excommunication이 바로 "사회(community)에서 쫓아낸다(ex)" 라는 뜻이기도 하다.

1077년 하인리히 4세 카노사의 굴욕 사건도 교황의 파문 권한이 얼마나 강력한 것인지 보여 주는 사건이다. 즉 성직자 서임권이 황제에게 있음을 주장하던 하인리히 4세가 이에 반대하던 교황 그레고리우스 7세를 군사적으로 침략하려고 하자, 교황은 카노사 성의 백작 부인 마틸다의 도움을 받아 카노사로 피신한다. 그레고리우스 7세 교황은 피신하기 직전 하인리히 4세와 그의 편을 들었던 주교들 모두를 파문하고, 독일 공작들의 하인리히 4세에 대한 충성 서약까지 무효화시켰다. 이 때문에 독일의 제후들이 하인리히 4세에 대항하여 반란을 일으키려고 하였다. 겁이 난 하인리히 4세는 군대를 일으키기는커녕, 추운 겨울날 맨발로 카노사를 찾아가 교황의 파문을 철회할 것을 사흘이나 간청해야 했다. 더 나아가 교황은 귀족들과 그의 후손들이 사후에 묻힐 수 있는 성당을 지정할 수 있는 권한도 보유하고 있었다. 이에 따라 일반 민중은 물론이고, 왕족과 귀족들도 카톨릭을 생활 규범으로 무조건 받아들여야 했다.

하지만 정치 이데올로기이면서 동시에 생활 규범, 종교 규범으로서의 카톨릭의 역할은 그리 오래가지 않았다. 특히 교황의 권위는 화폐 경제가 발달하기 시작하는 14세기 초부터 나락으로 떨어지기 시작했다. 예컨대 중세의 마지막 교황이라 불리는 교황 보니파키우스 8세(Boniface VIII, 1230~1303)는 1303년 아나니(Anagni)에서 프랑스 필리프 4세(Philip IV of France, 1268~1314) 왕의 신하인 시아라 콜로나(Sciarra Colonna, 1270~1329)에게 뺨을 맞고, 3일 동안 실컷 두들겨 맞은 후 결국 화병으로 "청어처럼 완전히 숨이 끊어져 버렸다."[124] 사람들은 이와 같은 보니파키우스의 파란만장한 일생을 "여우처럼 교황이 되어, 사자처럼 지배하다가, 개처럼 죽었다." 라고 묘사했다. 보니파키우스의 사망 사건은 정치 이데올로기이면서 동시에 생활 규범이었던 카톨릭 권위의 몰락을 만천하에 알리는 서막이었다.

아나니 사건 이후인 14세기부터 베스트팔렌 조약이 체결된 17세기까지 최소 20만 명의 목숨을 앗아간 유럽의 마녀사냥 또한 생활 규범, 종교 규범으로서 카톨릭 권위의 날개 없는 추락에 대한 카톨릭 성당 측의 격렬한 반발이 그 근본 원인이었다. 즉, 상업의 발달과 화폐 경제의 진전으로 유럽 전역에 향락이 성행하면서 중세 암흑시대를 사실상 완벽하게 지배하였던 카톨릭 성당의 권위가 갈수록 떨어졌다. 이에 반발하여, 도미니크 수도회를 비롯한 카톨릭 세력들은 생활 규범으로서 카톨릭의 권위를 수호하기 위해 그 원인이 도대체 무엇인지도 알지 못한 채 "보이지 않는 그리스도의 적"인 마녀라는 개념을 만들어 종교 재판과 화형으로써 유럽 민중을 공포의 도가니로 몰아넣었다.

심지어 이노첸트 8세(Innocent VIII, 1432~1492) 교황은 효과적인 마녀사냥을 위해 수도사들이 만든 『*말레우스 말레피카룸*(*Malleus Maleficarum*)』이라는 마녀사냥 교본을 공식적으로 승인까지 해 주었다.[125] 이 잔혹한 마녀사냥 과정에서 도미니크 수도

---

124 영어 관용구로 "dead as herring"이라고 쓴다.

125 정식 명칭은 『*모든 마녀와 이단을 창과 같이 심판하는 망치*(*Maleficas et earum hæresim, ut phramea potentissima conterens*)』이다. 보통 "마녀 망치(Hammer of Witches)"라고 줄여서 부른다. 도미니크 수도사 출신인 야곱 슈프랭거(Jacob Sprenger, ?~1495)와 짤즈부르크 대학 신학 교수였던 하인리히 크래머(Heinrich Kraemer, 1430~1505)가 쓰고 1486년에 출간되었다. 교황 이노첸트 8세 교황은 "마녀가 사탄과 소통하면서 마법

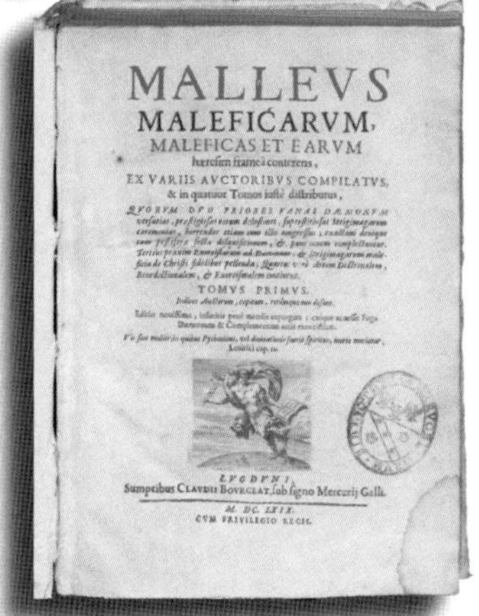


마녀사냥 교본인 말레우스 말레피카룸. 1659년 판. 출처: Wikipedia. Public Domain

사들은 당시로서는 상상을 초월한 각종 고문 기법과 도구들을 만들어 유럽 전역에 형용할 수 없는 공포심을 불러일으켰다. 도미니크 수도사들의 고문 기법은 여성인 마녀사냥에만 국한된 것이 아니었다. 십자군 원정을 주도했던 카톨릭의 남성 전사 성전기사단 또한 14세기에 도미니크 수도사들의 잔혹한 고문의 대상이 되었다.

이단에 대한 잔혹한 말살 행위도 마찬가지였다. 12~13세기는 고전적인 성서 해독에 반기를 든 이른바 이교도들이 전 유럽과 중동에서 득세한 시기였다. 예컨대 남부 프랑스를 중심으로 세력을 확장했던 카타리파(Cathars, 일명 알비, Albi)는 예수의 부활을 부인하고 예수가 생전에 중요하게 여겼던 청빈한 삶을 강조했다. 중동에서는 선과 악의 대립을 기본 구조로 하여 창세기의 비밀과 관련된 지식을 갖고 있다고 주장하던 그노시스파(Gnostics), 예수의 양성론을 부정하고 신성을 강조한 콥트파(Copts), 두 개의 성질과 하나의 의지를 가진 예수를 주장한 마론파(Maronites), 예수의 양성론을 거부한 야곱파(Jacobites) 등이 세력을 확장하고 있었다. 성서에 대한 이와 같은 다양한 해석은 로마 카톨릭의 권위가 과거처럼 견고하지 않게 되었다는 반증이었다.

이 때문에 로마 카톨릭은 정통 카톨릭이 인정한 성서의 해석 범위를 벗어난 기독교 종파를 모조리 이단으로 간주하고 철저히 억압했다. 예컨대 로마와 지리적으로 가까웠던 남부 프랑스의 이교도였던 카타리파는 로마 교황이 1209~1229년의 20년 동안 잔혹하게 말살하였다. 이때 카타리파를 진압하기 위해 로마 교황이 소집한 군대를 알비 십자군(Albi Crusade)이라 부르기도 한다. 골수 카톨릭 집안이었던 합스부르크 왕가도 마찬가지였다. 그들은 교황과 협력하

을 부리는 것은 진실"이라면서, 이 책을 공식 승인하였다.

여 자신들이 지배했던 유럽 전역에 이단 심문소를 설치하고 이단에 대한 철저한 억압을 자행했다. 예컨대 1478년, 교황의 교서에 따라 스페인에 설치된 이단 심문소는 도미니크 수도사들이 주도하여 설립되었다. 스페인의 이단 심문소는 1494~1530년까지 발렌시아에서 1,000여 명, 세비야에서 4,000여 명의 콘베르소(converso)를 이단이라는 이름으로 말뚝에 박혀 화형에 처했다.[126] 스페인에 이단 심문소가 끼친 영향이 얼마나 어마어마했는지는 다음의 일화에서도 알 수 있다. "스페인에서는 왜 산업이 발달하지 않았나? 이단 심문소 때문이다. ... 스페인 사람들은 왜 게으른가? 이단 심문소 때문이다. 스페인에는 왜 투우가 있을까? 이단 심문소 때문이다. 스페인 사람들은 왜 낮잠을 잘까? 이단 심문소 때문이다."[127]

특히 14세기 중엽 전 유럽을 강타한 흑사병에 대해서 카톨릭은 너무나도 무력했다. 흑사병에 대한 상세한 내용은 ***『성전기사단의 비밀(下)』*** *編*에서 상술하겠지만, 흑사병은 1347년에 유럽으로 처음 전파되었다. 동로마 황제 아들의 죽음을 시작으로 흑사병은 빛의 속도로 전 유럽으로 퍼져나가, 남녀노소를 가리지 않고 사람들을 죽였다. 카톨릭은 흑사병의 원인이 무엇인지조차도 몰랐고, 막무가내로 신의 저주라고만 설파했을 뿐이다. 흑사병에 걸린 사람들이 기도를 통해 목숨을 건진다고 성당으로 모여 들었지만, 오히려 흑사병의 확산만 부추겼다. 유럽인들 눈에 카톨릭은 이제 더 이상 구원의 안식처가 아니었다. 유럽인들은 카톨릭 이외의 다른 안식처를 찾아야 했다. 그중의 하나가 바로 르네상스 운동이다. 필자는 르네상스 운동의 가장 중요한 원인 중의 하나가 흑사병의 만연과 이를 막지 못한 카톨릭의 무능 때문이라고 생각한다. 하여튼 흑사병 확산에 대한 카톨릭의 무력함 때문에 유럽인들의 카톨릭에 대한 불신과 반감은 깊어만 갔고, 이를 저지하기 위한 카톨릭의 반발은 갈수록 거세졌던 것이다.

---

126 콘베르소란 기톡교로 강세 개송한 유대교도를 일컫는다.

127 에이미 추아, *앞의 책*, p. 205

카톨릭의 격렬한 반발은 마녀사냥이나 이단자 처단에만 국한된 것이 아니었다. 카톨릭의 공격 대상은 흑사병과 르네상스를 계기로 새로운 신흥 종교로 부상한 "과학"으로 확장되었다. 예컨대 레오나르도 다 빈치는 신의 형상을 따라 만든 인체를 해부했다는 이유로 1515년, 교황청으로 불려가 교황 앞에서 자신의 해부활동에 대해 비난받고 고발당해야 했다.[128] 1516년에는 영혼이 신체의 죽음과 함께 영원히 사라진다는 주장을 담은 이탈리아 철학자 폼포나치(Pietro Pomponazzi, 1462~1525)의 저서 『*영혼의 불멸성에 관하여*(「*De Immortalitate Animae (On the Immortality of the Soul)*」』가 진시황이 자행한 분서갱유의 한 장면처럼 베네치아의 마르코 광장에서 불태워졌다.

폼포나치. 그는 이탈리아 만토바 태생으로 파도바 대학교를 나와 의사가 된다. 그는 신체가 죽으면 영혼도 사라진다는 아리스토텔레스의 주장을 소개했다가, 자신의 책이 불살라지고 생명의 위협을 받기도 한다. 작자 미상. 16세기경 작품. 출처: Wikipedia. Public Domain

1600년에는 하늘의 별이 주변의 행성을 거느린 항성으로 이 주변 행성에는 생명체가 살 수도 있으며, 무한한 우주에는 중심이 없다고 설파한 이탈리아 과학자 브루노(Giordano Bruno, 1548~1600)가 자신의 주장을 굽히지 않았다는 이유로 화형에 처해졌다. 1633년에는 지구가 태양 주위를 돈다는 주장을 펼쳤던 갈릴레오도 자신의 목숨을 부지하기 위해서는 다시는 이 주장을 펼쳐서는 안 된다는 종교 재판의 판결을 묵묵히 들어야 했다. 이와 같은 무지막지한 카톨릭의 공포에 찬 교리 활동에도 불구하고 생활 규범으로서 카톨릭의 권위는 다른 누구도 아닌, 교회 내부의 사제인 루터(Martin Luther, 1483~1546)로부터 시작된 종교 개혁으로 인

죠르다노 브루노. 16세기 이탈리아의 위대한 우주론자. 마지막에는 7년 동안 감금된 채로 종교 재판에 회부되었다가 화형당한다. 필자는 그가 인류 역사 최초의 과학 순교자라고 생각한다. 1715년 독일 서적 『*새로운 저서의 판단( Neue Bibliothec, oder Nachricht und Urtheile von Neuen Büchern)*』에서 발췌. Public Domain

128 Charles Nicholl, *Ibid*, p. 241

해 완전히 종지부를 찍게 되었다.

이처럼 필자가 보기에는 로마가 기독교를 공인한 313년 이전이나, 화폐 경제가 발달하기 시작하는 13~14세기 이후 교황을 제외한 서유럽의 지배층이 피지배층을 다스리기 위한 정치 이데올로기가 사실상 유럽에는 없었다. 313년부터 13~14세기 기간에는 카톨릭이 정치 이데올로기 역할을 어느 정도 수행하기는 하였지만, 카톨릭은 왕의 소유물이 아니라 교황의 전유물이었고 통치 이데올로기가 아니라 그나마 생활 규범의 특성이 더 강했다.

## (12) 유럽, 아고라(Agora) 민주주의?

필자 생각과 달리 서유럽인들은 자신들의 고유한 정치 이데올로기가 개인주의와 민주주의였다고 자랑한다. 우선 민주주의의 산실이라고 불리는 아테네인들은 정치 참여를 시민의 기본 임무로 생각했다. 아리스토텔레스는 정치에 무관심하고 공무 종사를 거부하는 이를 "이디오테스(idiotes)"라고 불렀는데, 이는 오늘날 뉘앙스로 번역하면 멍청이(idiot)라는 뜻이다.[129] 모든 아테네 시민이 참여하는 민회만 해도 1년에 40회나 열렸다. 새벽부터 해 질 무렵까지 쉬지 않고 지속되는 민회에서 아테네인들은 1년에 최소 한 번은 6,000명 이상의 시민 앞에서 무슨 이야기든 자신의 견해를 발표해야 한다.

아리스토텔레스. 아리스토텔레스는 플라톤의 제자이면서 동시에 알렉산더 대왕의 스승이었다. 소크라테스, 플라톤에 이어 고대 그리스 철학을 완성하였으며, 특히 자연 과학에 대한 그의 저서는 이슬람과 서양의 과학 발전에 엄청난 영향을 미쳤다. 그의 문체는 매우 유려하고 화려한 것으로 유명한데, 로마의 키케로는 아리스토텔레스의 문체를 '황금이 흐르는 강'으로 묘사할 정도였다. 그는 플라톤의 이데아론에 대비한 경험론을 강조한 것으로도 유명하다. 2세기경 로마시대 대리석 흉상. 피렌체 우피치 미술관 소장

민회가 개최되는 아고라(Agora) 또한 아테네인들의 성지였다. 아고라는 사람들이 모이는 장소라는 뜻인데, 이곳에는 정치적 견해를 공개적으로 밝히는 민회가 개최

129 실제로 영어의 idiot은 이디오테스에서 유래한다. 어떤 이는 영어 단어 중 가장 많은 단어가 그리스어에서 유래한다고 주장한다. 에릭 와이너, 『천재의 지도』, 문학동네, 2016, p. 31

되기도 했고, 소피스트들이 지혜를 판다면서 호객행위를 하는 장소이기도 했으며, 상인과 뱅커들이 모여 온갖 물건을 거래하는 시장의 역할도 하였다. 페르시아와의 전쟁에서 아테네가 완전히 파괴되었을 때에도 아테네인들은 아크로폴리스의 신전을 먼저 복구한 것이 아니라, 그 아래에 위치한 아고라를 먼저 복구했을 정도로 아고라에 대한 애착은 남달랐다. 소크라테스 또한 아고라에 매일 나가 전 세계 각지의 풍문을 듣고, 각지의 만물상들을 직접 구경하였으며, 사람들과 대화하기를 미친 듯이 좋아했다고 한다. 이는 아테네인들의 민주주의가 그들의 생활양식 그 자체였음을 보여 주는 것이다.

소크라테스 얼굴 조각상. BC 380~360년경, 이 조각상은 그리스의 원본을 로마 시대에 복사한 것이다. 이 조각상처럼 소크라테스는 당대에서도 못생긴 얼굴로 유명했다고 한다. 그러나 그는 아테네에 대한 애정이 매우 깊어, 아테네를 벗어나면 유죄 평결을 피할 수 있었지만, 아테네 탈주 제의를 단칼에 거부하고 재판에 임했다. 소크라테스는 공자가 사망(BC 479)한 지 10년 만인 BC 469년에 태어났으며, 유대인 선지자인 에스라(Ezra, BC 480~440)와 거의 동시대를 살았다. 예컨대 소크라테스가 12살 되던 해 에스라는 유배지인 바빌로니아에서 예루살렘으로 돌아가 모세 5경, 즉 토라의 첫 다섯 권을 예루살렘에 소개했다. 한편 소크라테스는 대화를 통해 진실에 접근하려고 노력했고, 이는 결국 신의 절대성을 부정하는 것으로 비쳐졌다. 그는 마침내 신에 대한 모독죄와 청년을 타락시켰다는 명목으로 사형 선고를 받았다. 하지만 본질적으로 그는 당시 우매한 정치로 변질되던 아테네의 민주정치를 비판하면서 도시 정부가 그를 정치적으로 살해한 것이다. 소크라테스는 단 하나의 글자도 남기지 않은 것으로 유명한데, 그의 철학은 그의 제자인 플라톤이 엘리트 정치를 미화하면서 부활한다. 영국박물관 소장

이 때문에 아테네는 자신들의 지도자를 시민들의 투표로 직접 뽑았다. 독재자의 등장을 막기 위해 6천 명 이상이 찬성한 부적격자는 아테네에서 10년간 추방하는 도편추방제(ostracism)도 운영했다. 대표적인 부적격자는 신을 부정하는 사람이다. 소크라테스와 대적했던 대표적인 철학자 프로타고라스(Protagoras, BC 481~411)도 절대 신을 부정하면서 추방당했다.[130] 허영심이 많은 이도 부적격자다. 파르테논 공사를 총감독한 페이디아스(Pheidias 혹은 피디아스 Phidias, BC ?~430)는 파르테논 신전 안에 있는 아테네 조각상에 자신의 초상화를 그려 넣고 파르테논 공사에

130 냉정한 현실주의자 투키디데스는 그의 저서 『펠로폰네소스 전쟁사』에서 신에 대한 이야기를 전혀 하지 않는다. 그가 무신론자로 밝혀지면 아테네인으로서는 부적격자임을 만천하에 홍보하는 격이기 때문이다. 대신 그는 신에 대한 이야기를 아예 언급하지 않는 것으로 자신의 철학을 간접적으로 표명했다. 그가 신에 대해 유일하게 언급한 부분은 아테네 역병이 돌 때, "신전에 가서 탄원해도, 신탁을 해도, 그 밖에 비슷한 행위를 해도 소용이 없었다."가 전부다.

12가지 과업을 완수하고 신의 반열로 오르고 있는 헤라클레스(원 안). 프랑수와 르무아느(François Lemoyne, 1688~1737)의 1731~1736년 作. 베르사유 궁전 헤라클레스의 방 소장

지나치게 돈을 많이 썼다는 이유로 도편추방 당했다. 도편추방제는 독재자의 등장뿐 아니라, 뛰어난 인재들을 아테네 밖으로 축출하는 도구로도 사용된 것 같다.

하기야 그리스 신화 또한 개인주의 이념에 기초하여 만들어진 이야기들이다. 따라서 그리스 신화에는 절대 영웅이 없다. 제우스를 포함한 그리스 신화의 등장인물 모두 현실의 난관을 인정하지 않고, 이를 극복해 나가는 개인주의 영웅들의 이야기이다. 예컨대 헤라클레스는 여신 헤라의 농간으로 부여된 12가지 과업을 모두 완수하면서 신의 반열에 올랐다. 개인의 역량과 굳건한 의지만 있으면 인간도 신이 될 수 있었던 것이다.

필자도 그리스 신화가 개인주의 요소가 있다는 데는 동의한다. 하지만 개인주의와 민주주의 이념은 그리스 도시 국가들에서만 채택된 이데올로기였다. 그나마 그리스 도시 국가 모두가 채택한 제도도 아니었다. 그리스는 산악이 국토의 80%라 언덕과 바위가 천연 장벽 역할을 하면서 도시 간 교류가 쉽지 않다. 이 때문에 아테네의 민주주의 이념이 다른 도시 국가로 전파되는 것 자체가 물리적으로 쉬운 일이 아니다. 예컨대 스파르타는 엄격한 왕정 국가였고, 집단의식이 강했

AD 2~3세기경 아테네 아크로폴리스 주변 미니어쳐. 왼쪽이 아크로폴리스로 올라가는 입구. 입구에는 아테나 나이키 신전이 있고, 그 맞은편으로 거대한 파르테논이 보인다. 아크로폴리스 우측 아래쪽의 거대한 극장은 디오니소스 극장. 아테네 고고학 박물관 소장

다. 아테네도 민주주의가 등장하기 전에는 페이시스트라우스(Peisistra, BC c.600~527)와 같은 참주가 민중의 이름을 명분으로 통치하는 철저한 독재 정치 체제였다.

민주주의 신봉자로서 그리스 민주주의 도입에 열을 올렸던 살라미스 해전의 영웅 테미스토클레스(Themistoclēs, BC c.524~c.459) 또한 과감한 해양 진출 정책을 통해 상인 계층의 지지를 받았으나, 이를 저지하려는 귀족 세력의 견제를 받고 도편추방을 통해 아테네에서 결국 쫓겨났다. 그는 스파르타의 모함으로 배신자로 낙인찍혀 죽을 때까지도 아테네로 돌아오지 못했다. 테미스토클레스의 계승자였던 에피알테스(Ephialtes, BC ?~461)[131] 또한 귀족 중심의 아레오파고스(Areopagus)[132] 의원들을 탄핵으로 제거하고, 대부분의 재판권과 아르콘 탄핵권을 민중 재판소(Eliaia, 엘리아이아)와 민회(Ekklesia, 에클레시아)에 넘기는 사법 개혁을 단행했다. 하지만 그는 오늘날까지도 알려지지 않은 비밀스러운 방식으로 쥐도 새도 모르게 암살되었다. 에피알테스 이후 아테

투키디데스. 고대 그리스의 장수이자 역사가. 그리스에서 가장 유명한 역사가임에도 불구하고 그에 대해서는 알려진 바가 거의 없다. 다만 아테네 명문가 출신으로, 그리스 북부의 트라키아 지방에서 태어나 그 지역의 금광을 소유한 부자 가문 출신이었다는 정도는 알려져 있다. 어렸을 때 아테네의 아고라에서 역사가 헤로도토스의 연설을 듣고 감명을 받아 눈물까지 흘리며 자신의 소명이 역사를 기록하는 일이 될 것이라고 결심했다는 일화가 있다. 페리클레스의 부하 장수로서 스파르타와의 내전을 기록한 *『펠로폰네소스 전쟁사』*에서 그는 신의 개입을 전혀 서술하지 않고, 오직 객관적인 국력과 여건을 통한 인과관계 분석에만 집중했다. 펠로폰네소스 전쟁 중 유행한 아테네 역병에서 살아남았으며, 그 역병으로 BC 429년에 사망한 페리클레스의 장례식에서 사람들 앞에서 페리클레스를 칭송하는 연설을 하기도 한다. 그러나 펠로폰네소스 전쟁 중인 BC 423년에 암피폴리스 점령 미션을 완수하지 못했다는 이유로 아테네에서 추방당한다. 그의 사망 연도는 정확히 알려져 있지 않다. 일설에는 전쟁이 끝나고 아테네로 귀환을 허락받았으나, 귀환 도중 살해되었다는 설이 있다. 하지만 어떤 이들은 BC 397년까지 살아 있었다고 주장한다. 요르단 도시 제라쉬(Jerash)에서 출토된 투키디데스의 모자이크. 페라가몬 박물관 소장. 출처: Wikipedia. Public Domain

131 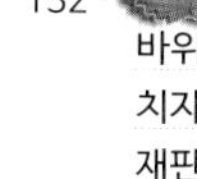 에피알테스는 소포니데스의 아들로 BC 462~461년경 민중의 지도자가 되어 민주적 사법 개혁을 주도한 인물이다. BC 480년 테르모필레 전투 당시 페르시아군에게 지름길을 알려 준 에피알테스와는 이름은 같지만, 전혀 다른 인물이다. 아리스토텔레스는 그가 어떠한 선물로도 매수가 불가능한 청렴한 인물이라고 평가했다.

132 아레오파고스는 원래 아크로폴리스 북서쪽에 있는 거대한 바위 이름으로 '아레스의 돌'이라는 뜻이다. 하지만 이곳에서 아테네 최고 권력자인 아르콘(Archon, 그리스 말로 통치자라는 뜻)을 역임한 이들이 모여 집단으로 사법 재판을 했기 때문에, 아레오파고스는 아테네에서 일종의 상원이나 재판부 역할을 한 정치기구를 의미하는 것으로 뜻이 바뀐다.

네 정권을 장악한 아테네 민주주의의 아버지인 페리클레스(Perikles, BC c.495~429) 역시 투키디데스의 표현을 빌리면 명망과 판단력을 겸비한 실력자였지만, 사실상 아테네 정치를 자신의 뜻에 따라 좌지우지할 만큼 막강한 권력을 자신의 양 손아귀에 쥐고 있었다.[133] 투키디데스는 『펠로폰네소스 전쟁사』에서 이런 상황을 "그리하여 이름은 민주주의이지만 실제 권력은 제1인자(페리클레스를 의미)의 손에 있었다."라고 평가했다.[134] 그리스 도시 국가 이외 서유럽의 다른 나라에서 개인주의와 민주주의 이념을 지배층이 의도적으로 지배 이데올로기로 채택했다는 명확한 증거도 없다.

페리클레스. 그는 아테네 황금시대의 정치가로 아테네 민주주의의 절정을 이끈 인물이다. 정치와 경제뿐만 아니라 문학과 예술까지 장려하여 그리스 문화의 최고 전성기를 이끌었다. 그가 지배한 BC 457~429년 기간을 페리클레스의 시대라고 부를 정도이다. 하지만 실제로 아테네는 이 시기 페리클레스가 민주주의를 이끌었던 것이 아니라, 투키디데스가 평가한 것처럼 실제 권력은 페리클레스가 모두 쥐고 있었던 일종의 철인정치 체제였다. 한편 페리클레스는 아테네의 전성기를 시기하던 스파르타와의 전쟁이 터지자, 이 전쟁을 지도하다가 마지막에 당시 유행하던 전염병으로 사망하고 만다. 이 두상은 페리클레스의 가장 유명한 두상으로 고대 그리스 조각가인 크레실라스(Kresilas, BC 480~410)가 만든 조각상을 로마 시대에 모작한 작품이다. 페리클레스는 두상이 특이하게 생겨 항상 투구를 쓰고 다녔는데, 이 조각상도 페리클레스의 이러한 특징을 잘 나타내고 있다. 영국박물관 소장

특히 고대 아테네식 민주주의의 실상은 혈연에 바탕을 둔 기존의 토지 귀족인 평지파(平地派)에 대항하기 위해, 동전의 확산과 화폐 경제의 발달로 등장한 부유한 신진 무역 상인들인 해양파(海洋波)가 민중의 이름을 빌려 의도적으로 도입한 정치 이데올로기에 불과했다. 따라서 필자가 보기에는 아테네의 정치체제는 민주주의가 아니라 차라리 "무역 상인의 값비싼 개인주의"라고 부르는 게 더 정확하다. 아닌 게 아니라 아테네 민주정치가 특

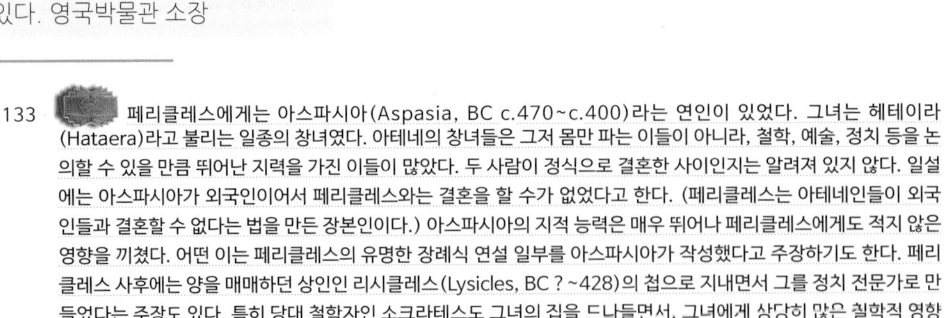

133 페리클레스에게는 아스파시아(Aspasia, BC c.470~c.400)라는 연인이 있었다. 그녀는 헤테이라(Hataera)라고 불리는 일종의 창녀였다. 아테네의 창녀들은 그저 몸만 파는 이들이 아니라, 철학, 예술, 정치 등을 논의할 수 있을 만큼 뛰어난 지력을 가진 이들이 많았다. 두 사람이 정식으로 결혼한 사이인지는 알려져 있지 않다. 일설에는 아스파시아가 외국인이어서 페리클레스와는 결혼을 할 수가 없었다고 한다. (페리클레스는 아테네인들이 외국인들과 결혼할 수 없다는 법을 만든 장본인이다.) 아스파시아의 지적 능력은 매우 뛰어나 페리클레스에게도 적지 않은 영향을 끼쳤다. 어떤 이는 페리클레스의 유명한 장례식 연설 일부를 아스파시아가 작성했다고 주장하기도 한다. 페리클레스 사후에는 양을 매매하던 상인인 리시클레스(Lysicles, BC ? ~428)의 첩으로 지내면서 그를 정치 전문가로 만들었다는 주장도 있다. 특히 당대 철학자인 소크라테스도 그녀의 집을 드나들면서, 그녀에게 상당히 많은 철학적 영향을 받은 것으로 알려져 있다.

134 투키디데스, 『펠로폰네소스 전쟁사』, 도서출판 숲, 2020, p. 191

정 계층인 신진 상인 귀족들의 이익을 위해 민중의 이름으로 포장된 우민정치라고 정곡을 찔러 비판했던 소크라테스는 전술한 에피알테스의 민주주의 사법 개혁으로 도입된 시민 배심원단의 평결로 사형에 처해졌다.[135]

그의 죽음을 애도하며 가상의 소크라테스를 등장시켜 대화체로 작성한 소크라테스의 제자 플라톤도 그의 저서 『국가』에서 가장 이상적인 정치 제도를 민주주의라고 평가하지 않았다.[136] 플라톤은 지혜를 소유한 철인이 통치하는 왕도정체(basileia)와 철인이 여러 명인 집단 귀족정치(aristokratia)를 가장 높게 평가했다. 실제로 플라톤이 귀족정치라고 명명한 "아리스토크라티아(aristokratia)"란 말은 "최선자들(aristoi)의 통치(kratia)"란 뜻이다.[137] 즉, 자칭 민주주의의 성지였다고 칭송받는 아테네에서조차도 유명 철학자들은 민주주의를 결코 예찬한 적이 없다. BC 5세기 극작가 아리스토파네스(Aristophanes, BC 446~385) 또한 자신들의 민주주의 체제에 대해 이렇게 비꼬았다.

"오 데모스여
당신의 지배는 당당하도다.
참주와 제왕과도 같은 당신을 만인이 두려워하고 복종하는 도다.
그러나 오, 당신을 미혹하는 것은 너무나 쉬운 일인 것을.
당신은 쓸모없는 아첨과 찬사를 받는 것에 기뻐하는 도다."[138]

---

135 소크라테스를 고소한 이는 멜레투스(Meletus)였다. 그가 내세운 죄목은 소크라테스가 "무신론자이면서 새로운 신을 들여왔으며, 청년을 현혹"했다는 것이었다. (무신론자인데 어떻게 새로운 신을 들여오나?) 아테네 배심원단은 중요한 사건인 경우 501명으로 구성되는데, 소크라테스의 경우 281:220으로 유죄가 확정되었다. 당시 아테네 배심원들은 유무죄 확정뿐 아니라 형량을 결정할 수 있었는데, 소크라테스가 벌금형을 주장하자 화가 난 배심원들이 원고의 주장인 사형을 361:140으로 확정했다.

136 플라톤은 정부의 형태를 5가지로 구분했다. 가장 이상적인 형태의 정부를 먼저 기술하여 순서대로 나열하면 철인정치(Aristocracy), 명예정치(Timocracy), 과두정치(Oligarchy), 민주정치(Democracy), 참주정치(Tyranny)이다. 즉 독재정치는 최악이고 민주주의는 독재정치보다 1단계 위에 있는 차악의 정체이다.

137 플라톤(박종현 역주), 『국가』, 서광사, 1997, p. 83. 한편 플라톤은 인류 역사 최초로 물시계를 제작한 것으로도 알려져 있다. 플라톤의 물시계는 수압을 이용해서 자명종을 울리는 방식이었는데, 당시 아테네 사람들은 연설이 지나치게 길어지는 경우 연설 길이가 물 아홉 갤런이라는 표현을 썼다고 한다. 에릭 와이너, *앞의 책*, p. 65

138 정기문, 『*14가지 테마로 즐기는 서양사*』, 푸른역사, 2020, p. 61

그런데 아테네 민주주의가 서양 정치사에 면면히 이어져 오는 서양 고유의 정치 이데올로기였다고? 독일 예술사학자 아르놀트 하우저(Arnold Hauser, 1892~198)는 이를 두고 그리스 "정치는 시민의 이름으로 하되, 철저히 귀족적 정신에 입각해서 행해졌다."라고 평가했다.[139] 필자도 100% 동의한다.

그리스와 유사하게 로마의 경우에도 평민의 권익이 법적으로 보호되고, 나아가 로마 황제가 원로원과의 관계를 간과하지 않으면서 대중의 인기를 언제나 중시했다는 점에서 그리스식 민주주의의 요소를 가지고는 있었다. 그러나 로마 제국이 민주주의를 지배 이념으로 채택했다고 이야기할 정도는 결코 아니었다. 로마는 공화정 이후 기본적으로 신과 동일한 지위를 보유한 황제가 지배하는 제국이었다. 실제로 초대 황제 아우구스투스(Augustus, BC 63 ~ AD 14)는 자신을 제1 시민(Princeps, 프린켑스)이라고 다소 겸손하게 지칭하였지만,[140] 3세기의 디오클레티아누스(Diocletianus, 244~311) 황제는 원로원을 거의 무력화시켜 황제의 절대권을 강화한 도미나투스(Dominatus) 체제로 바꾼다.

아리스토파네스. BC 5세기경 고대 그리스 희극 작가. 아테네 근방의 부유한 가정 출생으로 민주주의의 절정기인 페리클레스 시대에 활발한 활동을 펼쳤다. 극단적인 유머나 성적으로 노골적인 표현을 사용한 풍자에 매우 능하였다. 예컨대 소피스트들을 풍자한 그의 작품 『구름』에서는 성년이 된 아들이 나이 든 아버지에게 이렇게 묻는다. "아버지께서 제게 해 주신 교육은 모두 아버지 사랑에서 비롯된 것이지요?" 아버지는 "당연히 그렇단다." 이에 아들은 다시 "아버지께서 절 때리신 것도 다 사랑하셔서 그랬던 것인가요?"라고 아버지에게 묻는다. 아버지는 또 "당연히 그렇단다."라고 대답했다. 이에 아들은 아버지를 심하게 때리기 시작했다. 아버지가 놀라고 기가 차서 영문을 몰라 아들에게 왜 그러냐고 묻자, 아들은 "저도 아버지를 사랑해서 때리는 것입니다." 특히 아리스토파네스는 전쟁에 반대한 평화론자였다. 이 때문에 그는 페리클레스 사후 권력자인 클레온(Cleon, BC ?~422)이 펠로폰네소스 전쟁을 계속한다는 이유로 그의 문학 작품을 활용해서 비난했다가 명예훼손 고발을 당하기도 하였다. 총 44편의 작품을 완성한 것으로 알려져 있으나, 현재는 11편만 전한다. 미술관 소장. 출처: Wikipedia. Public Domain

불행히도 도미나투스 체제 또한 강력한 이데올로기를 수반한 통치체제가 아니었다. 디오클레티아누스 황제의 전제 정치는 황제 중심의 관료제를 통해 속주

139 아르놀트 하우저, 『*문학과 예술의 사회사 1*』, 창비, 2018, p. 152

140 실제로는 황제 체제였지만 외피는 공화정인 로마 황제 전반기의 정체를 프린키파투스(Principatus)라고 부른다.

를 직접 지배함으로써 원로원이 보유한 속주의 총독 임명권을 무력화시킨 조치에 불과했다. 다시 말해 디오클레티아누스 황제의 도미나투스 체제는 기독교나 동양의 충효 사상처럼 확고부동한 이데올로기를 통해 황제권을 확립한 구조가 아니었다.

## (13) 중국의 통일, 그리고 고굉지신(股肱之臣) 유교

이점에서 동양은 서양과 완전히 달랐다. 춘추전국시대를 통일한 중국 한족은 의도적으로 공자와 맹자의 "충성과 신의"라는, 헤로인과도 같이 중독성이 강한 강력한 사상을 국가 정치 이데올로기로 채택했다. 사마천은 28개 별자리가 북극성 주위를 회전하듯이, 그리고 30개의 수레바퀴 살이 하나의 수레바퀴를 돌리듯이, "충성과 신의"로서 군주를 받든 고굉지신(股肱之臣) 이야기를 불후의 명작 역사서 *『태사공서(太史公書)』*로 남기기도 했다.[141] 이에 따라 군주의 말은 곧 법이 되었다. 아무리 멍청한 군주의 지시도 거역하면 바로 죽음이었다. 이 유교적 이데올로기는 동양에서 2,000년 넘게 유지된 확고부동한 정치 이데올로기였다.

서양의 카톨릭과 비슷하게 중국에서도 유교가 아니라 종교 규범인 불교가 정치 이데올로기 역할을 한 적이 있었다. 하지만 불교는 한족이 아닌 선비족 국가였던 북위(北魏, 386~534)나 수나라(隋, 581~619), 당나라(唐, 618~907)의 정치 이데올로기에 불과했다. 중원에 진출한 이민족 선비족들에게는 차별 없는 불교의 인본주의와 부처의 자비 사상이 선비족과 한족을 통합하기 위한 통치 이데올로기로서는 더할 나위 없이 완벽했기 때문이다. 불행히도 불교 사상으로 인해 당나라가 폐쇄적인 유교 이데올로기에서 탈피함으로써 유례없이 개방된 통상 국가를 건설하여 최고의 번영을 누렸을지는 몰라도, 불교가 중국 정치사에 남긴 유산은 황제

141 고굉지신이란 말은 팔다리와 같은 신하들이라는 뜻으로, 군주에게는 수족과 같이 중요한 신하라는 의미이다. 태사공서는 우리에게 『사기(史記)』로 잘 알려진 책이다. 사마천은 제후 30명의 이야기는 「세가(世家)」로, 공명을 날린 70명의 이야기는 「열전(列傳)」으로 남겼다.

가 곧 부처라는 황즉불(皇卽佛) 사상과 그 기치를 확인할 수 있는 윈깡의 거대한 석굴(云冈石窟) 20개뿐이었다.[142] 그나마 오래가지도 못했다.[143] 수·당에 이어 등장한 10세

司馬遷

사마천. 한나라 시대 사람으로 동양에서 역사학을 최초로 정립한 사람이다. 부친 사마담은 천문과 역법을 연구하는 태사령이었고, 관직에 나가기 전 20세 때부터 중국 전역을 돌아다니며 견문을 넓혔다. 한편 BC 110년, 한 무제가 하늘에 제사를 지내는 봉선례를 올렸는데, 담당 관리인 태사령 사마담의 참석을 허락하지 않았다. 이후 낙담한 사마담은 병에 걸려 3년 만에 죽었는데, 유언으로 천하의 역사를 기록하라는 유언을 남겼다. 사마담에 이어 태사령이 된 사마천은 BC 99년, 보병 5천을 거느리고 흉노족 토벌 중 3만여 명의 흉노족과 무려 8일을 버티다가 항복한 이릉(李陵, BC ?~74)을 변호하다가 무제의 미움을 사서 옥에 갇힌다. 당시 무제는 흉노 정벌에 총력을 기울이고 있었으므로, 살아서 흉노에 항복한 이릉은 용서가 되는 상황이 아니었다. 조정 대신 모두가 이릉을 죽여야 한다고 고했으나, 이릉과 일면식도 없는 사이인 사마천은 6배 이상이 되는 병력과 8일을 버틴 것과 전체 병력을 살리기 위한 항복의 불가피성을 진언했던 것이다. 한 무제는 그를 옥에 가두고 형벌로 3가지 선택 사항을 내리는데, 50만 전을 내고 서민으로 강등당하거나, 생식기를 거세하는 궁형을 받거나, 혹은 사형이었다. 돈이 많지 않았던 사마천은 궁형을 택하여, 거세 이후 하루에도 장이 9번이나 뒤틀리는 육체적 고통을 견디며 옥중에서 동양 최고의 역사서 『태사공서』를 집필했다. 그가 사형보다 궁형을 택한 이유는 무제가 언젠가는 그의 억울한 사연을 알아주기를 기대하는 마음에서 어떻게든 살아야 한다는 절박한 심정을 가지고 있었기 때문이라고 한다. 실제로 한 무제는 사마천 말년에 그의 죄를 용서하고, 오히려 사마천을 비방했던 사람들을 모두 사형에 처하기도 하였다. 사마천의 죽음에 대해서는 기록 자체가 없는데, 황제를 또다시 비방했다가 처형당했다는 설이 있고, 조용히 숙환으로 사망했다는 설 등이 있다. 동양 최고의 역사서인 『태사공서』는 발간 직후에 당시 한나라 조정에서 황제를 비방하였다 하여 방서(謗書), 즉 출판을 금지한 책으로 지정되었다. 다행히 출판 금지 직전에 이를 복사한 이들이 있어, 이 책은 현재까지 남아 있게 된다. 출처: Wikipedia. Public Domain

---

142 위진남북조 시대에 최초로 불교를 통치 이데올로기로 공식 채택한 이는 13세의 어린 나위로 황제에 즉위한 북위의 문성제(北魏 高宗 文成皇帝 拓跋濬, 440~465)였다. 그는 이민족으로서 황제가 된 자신의 권위를 내세우기 위해 "황제는 곧 현재의 여래"라는 황즉불(皇卽佛) 사상을 공식 통치 이데올로기로 채택했다. 아이러니하게도 문성제의 조부인 태무제(魏 世祖 太武皇帝 拓跋燾, 408~452)는 불교를 극단적으로 탄압한 것으로 유명하다. (446년 법난) 하지만 문성제는 선비족과 한족과의 적극적인 동화를 위해 친불 정책을 공식적으로 전면 채택한다. 이를 위해 그는 즉위 이듬해인 453년 사현(師賢)을 승려 최고 지위인 도인통(道人統)으로 임명하여, 자신을 비롯한 북위 황제들의 신격화를 지시한다. 이에 사현은 북위의 5 황제(북위 건국 시조인 태조 도무제, 제2대 태종 명원제, 제3대 세조 태무제, 추존황제인 공종 경목제, 고종 문성제)를 닮은 높이 약 5m에 이르는 거대 불상을 만들기 시작했지만, 완성하지 못했다. 승려 사현이 사망한 460년 이후에는 승려 담요(曇曜)가 이를 계승하여 무주천 바위 절벽에 거대 불상을 만들기 시작하여 마침내 완성한다. 이 5개의 거대 불상을 담요 5굴이라고 부른다. 이후 100여 년 동안 무주천 절벽에는 거대 석굴 20개와 함께 무려 5만여 개에 이르는 불상이 새겨졌다. 윈깡석굴은 2001년 유네스코 세계문화유산으로 지정되었다.

143 중국의 대표적인 4대 석굴 사원은 윈깡석굴, 룽먼석굴, 맥적산석굴, 둔황석굴이다. 석굴 사원은 통치 수단

기 세계 최대 부국이었던 송나라는 불교 이데올로기를 아예 관 속에 집어넣고 대못을 박아 생매장한 후, 주희가 집대성한 유교와 도교사상의 융합체인 주자학을 정치 이데올로기로 채택했다.

이후 공자와 맹자의 유교사상과 노자와 장자의 도교사상이 응축·융합된 주자학은 사실상 통일된 중국 황제 권력의 독재화를 위한 가장 핵심적인 이데올로기 수단으로 변질되었다. 군주에게 충성하고 부모에게 효도해야 한다는 "인륜의 탈"을 쓴 주자학과 성리학적 지배 이데올로기는 통일 중국의 통치 이념으로 확고히 자리 잡았다. 통일 중국의 통치 이데올로기 주자학은 중국에 엄청난 영향을 미쳤다. 주자학은 기존 질서를 강화하고 동시에 타문화에 대한 배타적 태도, 중국이 세계의 중심이라는 중화사상의 강화로 이어졌다.

그 결과 중국 한족이 이룩한 주류 문화는 위로부터의 황제 명령에 따라 일사불란하게 움직이는 획일적인 체제로 보수화되었다. 중국의 황제는 하늘 아래 모든 것을 지배하는 절대 군주로 미화되었다. 이민족인 몽골족의 원나라나 만주족의 청나라조차도 한족의 유교 문화를 수용하고 유교에 정통한 한족 관리를 채용하면서, 유교를 지배 이데올로기로 삼고 획일적인 보수문화에 스스로 동화되었다. 심지어 주자학 때문에 송나라는 세계 최고의 부국이었음에도, 산업혁명 직전 단계에서 몰락할 정도였다.

주자학은 중국에만 영향을 미친 것이 아니었다. 주자학, 다른 이름으로 성리학은 조선을 포함한 주변국에도 지대한 영향을 미쳤다. 조선이 근대화에 실패한 것도 성리학에 지나치게 집착한 때문이고, 일본이 근대화에 성공한 이유도 일본 지배층인 사무라이들이 성리학 같은 형이상학적 학문에 전혀 관심이 없었기 때문이다.

---

으로서 기능했지만, 여행과 장사가 혼합된 상징이기도 했다. 석굴 사원이 비단길을 따라 건설된 것 또한 이와 같은 이유 때문이다. 6세기경 세워진 아프가니스탄의 바미안(Bamiyaan)은 중국과 인도를 잇는 교역의 중심도시였고, 높이 38m에 이르는 거대한 석불과 석굴 사원이 있었다. 바미얀 석불은 2001년에 탈레반이 파괴함으로써 지금은 모습을 찾을 수가 없다. 바미얀 석불은 통일 신라 석굴암의 원형 모델이기도 하였다.

## (14) 진정한 유럽의 통치 이데올로기는?

페이시스트라토스(전차에 탄 키 작은 이). 출생에 대해서 잘 알려져 있지 않으나, 그의 부친이 아테네 귀족 출신이라 그 역시도 아테네 귀족이었을 것으로 추정된다. BC 561년경, 평민의 이익을 대변하는 산악파의 적극적인 지원을 업고 사병을 통해 권력을 장악한 후 독재자로 변신한다. 그러나 5년 후 귀족의 이익을 대변하는 평지파와 상인과 뱅커의 이익을 대변하는 해양파가 연합하여 그를 축출한다. 페이시스트라토스는 그 후 산악파와 해양파의 분열을 틈타 다시 아테네로 복귀한다. 헤로도토스에 따르면 이때 그는 키가 크고 아름다운 여성을 대동하고 아테네 여신 복장을 하게 한 후, 자신이 아테네 여신과 귀환했다는 입소문을 퍼뜨렸다고 한다.(헤로도토스는 아테네 사람들이 이런 엉터리 장난에 넘어갔다고 한탄하기도 하였다. 그림의 이 장면이 바로 그 장면이다.) 하지만 해양파와의 동맹에 금이 가면서 아테네 정착에 다시 실패하여, 이후 10년 동안 아테네를 떠나 에우보이아섬 주변의 금광을 차지한 후 용병을 모으면서 세력을 키웠다. BC 546년, 대규모 용병을 이끌고 아테네로 쳐들어온 페이시스르라토스는 정권을 장악하고, 죽을 때까지 가혹한 독재 정치를 시행한다. 독일 역사학자 루드비히 헤세(Ludwig Friedrich Hesse, 1783~1867)의 *『아른슈타트의 과거와 현재(Arnstadt's Vorzeit und Gegenwart)』* 중에서 발췌. 작가: M.A. Barth. 출처: Wikipedia. Public Domain

반면 교황을 제외한 서유럽의 지배층은 2천 년이 넘는 기간에 동양인의 의식 세계를 지배하고 있는 유교 사상과 같은 효과적인 정치 이데올로기가 없었다. 필자가 단언컨대 민주주의는 서양의 지배적인 정치 이데올로기가 아니었다. 서양식 민주주의는 아테네라는 도시 국가에서 제한적으로 시도되었다가,[144] 먼지 쌓인 역사서를 털고 털어야 찾을 수 있을 정도로 명맥만 겨우 남아 전해지는 희미한 전설일 뿐이었다.

예컨대 민주주의 산실이라고 불리는 아테네에서 결혼한 여성은 거리를 마음대로 다닐 수도 없었고, 손님이 없을 때에만 남편과 식사할 수 있었으며, 극장 입장도 남성들이 모두 입장한 다음에야 가능했다.[145] 이런 아테네가 민주주의 산실이라고? 아테네가 민주정치의 산실이라고 평가하면 금

144 물론 이처럼 전제 정치가 판을 치던 세계에서 민주주의 도입을 시도했다는 자체가 인류 문명이 남긴 위대한 유산이라는 데는 의심할 여지가 없다고 본다. 하지만 후술하겠지만 아테네의 민주주의는 황금과 동전이라는 화폐 경제의 발달에 따른 부차적인 정치적 결과물이었다.

145 윌 커피, *『제왕들의 사생활』*, 이숲, 2013, p. 58~59

권으로 무소불위의 독재 체제를 구축했던 페이시스트라토스(Peisistratos, BC c.600~527)가 코웃음을 칠지도 모르겠다. 의회의 아버지라는 찬사를 받으면서 미국 의회의 의사당에 초상화가 걸려 있는 영국인 시몽 드 몽포르(Simon de Montfort, 6th Earl of Leicester, 1208~1265)의 의회는 헨리 3세의 세금이 "귀족"들의 이해에 반하기 때문에 만들어진 것이다. 즉, 영국 의회의 출발은 귀족들의 이해를 대변하는 기관이었다.

어떤 이는 카톨릭의 주교들 모임으로 카톨릭 의식과 교리를 논의하는 공의회(Concilium)가 대의정치의 기원이라는 주장도 한다. 즉, 전 유럽의 주교들이 모여 토론을 거쳐서 통일 교리를 논의하고 확립하였으므로, 카톨릭 공의회가 대의 체제의 기원이라는 것이다. 이것이 사실이라면 서양의 대의정치 이데올로기는 공의회를 최초로 소집한 콘스탄티누스 1세(Constantinus I, 274~337) 황제의 325년 니케아 공의회가 출발선이 된다.[146]

그러나 이 주장 또한 서양의 민주주의는 독자적인 정치 이데올로기가 아니라 오히려 카톨릭이야말로 지배 이데올로기였다는 필자의 생각과 그 맥락이 유사하다. 더구나 3권분립 개념을 최초로 정립했던 로크(John Locke, 1632~1704)도 아테네 민주정치를 참조했다고 명시적으로 주장한 적도 없다. 민주주의를 제창한 국가라고 자처하는 영국에서조차도 여성에게 투표권이 부여된 것은 1918년이 되어서였다.[147] 오늘날 민주주의의 대표적인 수호 국가인 미국에서도 흑인에게 보통 선거권이 부여된 해는 불과 60여 년 전인 1965년이었다.

결론적으로 그나마 유럽인의 정신세계를 지배했던 유일한 이데올로기는 카

---

146 니케아 공의회는 당시 신학자들 사이의 격렬한 논쟁을 끝내고, 신학자들의 토론과 합의를 거쳐 통일된 교리를 만들기 위해 소집되었다. 니케아 공의회의 주요 결론은 예수의 신성을 부정하는 아리우스파를 이단으로 결정하고, 부활절 날짜도 합의하여 정하였으며, 신앙 고백을 성문화했다. 이 중 핵심은 예수의 신성과 인간성에 대한 논쟁이었는데, 이 이슈는 이후에도 계속된다. 5세기 중반, 콘스탄티노플 대주교 네스토리우스(Nestorius, c.386~451, 그리스도의 본성(퓌시스)=신격+인격=2개 위격(페르소나), 성모 마리아=예수의 어머니, Christokos)와 알렉산드리아의 대주교 키릴로스(Kyrillos, c.375~c.444, 그리스도의 본성(퓌시스)=신성+인성=2개 본성=1개 위격(페르소나), 성모 마리아=하느님의 어머니, Theotokos) 사이의 그 유명한 논쟁도 예수의 신성(격)과 인성(격)에 대한 논쟁이 중심이다.

147 이것도 30세 이상의 여성에게만 부여된 것이었다. 영국보다 여성에게 투표권을 먼저 부여한 나라는 1917년 여성참정권을 인정한 구 소비에트 연방이다. 세계에서 가장 먼저 여성의 투표권을 부여한 나라는 1893년 영국의 식민지령이었던 뉴질랜드이고, 여성 선거권과 피선거권이 처음 인정된 나라는 1906년 핀란드이다.

로크의 영묘. 로크의 영묘에는 "나는 사람들이 찾을 의지가 있고 찾으려고만 하면 발견될 수 있는 거짓의 반대편인 진실이 존재한다는 것을 알고 있다."라고 쓰여 있다. 옥스퍼드 그리스도 교회(Christ Church) 소장

톨릭밖에 없었다. 오늘날 서구 문명을 죄의식이 중시되는 문화라고 평가하는 이유도 바로 카톨릭이 일반 유럽인들의 정신세계에 끼친 막대한 영향의 잔재 때문이다. 하지만 카톨릭은 교황의 전유물이었다. 아무리 왕의 권한이 강하여도 사후에 지옥으로 가야 하는 무시무시한 파문권은 오직 교황만이 소유하고 있었다. 따라서 교황을 제외한 서유럽의 정치 지배층은 카톨릭이 아닌 다른 정치 이데올로기 수단을 강구해야 했다. 즉, 충효를 강조하는 유교처럼 효과적이면서도 강력한 지배 수단이 필요했다. 그 지배 수단은 도대체 무엇이었을까?

시에나 성당의 화려한 내부, 시에나 소재

# 02 유럽의 분열과 황금의 지배

## (1) 크레마타(chrmata)의 힘

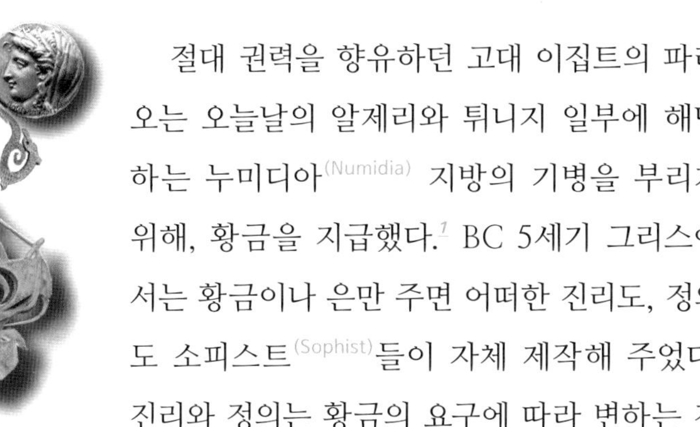

클레이스테네스. 고대 아테네의 민주 정치가로, 페이시스트라수스 이후 3대 폭군이었던 히피아스(Hippias, c.BC 570~490)를 축출하고 아테네에 민주정치를 도입한다. 정권을 잡은 후 아테네의 전통적인 귀족 가문을 해체했다. 정부 요직의 특권층 독식을 막기 위해 시민 중에서 추첨을 통해 정부 관리를 임명했고, 6,000명 이상의 아테네 시민이 동의하면 해당 인물을 아테네에서 축출하는 제도도 도입했다. 이처럼 클레이스테네스는 아테네 시민의 권력을 강화한 민주주의를 도입함으로써, 아테네 민주주의의 아버지라고 불린다. 2004년 작품. 오하이오 상원 회의실. Attribution: http://www.ohiochannel.org/, 출처: Wikipedia. Public Domain

절대 권력을 향유하던 고대 이집트의 파라오는 오늘날의 알제리와 튀니지 일부에 해당하는 누미디아(Numidia) 지방의 기병을 부리기 위해, 황금을 지급했다.[1] BC 5세기 그리스에서는 황금이나 은만 주면 어떠한 진리도, 정의도 소피스트(Sophist)들이 자체 제작해 주었다. 진리와 정의는 황금의 요구에 따라 변하는 것이 아니고 자신의 강의에 돈을 받으라는 조언을 단칼에 거절하며, 현금 살포에 중독된 그리스 민주정치의 우민화를 비판하던 소크라테스(Socrates, BC ?~399)는 독살되었다.[2] 아테네의 희극 작가 아리스토파네스(Aristophanes, BC 446~386) 또한 제우스가 다른 모든 신을 지배하는 최고의 신이 된 이유는 그가 가장 많은 돈, 즉 "크레마타(chremata)"를 가지고 있기 때문이라고 단언했다.[3] 이 크레마타야말로 귀족들의

---

1 안장이나 등자가 전파되기 전 유럽에서는 말을 타고 전투하는 기병은 고도의 기술을 요구하는 군대였다. 예컨대 아주 어릴 때부터 말을 타고 부리지 않으면, 제대로 된 전투 기병이 될 수가 없었다. 따라서 고대에는 대규모 기병을 동원하기 위해서는 주로 외부에서 기병을 황금을 주고 구매해야 했다.

2 소크라테스는 육신의 아름다움을 돈을 받고 파는 것이 매춘이듯이, 현명한 지혜를 돈을 받고 전파하는 것도 매춘과 같다고 이야기했다,

3 Aristophanes, 『Wealth』, 131

로마의 디오클레티아누스(Diocletian, 244~311, 재위 284~305) 황제가 그려진 황금 메달. 이 황금 메달은 당시 금화 아우레우스 10개의 가치와 같은 엄청난 크기이다. 디오클레티아누스 황제 시절에는 황금이 극히 부족하였지만, 황제가 부하들의 충성심을 확보하기 위해서는 이와 같은 황금의 하사가 필수적이었다. 다시 말해 로마 황제는 부하들의 충성심을 황금으로 구매한 것이나 마찬가지였다. 294년, 소아시아 니코메디아(Nicomedia) 출토. 영국박물관 소장

특권을 폐지하고 법 앞의 평등(isonomia, 이소노미아)이라는 민주주의 개념을 도입한 클레이스테네스(Cleisthenes, BC 566~493) 정치 개혁의 핵심 동력이었다. 만약 황금과 동전 화폐가 없었다면 아테네에서 이를 통해 권력을 축적한 이들의 정치적 개혁 요구인 민주주의가 도입되었을 리가 없다.

로마와 맞짱을 뜬 지중해 해상 제국 페니키아는 1차 포에니 전쟁(BC 264~241) 후 전쟁 배상금 때문에 황금이 부족해지면서, 카르타고의 용병에게 월급을 지급하지 못했다. 그 결과 카르타고의 용병은 자신의 고용주인 카르타고를 상대로 이른바 용병 전쟁(BC 240~238)이라는 반란을 일으켰다. 이처럼 금화 동전이 발명된 기원전 7세기 이후부터 유럽을 지배하게 된 유일신은 수메르의 신 티아마트(Tiamat), 고대 이집트의 라(Ra)나 고대 그리스의 키클롭스(Cyclops)처럼 설명이 불가능한 괴물 같은 힘을 자랑하는 무시무시한 신이 아니었다. 이제부터는 바로 황금과 은이 바로 세상을 지배하는 절대 권력이 되었다!

로마 황제의 권력 역시 중국 통일 왕조의 황제와 같은 무소불위의 하향식 권력이라기보다는, 대중의 인기를 등에 업은 밑으로부터의 권력이었다. 전국 각 지에 15개의 별궁을 두고 별궁마다 1천여 명의 궁녀를 거느렸던 진시황이 들으면 아연실색할지 모르겠지만, 로마 황제는 대중이 반대하면 그의 뜻대로 결혼도 할 수 없었다. 나아가 로마 황제는 신처럼 군림했지만, 부하들에게 반드시 황금을 하사하여 충성심을 확보해야 했다. 게르만 병사 또한 로마 황제에게 절대복종하는 충직한 신하가 아니라, 데나리우스 은화를 받고 고용된 계약 관계의 용병에 불과했다.

따라서 로마 황제는 어떤 경우에도 이들에게 은화를 지급해야 했다. 이 사실을 망각한 아르카디우스(Arcadius, 377~408) 로마 황제는 재정 부족을 이유로 서고트

용병에게 월급을 지급하지 않았다. 결국 로마 황제에게 충성을 맹세했던 용병 출신 서고트 왕국의 알라리크(Alaric, c.370~410)는 이에 짜증이 나서 반기를 들고 동로마 일부, 발칸 반도 전체와 제국의 심장 로마를 신나게 약탈했다.

좌측부터 아르카디우스와 그의 동생인 호노리우스, 그리고 그들의 부친인 테오도시우스 1세 황제. 아르카디우스는 동로마와 서로마를 모두 통치했던 마지막 로마 황제 테오도시우스 1세(Flavius Theodosius, 347~395)의 장남이고, 그의 동생인 호노리우스(Flavius Honorius, 384~423)는 서로마의 황제이다. 아르카디우스 황제는 행동이 굼뜨고 지성이 부족하여, 황제로서의 권위가 거의 없었다. 알라리크가 반기를 들 때도 서로마의 명장인 스틸리코(Flavius Stilicho, c.359~408)의 도움을 받아 겨우 진압했다. 비잔틴 역사가 콘스탄틴 마나스(Constantine Manasses, c.1140~c.1187)의 *『마나스 연대기(Manasses Chronicle)』*에서 발췌. 출처: Wikipedia. Public Domain

## (2) 중세 기사도와 돈 키호테

중세 초기에 독립 계층으로 등장한 기사들은 패자에 대한 관용이나 약자 보호, 명예 추구와 정의감을 기치로 내세우기는 했었다.[4] 서양 기사도를 칭송하는 사람들에게는 미안한 말이지만, 최초의 중세 기사들은 돈을 받고 전쟁에 참여하는 프리랜서(freelancer)로 사회적 배경이 그렇게 떳떳한 계층이 아니었다.[5] 예컨대 중세 기사들은 자신의 몸 하나로 돈을 벌지 않으면 안 되는 하층 귀족의 자제 혹은 상층 귀족이라 하더라도 아버지를 알 수 없는 사생아 출신이 대부분이었다. 이들은 명확한 규율이 없어서 종종 떼를 지어 다니면서 사람들의 재산을 가로채는 폭력배로 변신하는 경우가 다반사였다.

이처럼 무분별한 폭력배를 제도권으로 끌어들이기 위해 만든 것이 바로 기사도 정신과 기사 마창시합(Knightly Tournament)이다.[6] 다시 말해 기사도 정신은 본질적으로 유럽 사회에 내재해

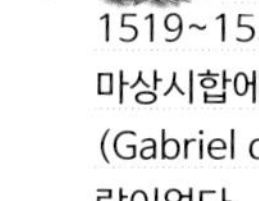

4 중세 프랑스에서는 중하층에 속하는 젊은 미혼 남자가 부모와 같이 살면서 기사가 되기 위해 기사 수업을 받았는데, 이 젊은이들을 바슐리에(bachelier)라고 불렀다. 바슐리에는 영국으로 전파되어 기사 혹은 총각이라는 뜻의 배츨러(bachelor)로 변형되었다.

5 영어로 기사도(chivalry)는 프랑스어로 말(馬)을 뜻하는 슈발(cheval)에서 비롯된 말이고, 랑스(lance)는 프랑스어로 창이라는 뜻이다.

6 마상시합에서 기사가 죽는 일도 많았다. 프랑스 왕 앙리 2세(Henry II of France, 1519~1559)도 1559년 6월 30일, 파리 보주 광장(Places des Vosges)에서 개최된 마상시합에서 투구가 벗겨져 장창이 눈을 정통으로 찌름으로써 사망했다. 마상시합 상대방인 몽고메리 백작 가브리엘(Gabriel de Lorges, Count of Montgomery, 1530~1574)은 앙리 2세가 직접 마상시합의 상대방으로 고른 사람이었다.

있던 근본정신이 아니었다.[7] 기사도 정신은 빚더미에 앉아 있던 무분별한 폭력배 기사들을 통제하기 위해 도입한 일종의 강제규범이었다. 아울러 이 기사도 정신조차도 마르크스의 평가대로 지극히 낭만주의적이었다. 즉, 완벽하게 개인적인 성향에 좌우되는 것이었다. 심지어 교회도 '신의 평화(Pax de Dieu)'라는 종교 규범으로 폭력적인 기사들을 종교적으로 교화시키는 데 적극 동참하게 된다. 더 나아가 이 기사도 정신은 나중에는 젊은 남자가 많고 여성이 적었던 중세 궁정 생활에서 불가피하게 발생했던 남녀 간의 애정행각이라는 로맨틱한 구도가 첨가되어 변질하기 시작했다.

중세 기사도의 본질이 무엇이었는지를 보여주는 방패. 이 방패는 실전에서 사용하는 방패가 아니라 시합에서 우승한 이들에게 수여하는 기념품으로 추정된다. 젊은 기사가 여성에게 무릎을 꿇고 맹세하는 모습이 보이고, 그의 머리 위에는 "당신이 아니면 죽음을(vous ou la mort)"이라는 프랑스어가 새겨져 있다. 젊은 기사 뒤편에는 죽음을 상징하는 해골이 그려져 있다. 이처럼 중세 기사도는 여성에 대한 사랑이라는 개인적이고 낭만적인 기본 구도에서 벗어나기 어려웠다. 1475~1500년경, 프랑스 출토. 영국박물관 소장

하지만 냉정하게 말해서 기사들은 자신을 보필하는 부하, 시중, 타는 말 등을 유지하기 위해 반드시 돈이 필요했다. 즉, 일반적으로 보수를 많이 주는 주군이라면 그 주군이 누구든 상관이 없었다. 오늘날 프리랜서(freelancer)라는 말은 글자 그대로 돈만 주면 전쟁을 수행하는 중세 기사에서 유래한 말이다. 말을 타야 하는 기병이므로 일반적인 보병보다 훨씬 돈이 많이 들었기 때문에 어쩔 수가 없었다.[8] 특히 지리상 발견 이후에는 그나마 산발적으로 남아 있던, 이해타산에 무지몽매한 순수한 서유럽의 기사도 정신은 세르반테스(Miguel de Cervantes Saavedra, 1547~1616)의 *『돈 키호테』*에서 대중의 조롱거리로 전락하면서 공식적으로 사망했

---

7 기사들의 수호신은 성 조지(Saint George, ?~303)이다. 성 조지는 터키의 카파도키아에서 태어난 농부이다. 붉은색 망토를 걸치고, 백마를 타며, 기다란 장창을 들고 용을 무찌르는 모습으로 자주 등장한다. 축일은 4월 23일이다.

8 고대 프랑크어로 기병대의 말을 관리하는 하인들을 마르스칼크(marhskalk)라고 불렀고, 중세 프랑스어로는 마레샬(maréchal)로 불렀다. 마레샬은 이후 기마대 지휘관으로 뜻이 바뀌었고, 현대 영어로는 군대의 원수인 마샬(marshall)로 뜻이 바뀌게 된다. 오늘날 명품의 대명사 에르메스(Hermes)도 원래 프랑스의 티에리 에르메스(Thierry Hermès, 1801~1878)가 말을 위한 마구 용품과 재갈을 제작한 데서 출발한다. 에르메스는 1990년대 이후 중국에서 공장식으로 제품을 제조하기 시작한 루이비통이나 구찌와 달리, 오늘날까지도 오로지 수작업으로만 제품을 제조한다. 예컨대 에르메스의 장인 5,000여 명은 5년이 넘어야만 가방을 만들 수 있는 자격이 주어지고, 일주일에 1~2개 가방만 수작업으로 만든다고 한다.

다.

예루살렘으로 가는 순례자를 보호한다는 명분으로 성지 회복의 기치를 내건 십자군 전쟁(1095~1291) 역시 기사도 정신에서 출발하기는 했다. 하지만, 십자군 전쟁은 풍요로운 동방과 이슬람의 황금 및 향신료 등 자원의 약탈이라는 경제적 동기가 있었기 때문에 성전기사단(Knights Templar)을 중심으로 서유럽 전역에서 거의 2백 년 가까이 지속될 수 있었다. 즉 성지 탈환을 위해서는 마치 죽고 싶어서 환장한 사람처럼 이슬람인들과 싸우던 서유럽인들은 향신료와 비단 무역을 위한 이슬람인들과의 교역에는 아무런 거리낌이 없었다. 예컨대 아크레는 성서와 관련된 성지로서는 아무런 가치가 없는 도시였다. 하지만 아크레는 레반트 지역 최대의 교역 도시였기 때문에, 십자군이 아크레를 그냥 내버려 둔 일은 단 한 번도 없었다. 알 안달루시아의 한 이슬람 여행자는 이를 보고 "정치와 싸움 문제에서는 기독교도와 무슬림 사이에 불화의 불길이 타오르는데, 교역 문제에서는 여행자들이 아무런 방해를 받지 않고 오가는 모습을 보고 놀랐다"라고 기록했다.[9] 심지어 베네치아의 실력자 엔리코 단돌로(Enrico Dandolo) 도제(Doge)는[10] 4차 십자군 전쟁(1202~1204) 때 이미 투자한 베네치아의 선박 비용 은화 34,000마르

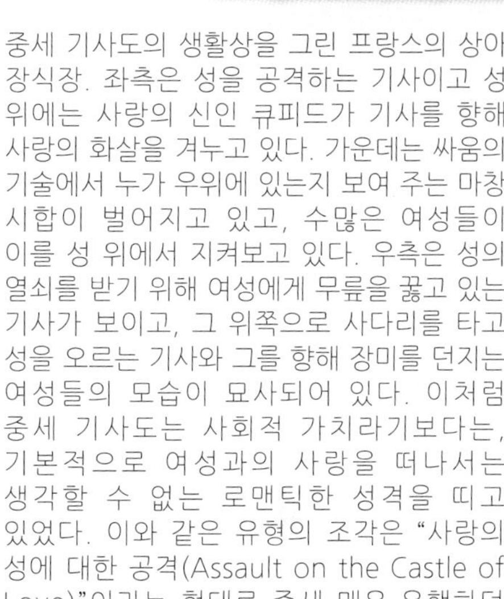

중세 기사도의 생활상을 그린 프랑스의 상아 장식장. 좌측은 성을 공격하는 기사이고 성 위에는 사랑의 신인 큐피드가 기사를 향해 사랑의 화살을 겨누고 있다. 가운데는 싸움의 기술에서 누가 우위에 있는지 보여 주는 마창 시합이 벌어지고 있고, 수많은 여성들이 이를 성 위에서 지켜보고 있다. 우측은 성의 열쇠를 받기 위해 여성에게 무릎을 꿇고 있는 기사가 보이고, 그 위쪽으로 사다리를 타고 성을 오르는 기사와 그를 향해 장미를 던지는 여성들의 모습이 묘사되어 있다. 이처럼 중세 기사도는 사회적 가치라기보다는, 기본적으로 여성과의 사랑을 떠나서는 생각할 수 없는 로맨틱한 성격을 띠고 있었다. 이와 같은 유형의 조각은 "사랑의 성에 대한 공격(Assault on the Castle of Love)"이라는 형태로 중세 매우 유행하던 장식품이었다. 이는 중세의 기사도 정신이 기본적으로 로맨틱한 것이었음을 보여 주는 증거이다. 1325~1350년경, 프랑스 파리 출토. 영국박물관 소장

9 피터 프랭코판, *앞의 책*, p. 254

10 도제(Doge)는 베네치아 공화국의 수장을 의미하는 직위 이름이다. 약 8세기부터 형성되기 시작된 것으로 추정되며, 나폴레옹의 이탈리아 정복으로 인해 1797년까지 존속한다. 하지만 베네치아 도제의 궁전에 게시된 설명은 약간 다르다. 즉 베네치아에서 가장 오래된 정치기구는 상원(Snat)으로 13세기에 처음 생겼으며, 이 상원에서 도제를 선출하였다고 설명하고 있다. 도제를 선출하는 장소는 베네치아 "도제의 궁전"에 있는 Sala del Senato (Senate Chamber)이며, 도제는 일단 선출되면 죽을 때까지 그 직위를 유지한다.

크를 회수하기 위해, 공격 목표를 이슬람 세력권인 이집트에서 같은 기독교 세력권인 자라(Zara)와 동로마의 수도인 콘스탄티노플로 변경하였다.

콘스탄티노플은 서유럽 역사상 최초로 기독교인에 의해, 그리고 기독교인을 위해 건설된, 기독교인의 성지였다. 하지만 기사 토너먼트에 참여한 기사들이 의기투합하여 시작한 4차 십자군은 이와 같은 기독교인의 성지 콘스탄티노플을 1204년 무력으로 점령한 후, 이슬람 국가 오스만 튀르크가 1453년 콘스탄티노플을 점령했을 때보다 더욱 잔혹하게 콘스탄티노플을 약탈했다! 즉, 빚더미에 앉아 있던 와중에 얼떨결에 4차 십자군에 참여한 프랑크 기사들은 유스티니아누스 대제의 신성한 무덤을 무분별하게 파헤치고, 콘스탄티노플의 황제 도서관을 신나게 불태우고, 하기야 소피아(아야 소피아, Hagia Sophia) 성당을 무자비하게 약탈하였으며, 수녀원의 수녀들을 잔인하게 강간했다.[11]

겉으로는 명예 추구와 정의감이라는 기사도 정신으로 무장했던 이 프랑크 기사들의 목표는 호전적이고 솔직한 프랑크인들답게 콘스탄티노플에 수북이 쌓인 막대한 규모의 황금과 은이었다![12]

세르반테스. 마드리드의 가난한 의사 집안 출신으로, 제대로 된 교육도 받지 못하고 여러 도시를 전전하는 불운한 어린 시절을 보냈다. 성년이 된 22세 때에는 레판토 해전에 참가했다가 왼손에 심각한 부상을 입었고, 1575년에는 알제리에서 해적에게 붙잡혀 5년 동안이나 노예 생활을 하기도 했다. 삼위일체 수도회 도움으로 겨우 풀려나 마드리드로 돌아온 그는 불후의 명작 『돈 키호테』를 저술한다. 『돈 키호테』는 근대 소설의 시작으로 평가받는 대작이다. 스페인 화가 쥬앙 데 야우레귀(Juan de Jáuregui, 1583~1641)의 1600년 경 작품. 마드리드 역사박물관(Real Academia de la Historia) 소장. 출처: Wikipedia. Public Domain

마그나 카르타 기념비. 존 왕은 프랑스 내에 영지를 소유한 앙주 왕가 출신으로, 카페 왕조의 필리페 2세와 끊임없이 싸웠다. 그러다가 1214년 파리 근교의 부벵(Bouvines)에서 필리페 2세와의 결전에서 패배한 존 왕은 영국으로 귀환하자마자, 상인 출신의 귀족들 반란에 직면하여 런던 교외의 평원인 러니미드(Runemede)로 직행했다. 그곳에서 그는 귀족인 프리맨(Freeman)을 법률 규정이 없이는 체포할 수 없고, 재산을 몰수할 수 없다는 내용의 대헌장에 서명한다. 이 기념비는 미국변호사협회(ABA)가 1957년에 마그나 카르타가 체결된 러니미드 평원에 세운 기념비(Runmede Monument)이다. ABA는 매년 이곳을 찾아 법에 근거한 지배를 확립한 마그나 카르타의 정신을 기린다고 한다. 러니미드 소재

---

11 소피아 성당은 이슬람 점령 후 이슬람 사원으로 바뀌고, 터키 공화국 수립 후에는 박물관으로 용도가 바뀐다. 하지만 2019년 에르도안 대통령은 이스탄불의 소피아 성당을 원래의 이슬람 사원으로 복원하였다.

12 영어의 "솔직한(frank)"이라는 단어는 바로 프랑크인들의 속성 중 지나치게 솔직한 특징에서 비롯된 단어이다.

콘스탄티노플의 금화 베잔트(bezant)는 이 4차 십자군 전쟁을 계기로 금화의 권위를 상실하여, 더 이상 기축통화 역할을 할 수가 없었다.[13] 4차 십자군 전쟁으로 베네치아는 지중해 패권을 장악했다. 4차 십자군 전쟁은 기사 시합에 참여한 이들 기사도 정신의 본질이 진정으로 무엇인지 만천하에 극명하게 보여 준 사건이 되었다.

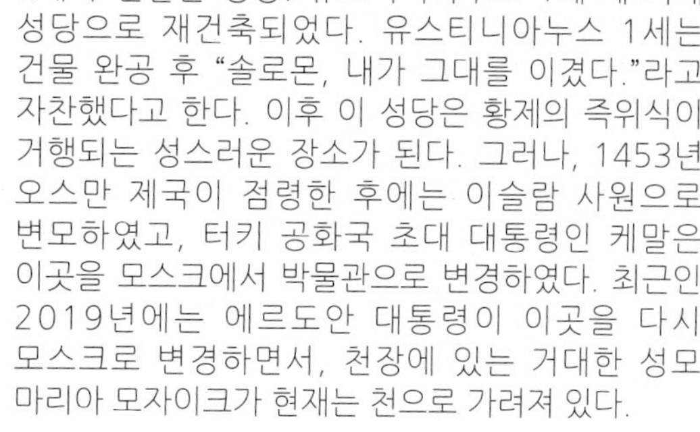

하기야 소피아 성당. 콘스탄티노플로 수도를 옮긴 콘스탄티누스 1세의 후계자인 콘스탄티누스 2세가 건설한 성당. 유스티니아누스 1세 때 거대 성당으로 재건축되었다. 유스티니아누스 1세는 건물 완공 후 "솔로몬, 내가 그대를 이겼다."라고 자찬했다고 한다. 이후 이 성당은 황제의 즉위식이 거행되는 성스러운 장소가 된다. 그러나, 1453년 오스만 제국이 점령한 후에는 이슬람 사원으로 변모하였고, 터키 공화국 초대 대통령인 케말은 이곳을 모스크에서 박물관으로 변경하였다. 최근인 2019년에는 에르도안 대통령이 이곳을 다시 모스크로 변경하면서, 천장에 있는 거대한 성모 마리아 모자이크가 현재는 천으로 가려져 있다.

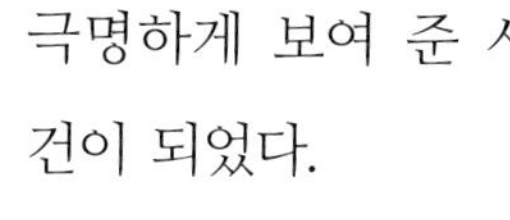

찰스 1세. 스코틀랜드의 제임스 6세 아들로, 키는 작았고 말은 적었으며 내성적이었다고 한다. 독실한 성공회 신자로 잉글랜드, 스코틀랜드, 아일랜드를 동시에 다스렸다. 부친과 마찬가지로 왕권의 신성함을 신조로 삼아 국정을 펼쳤으나, 잦은 실정으로 의회와의 사이가 매우 좋지 않았다. 예컨대 그가 왕위에 있을 때인 1628년, 의회 동의 없이 과세 없다는 권리 청원이 의회 주도로 통과된다. 찰스 1세는 이에 아랑곳하지 않고, 의회 승인이 없는 특별세 신설을 강행했다. 결국 찰스 1세는 의회와 무력으로 충돌하였고, 무력 충돌에서 패한 찰스 1세는 의회가 결성한 최고 법원의 사형 판결을 받고 결국 참수된다. 플랑드르 화가인 앤소니 반 다이크(Anthony van Dyck, 1588~1642)의 1636년 작품. 출처: Wikipedia. Public Domain

이처럼 4차 십자군은 경제적 동기가 기독교라는 종교적 권위보다 훨씬 더 강렬하게 유럽인들을 지배했음을 보여 준 가장 확실한 역사적 증거이다. 이쯤 되면 필자는 중세의 기사도 정신은 세르반테스의 돈키호테처럼 16세기 지리상 발견 이후가 아니라, 4차 십자군 전쟁이 터진 13세기에 이미 흔적도 없이 사라진 것이라고 해도 과언이 아니라고 생각한다. 아니면 기사도 정신이란 유럽에서 당초부터 아예 존재하지조차 않은 것이었는지도 모르겠다.

십자군 전쟁 와중인 1215년 영국에서 체결된 마그나 카르타(Magana Carta)가 존 왕(King John)의 권력

13 원래 베잔트(bezant)는 비잔틴 제국의 금화를 통칭해서 부르는 용어이다. 따라서 4세기에 발행된 솔리두스(solidus)나 11세기에 발행된 하이퍼피론(hyperpyron)도 모두 베잔트라고 불렀다. 이슬람인들은 동로마의 솔리두스를 모방해서 금화 디나르(dinar)를 제작했으므로, 이탈리아 상인들, 특히 베네치아 상인들은 이슬람의 금화도 베잔트라고 불렀다. 후일 십자군 원정으로 성립되는 예루살렘이나 트리폴리 왕국도 금화를 발행하는데, 이 금화도 베잔트 혹은 사라센 베잔트(Saracen bezants)라고 불렀다.

을 제한할 수 있었던 근본적인 이유도, 「씨티 오브 런던(City of London)」의 막강한 자금력이 있었기 때문이다.[14] 이 시기 중국은 충효 사상과 문치주의가 절정에 이르렀던 남송 시대(1127~1279)였다. 마그나 카르타 체결은 주자학을 완성한 남송 시대 주희(朱熹, 1130~1200)의 관점에서 보면 사농공상의 최하층 계급인 상인들이 절대 권력의 상징인 왕의 무릎을 꿇게 만든 천인이 공노할 사건이었다! 그나마 영국 역사에서 마그나 카르타는 상인들이 국왕에게 최고의 예의를 갖추고 저항한 사례이다. 1649년 영국 왕 찰스 1세(Charles I, 1600~1649)는 영국 상인들인 젠틀맨의 자금을 그들 허락 없이 동양의 전제

코르테스. 스페인 카스티야 출생으로, 외가를 통해 피사로와는 7촌 사이이다. 어릴 때 잠깐 법을 공부하였지만, 이후에는 스페인 전역을 정처 없이 떠도는 떠돌이 신세가 된다. 그러다가 1504년 히스파니올라로 건너가 놀라울 정도의 능력으로 식민지를 개척하기 시작했다. 대표적으로 그는 쿠바 총독이던 벨라스케스의 명령을 어기고, 아즈텍을 향해 출항한 후 600~1,000여 명의 병력으로 마침내 찬란했던 아즈텍 문명의 수도 테노치틀란을 함락시킨다. 그는 금으로만 나을 수 있는 마음의 병을 앓고 있다고 말하고 다닐 만큼, 황금에 완전히 미쳐 있었다. 황금에 대한 이 집착이 고작 수천 명의 군인으로 수만 명의 아즈텍 문명을 궤멸시킨 핵심 원동력이다. 작자 미상. 18세기경 작품. 마드리드의 산 페르난도 미술관(Real Academia de Bellas Artes de San Fernando) 소장. 출처: Wikipedia. Public Domain

프란시스코 피사로. 스페인 중서부 태생으로, 부친은 경험 많은 용병 출신이었다. 피사로는 20세가 되자마자 군인이 되었고, 1502년 황금을 찾기 위해 신대륙으로 가서 우여곡절 끝에 1519년 파나마의 행정장관까지 된다. 그러던 1521년 코르테스가 아즈텍 문명을 정복하고 남미 어딘가에 황금이 있다는 소문이 돌자, 피사로는 1524년과 1526년 두 차례에 걸쳐 미지의 세계인 파나마 남쪽을 향해 나아갔다. 하지만 아무런 소득이 없었고, 파나마 총독은 귀환을 명했다. 하지만 피사로는 황금에 미쳐 자신과 함께 황금을 찾을 사람은 이 선 안으로 남으라고 명했고, 명예로운 13명(Trece de la Fama)만이 남았다. 파나마 총독은 할 수 없이 추가 지원 병력을 보냈고, 피사로는 페루 북서부까지 나아갔다. 이후 피사로는 본격적인 남미 탐사를 위해 본국의 추가 지원을 받아 에르난도, 후안 및 악명높은 인성을 가진 동생인 곤살로 등 세 명과 백여 명의 병력을 대동하고 1530년 파나마를 떠나 남쪽으로 세 번째 탐험을 떠났다. 하필 이때 잉카 황제 아타우알파는 내전에서 형인 우아스카르를 이기고 자축 파티를 벌이는 중이었다. 이 때문에 아타우알파는 200명도 안 되는 외지인들을 보고 자만에 빠져 무장을 전혀 갖추지 않고 피사로 진영을 방문했다가, 포로로 잡혔다. 피사로는 아타우알파를 볼모로 삼고 몸값을 흥정하다가 쓸모가 없어지자 아타우알파를 죽였고, 결국 잉카 제국까지 멸망시켰다. 프랑스 화가인 아마블-폴 쿠탕(Amable-Paul Coutan, 1792~1837)의 1834~1835년 작품. 베르사이유 궁전 소장. 출처: Wikipedia. Public Domain

---

14 「씨티 오브 런던」에 대한 상세 설명은 『*대체투자 파헤치기(중)*』 - PEF와 Tax편 참조

군주 방식으로 착취하려고 하다가 그들의 손에 처형당했다!

영국만 그런 것이 아니었다. 총인구 500만 명, 수도 테노치티틀란(Tenochtitlan)에만 20만 명이 거주하던 멕시코의 찬란한 아즈텍 문명을 마지막 황제 몬테수마 2세(Montezuma II, 혹은 모테크소마 소코요트신, Motecuhzoma Xocoyotzin, ?~1520)의 처형과 함께, 1520년 단 600~1,000여 명의 뜨내기들로 아즈텍 문명을 멸망시킨 스페인 망나니 코르테스(Hernán Cortés, 1485~1547)의 이해하기 어려운 공격력의 원천도 병사들에게 약탈로 인한 황금을 공평하게 나눌 것을 약속한 것에서부터 출발했다.[15] 엘 도라도를 찾아 떠난 스페인의 피사로(Francisco Pizarro, ?~1451) 또한 1532년, 기병 62명이 포함된 단 168명의 병력(!!!)으로 8만의 병력을 거느린 잉카의 황제 아타우알파(Atauhalpa, ?~1533)를 사로잡고는 인질로 삼아 금 6톤, 은 10여 톤을 몸값으로 받아냈다. 오늘날 명목가치로만 3억 불, 실질가치로는 수십억 불에 달했다. 이 정도 자금을 챙겼으면 풀어줘도 상관없지 않을까? 하지만 피사로는 아타우알파로부터 더 이상 황금을 받아낼 수 없다고 판단한 후에는 가차 없이 죽였다.

잉카의 마지막 황제 아타우알파. 그의 부친인 우아이나 카팍과 장남인 니난 쿠요치 모두가 천연두로 갑자기 사망하자, 황제 자리를 두고 형인 우아스카르와 무력 대결을 벌여 황제의 자리에 오른다. 불행히도 피사로에게 붙잡혀 그들에게 죽임을 당하여, 잉카 제국은 사실상 몰락한다. 작자 미상. 베를린 민속학 박물관(Ethnological Museum of Berlin) 소장. 출처: Wikipedia. Public Domain

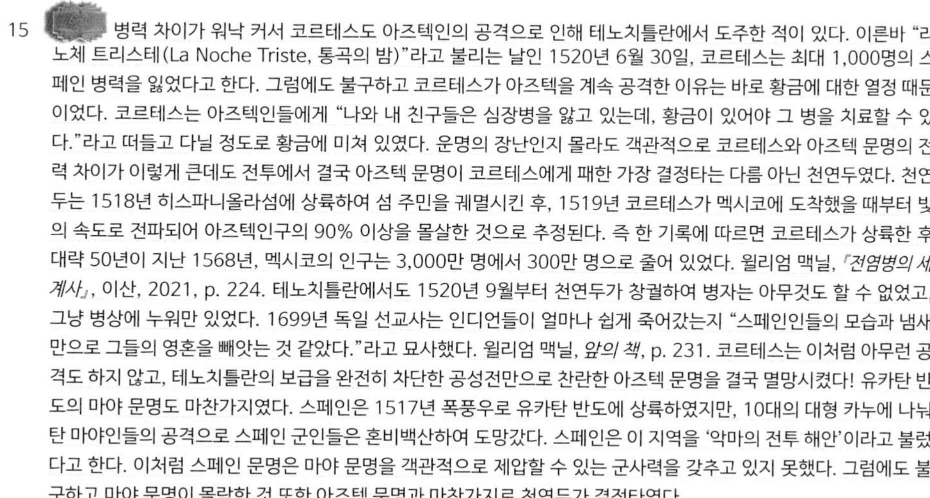

15 병력 차이가 워낙 커서 코르테스도 아즈텍인의 공격으로 인해 테노치틀란에서 도주한 적이 있다. 이른바 "라 노체 트리스테(La Noche Triste, 통곡의 밤)"라고 불리는 날인 1520년 6월 30일, 코르테스는 최대 1,000명의 스페인 병력을 잃었다고 한다. 그럼에도 불구하고 코르테스가 아즈텍을 계속 공격한 이유는 바로 황금에 대한 열정 때문이었다. 코르테스는 아즈텍인들에게 "나와 내 친구들은 심장병을 앓고 있는데, 황금이 있어야 그 병을 치료할 수 있다."라고 떠들고 다닐 정도로 황금에 미쳐 있였다. 운명의 장난인지 몰라도 객관적으로 코르테스와 아즈텍 문명의 전력 차이가 이렇게 큰데도 전투에서 결국 아즈텍 문명이 코르테스에게 패한 가장 결정타는 다름 아닌 천연두였다. 천연두는 1518년 히스파니올라섬에 상륙하여 섬 주민을 궤멸시킨 후, 1519년 코르테스가 멕시코에 도착했을 때부터 빛의 속도로 전파되어 아즈텍인구의 90% 이상을 몰살한 것으로 추정된다. 즉 한 기록에 따르면 코르테스가 상륙한 후 대략 50년이 지난 1568년, 멕시코의 인구는 3,000만 명에서 300만 명으로 줄어 있었다. 윌리엄 맥닐, 『*전염병의 세계사*』, 이산, 2021, p. 224. 테노치틀란에서도 1520년 9월부터 천연두가 창궐하여 병자는 아무것도 할 수 없었고, 그냥 병상에 누워만 있었다. 1699년 독일 선교사는 인디언들이 얼마나 쉽게 죽어갔는지 "스페인인들의 모습과 냄새만으로 그들의 영혼을 빼앗는 것 같았다."라고 묘사했다. 윌리엄 맥닐, *앞의 책*, p. 231. 코르테스는 이처럼 아무런 공격도 하지 않고, 테노치틀란의 보급을 완전히 차단한 공성전만으로 찬란한 아즈텍 문명을 결국 멸망시켰다! 유카탄 반도의 마야 문명도 마찬가지였다. 스페인은 1517년 폭풍우로 유카탄 반도에 상륙하였지만, 10대의 대형 카누에 나눠 탄 마야인들의 공격으로 스페인 군인들은 혼비백산하여 도망갔다. 스페인은 이 지역을 '악마의 전투 해안'이라고 불렀다고 한다. 이처럼 스페인 문명은 마야 문명을 객관적으로 제압할 수 있는 군사력을 갖추고 있지 못했다. 그럼에도 불구하고 마야 문명이 몰락한 것 또한 아즈텍 문명과 마찬가지로 천연두가 결정타였다.

## Codex Atlanticus: 루미나위 장군의 황금

당초 잉카 문명의 군주인 아타우알파가 줄 수 있다고 공언한 금은 가로 5.2m, 세로 6.7m, 높이 2.4m의 방을 가득 채운 금이었다. 만약 순금으로 이 방을 가득 채운다면 금 무게는 무려 1,613톤이었다. 이 규모는 2019년 중국의 공식 금 보유량이었던 1,853톤과 비슷한 엄청난 규모이다. 하지만 전설에 따르면 그의 부하 장수인 루미나위(Ruminawi, 혹은 Ruminawi, 1482~1535)는 아타우알파의 몸값으로 1,000톤이 넘는 금을 실제로 준비했었다고 한다. 물론 필자가 보기에는 터무니없는 규모이다.

불행히도 이 사실을 알지 못한 피사로는 아타우알파를 죽였다. 본문에 언급했듯이 이 많은 황금을 잉카 제국이 가지고 있을 리가 없다고 생각했기 때문이다. 이때가 1533년 7월 26일이었다. 이 황망한 소식을 듣고 황제의 몸값을 준비하여 아타우알파가 포로로 잡힌 도시인 까하마르까(Cahamarca)로 진군하던 루미나위는 할 수 없이 방향을 돌렸다. 그는 오늘날 에콰도르 수도인 키토(Quito)로 돌아갔고, 그곳 어딘가에 이 엄청난 양의 황금을 숨겼다.[16]

이즈음 까하마르까에서는 마침내 스페인 군인들이 루미나위가 실제로 황금을 가지고 오고 있었다는 사실을 전해 들었다. 아차! 이런 낭패가. 이를 어떡하지? 피사로는 1,000톤이 넘는 황금을 되

---

16 키토의 도시 북쪽으로 적도가 관통하는데, 적도가 관통하는 도시는 지구상에서 키토가 유일하다. 한편 키토에는 남미에서 가장 크고 오래된 성 프란시스 성당이 있는데, 잉카 제국답게 내부가 온통 황금으로 칠해져 있다.

찾기 위해 세바스찬(Sebastian de Belalcazar)을 시켜 키토에 머무는 루미나위를 공격했다. 루미나위와 세바스찬은 1534년 에콰도르 중부의 침보라소(Chimborazo)산 근처의 평원에서 맞붙었다. 전투 초반 어느 쪽도 우위를 보이지는 못했지만 루미나위는 총, 칼, 대포, 군마로 무장한 스페인 군을 이기지는 못했다.

패전의 원인은 한 가지는 아니었다. 우선 스페인은 총과 포를 가지고 있었다. 화약이 내뿜는 불과 굉음이 틀림없이 전투에서는 유리했을 것이다. 하지만 당시의 총과 포는 날씨가 습한 경우에는 사용이 어려웠고, 사거리도 짧은데다 연속 사격도 불가능했다. 더구나 가격이 비싸 그렇게 많지도 않았다. 따라서 스페인 군의 총과 포가 루미나위 군을 제압할 수 있었던 결정적 요인은 아니라고 본다.

필자가 보기엔 패전의 가장 중요한 원인중 첫 번째는 잉카 제국이 오랜 내전을 통해 국력이 급격히 소모된 후였다는 점이었다. 즉, 전임 황제인 우아이나 카팍(Huayna Capac, c.1464~1524)의 후계자는 50명이 넘는 아들 중 하나인 니난 쿠요치(Ninan Cuyochi, c.1490~1527)였는데, 그는 황제 즉위 직전 혹은 직후에 천연두로 허망하게 사망한다. 이에 우아스카르(Huascar, 1503~1532)가 황제의 자리에 올랐지만, 아타우알파가 이를 인정하지 않았다. 그 결과 상호 간 격렬한 내전이 벌어졌다. 아타우알파가 내전에서 겨우 승리한 해가 1532년이었고, 아타우알파가 내전 승리 후 수도인 쿠스코로 가는 중인 1533년에 스페인 군을 만나 포로로 잡힌 것이다.

두 번째가 바로 천연두이다. 천연두는 소를 키우는 농경 과정에서 발생하는 바이러스인데, 아시아와 유럽 대륙은 오래전부터 소를 키워 왔으므로 이곳에 거주하는 이들은 자연스럽게 면역력을 가지고 있었다. 하지만 남미 지역에는 가축화 자체가 없었으므로, 남미 지역 사람들은 이 바이러스에 완전히 무방비 상태였다. 그 결과 스페인인들이 몰고 온 천연두 바이러스는 이곳 인구의 거의 90%[!]를 죽음으로 내몬 가공할 핵무기 역할을 하게 되었다. 요컨대 내전에 더하여 천연두까지 창궐하면서, 코르테스가 잉카 제국을 침입할 무렵 잉카 제국은 이미 국력이 거의 피폐해진 상태였던 것이다.

하여튼 스페인 군대는 승리 후 숨겨진 황금을 되찾기 위해 루미나위를 잔인하게 고문했지만, 루미나위는 그 많은 황금을 어디에 숨겼는지 끝내 말하지 않았다. 루미나위는 결국 죽었다. 그렇다면 루미나위가 숨겼다는 1,000톤 내외의 황금은 어디에 있을까? 현재 많은 사람들은 루미나위 장군이 에콰도르에 있는 로스 랑가나티스(Los Llanganatis) 산맥 어딘가에 황금을 숨겼다고 믿고 있다. 랑가나티스 산맥은 해발 1,500~5,000미터에 이르는 험준한 산맥이다.

아마도 이 산맥 어딘가의 동굴이나 호수에 버리지 않았을까? 전설에 따르면 랑가나티스 산맥 어느 곳에 가면 "큰 갈대밭이 있고 그곳을 지나 비탈의 절반을 가게 되면, 안경의 석호라고 부르는 두 개의 작은 눈물"이 있다고 한다. 루미나위는 그곳 호수인지, 아니면 그 근처의 또 다른 호수인지 모를 호수에 가진 황금 전부를 던지라고 명하면서, "자신의 황금이 이 땅을 벗어나지 못하도록 태양의 신 아들인 비라쿠차(Viracocha) 신에게 저주를 내려달라고 기원"했다고 한다. 하지만 진실은 아무도 모른다. 현재까지도 루미나위의 황금은 수많은 황금 사냥꾼의 타겟이 되고 있다. 그들에 따르면 루미나위의 황금이 묻힌 보물 지도가 있다는 설, 그곳의 위치를 암시하는 수수께끼가 있다는 설, 발견한 사람이 있었지만 의문의 실종이나 죽음을 당했다는 설 등이 난무한다. 무엇이 진실일까?

실제로 1770년경 랑가나티스 산맥에 위치한 마을의 여인과 결혼한 발베르데(Valverde)라는 스페인 사람은 원주민 장인인 카시크(Cacique de Pillaro)로부터 누구에게도 말하지 않는다는 조건으로 루미나위의 황금이 묻힌 곳에 대한 정보를 들었다고 한다. 소문에는 발베르데가 그 황금의 일부를 실제로 캐내서 부자가 되었고, 부자가 된 후 에콰도르를 떠나 스페인으로 돌아갔다고 한다. 스페인에서 삶을 영위하던 그는 마지막 죽는 순간에 루미나위 황금의 위치를 기록

한 3페이지짜리 종이를 스페인 왕실에 전달하라는 유언을 남기고 죽었다.

스페인 왕실은 카톨릭 신부 롱고(Father Longo)를 보내 소문의 진위를 확인하게 시켰다. 하지만 롱고 신부는 랑가나티스 산맥 아래 위치한 라타쿵가(Latacunga) 마을 사람들과 랑가나티스 산맥에 들어갔다가 알 수 없는 이유로 실종되었다. 발베르데가 황금이 있는 곳으로 가는 길을 설명한 문서, 이른바 "발베르데 코스"는 진짜가 아니라 가짜라는 설도 난무했다. 루미나위 황금은 이후 잠잠하다가 100여 년 후 그 지역 금광업자인 아트나시오 구즈만(Atnasion Guzman)이라는 사람이 우여곡절 끝에 루미나위 황금의 보물 지도를 찾았다는 소문이 나면서 다시 세간의 주목을 받았다. 하지만 구즈만 또한 롱고 신부와 마찬가지로 랑가나티스 산맥에 들어갔다가 실종되었다.

현재 발베르데 코스(Derrotero de Valverde) 혹은 구즈만 지도(Map of Guzman)라고 주장하는 문서들이 떠돌고 있다. 인터넷에서도 이 지도를 쉽게 구할 수 있다. 이 지도가 루미나위의 황금이 묻혀 있 위치를 나타내는 보물 지도인지 여부는 알 수 없다. 많은 사람들은 후대 사람들이 이 지도를 조작했다고 믿는 듯하다. 하지만 루미나위 황금에 얽힌 이야기의 본질은 황금을 향한 서양인의 무자비한 탐욕과 이를 증오한 루미나위의 순수한 충성심이다. 특히 루미나위가 황제의 목숨을 구하기 위해 어렵게 황금을 준비하였음에도 불구하고 황제를 죽인 스페인 군인에 대한 그의 분노를 생각하면, 그가 자신의 황금이 키토 땅을 영원히 떠나지 못하도록 저주를 내렸다는 전설이 마냥 황당해 보이기만 하지는 않아 보이는 것은 필자 개인만의 느낌일까?

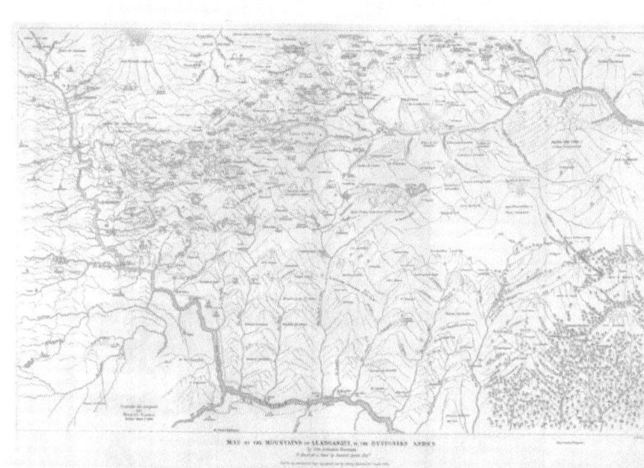

인터넷에 올라와 있는 구즈만의 랑가나티스 산맥 지도. 진위 여부는 알 수 없다.

## (3) 산 안드레스(San Andrés) 호와 캐리비안의 해적들

프란시스 드레이크. 남부 잉글랜드 데본 출신으로, 농민 집안의 장남으로 태어났다. 열 살 무렵부터 배를 탔고, 선배 해적인 존 호킨스의 선박에 승선하여 해적질을 배웠다. 그러다가 1568년 멕시코 동해안 벨라크루즈 근처에서 스페인 함대의 공격을 받아, 선단은 괴멸되고 겨우 목숨만 건져 영국으로 돌아왔다. 이때부터 스페인에 대한 개인적인 적개심에 불타올라, 1570년부터 본격적인 해적질에 돌입한다. 스페인 함대의 금과 은은 이제 드레이크의 주요 표적이 되고, 스페인은 드레이크를 바다의 개라고 부르기 시작했다.1577년 11월에 시작한 항해는 유럽인으로서 마젤란에 이은 두 번째 세계 일주 항해라는 기록을 세운다. (그가 통과한 남미 대륙 끝은 오늘날도 드레이크 해협이라고 부른다.) 더 나아가 해적질로 약탈한 황금을 엘리자베스 여왕에게 바치면서 엘리자베스 여왕은 그를 해군 제독으로 임명하였고, 1588년 무적함대를 격파할 때도 큰 공을 세워 국민적 영웅이 된다. 1596년, 스페인과 교전 중 이질로 사망했는데, 선원들은 그를 납으로 만든 관에 넣어 수장했다. 그의 관을 찾기 위한 노력은 현재까지도 계속되고 있다고 한다. 플랑드르 화가인 마르쿠스 게레르트 2세(Marcus Gheeraerts the Younger, 1561~1636)의 1591년 작품. 그가 그림에서 착용하고 있는 보석은 엘리자베스 1세가 그에게 개인적으로 선물한 일명 드레이크의 보석(Drake's Jewel)이다. 런던 국립 해양박물관 소장. 출처: Wikipedia. Public Domain

엘 도라도에 대한 소문이 퍼지면서 대서양은 황금과 은을 가득 실은 스페인 선박이 항해하는 "황금 해(Golden Sea)"로 바뀌었다. 멍청하게도 스페인은 공식적으로 대서양의 황금과 은 선단의 출항 일정을 정기화했다. 이는 그 넓은 대서양에서 황금 보물선의 위치를 전 유럽에 공개적으로 알려 주는 공식 포고문이 되었다. 결국 스페인의 보물선은 전 유럽에서 황금과 은에 가슴 설레며 흥분하여 모여든 대서양 해적들의 영원한 로망인 황금 로또 복권이 되었다. 대서양 해적이라고 하면 나쁜 이미지만 떠오를지 모르지만, 신대륙 발견의 영웅 크리스토퍼 콜럼버스도 짧은 시간이기는 하지만 해적선에서 일한 적이 있다.[17]

콜럼버스의 무덤. 콜럼버스는 잘 알려져 있지 않지만, 해적 활동에도 뛰어든 적이 있다. 콜럼버스의 신대륙 발견은 대량의 황금 채굴로 이어졌고, 이 때문에 대서양은 해적질의 소굴이 된다. 세비야 대성당 소장

콜럼버스는 해적질로 많은 돈을 벌지는 못했지만, 그의 해적 계보 이후 혜성같이 등장한 잉글랜드의 해적선 선장인 존 호킨스(John Hawkins, 1532~1595), 마틴 프로비셔(Martin Probisher, 1535~1597), 프랜시스 드레이크(Francis Drake, ?~1596)는 대서양의 중간에서 포르투

17 케네스 포메란츠, 스티븐 토픽, 『설탕, 커피, 그리고 폭력』, 심산출판사, 2009, p. 114

갈과 스페인 함선을 집중적으로 노략질하여 엄청난 돈을 벌었다. 한 기록에 따르면 가장 수익률이 높았다는 주식회사 동인도회사의 투자 수익률이 20%에 불과하던 시절, 1585~1603년`까지 영국의 해적들은 해적선의 의장과 무기 구입 등에 지출한 비용을 빼고 평균 60%에 이르는 수익을 투자자에게 돌려주었다고 한다.[18] 해적질을 가장 잘했던 사람들은 기사 작위를 받았고, 영국인들 유행가의 소재가 되었으며, 영웅으로 대접받았다.

엘리자베스 1세 초상화. 이 초상화는 살아생전에 엘리자베스 1세의 실제 모습을 그린 유일한 초상화로 알려져 있다. 이후 엘리자베스 1세의 모습은 모두 이 초상화를 바탕으로 그려진 것이라 보면 된다. 그녀 얼굴에 새겨진 분홍색 홍조는 화장이 아니라, 실제 그녀의 모습이라고 한다. 한편 그녀는 신교도로서 대서양의 해적 활동을 적극 지원했는데, 이 때문에 교황청으로부터 죄악의 노예라는 모욕적인 말을 듣기도 했다. 작자 미상. 런던 초상화 박물관 소장

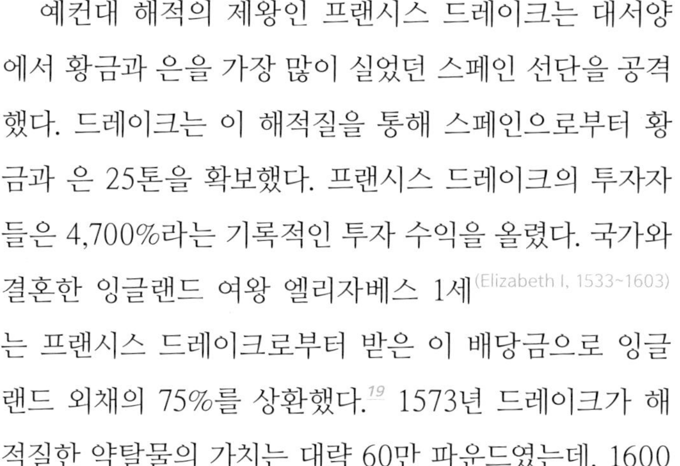

예컨대 해적의 제왕인 프랜시스 드레이크는 대서양에서 황금과 은을 가장 많이 실었던 스페인 선단을 공격했다. 드레이크는 이 해적질을 통해 스페인으로부터 황금과 은 25톤을 확보했다. 프랜시스 드레이크의 투자자들은 4,700%라는 기록적인 투자 수익을 올렸다. 국가와 결혼한 잉글랜드 여왕 엘리자베스 1세(Elizabeth I, 1533~1603)는 프랜시스 드레이크로부터 받은 이 배당금으로 잉글랜드 외채의 75%를 상환했다.[19] 1573년 드레이크가 해적질한 약탈물의 가치는 대략 60만 파운드였는데, 1600년 잉글랜드 양모 수출액 100만 파운드의 60%에 이르는 거금이었다. 스페인은 이런 프랜시스 드레이크를 "바다의 개"라고 불렀는데, 필자 또한 스페인인들의 이런 심정을 충분히 이해하고도 남는다.

잉글랜드 해적은 여기서 더 나아가 네덜란드 해적들과 연합하여 1596년에는 스페인 보물 함대를 탈취하기 위해 대서양 한가운데가 아니라, 아예 지브롤터 근

18 케네스 포메란츠, 스티븐 토픽, *앞의 책*, p. 316

19 이안 모리스, 『*왜 서양이 지배하는가?*』, 글항아리, 2013, p. 652

방의 카디즈(Cadiz)라는 항구까지 쳐들어가 약탈했다. 카디즈 항에 정박해 있던 스페인의 산 안드레스(San Andrés) 호와 산 마테오(San Mateo) 호는 잉글랜드와 네덜란드 연합 해적에게 나포되었고, 산 펠리페(San Felipe)와 산 토머스(San Tomáás) 호는 침몰했다. 잉글랜드는 카디즈 공격에 이슬람인인 무어인들까지 동원했다. 셰익스피어는 그의 희곡 『베네치아의 상인들』 1막 1장에서 카디즈에서 탈취한 산 안드레스 호를 향신료와 비단이 가득한 "나의 값비싼 앤드류(my wealthy Andrew)"라고까지 자랑스럽게 표현했다.[20]

셰익스피어(1564~1616)의 칸도스 초상화(Chandos Portrait). (칸도스 백작(3rd Duke of Chandos, 1732~1789)은 이 초상화의 소유자 중의 한 사람이었다.) 세익스피어는 당대 가장 유명한 극작가로, 해적질로 확보한 산 안드레스 호를 "나의 값비싼 앤드류"라고 표현하기도 하였다. 이 초상화는 그가 생전에 그린 것으로 확인된 유일한 초상화이다. 런던의 런던 초상화 박물관이 1856년 설립되었을 때도 프란시스 이거톤 백작(Francis Egerton, Earl of Ellesmere, 1800~1857)으로부터 이 초상화를 기증받아 가장 먼저 확보한 초상화라는 기록을 세웠다. 이 초상화를 누가 그렸는지는 설이 분분한데, 현재는 17세기 영국 화가인 존 테일러(John Taylor, 1580c~1653)가 1600~1610년 무렵에 그린 것으로 정리되었다고 한다. 런던 초상화 박물관 소장

카디즈에서 별 재미를 못 본 잉글랜드 해적은 대서양으로 다시 나갔다. 1602년 북대서양 아조레스(Azores) 제도에서 잉글랜드 해적들이 다트머스 항으로 나포한 후추, 정향, 육두구, 흑단, 비단, 진주, 귀금속을 가득 실은 포르투갈 범선 마드르 드 데이우스(Madre de Deus) 호 단 한 척에서 나온 수입은 당시 영국 정부 수입의 절반이었다.[21] 이처럼 해적질은 영국의 초기 해외 확장 과정에서 가장 수익률이 높은 왕관의 보석 같은 존재였다. 특히 피우스 5세 교황(Pope Pius V, 1504~1572)이 "잉글랜드의 참칭 여왕이자 죄악의 노예"[22]라고 비난했던 영국 여왕 엘리자베스 1세는 스페인의 무적함대와 결전을 앞두고 이 해적 대장들에게 공식적인 기사 작위를 부여하고, 심지어 해군 제독으로 임명하기까지 하였

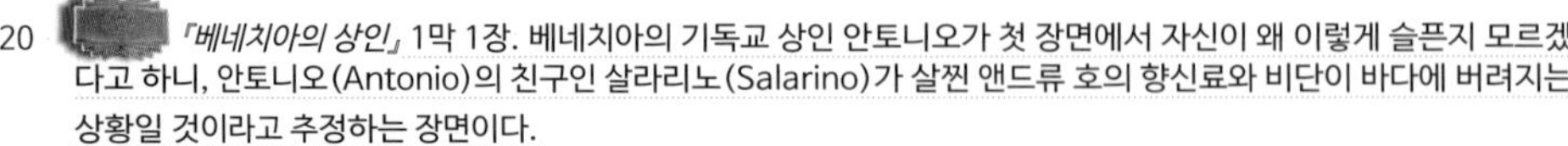

20 『베네치아의 상인』 1막 1장. 베네치아의 기독교 상인 안토니오가 첫 장면에서 자신이 왜 이렇게 슬픈지 모르겠다고 하니, 안토니오(Antonio)의 친구인 살라리노(Salarino)가 살찐 앤드류 호의 향신료와 비단이 바다에 버려지는 상황일 것이라고 추정하는 장면이다.

21 피터 프랭코판, *앞의 책*, pp. 403~404

22 피터 프랭코판, *앞의 책*, p. 402

다. 하기야 로마 교황과 결별한 잉글랜드를 향해 에스파냐에 미주 대륙의 황금이 쏟아져 들어온 것이야말로 하나님의 전능한 계획의 일부라는 카톨릭 국가들의 허무맹랑한 찬사에 대해 신교도인 엘리자베스가 못 할 일이 뭐가 있나?[23]

아무리 그래도 그렇지, 해적 대장이 국왕이 임명한 공식 해군 제독이라고? 잉글랜드는 한술 더 떠서 스페인과 포르투갈 선단을 노략질하는 해적질에 대해서도 왕실 차원에서 그 회수를 규제하기 시작했다. 즉, 황금을 가득 실은 선박의 "나포 허가증(Letter of Marque)"을 잉글랜드 왕실이 발행한 것이다. 잉글랜드 왕실이 허락하면 해적질도 합법 해적질이 되고, 잉글랜드 왕실이 허락하지 않으면 해적질도 불법 해적질이 되는 셈이다. 해적질의 회수를 규제하지 않으면 해적질의 수익률이 줄어드니 그럴 수밖에![24]

영국은 신대륙 발견 시기에 백년 전쟁(1337~1453)을 치르느라 포르투갈과 스페인의 지리상 발견에 한참 뒤처져서 콜럼버스를 후원한 아라곤 가문의 딸이나마 며느리로 데려와 삼았던 "삼류" 국가였지만, 그리고 신대륙을 발견한답시고 핀란드 북부의 바렌츠해를 통해 중국으로 가려다가 초겨울 책상에서 펜을 쥔 채로 얼어 죽거나 백철광이라는 가짜 금을 진짜 황금이라고 떠들고 다니는 항해사를 지원하는 등 황망한 결과만 내놓던 후진국이었지만,[25] 심

서유럽 대항해 시대의 선구자 포르투갈 바스코 다 가마의 묘. 바스코 다 가마는 인도양 직항로를 개척했지만, 콜럼버스를 자극하여 대서양을 황금 해로 바꾼 중요한 계기를 제공한다. 특히 그는 콜럼버스와 마찬가지로 성전기사단원이었다. 최초 그의 무덤은 인도 남부의 항구 도시인 고치(Kochi)에 있었으나, 나중에 리스본으로 이장되었다. 리스본 제로니모스 수도원 소장

23 잉글랜드의 해적질은 대서양을 항해하는 거의 모든 상선에 화포를 달고 선원들을 무장시키는 결과를 가져왔다. 즉 잉글랜드의 해적질이 대서양 상선 전체를 무장시키는 결과를 가져온 것이다. 이 때문에 어느 나라 무장상선이든 돈을 벌지 못하는 경우, 그 즉시 해적선으로 돌변하여 주변 선박을 공격했다.

24 이 조치에 격분한 스페인은 해적질을 소탕하는 이들에게 소탕 면허를 발행한다.

25 잉글랜드의 헨리 7세는 우선 미주 대륙을 발견한 카스티야와 아라곤 가문의 딸인 캐서린(Catherine of Aragon, 1485~1536)을 며느리로 맞이한다. 그렇게 하면 나중에 신대륙 발견의 떡고물이라도 떨어질 것 같아서 말이다. 하지만 나중에 캐서린은 헨리 8세와의 이혼 문제로 영국 가톨릭과 국교회 사이의 피 튀기는 분란만 가져온다. 스페인 왕실과의 혼인 외에 잉글랜드 왕실 차원에서도 탐험대를 지속적으로 파견한다. 예컨대 헨리 7세는 마틴 프로비

해질 무렵에 스페인 선박을 공격하는 버커니어 해적. 버커니어는 카리브해에 거점을 두고 주로 스페인 선박을 공격한 해적이다. 영국인과 네덜란드인이 주력이었으며, 이들의 해적질은 영국과 네덜란드 국가 부흥의 기초가 된다. 미국 화가 하워드 파일(Howard Pyle, 1853~1911)의 1905년 작품. 출처: Wikipedia. Public Domain

지어 당시 이슬람 최강국 오스만의 술탄인 메흐멧 3세(Mehmed III, 1566~1603)에게 오르간까지 바쳐가며 눈물겹게 구애를 펼쳤던 변방의 약소국이었지만,[26] 이 체계적이고 통제된 해적질을 통해 신대륙 발견으로 인한 경제적 이익을 대서양 중간에서 갈취하면서, 나아가 노련한 해적질의 전통을 그대로 이어받아 19세기 세계 최강의 해군을 건설하면서, 해가 지지 않는 "일류" 제국의 발판을 마련했다. 하기야 포르투갈과 스페인 또한 아프리카의 흑인 노예와 중남미의 황금과 은을 "갈취"했으니, 영국의 해적질이 포르투갈과 스페인의 노략질보다 더 악질이라고 비난할 수도 없는 노릇은 아닐지도 모르겠다.

더구나 잉글랜드인의 조상인 앵글로색슨족은 덴마크 반도 남반에 거주하였던 "바이킹" 족인 앵글족과 색슨족이었으니, 이들의 해적질에 대한 국가적 지원이 전혀 이상할 것도 없어 보인다. 심지어 데이빗 캐머런(David Cameron, 재위 2010~2016) 영국 총리는 영국 해적들이 영국 정부로부터 버림받으면서 다민족, 다국적 떠돌이들을 모아 구성한 카리브해 지역의 해적들인 버커니어(Buccaneer)인들의 정신을 "기업가 정신"이라면서 지금도 숭상한다.[27]

---

셔(Martin Frobisher, c.1535~1594)에게 북서 항로를 통해 신대륙으로 가도록 후원했다. 그는 실제로 캐나다에 도착은 했는데, 그곳에서 발견한 빛나는 광물을 황금이라고 생각하고 무려 200톤의 광물을 싣고 영국으로 돌아온다. 하지만 그 광물은 알고 보니 바보의 금이라고 불리는 가짜 금인 백철광이었다. 아울러 휴 윌로우비(Hugh Willoughby, ?~1554)는 헨리 8세의 후원으로 핀란드 북쪽 바렌츠해(Barents Sea)를 통해 중국으로 가려다, 초겨울 무르만스크(Murmansk) 근방의 해협에서 조각상처럼 다양한 자세로 굳은 딱딱한 시체로 발견되었다. 시체를 발견한 러시아 어부들에 따르면 윌로우비 함선의 선원들은 추위와 배고픔으로 "책상에서 펜을 쥐고, 사물함을 열려는 모습" 그대로 얼어 죽은 채로 발견되었다고 한다.

26 당시 오르간을 운반하던 이는 토머스 댈럼(Thomas Dallam, 1575~c.1620)이었다. 그는 런던에서 1599년 콘스탄티노플의 메흐메드 3세에게 엘리자베스 1세 여왕의 선물인 오르간을 싣고 출발했다. 하지만 장기간 항해와 습기로 오르간 부품이 손상되자 몇 주에 걸쳐 혼비백산하여 겨우 이를 고쳤다. 마침내 그의 앞에서 오르간을 연주하자 메흐메드 3세로부터 황금 세례와 "후궁 2명 혹은 가장 마음에 드는 다른 처녀 2명"을 선물로 받는다.

27 In his annual speech to the Lord Mayor's Banquet in the City, the Prime Minister (David Cameron) said that he wants Britain to show an "entrepreneurial, buccaneering spirit" where people who take risks to make money are celebrated and admired. Telegraph, Nov 11, 2013

바르톨로뮤 로버츠. 18세기 활약한 웨일즈 출신의 버커니어. 원래 노예 상인이었으나, 해적 선장 하웰 데이비스(Howell Davis, c.1610~1719)에게 붙잡힌 후 해적으로 변신하여 그의 일생동안 무려 470여 척의 선박을 털었다. 바르톨로뮤는 버커니어 해적의 전통 깃발인 해골과 대퇴골 깃발을 처음 만든 것으로 알려져 있다. 하웰 사망 후 그 뒤를 이어 선장이 되었으며, 한창 해적질 중에 영국 해군의 공격을 받고 1722년 11월에 사망한다. 그림은 현재 아프리카 황금 해안 동쪽의 베닌(Bénin) 해안가 도시 퀴다(Ouidah)에 정박한 바르톨로뮤 로버츠를 묘사한 것이다. 영국 작가 찰스 존슨 대위(Captain Charles Johnson, ?~?)의 서적 『*해적의 역사(A History of the Pyrates)*』에서 발췌. 작자 미상. 1724년경. 출처: Wikipedia. Public Domain

버커니어인들의 이야기를 그린 영화 「캐리비안의 해적」 또한 영국인들이 해적에 대해 얼마나 우호적인 인식을 가지고 있는지 드라마틱하게 보여 준다.[28] 실제로 17세기 버커니어인들은 선장을 자신들이 언제든지 교체할 수 있다는 전제하에 선장의 지휘권을 인정하였고,[29] 약탈물을 숨기는 등의 부정직한 행위에 대해서는 사형까지 내릴 수 있었으며, 몸의 일부를 잃었을 때는 금전적 보상까지 해 주었다. 영국 해군처럼 영향력 있는 부모나 학연으로 선장이 되는 경우가 절대 없었고, 능력 있고 경험이 풍부하며 선원들로부터 존경을 받는 이가 버커니어의 선장이 되었다. 이 때문에 심지어 영국의 정규 해군이 버커니어의 포로가 된 경우에도 자발적으로 버커니어인이 되는 경우도 많았다.

400여 척의 배를 나포한 웨일즈 출신의 해적 바르톨로뮤 로버츠(Bartholomew Roberts, 1682~1772)의 말에 따르면 "정직하게 일하는 곳에는 깡마른 평민들과 낮은 임금, 힘든 노동밖에 없는데, 해적 생활을 하면 마음껏 쓰고 배불리 먹을 수 있다. 그리고 즐겁고 편안하게 살면서, 자유와 힘을 만끽할 수 있다."[30] 하기야 어떤 서양 학자는 8세기부터 시작된 바이킹족들의 활발한 해외 교역 활동과 이에 필연적으로 수반되었던 "해적 활동"이 중세 유럽의

28 영국 정부는 해적질을 통해 자본을 축적하여, 스스로 무장 해군을 창설한 후 상비군으로 만든다. 이때부터 대서양 상선은 비무장이 원칙이 되고, 이전까지 영국 해군에 협조적이었던 해적은 해군의 타도 1순위가 된다. 실제로 17세기 중반 다국적, 다민족으로 구성된 버커니어인들은 토르투가(Tortuga)라는 섬에 본거지를 두고, '해안의 형제들(Brethren of Coast)"을 조직한 후 스페인을 상대로 전쟁을 선포하여 스페인을 끊임없이 괴롭히면서 영국 해군을 간접적으로 도왔었다. 영화 「캐리비언의 해적」은 해적과 영국 해군 사이 애증의 관계를 그린 영화이기도 하다.

29 이는 국가 권력은 시민의 위임에서 비롯되었다는 근대국가론의 효시가 된다.

30 케네스 포메란츠, 스티븐 토픽, *앞의 책*, pp. 332~333

"침체된 상업 활동을 촉진한 촉매제"였다고 평가하기도 한다.[31] 만약 중국이나 한국의 사학자들이 14세기 말부터 16세기까지 남중국해와 우리 남해에서 명나라와 조선을 끊임없이 괴롭혔던 왜구의 해적 활동을 이렇게 평가했다가는 아마도 영원히 사학계에서 매장되어야 할 각오를 해야 할 것이다!!![32]

### (4) 영국식 막장 드라마, 아편전쟁과 사이크스-피코 협정

이와 같은 영국의 해적질은 억지이긴 하지만 포르투갈과 스페인인의 노략질에 대한 또 다른 의적 행위라고도 간주할 수도 있다고 하자. 하지만 영국의 젠틀맨들이 설탕을 타서 우아하게 마셔야 할 차를 수입하기 위해 필요한 은을 확보하려고, 자신들의 식민지인 인도에서 재배한 마약인 아편을 청나라에 무지막지하게 판 것은 도대체 무엇으로 설명할 수 있나? 청나라 성인은 물론, 임산부와 어린이까지 마약이 확산하자 청나라 관료 임칙서(林則徐, 1785~1850)는 광저우 항에 있는 아편을 모두 몰수하고 불태웠다. 영국은 불법 마약인 아편을 몰수하고 불태웠다는 이유로 철갑상선 네메시스(Nemesis) 호를 앞세워 청나라를 무차별로 공격(1839~1842)했다. 이 전쟁 결과 영국은 광저우에 이어 닝보, 상하이, 샤먼, 푸저우 등 총 5개 조약 항구의 빗장을 풀고, 조약 항구에서 활동하는 영국 상인들에 대

31 Roy C. Smith and Ingo Walter, 『Global Banking』, Oxford University Press, 1997, p. 7

32 왜구 활동의 절정은 1530년대~1550년대이다. 왜구는 서양의 바이킹처럼 보통 70~80명으로 100명이 안 되는 소규모 인력으로 신속하게 해안가를 약탈하고 바로 도주하는 전략을 구사했기 때문에 왜구를 박멸하기가 매우 어려웠다. 명나라 조정이 왜구를 근절한다는 명목으로 해안을 봉쇄하자, 이번에는 해안가의 중국인들이 스스로 해적으로 변하기도 했다. 이들을 가짜 왜구라는 뜻에서 가왜(假倭)라고도 불렀다. 이처럼 왜구의 독특한 전략과 가왜까지 합세하면서 명나라 조정은 왜구 출현에 거의 속수무책이었다. 한 기록에 따르면 왜구 72명이 명나라 해군 900명을 도륙했다는 전투도 있다. 이런 상황에서 왜구 박멸에 가장 큰 공헌을 세운 이는 명나라의 척계광(戚繼光, 1528~1588)이다. 그는 엄격한 군기로 송대 명장 악비의 군대 '악가군(岳家軍)'을 본뜬 자신만의 특수 부대인 척가군(戚家軍)을 통솔하였고, 조총 부대, 궁병 부대, 창병 부대 등 3개 부대를 주력으로 하는 절강병법을 사용하여 1560년대 중반에는 왜구를 거의 완전히 소탕하였다. 특히 척계광은 그의 저서 『기효신서』에서 자신은 건조 전투 식량을 잘 활용하고 개발했다고 하는데, 오늘날 미숫가루와 오늘날의 빵과 비슷한 광병(光餠)이 그것이다. 척가군은 광병의 가운데 뚫린 구멍으로 실을 넣어 묶은 후, 몸에 지니고 다니다가 필요할 때 먹었다고 한다. 광병은 현재까지도 푸젠성의 특산품이다. 척계광은 엄격한 군기를 강조하고 실천한 명장이었음에도 불구하고, 부인에게는 거의 꼼짝 못 하는 공처가로도 알려져 있다.

한 치외 법권을 확보하였으며, 아시아의 보석 홍콩까지 차지할 수 있었다. 아편전쟁은 황금을 추구하는 영국 해적질의 끝이 어디까지 갈 수 있는지 보여 준 19세기 최대의 막장 드라마였다.

19세기 말은 현대의 자유주의와 인본주의가 발달하기 전이었으니, 그럴 수도 있지 않냐고 반문할지 모르겠다. 그래도 신사의 나라 영국이 아닌가? 하지만 영국의 막장 드라마는 19세기에 끝난 것이 아니었다. 영국은 중동 지역의 검은 황금인 원유를 확보하기 위해 20세기에도 막장 드라마를 계속 연출했다. 예컨대 1차 대전이 한창 진행 중이던 1915년 10월, 영국은 아랍인을 활용하여 오스만 튀르크 제국을 제압하기 위해 아랍인에게 중동 지역의 독립 국가 건설을 약속했다. 이른바 맥마흔 선언(McMahon Declaration)이다.

하지만 1년도 지나지 않아서 중동 지역을 프랑스, 러시아와 함께 3국이 신탁통치하는 방안을 담은 비밀 외교 협정인 사이크스-피코 협정(Sykes-Picot Agreement)을 1916년 5월에 전격 체결한다. 더 나아가 영국은 팔레스타인에 아랍인들이 극도로 혐오하는 유대인들의 국가 건설을 지지한다는 밸푸어 선언(Balfour Declaration)까지 1917년 11월에 발표한다.[33] 이처럼 신사의 나라 영국이 아랍 민족과 열강들과 유대 민족 사이에서 한마디로 사기를 쳤던 20세기 중동 외교정책은 도대체 무엇으로 설명할 수 있나? 혹시 영국은 이 사기극을 통해 오늘날 원유 시장을 주무르는 5대 메이저 중의 하나인 BP(British Petroleum)를 확보한 것은 아닌가?[34]

## (5) 태양왕의 신기루와 루이 16세의 마지막 향연

33 영국이 팔레스타인을 주목한 이유는 여러 가지다. 우선 1880년부터 영국으로 유대인 이민자가 급증했다. 이들을 위한 별도의 정착지 중에 팔레스타인이 거론되었다. 거기다가 팔레스타인은 지중해로 연결되는 석유 송유관의 종점으로 최적이었기 때문이다. 팔레스타인에는 수심이 깊고 좋은 항구가 여러 개가 있었고, 그중에 현재 이스라엘의 하이파(Haifa)를 특히 주목했다. 영국은 송유관이 프랑스가 통제하는 시리아가 아니라 팔레스타인의 하이파로 가도록 온 힘을 쏟았다.

34 5대 메이저 - 엑슨모빌(ExxonMobil), 쉐브론(Chevron), 토탈(Total), 로열 더치 쉘(Royal Dutch Shell), BP. 영국의 BP(앵글로-페르시아 석유 회사)는 1920년대 영국 정부 수입의 50%에 육박하는 막대한 수익을 올리는 캐쉬 카우였다! 피터 프랭코판, *앞의 책*, p. 582

프랑스 절대 왕정의 상징, 베르사유 궁전 앞 정원 전경. 조그만 점 모양이 사람일 정도로, 정원의 규모가 유럽, 아니 전 세계에서 가장 크다. 가운데 파란색 호수는 프랑스 귀족들이 배를 타고 와인을 마시며 파티를 했다는 인공 호수이다. 베르사유 궁전은 당시 부상하던 부르주아의 상업 활동을 국가가 보장하고 그에 대한 대가로 받은 엄청난 세금으로 만들어진 것이다. 즉 절대 왕정은 황금으로 유지된 것이다. 베르사유 궁전은 부르주아의 황금이 얼마나 엄청난 규모였는지 반증하는 대표적 증거이다.

자칭 태양왕이라고 자부하던 왕권신수설의 창시자 프랑스의 루이 14세(Louis XIV, 1638~1715) 역시 자신의 권력을 유지하기 위해 부르주아의 황금에 절대적으로 의존해야 했다. 루이 14세의 왕권신수설은 사실상 중상주의 정책이라는 동전의 앞면에 불과했다. 즉, 부르주아의 전폭적인 자금지원이 없으면 루이 14세의 왕권신수설은 신기루일 뿐이었다. 루이 14세는 이점을 누구보다 잘 알고 있었다. 따라서 그는 철저한 중상주의 정책을 채택하면서 부르주아의 상업 활동을 전폭 지원했다. 하지만 루이 16세(Louis XVI, 1754~1793)는 왕권신수설의 이와 같은 본질을 간과했다. 루이 16세의 베르사유 궁전은 부르주아의 자금지원이 없다면 바빌론 마지막 왕 벨샤자르(Belshazzar, BC ?~539)의 최후의 향연, 그 이상도 그 이하도 아니었다.[35]

결국 1789년 프랑스의 자칭 절대군주라고 외치던 부르봉 왕가의 과세정책에 부르주아가 반기를 들자 왕권신수설은 힘없이 무너졌다. 왕권신수설이라는

35 벨샤자르(Belshzzar, BC ? ~539)는 바빌로니아의 왕족이었다. 바빌론의 마지막 왕이었던 부친 나보니두스(Nabonidus)가 수도 바빌로니아를 10년간 떠나 있으면서, 바빌로니아를 통치한 사실상 바빌로니아의 마지막 왕이었다. 구약성서의 다니엘 서에 따르면 키루스 대왕이 바빌론을 점령할 때 벨샤자르는 잔치를 베풀고 있었다고 한다. 그때 석벽에 "MENE, MENE, TEKEL, UPHARSIN"이라는 글씨가 자동으로 새겨졌다. 유대인 선지자 다니엘은 이 뜻이 바빌로니아의 국운이 얼마 남지 않았다고 해석했다. 실제로 바빌로니아는 얼마 후 키루스 대왕에게 점령당했다. 키루스가 바빌론에 입성했을 때 대부분의 바빌로니아인들이 키루스를 환영했다고 한다. 그 이유는 나보니두스가 전통적인 최고신 마르둑(Marduk)보다는 달을 상징하는 신(Sin)을 더 숭상하면서, 많은 바빌로니아인들의 반발을 초래했기 때문이다. 나보니두스가 바빌로니아를 오랫동안 비운 이유도 바빌로니아 왕국 전역에 퍼져 있었던 신(Sin)의 제단을 복구하기 위해서였다.

사상은 100여 년 만에 흔적도 없이 사라졌고, 루이 16세와 그의 부인 앙투와네트(Marie Antoinette, 1755~1793)까지 모두 단두대에서 목이 잘렸다. 루이 14세 이후 불과 120여 년만이다. 루이 16세의 처형은 왕권신수설이 상인들의 황금 지원이 없다면 어떻게 되는지 보여 준 "시범 케이스"였다.

벨샤자르의 마지막 향연. 바빌로니아의 마지막 왕위 자리에 있었던 벨샤자르가 잔치를 베풀던 중에 벽에 갑자기 손이 나타나 글씨를 쓰게 된다. 글씨는 "MENE, MENE, TEKEL, UPHARSIN" 이 글을 해독하지 못한 끝에 다니엘이 나타나 이를 해석했는데, "메네"는 바빌로니아 왕국의 생존이 얼마 남지 않았다는 뜻이고, "데켈"은 벨샤자르의 왕이 심판받는 뜻이며, "우바르신"은 바빌로니아 왕국이 메대와 페르시아에게 넘어간다는 뜻이라고 해석해 주었다고 한다. 다니엘서에 따르면 바로 그날 벨샤자르 왕은 죽고, 메대의 다리우스와 페르시아의 키루스가 왕국을 접수했다. 네덜란드 거장 렘브란트(Rembrant Harmenszoon van Rijn)의 1636~1638년경 작품. 런던 내셔널 갤러리 소장

## (6) 주원장의 철권통치와 해금 정책(海禁政策)

반면 상인 계층의 자금지원 없이도, 오직 충효 사상에 기반한 유교사상 거의 하나만으로 200여 년 동안 황제의 철권통치를 유지했던 명나라, 청나라는 이들 영국과 프랑스와 본질적으로 달랐다. 일례로 엘리자베스 1세나 루이 14세와 완전히 반대편에 있던 이가 바로 명나라 건국자 주원장(朱元璋, 1328~1398)이었다. 그는 1368년 중국을 통일하자마자 세계 최고의 상업적 네트워크를 보유하고 있던 송나라의 제조업, 해운업 기반과 상인 정신을 철저히 궤멸시켰다. 영국과 달리 명나라는 상인들의 네트워크를 말살하는 과정에서 그 어떠한 저항도 없었다. 설사 있었다 하더라도 신의 권력을 보유한 황제의 절대 권력 앞에서는 계란으로 바위 치기였을 것이다. 주원장은 상업의 물질적 기반을 파괴하는 데서 더 나아가 상인 정신을 말살하기 위해 주자학까지 국가 이데올로기로 확립하였다.

주원장은 여기서 더 나아가 어선 한 척도 바다에 띄울 수 없다는 "해금정책(海

영락제. 명나라 건국자 홍무제 주원장의 4남으로 원래 북경을 다스리는 연왕이었다. 그러나 홍무제 사후 그의 조카가 2대 황제 건문제로 즉위하자, 이에 반발하여 정변을 일으켜 황제에 올랐다. 이에 반발한 건문제의 스승 방효유에 대해서는 그의 10족인 847명 전원을 몰살할 만큼 잔인한 면이 있었다. 다만 그는 중국 황제로는 처음으로 몽골 영토를 침범하여 영토를 확장했고, 정화의 대항해를 통해 주변국을 모두 자신의 신하로 복속시키는 등 명나라 전성기를 이끈 명군이었다. 대만 고궁박물관 소장. 출처: Wikipedia. Public Domain

禁政策)"을 밀어붙였다. 가난한 농민 출신이었던 주원장은 국가의 근본 목적이 농민을 보호하는 것이어야 한다는 통치 철학을 가지고 있었는데, 그의 해금정책은 바로 이와 같은 그의 개인적 경험에서 비롯된 것이었다. 예컨대 주원장은 해적이 중국 선박을 공격한다는 이유로 1371년, 해안 지역 주민의 원거리 항해를 금지했다. 1390년에는 량광(兩廣), 저장(浙江), 푸젠(福建)성 주민들의 밀무역을 강력히 단속하여 위반자들을 엄벌할 것이라는 칙령도 발표했다.[36] 명나라 항행은 쿠데타를 통해 집권한 영락제(明成祖 永樂帝, 1360~1424)가 혁명 과정에서 자신을 도운 환관인 정화(鄭和, 1371~1434)에게 대규모 원정대(1405~1433)를 보낸 것이 사실상 마지막이었다. 불행히도 이 항해 역시 상업이나 뱅킹과는 아무 관련이 없었다. 정화 원정대는 영락제의 정통성과 중국의 위신을 대외에 과시하고 주변국의 충성심을 확보하여, 중국의 조공 시스템으로 이들을 편입시키기 위한 정치·외교적 목적만 가지고 있었다.

혹자는 정화의 원정대가 영락제가 쫓아낸 건문제(建文帝, 1377~?)의 행방이 묘연하자, 건문제를 색출하기 위한 선단일 뿐이었다고 혹평한다. 정화 원정대는 송나라의 조선과 해운 능력이 얼마나 엄청난 것이었는지 보여 준, 꺼져가기 직전 중국 항행의 화려했던 마지막 불꽃에 불과했다. 실제로 첫 번째 정화 원정대는 대형 선박 60여 척, 소형 선박 수백 척, 승선한 인원이 무려 3만여 명에 이른다.[37] 정화 원정대가 종료된 후인 1436년부터 명나라에서는 선박의 돛대를 2개 이하로 제한하는 황당한 조치가 내려졌고, 정

36 마틴 자크, 『중국이 세계를 지배하면』, 부키, 2010, p. 110

37 피터 프랭코판, *앞의 책*, p. 328

화 원정대의 공식 기록까지 완전히 폐기되었으며, 아예 원거리 항해용 선박을 건조하는 것 자체를 금지하는 무식한 조치까지 내려졌다.[38] 명나라의 해금정책은 필자가 보기엔 역사상 가장 어이없는 자살골이라고 이름 붙여도 무방할 듯하다.

1449년에는 중국 역사상 유일하게 중국 황제인 정통제(正統帝, 1427~1464)가 전투 중 야전에서 오이라트(Oirats)와 타타르(Tatar) 연합군에게 포로로 잡히고, 수도 북경이[39] 포위되어 함락 직전까지 가는 토목의 변 사태가 일어났다.[40] 이 사건 때문에 명나라의 외부 민족에 대한 혐오와 적개심은 최고조에 달했고, 명나라의 대외 정책은 더욱 완고하게 대외 고립을 지향했다. 오늘날 만리장성의 모습은 토목의 변 사태를 계기로 명나라가 기마 민족 남하에 다시는 혼비백산하지 않으리라고 굳건히 다짐하며 정비한 모습이 그대로 남은 것이다. 만리장성 정비로 육지에서도 기마 민족으로부터 고립된 명나라는 바다와도 철저히 멀어졌다. 그 이후 청나라도 마찬가지

영락제의 정화 원정대가 동남아, 인도, 페르시아, 아프리카까지 항해한 이후 각 나라에서 명나라로 진기한 예물들을 보낸다. 이 그림은 영락제 12년인 1424년, 벵갈라(Bengala, 현재의 방글라데시)의 술탄이 영락제에게 선물한 동물을 묘사한 것인데, 사람들은 이 동물을 영락제에게 아부하기 위해 성군이 나타났을 때 등장한다는 상상 속의 동물인 기린(麒麟)이라고 불렀다. 벵갈라 술탄이 영락제에게 바친 이 기린도 사실은 동아프리카 말린디(Malindi, 현재의 케냐) 왕으로부터 선물로 받은 것이다. 대만 국립고궁박물관 소장

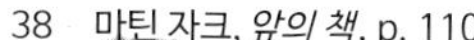

38 마틴 자크, *앞의 책*, p. 110

39 북경은 원래 한족의 정통 수도가 아니었다. 장안을 수도로 삼았던 서주 시대에 북경은 계(薊) 나라의 수도였다. 계는 엉겅퀴라는 뜻으로 이곳 북경에 엉겅퀴가 흐드러지게 많아서 붙인 이름이라고 한다. 계 나라가 전국시대 연(燕) 나라에게 멸망 당하면서, 북경은 다시 연나라의 수도가 된다. 연나라가 수도로 정한 시점부터 북경은 연경(燕京), 연성(燕城)이라고도 불렀다. 그러나 진나라가 연나라를 정복하면서 북경은 지방의 소도시로 전락한다. 하지만 수나라 양제가 수도를 장안에서 낙양으로 옮긴 후 시작된 대역사인 대운하의 출발 도시가 바로 북경이었다. 그만큼 북경은 하북 지역의 요충도시였던 셈이다. 수나라 대운하의 별칭 또한 베이징-항저우 운하이다. 이후 북경은 요나라(남경, 南京), 금나라(중도, 中都), 원나라(대도, 大都) 등 주로 기마 민족의 수도 역할을 하였다. 원나라를 멸망시킨 명나라 주원장은 이민족의 도시라 하여 대도를 철저히 파괴하고, 현재의 난징(南京)인 응천부(應天府)를 수도로 삼았다. 하지만 건문제를 숙청하고 정권을 잡은 영락제가 자신의 근거지인 연경을 수도로 정하면서, 이름을 베이징(北京)이라 고쳤다. 영락제는 황제가 되기 전에 연경을 거점으로 한 왕이라 하여 연왕(燕王)이라고도 불렀다. 배이징은 이후 청나라, 중화민국, 중화인민공화국의 수도가 된다.

40  중국 역사에는 황제가 전투 중 사망한 경우는 있었지만, 전투 중 포로로 잡힌 사건은 토목의 변 사태가 유일하다. 한편 토목의 변 사태 때 명나라는 조선에도 원군을 요청했다. 하지만 당시 조선 왕이던 세종은 적극적으로 호응하지 않았다. 토목의 변 사태 이후 명나라는 동쪽의 여진족에 대한 억압 정책에서 벗어나, 여진족과의 교역 활발화 등을 통해 여진족의 국력을 의도적으로 키워 오이라트나 타타르 군을 견제했다. 명나라의 이 정책은 후일 여진족이 청나라를 세워 명나라를 멸망하는 부메랑이 되어 돌아온다.

였다. 청나라는 더 나아가 민간뿐만 아니라 정부 스스로도 해양 무역을 사실상 금지했다. 1757년까지 대외무역은 오직 광저우에서만 가능했다.

## (7) 루소, 홉스, 로크의 사회계약설과 프랑스 대혁명

명나라 정화 원정대와는 반대로 그 60여 년 후 시작된 콜럼버스의 항해는 철저히 상인 정신에 입각하여 오로지 황금을 목표로 기획된 것이었다. 콜럼버스의 항해 규모는 정화 원정대와는 비교할 수 없을 정도로 초라했다. 하지만 그의 항해는 PEF라는 뱅킹 기법과 결합하여 있었다. 즉 스페인의 이사벨 1세 여왕에게 신대륙으로부터 노획할 황금이나 향신료 수입의 10%를 공유하기로 하고 모험 자금을 지원받은 것이다. 고대 페니키아인들이 지중해 유역에서 해상교역 활동을 위해 사용하던 기법 그대로였다. 이 때문에 콜럼버스 이후 서양의 대항해는 정화 원정대와는 달리 탐욕 정신을 바탕으로 한 뱅킹과 결합하면서 중단되지 않고 400년 넘게 지속되었다. 아니 지속된 것이 아니라, 폭발적으로 팽창되었다. 정화 원정대가 오직 황제의 명령에 따라 황제의 권위를 전 세계에 알리는 목적만을 가지고 있었지만, 콜럼버스 이후 서양의 지리상 발견은 더 많은 황금을 향한 탐욕을 앞세운 뱅킹과 결합하여 있었기 때문이다.

로크는 뉴턴의 절친한 친구로 영국 경험주의 철학자의 대가이다. 동시에 절대 왕권이 아니라 사회계약설에 입각한 정치체제를 주장한 정치사상가이기도 하다. 이 때문에 찰스 2세와 제임스 2세 치하에서 체포령이 떨어졌고, 홀란드로 망명 생활을 하였다. 명예혁명 후에는 영국으로 돌아와 1690년에 저서 *『통치론(Treaties on Government)』*을 출간하여 주권 재민과 시민의 저항권을 주장하여 큰 반향을 일으켰다. 스웨덴 화가로 영국에서 주로 활동한 마이클 달(Michael Dahl, 1659~1743)의 1696년경 작품. 초상화 박물관 소장

프랑스 대혁명을 촉발한 것으로 알려진 루소(Jean-Jacques Rousseau, 1712~1778)의 사회계약설 역시 서양인들의 이데올로기가 무엇인지 적나라하게 보여 준다. 사회계약설은 17~18세기에 새로 만들어진 사상이 아니다. 사회계약설은 오래전부터 유럽 전역에 팽배했던 상인들의 인식을 정리한 것에 불과하다. 이는 프랑스의 루소 이외에도 영국의 홉스(Thomas

Hobbes, 1588~1679), 로크(John Locke, 1632~1704) 등 여러 학자들이 동일한 내용의 사상을 거의 동시대에 주창한 것만 보아도 자명한 사실이다. 이들에 따르면 군주적 위치는 시민의 공통된 이해를 대변해야 하는 자리이다. 나아가 버커니어 해적들이 선장을 선출하는 방식과 똑같이 군주의 권능 또한 시민의 위임에서 비롯된 것에 불과하다. 군주가 시민의 이익에 반하는 행위를 하면 당연히 바꾸어야 한다!

방효유. 주원장이 등용하여, 건문제의 두터운 신임을 받으며 유학을 가르치는 그의 스승이 된다. 더 나아가 정치적 조언도 아끼지 않아 건문제가 황제가 될 때 사실상 1등 공신이었다. 하지만 주원장이 개국 공신들의 발호를 두려워하여 이들을 모두 제거한 터라, 중앙에서 황제를 보필할 무신들이 사실상 없어지는 부작용이 있었다. 결국 북경 지방의 군사력을 바탕으로 한 영락제가 난을 일으켜 황제가 된 후, 방효유 자신을 포함하여 그의 10족을 멸하는 참형을 내린다. 청나라 임유용(**任有容**)의 *『방정학선생손지재집(方正學先生遜志齋集)』* 발췌(1873). 출처: Wikipedia. Public Domain

특히 인간은 자신의 소유물인 생명, 자유, "재산"을 보전하기 위해 군주를 포함한 타인의 공격에 결연히 맞서야 한다. 재산 보전을 위해 왕을 처형한 무시무시한 결연함을 보여 주었던 영국의 젠틀맨처럼. 만약 루소나 로크의 주장처럼 정치권력까지 계약에 불과하다는 주장을 들으면, 주자학의 창시자 주희는 도대체 어떻게 반응할까? 필자가 보기에는 루소나 로크가 프랑스나 영국이 아니라 동시대 중국에서 태어나 명(1368~1644), 청(1616~1912) 시대 때 사회계약설을 주장하였다면, 그들은 명나라의 방효유(方孝孺, 1357~1402)처럼 부친의 4족, 모친의 3족, 처의 2족, 그의 제자 등 총 10족이 멸하는 참형을 당했을 것이 확실하다!!![41]

41 영락제(明成祖 永樂帝, 1360~1424)는 명나라 3대 황제로 조선의 태종과 비슷하게 정식 임명된 2대 황제 건문제(明惠宗 建文帝, 1377~?)를 무력으로 폐위했다(정난의 변, 1398~1402). 황제가 된 후 당대 최고의 지식인 방효유(方孝孺, 1357~1402)에게 자신을 정식 황제로 인정할 조서를 쓸 것을 명했다. 방효유는 "연적찬위(燕賊簒位)," 즉 연나라의 도적이 황위를 찬탈했다는 문구로 영락제의 명을 거절했다. 영락제는 방효유의 친족, 외족, 처족과 문하생 등 총 10족, 800여 명을 죽였다. 한편 2대 황제 건문제는 영락제가 끝까지 추적했으나, 결국 찾지 못했다. 오늘날에도 건문제의 행방은 아무도 모른다.

## (8) 루터, 쯔빙글리, 칼벵의 어정쩡한 이상주의

서양의 종교계에서도 주희와 같은 이상주의자가 있기는 하였다. 바로 종교 개혁을 주장했던 독일의 마틴 루터(Martin Luther, 1483~1546)였다. 그는 1517년 10월 31일, 마인츠의 대주교 알브레히트(Albrecht von Brandenburg, 1490~1545)가 면죄부 판매를 촉진하기 위해 에이젼트로 지명한 도미니크 수도회 소속 요한 테첼(Johann Tetzel, 1465~c.1519)의 활동에 공식 반발했다(Diputato). 특히 지중해 유역처럼 올리브 열매나 수산물이 풍부하지 않았던 북부 내륙의 독일, 스위스, 스웨덴 같은 지역에서는 버터나 우유는 생존을 위한 필수 식품이었음에도 불구하고, 교황은 사순절에 생선은 허락하면서도 유독 버터나 우유는 먹지 말 것을 강요했다. 다만 돈을 주고 면죄부를 구매하면 사순절에도 버터와 우유를 먹을 수 있었다. 도대체 이런 황당한 조치가 어디에 있나? 루터는 "버터나 우유 먹을 자유까지 판매"하는 면죄부를 강력히 비난했다. 95개 조의 반박문 이외에도 그는 1524년에 "지금 세상에는 사악한 자들이 빈자들을 강탈하고 빌린 돈을 돌려주도록 강제하는 엄격한 정부가 필요하다."라면서 고리대금업까지 맹렬하게 비난했다.

마틴 루터 킹 초상화. 마틴 루터는 종교 개혁을 주도하면서 고리대를 맹비난했지만, 이 때문에 민중들의 반란이 끊이지 않자 고리대 현실을 어쩔 수 없이 인정했다. 마틴은 자신의 이러한 견해 변화로 인해 농민들이 도륙되었다고 괴로워하기도 했다. 이 초상화는 그의 친구이자 독일 화가인 루카스 크라나흐(Lucas Cranach the Elder, 1472~1553)가 1532년에 그린 그림이다. 코펜하겐 국립박물관 소장

마틴 루터의 개혁적 선동으로 인해 1524년부터 독일 전역에서 빚더미에 허덕이던 농민, 광부, 가난한 이들의 격렬한 저항이 들불처럼 번졌다. 독일 농민과 카톨릭 교도는 서로를 악마화하며 지옥에서도 보기 힘들 정도의 잔혹함으로 서로를 학살했다. 홉스가 말한 "만인에 의한, 만인의 투쟁"이 벌어진 것이다. 그런데 어찌된 일인지 결정적 순간에 마틴 루터는 자신의 순수한 이상주의적 선동에 따른 민중들의 반란에 등을 돌렸다. 즉, 마틴 루터는 황금으로 만들어진 금권의 현실적 힘을 다음과 같이 인정했

쯔빙글리. 스위스 출생으로 빈 대학교와 바젤 대학교에서 공부했다. 1506년인 22세에 카톨릭 사제가 되었고, 1516년부터 당시 스위스에서 만연하던 용병제도와 로마 교황청의 면죄부 판매를 비판하면서 개신교 운동에 합류했다. 철저한 성경주의자로, 성경에 없는 내용은 지킬 필요가 없다는 과격한 주장을 펴기도 했다. 한편 1531년 카톨릭 교도와 신교도가 무력으로 충돌한 스위스 카펠(Kappel) 전투에서 카톨릭 교도가 전투 후 부상을 입은 쯔빙글리를 발견하고 고해성사를 요청했으나, 쯔빙글리는 거부했다. 이에 그의 시신은 4등분 되어 처참한 죽음을 맞이한다. 스위스 화가 한스 아스퍼(Hans Asper c.1499~1571)의 1531년경 작품. 빈터투어 미술관(Winterthur Museum of Art) 소장. 출처: Wikipedia. Public Domain

다. "고리대는 죄이지만, 4~5% 이하의 이자율은 특별한 상황에서 합법이다. 이자를 징수하는 것은 죄이지만, 어떠한 경우에도 돈을 빌린 자가 법을 어기는 것은 옳지 않다."[42] 루터의 이 말 한마디에 반란에 참여했던 민중들은 극도의 배신감과 실망감에 지쳐 반란의 동력을 상실한 채, 진압군에게 처참하게 목숨을 잃었다. 1526년, 루터 스스로 고백한 바에 따르면, "나, 마르틴 루터는 혁명에 참여한 모든 농민들을 도륙했다. 왜냐하면 그들을 보고 맞아 죽으라고 명령한 사람이 다름 아닌 바로 나 자신이기 때문이다."[43]

순수한 기독교 정신과 탐욕스러운 황금 추구를 좋게 말하면 절충하였고, 나쁘게 말하면 이솝 우화의 박쥐처럼 어정쩡한 태도를 취한 루터의 정신은 쯔빙글리(Ulrich Zwingli, 1484~1531)로 계승되었다. 쯔빙글리는 성서에 기록되어 있지 않으면 따르지 않아도 된다는 철저한 성서주의자였다. 예컨대 그는 사순절 단식 기간에 소시지를 먹은 한 성직자를 처벌하려는 카톨릭 교구에 대해 성서에 사순절 단식령이 없다는 이유로 공개적으로 반기를 들었다.[44] 나아가 여성과 동거를 금지한다는 명시적인

42 David Graeber, 『Debt: The First 5000 Years』, Melville House, 2014, p. 322. 본문에서 언급한 것처럼 4~5%가 아니라 6%만 넘지 않으면 이자가 허용된다는 견해라고 주장하는 이도 있다. Hans Visser, 『Islamic Finance: Principles and Practice(Third Edition)』, Business & Economics, 2019, p. 50. 중요한 것은 루터가 이자 그 자체를 반대하지 않았다는 점이다.

43 Wikipedia, Erlangen Edition of Luther's Works, Vol. 59, p. 284

44 사순절이란 부활절 이전 일요일을 제외한 40일을 의미한다. 성경에는 육식 금지 내용이 없지만, 사순절 동안 유럽 성직자들은 육식을 먹지 않았다. 다만 생선은 먹을 수 있었다. 한편 40일은 고대 그리스인들이 전염병이 발생했을 때 격리한 기간이었다. 히포크라테스 또한 전염병이 잠복 후 발병하는 기간이 40일이라고 주장했다. 예수도 사막에서 40일 동안 금식을 했는데, 이 또한 그리스인들의 검역 격리 기간과 관련이

칼벵. 프랑스 출신 개신교 신학자. 원래 전통적인 카톨릭 집안이었지만, 신약성경에 미쳐 곧바로 개신교 대열에 합류하여 쫓기는 신세가 된다. 제네바로 도피한 그는 그곳에서 루터를 접하고는 그의 사상에 동화된다. 쯔빙글리와 마찬가지로 기독교의 권위는 로마 교황청이 아니라, 오직 성경에만 있음을 강조하였다. 그의 이러한 사상은 "오직 성경으로만(Sola Scriptura), 오직 그리스도로만(Solus Christus), 오직 은혜로만(Sola Gratia), 오직 믿음으로만(Sola Fide), 오직 하나님께만 영광(Soli Deo Gloria)"이라는 "5개 조(Five Solas)"로 축약된다. ***특히 그는 열심히 일하고 검소하게 생활하여 부자가 된 것은 하느님의 축복이라고 정의하면서, 필자 용어로 『금욕을 통한 탐욕의 추구』 이론을 완성***했다. 칼벵의 활약 덕분에 이후 제네바는 유럽 종교 개혁 운동의 성지가 된다. 하지만 농민 반란에 대해서는 루터와 비슷하게 보수적인 견해를 견지함으로써, 종교 운동가로서 정치적 분쟁에는 휘말리지 않으려는 신중한 모습을 보였다. 프랑스 화가(작자 미상)의 1550년경 작품. 네덜란드의 카타리네콘벤트 국립 박물관(Museum Catharijneconvent) 소장. 출처: Wikipedia. Public Domain

성서 문구가 없다는 이유로 과부와 동거하고 결혼까지도 한 인물이다. 하지만 구약성서에서도 신약성서에서도 명시적으로 금지된 이자에 대해서 그는 유독 관대했다. 즉, 쯔빙글리 또한 루터와 마찬가지로 5% 내외의 이자는 크게 문제될 게 없다고 주장한 것이다.

쯔빙글리의 이 모순적인 태도는 마침내 칼벵(John Calvin, 1509~1564)이 절묘하게 이론적으로 완성한다. 즉, 칼벵은 루터와 쯔빙글리의 철학을 통합했다. 그 결과 그는 마침내 필자 용어로 풀어쓰면 기독교적인 금욕 정신을 바탕으로 황금을 탐욕스럽게 추구해도 된다는 "금욕을 통한 탐욕의 추구" 이론을 확립하였다. 칼벵의 금욕을 통한 탐욕의 추구라는 철학을 철저히 실천한 국가가 바로 근대 네덜란드이다. 즉, 근대 네덜란드인은 "달걀 껍데기 하나까지 아낄 정도로 검약"했고, "그처럼 교역을 많이 하면서도 검소한 모직 옷을 입고 근채류를 먹으면서 사치품을 조금도 쓰지는 않았지만,"[45] 황금을 신으로 숭상하고 이윤을 추구했다. 이처럼 숙련된 기술을 보유하고 이윤 추구에 철저히 몰입했던 금욕적인 기술자와 금융업자들이 1492년부터 1715년 사이에 역사상 최대 규모로 네덜란드로 이주하면서, 네덜란드는 영

있었을 것으로 추정된다. 중세 유럽의 제후들에게 충성을 맹세한 봉신들이 1년 중 무료로 군역에 봉사하는 기간 또한 40일이다. 나아가 중세 여성이 약혼반지를 교환하고 키스하는 약혼식 이후 40일이 지나서야 결혼이 공표된다.

45 에이미 추아, *앞의 책*, p. 233. 물론 반론도 있다. 당시 네덜란드인들이 얼마나 많은 음식을 먹었는지 17세기 영국 박물학자 존 레이는 네덜란드인들이 "거대한 뼈대와 뚱뚱한 몸집으로 줄기차게 먹어댄다."라고 평가했다.

국이나 미국보다 앞선 17세기에 세계 자본주의의 패권을 장악할 수 있었다.

베버(Max Weber, 1864~1920)는 칼벵이 제시한 이 모순적인 프로테스탄트들의 "금욕을 통한 탐욕의 추구"라는 윤리를 '자본주의 정신'이라 불렀고, 서유럽의 자본주의는 칼벵의 자본주의 정신이 있었기 때문에 태동하고 발전한 것이라고까지 평가했다. **필자가 보기에 루터, 쯔빙글리, 칼벵 모두 본질적으로 효과적인 지배 이데올로기가 없었던 유럽에서 기독교라는 금욕적인 종교 이데올로기와 황금 추구라는 탐욕 정신을 결합하여 새로운 지배 이데올로기를 창시한 동양의 공자, 맹자나 주희 같은 사람들이다.**

### (9) 유럽 최초, 최후의 통치 이데올로기? 황금!

결론적으로 루터, 쯔빙글리, 칼벵 이전까지 유럽의 교황과 군주들은 충효와 유교 사상으로 피지배층을 효과적으로 지배하였던 동양의 절대 군주들과 달리, 자신들의 신민을 효과적으로 다스리기 위한 사상적 기반이 딱히 없었다. 오직 신의와 충의 하나만을 지키기 위해 "현덕의 존망도, 익덕의 생사도 모르는" 절체절명의 상태에서, 투르크메니스탄의 국보로서 최고의 기마인 한혈보마(汗血寶馬)를 타고 기어이 유비를 찾아가는 관우의 감동스러운 이야기는 당초부터 서양 역사에 찾기 어려웠다.[46] 서양에서는 기원전 13세기경 트로이 전쟁을 시작한 아가멤논(Agamemnon)이 명장 아킬레스(Achilles)를 전쟁에 끌어들이기 위해 황금 10탈란트, 즉 대략 5㎏의 순금을 제공하겠다는 약속이 더 보편적이었다.[47]

아킬레스는 자신은 오직 영혼인 수케(psuch)와 명예인 티메(tim)를 위해서만 싸운다면서, 아가멤논의 황금 제안을 단칼에 거절하기는 하였다. 하지만 이 때문에 오디세우스(Odysseus)와 달리, 그는 자신을 따르는 병사들이 하나도 없었다. 아

46  한혈보마는 피처럼 붉은 땀을 흘리는 말이라는 뜻으로, 적토마라는 이름으로 대중에게 잘 알려져 있다. 한혈보마를 기르던 곳은 키르기스스탄 서쪽, 현재는 우즈베키스탄 땅인 페르가나(Farg'ona) 분지였다.

47 아가멤논은 트로이 전쟁의 승리는 아킬레스가 없으면 불가능하다는 신탁을 듣고, 어떻게든 그를 설득하여 트로이 전쟁에 끌어들이려 하였다.

무런 물질적 대가 없이 오직 자신의 영혼과 명예만을 위해서 목숨을 바쳐 전쟁에 참여하라고? 미안하지만 서양에서는 황금에 관심이 없었던 아킬레스의 순수한 영혼이 내뿜는 고고한 아우라는 대중적 호소력이 거의 없었다. 이 때문에 트로이 전쟁에서 아킬레스는 기본적으로 혼자서 싸우는 고독한 영웅이었다.

아킬레스에게 리라를 가르치는 켄타우로스 카이론(Chiron). 1세기경 폼페이 벽화. 나폴리 국립박물관 소장. 출처: Wikipedia. Public Domain

오히려 서양에서는 도원결의가 아니라 카이사르(Julius Caesar, BC 100~44)가 런던을 정벌할 때처럼 영국에 막대한 황금이 묻혀 있다는 선동이 먹혀들었다.[48] 옥타비아누스(Gaius Octavius, Augustus, BC 27~AD 14)가 이집트를 정벌한 것도 클레오파트라(Cleopatra VII Philopator, BC 69~30)와 안토니우스(Mark Antony, BC 83~30)의 스캔들이 원인이 아니라, 이집트의 빵과 알렉산드리아에 보관된 프톨레마이오스 왕조의 막대한 금은보화 때문이었다. 로마 풍자시인 유베날리스(Juvenalis, 60~c.133) 말처럼 국민을 다스리는 것은 밀로 만든 빵과 원형 경기장에서 벌이는 써커스(Panem et Circenses)면 충분했던 것이다. 이집트의 빵과 알렉산드리아의 황금은 모두 유럽의 신민을 다스리는 데 없어서는 안 될 가장 결정적인 정치 이데올로기 그 자체였다. 달리 말해 유럽에서 신민을 다스릴 수 있는 거의 유일한 수단은 기독교를 제외하고는 경제적 동기, 즉 황금밖에 없었다!!!

선박에 포박된 오디세우스와 세이렌. 3세기경 모자이크. 튀니스 바르도 국립 미술관(Musée national du Bardo) 소장. 출처: Wikipedia. Public Domain

48 황금 탈취를 향한 카이사르의 영국 정벌 기조는 포르투갈, 스페인이 대항해 활동과 영국, 프랑스의 해외 식민지 개척에도 그대로 계승되고 발전되었다.

# 03 황금의 지배와 뱅커의 부상

로렌초 디 피에로의 영묘, 산 로렌초 성당 소장

## (1) 유럽의 분열, 끊임없는 전쟁, 그리고 황금

에드워드 3세, 그는 프랑스와의 백년 전쟁을 처음으로 일으킨 영국 왕이면서, 동시에 두 개의 대형 이탈리아 은행을 파산시킨 장본인이다. 황금으로 만든 관과 의복은 이 두 은행의 에드워드 3세에 대한 환전이나 대출 과정에서 마련된 돈으로 장만한 것이 확실하다. 런던 초상화 박물관 소장

이처럼 황금 말고는 지배적인 정치 이데올로기가 거의 없는 상황에서 로마 제국 멸망으로 유럽이 분열된 것이다. 분열된 유럽은 주변의 적들을 정복 혹은 방어하기 위해 끊임없이 전쟁을 일으켰다. 하지만 전쟁을 위해서는 병사가 기본이다. 중국은 최소한 전국시대부터 의무병역제였다. 전국시대 최대 전투 장평대전(長平之戰, BC 262~260)에서 조(趙)나라 45만, 진(秦)나라 55만 병사는 모두 징병제를 통해 무료로 동원된 군인이었다.[1] 특히 진나라는 이 전투를 위해서 15세 이상의 모든 남자를 땡전 한 푼 들이지 않고 모두 징병했다. 조금 다른 이야기이긴 하지만, 진시황릉 건설에 동원된 무려 70만 명의 인부들 또한 죄수라는 명목으로 모두 공짜로 동

1 진시황(BC 259~210)의 전국 통일은 실질적으로는 그의 증조부인 소양왕(秦 昭襄王, BC 325~251)의 유산이다. 소양왕은 즉위 초부터 6국 통일에 전념을 다했으며, 자초가 진나라로 돌아온 후 만난 어린 시절의 진시황에게 6국을 통일할 것을 거의 주입식으로 교육시켰다. 소양왕이 사망할 당시 진시황은 9살이었는데, 소양왕은 진시황에게 6국 통일을 유언으로까지 남길 정도로 전국 통일에 남다른 열정을 가지고 있었다. 장평대전은 소양왕이 6국을 통일하는 과정에서 조나라와 벌인 대규모 전투로, 이 전투 이후 전국시대의 판도가 진나라로 완전히 기울기 시작하여 중원 통일의 확실한 기틀을 마련했다.

원된 인력이었다.

백년 전쟁을 일으킨 영국의 에드워드 3세(Edward III, 1312~1377)나 프랑스의 필리프 6세(Philip VI, 1293~1350)가 자신들이 살았던 시대보다 1,500년 이전 중국인들이 장평대전에 참여한 100만 대군이나 진시황릉에 투입한 70만 인부들을 땡전 한 푼도 들이지 않고 동원했다는 이야기를 들었다면 아마도 기절초풍했을 것이다.[2] 유럽에서는 18세기 의무병역제가 확립되기 전까지, 반대급부가 없으면 군대는커녕 사람 하나도 동원할 수 없었기 때문이다.[3] 중세나 근대의 기사들이 군주들에게 무료로 봉사하는 기간은 1년에 단 40일뿐이었다. 그 기간을 제외하고는 왕이라 하더라도 제후와 기사들을 전쟁에 동원하면 그들에게 현금을 반드시 지급해야

2 에드워드 3세는 플랜태저넷 왕조의 에드워드 1세(Edward I, 1239~1307) 손자이다. 에드워드 2세(Edward II, 1284~1327)는 웨드워드 1세의 4남이었지만, 3명의 형이 모두 사망하면서 왕이 되었다. 불행히도 에드워드 2세는 양성애자였다. 그의 남성 연인은 피어스 개버스턴(Piers Gaveston)이라는 기사였는데, 둘 사이가 너무 친밀하여 부친인 에드워드 1세가 개버스턴을 프랑스로 내쫓았다. 하지만 부친이 죽고 에드워드 2세가 왕이 되자, 개버스턴을 영국에 다시 불러들여 콘월 백작으로 임명한다. 이 때문에 의회와 갈등을 빚고, 이를 만회하기 위한 스코틀랜드와의 전쟁에서도 패한다. 결국 에드워드 2세의 부인이자 프랑스 왕 필리프 4세의 딸인 이사벨라(Isabella of France, 1295~1358)가 반란을 일으켜 에드워드 2세를 폐위한 후 살해한다. 에드워드 3세는 1327년 이사벨라의 아들로 에드워드 2세의 뒤를 이어 왕이 된다. 하지만 이사벨라의 연인인 로저 모티머(Roger Mortimer, 1287~1330)가 이사벨라와 함께 국정을 주무르자, 에드워드 3세는 로저 모티머를 납치한 후 살해하고 모친인 이사벨라는 수도원에 가둔다. 한편 백년 전쟁의 실질적인 계기는 에드워드 3세가 아니라 그의 모친인 이사벨라가 만든다. 당시 카페 왕조의 마지막 왕인 샤를 4세(Charles IV, 1294~1328)가 바로 이사벨라의 오빠였는데, 샤를 4세가 아들 없이 사망한 것이다. 샤를 4세의 아내가 임신 중이어서 샤를 4세는 만약 아들이면 왕위를 그에게 물려주되, 아들이 아니면 그와 사촌인 발루아 왕가의 필리프 6세(Philippe VI de Valois, 1293~1350)에게 물려주라는 유언을 남겼다. 불행히도 샤를 4세의 자손은 딸이었고, 그의 유언에 따라 1328년 발루아(Valois) 왕가로 프랑스 왕위가 넘어간다. (이로써 987년 위그 카페가 프랑스 왕이 된 지 341년 만에 카페 왕조가 끊긴다. 남성만으로 341년을 이어온 카페 왕조를 학자들은 "카페 왕조의 기적"이라고 부른다.) 이에 이사벨라는 샤를 4세의 여동생인 자기가 적통이며, 자기가 왕위를 계승할 수 없다면 그녀의 아들인 에드워드 3세가 프랑스 왕위를 계승해야 한다고 주장했다. (게르만족 일파인 프랑크족의 부족법을 정리한 살리카 법전(Lex Salica)에 따르면 딸은 토지를 상속받을 수 없다고 되어 있는데, 이 조항을 확대하여 프랑스 왕실은 여성은 왕이 될 수 없다고 해석하였다. 이 때문에 영국은 여왕이 무려 7명이나 나왔지만, 프랑스는 여왕이 단 한 명도 없다.) 에드워드 3세 또한 프랑스 왕 필리프 4세의 외손자라는 사실에 매우 큰 자부심을 가지고 있었다. 그는 자신을 표기할 때 영국식이 아니라 프랑스식인 Roy Eduard를 더 선호했다. 특히 샤를 4세가 사망한 1328년은 에드워드 3세의 모친인 이사벨라가 실권을 쥐고 있었으므로, 이 갈등은 곧 국가 간 무력 분쟁으로 비화한다. 바로 백년 전쟁의 시작이다.

3 유럽에서 징병제를 최초로 도입한 국가는 스웨덴이다. 북방의 사자라고 불렸던 스웨덴의 구스타브 2세 아돌프(Gustav II Adolf, 1594~1632)는 징병제를 도입하여, 1618년부터 시작된 30년 전쟁에서 신교도의 선봉에 서서 싸웠다. 징병제 덕분에 30년 전쟁 후 스웨덴은 영국, 프랑스에 이은 제3의 패권국 지위에 오른다. 국민개병제를 본격 도입한 나라는 프랑스 혁명 이후 계급제가 폐지된 프랑스였다. 프랑스가 1793년에 도입한 국민개병제 덕분에 나폴레옹 황제 시대 프랑스는 유럽 전역을 점령할 수 있었다. 국민개병제가 본격화된 프랑스 혁명 이후부터 유럽의 군대는 기본이 100만을 넘게 되는 시대가 도래한다. 예컨대 보불전쟁 직전 프로이센의 병력은 120만 명이었고, 2차 대전 직전 독일의 총병력은 무려 276만 명이었다.

했다. 예컨대 에드워드 2세(Edward II, 1284~1327) 때 왕이 고용한 기사(household knights) 한 명의 연봉은 1년에 24파운드, 일당은 이보다 더 비싼 4실링이었다.[4] 24파운드는 실질가치로 오늘날 연봉 3억 원이 넘는 거금이다.[5] 16세기 신대륙에 진출했던 스페인 군인들 또한 자신들의 무기를 스스로 구입해야 했다. 활은 40~50페소, 칼은 50페소, 장총인 머스켓(musket)은 100페소, 말은 800~1,000페소가 있어야 구입할 수 있었다.[6]

개인만 그런 것이 아니었다. 국가도 마찬가지였다. 예컨대 1511년 한 해 동안 베네치아 정부가 주변 국가들과의 전쟁을 위해 쏟아부은 자금은 무려 538,400듀캇이었다.[7] 비슷한 시기인 1525년 당시 이탈리아 중부를 점령하면서 서유럽에서 가장 현금이 많았던 로마 교황청의 대표적인 소금세 수입은 연간 14,000~21,000듀캇에 불과했다.[8] 다시 말해 베네치아 정부가 지출한 1년 군비는 연간 세금 수입으로는 글자 그대로 "어림도 없는" 거금이었다. 합스부르크 왕가의 스페인 왕인 펠리페 2세(Philip II of Spain, 1527~1598) 또한 종교의 자유를 위해 자신에게 반기를 든 네덜란드와의 전쟁을 위해 1,230만 듀캇이라는 천문학적인 자금을 뱅커들로부터 빌려야 했다.[9] 따라서 분열된 유럽의 군주와 영주들은 대규

4 Michael Prestiwich, edited by Chris Given-Wilson, 『Fourteenth Century England』, vol 2. Boydell Press, 2002, p. 2

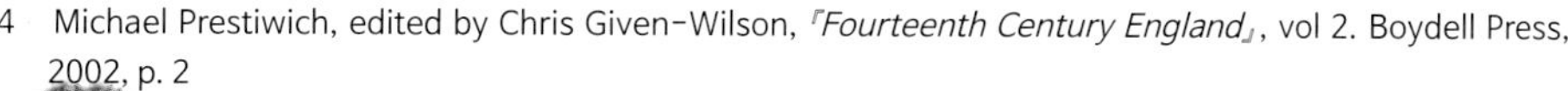

5 이 당시 1 pound(£) = 20 schilling(s), 1 schilling(s) = 12 pence(d)였다. 따라서 1년에 24파운드이면, 480실링으로 120일 일당에 해당한다. 14세기 영국에서 황소 한 마리가 13실링(0.65파운드)이고, 2024년 기준 한국에서 황소 한 마리가 대략 1,000만 원이다. 1,000만 원이면 2018년 기준 파운드 환율로는 6,800파운드, 2024년 기준 파운드 환율로 약 5,800파운드이다. 즉, 14세기 파운드와 오늘날 파운드의 실질가치 차이는 약 8,900~1만 배(5,800/0.65~6,800/0.65)이다. 이를 에드워드 2세 기사 용병의 연봉에 적용하면 이들 기사 연봉의 실질가치는 오늘날 210,000~240,000파운드, 우리 돈으로 3.5~4억 원이다. 중세 유럽 생활용품의 가격은 다음 웹사이트 참조. http://www.fordham.edu/halsall/source/medievalprices.html#FOOD%20AND%20LIVESTOCK 이처럼 당시 잉글랜드의 화폐 단위는 20진법, 12진법, 10진법을 혼용해서 사용했기 때문에 매우 복잡했다. 잉글랜드가 12진법의 잔재를 없앤 것은 1971년 2월 15일인 10진법의 날(Decimal Day) 이후이다. 이날 이후 1 schilling(s) = 5 pence(d), 1 pound(£) = 20 schilling(s) = 100 pence가 된다)

6 David Graeber, *Ibid*, p. 317

7 Felix Gilbert, 『*The Pope, His Bankers, and Venice*』, Harvard University Press, 1991, p. 128

8 Felix Gilbert, *Ibid*, 1991, p. 136

9 이 때문에 콜럼버스가 발견한 신대륙에서 황금과 은이 스페인으로 쏟아져 들어 왔지만, 그 황금과 은은 스페인 국고와는 아무런 상관이 없었고 모두 뱅커들 차지였다. 전쟁에 자금이 필요한 것은 중세나 근대 유럽만 해당하는 것은 아니다. 2022년

모 군대를 동원하기 위해서는 세금으로 충당이 안 되는 추가적인 황금이 절대적으로 필요했다. BC 4~5세기경 고대 그리스 극작가 아리스토파네스의 말대로 유럽에서는 황금이 많은 자가 전쟁에서 언제나 승리하기 마련이다.[10]

불행히도 황금은 유럽에 많지가 않았다. 예컨대 850년경, 이슬람의 압바스 왕조(750~945) 1년 세수입은 은 1,260톤이었다. 비슷한 시기 중국 당나라의 세수는 이보다 2배가량 많은 연간 2,145톤의 은이었다. 반면 이때 유럽에서 가장 번영하던 비잔틴 제국의 1년 세수는 연간 150톤의 은에 불과했다.[11] 즉, 9세기 유럽 최대 국가 비잔틴의 세수는 이슬람 세수의 12%, 중국 세수의 7%에 불과했던 것이다. 따라서 유럽의 군주들은 전쟁을 치르기 위해서 황금이나 은을 무조건 다른 곳에서 조달해야 했다.

대표적으로 1492년 이베리아 반도에서 이슬람 세력을 축출했던 아라곤의 페르난도 2세(Fernando II, 1452~1516)와 카스티야의 이사벨 1세 여왕(Isabella I of Castile, 1451~1504)은 1482년부터 10년 동안 그라나다를 끈질기게 공략했었다. 이 그라나다 공략전은 아라곤이나 카스티야 왕실의 황금이 부족하여 로마 교회와 카톨릭 신자들이 기부한 황금으로 이루어진 것이다. 마키아벨리는 이를 두고 페르난도 2세의 군대는 "로마 교회와 민중의 돈으로 유지할 수 있었다."라고 평가했다.[12] 바로 이 때문에 이사벨 1세 여왕은 황금을 찾아 나선다는 콜럼버스의 제안에 솔깃하지 않을 수 없었다.

서유럽 전체, 스칸디나비아 반도, 아이슬란드, 심지어 그린란드에서도 십일조를 거둬들이면서 그나마 황금이 넘쳐나는 이는 유럽에서 단 한 사람, 교황뿐이

---

러시아가 우크라이나를 침공했을 때, 개전 초기 4일 동안 70억 불(전투기 24.6억 불, 장갑차 8억 불, 탱크 4.5억 불, 헬기 4억 불 등)이 소요되었으나, 우크라이나의 저항이 심해지자 탄약과 같은 보급품, 미사일 발사 확대 등으로 하루에 최소 200억 불이 소요되었다는 추정도 있었다.

10 Aristophanes, 『*Wealth*』, 184~185

11 David Graeber, *Ibid*, p. 272

12 마키아벨리, 『*군주론*』, 삼성출판사, 제3장, 1997, pp. 96~97

었다.[13] 나머지 유럽의 거의 모든 국왕과 봉건 영주들은 황금이 궁했다. 중세 초기에는 황금이 상대적으로 다소 풍부했던 수도원이 이처럼 곤궁한 국왕과 영주들에게 황금을 산발적으로 공급하긴 하였다.[14] 하지만 이들의 황금 공급은 그 규모가 작았고, 지속적이지도 않았다. 이들 군주나 영주들에게 본격적으로 대규모 황금을 공급한 이들은 다름 아닌 바로 유럽의 상업은행들(merchant banks)이었다!!!

## (2) 십자군 원정과 거대 뱅커의 탄생

중세 유럽에서 상업은행이 탄생한 결정적인 계기는 십자군 원정이었다. 십자군 원정으로 탄생한 상업은행은 크게 두 가지 경로로 발전하였다. 하나는 십자군 원정에 참여한 상인들이 직접 뱅커로 발전한 경우이고, 다른 하나는 십자군 원정을 주도했던 교황이 상업은행을 육성한 경우이다.

우선 십자군 원정에 참여한 상인들이 직접 뱅커로 변신한 가장 대표적인 사례는 제노바와 베네치아 상인들이다. 제노바 상인들은 1차 십자군 원정 때부터 적극적으로 전쟁에 참여했다. 이는 제노바인들의 뛰어난 선박 제조 능력과 천부적인 상업적 감각 때문이었다. 십자군 전쟁으로 막대한 돈을 벌게 되자, 이들 제노바의 상인과 뱅커들은 제노바의 통치자인 콘솔(consul)을 겸하였다. 예컨대 선박 제조와 뱅커를 겸하고 있던 그리말디(Grimaldi) 가문은 제노바 최고 통치기구를 장악한 실질적인 제노바의 통치자였다. 베네치아의 Big 4 은행 중 하나인 피사니 은행의 설립자 알비세 피사니(Alvise Pisani, 1664~1741)는 46세 때인 1705년에 베네치아 최고 통치기구인 「10인 위원회」의 멤버였다. 사농공상이 철칙이었던 동시대의

13 Raymond De Roover, 『*The Rise and Decline of the Medici Bank*』, Cambridge: Harvard University Press, 1963, p. 194

14 Raymond De Roover, 『*Money, Banking and Credit in Medieval Bruges*』, Cambridge, Massachusetts』, 1948, p. 9

송나라나 명나라 관리들이 만약 상인이나 뱅커들이 정치 지도자였다는 사실을 듣게 되었다면, 무슨 말도 안 되는 소리냐고 펄쩍펄쩍 뛰었을지도 모르겠다. 하지만 상인이 정치 지도자를 겸한 제노바나 베네치아의 정치 체제는 고대 크레타 문명, 고대 바빌로니아의 다리우스 1세, 그리고 고대 그리스 참주정에 이르기까지 서유럽에서는 고대부터 전혀 거부감이 없는 서양의 확고한 "전통"이었다.

이유야 어떻든 송나라 관리들이 세금으로 황실의 필요 자금을 조달할 무렵, 제노바는 상인이 정치 지도자였으므로 통치 자금을 세금이 아니라 당시로서는 최첨단 금융기법인 공채(콤페라, compera) 발행을 통해 주로 조달했다. 역사상 최초의 공립 인가 은행인 제노바의 聖 조지 은행은 발행된 공채를 관리하기 위해 만들어진 은행이다. 이 은행은 아예 15세기부터는 제노바 정부로부터 해외 식민지를 할양받아 흑해 주변의 식민지를 직접 통치하기도 하였다. 간단히 말해 은행이 식민지를 경영한 것이다. 세포이 항쟁 이전 영국의 동인도회사가 인도를 경영했던 그 방식, 일본인들이 동양척식주식회사를 통해 조선의 경제를 농락했던 바로 그 방식 말이다.

제노바에 뒤이은 베네치아는 제노바를 능가했던 뱅커들의 성지였다. 베네치아는 제노바보다 뒤늦게 십자군 원정에 참여했다. 하지만 4차 십자군 전쟁은 베네치아의 운명을 완전히 뒤바꾸어 놓았다. 4차 십자군 원정은 표면적으로는 교황 이노첸트 3세(Innocent III, 재위 1198~1216)와 기사 토너먼트에 참여한 프랑크 기사들이 시작한 것이다. 하지만 4차 십자군 원정을 실제로 주도한 이는 베네치아의 최고 통치자 엔리코 단돌로(Enrico Dandolo, c.1107~1205) 도제였다.

4차 십자군을 승리로 이끈 베네치아 상인들은 이후 전 유럽의 뱅킹 산업을 장악한 뱅킹 대국으로 부상했다. 그 결과 베네치아 상인들은 베네치아 시내의 리알토(Realto) 다리에서 인류 역사상 처음으로 황금과 은의 전 세계 표준가격을 결정했다. 더 나아가 베네치아 상인들은 유럽의 은을 중동과 중국으로 수출하고, 중동·아프리카·중국의 금을 거의 모두 유럽으로 수입했다. 즉, 황금과 은을 직접 교역한 것이다. 아마도 몽골 제국, 중동과 중국의 은본위제는 베네치아 상

인들이 없었으면 도입 자체가 불가능했을 것이다.

독자적으로 뱅커로 진화한 제노바와 베네치아 상인들과 달리 은행업을 의도적으로 육성한 특정인 때문에 상업은행이 태동하는 경우도 있었다. 상업은행 육성에 앞장선 특정인은 바로 프랑스 국왕이나 신성 로마 제국과 권력 다툼을 벌이고 있던 교황이었다. 우선 교황은 "베드로 성금(Peter's pence)"이라는 명목으로 유럽 전역으로부터 엄청난 규모의 현금을 거둬들이고 있었다.[15] 원래 베드로 성금은 앵글족과 색슨족이 영국으로 건너가던 즈음인 5세기경 자발적으로 성금을 모아 교황청에 송금한 것에서 유래했다.[16] 하지만 이후 자발적인 송금은 강제적인 세금으로 바뀌게 되고, 유럽 각지에 파견된 주교는 실질적으로 베드로 성금을 징수하는 세리와 그 역할이 크게 다를 바 없었다.

나아가 십자군 전쟁이 시작되자 교황청은 십자군 전쟁 초기부터 성전기사단(Knights Templar)이라는 독특한 개인 은행을 두었다. 십자군을 떠나는 귀족이나 왕족들이 자신의 재산을 모두 교황청에 위탁하였으므로, 이 막대한 재산을 어떻게든 관리해야 했기 때문이다. 교황청의 최초 외부 뱅커인 성전기사단은 아직도 밝혀지지 않는 카발라(Kabbalah)적인 비밀주의 영업방식으로 십자군에 참여하는 이들의 자금을 예탁받았고, 12세기에 이미 런던에서 직선 거리로 4,000km 떨어진 예루살렘까지 자금을 이체하였으며(헉!), 예탁 자금을 바탕으로 미래 징수될 세금을 담보로 하여 왕들에게 자금을 대출까지 해 주었다.[17]

---

15 베드로 성금은 근현대에 들어와서는 교황청의 비밀 자금 역할을 하기도 한다. 예컨대 1915년 1차 대전 중에 독일의 카톨릭 중앙당(Catholic Center Party)은 독일의 부유한 산업가들로부터 성금을 모금하여 스위스 은행들을 통해 교황청으로 송금했다. 이 자금은 베드로 성금이라는 명목으로 교황청으로 흘러 들어갔다. 베드로 성금이 비밀 자금 역할을 하는 이유는 이 성금이 중세 때와 마찬가지로 모두 현금이기 때문이다. 현재 베드로 성금의 가장 큰 기부 국가는 바로 미국이다. Gerald Posner, 『*God's Bankers: A History of Money and Power at the Vatican*』, Simon & Schuster Paperbacks, 2015, pp. 42~47

16 앵글족과 색슨족이 영국으로 대규모 이주하면서 덴마크와 북부 독일의 언어가 오늘날 영어의 기본 바탕이 된다. 오늘날 영어와 가장 비슷한 언어가 바로 독일어이다.

17 카발라(Kabbalah)는 신비주의 유대교를 가리킨다. 주로 고대 메소포타미아 지역의 종교적 교리와 힌두교, 마니교 등이 혼합되어 비밀스러운 교리를 가르쳤다고 한다. 주술, 숫자, 별자리 등 기호와 상징을 중시한 것으로도 유명하며, 비밀주의를 생명으로 삼았다.

## (3) 프리드리히 2세(Frederick II)와 큐리아(Curia)

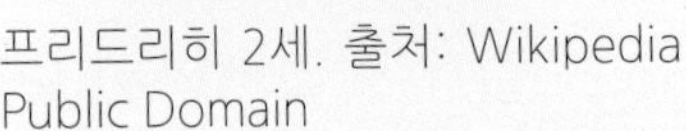
프리드리히 2세. 출처: Wikipedia. Public Domain

교황이 상업은행을 본격적으로 육성한 결정적인 계기는 십자군 전쟁과 이탈리아에 대한 통제권을 주장한 신성 로마 제국 프리드리히 2세(Frederick II, 1194~1250)와의 대립 때문이었다.[18] 우선 십자군 전쟁은 유럽이 아니라 중동의 레반트 지역으로 장기 원정을 떠나야 하는 전쟁이었으므로, 자금 소요가 매우 큰 전쟁이었다. 십자군 전쟁으로 인한 자금 소요는 주로 성전기사단을 통해서 조달했는데, 이에 대해서는 상세히 후술하기로 한다. 나아가 십자군 전쟁 와중에 이탈리아를 지배하기 위한 프리드리히 2세의 위협이 계속되자 교황은 자신의 군대를 마련하기 위해 십자군 세, 수도원 세를 통해 자금을 직접 모으기 시작했다. 교황의 세금은 국왕보다는 저항이 훨씬 덜했기 때문에 교황의 자금은 눈덩이처럼 불어났다.

특히 교황은 자신만의 영지를 거느리고 있었다. 교황령(Papal States)이라 부르는 이 영지는 752년 프랑크 왕 피핀(Pepin the Short, 714~768)이 자신의 왕위를 교황에게 승인받는 대신 교황에게 기증한 땅에서 시작했다. 이후 754년과 756년에 피핀이 랑고바르드족을 격퇴한 후 확보한 영지를 추가로 제공하면서 교황청의 면적이 커졌다.[19] 마키아벨리는 자신의 저서 『군주론』에서 알렉산더 6세 교황의 아들 체사레 보르지아(Cesare Borjia, 1475~1507)를 냉혹하면서도 교활한 새로운 군주 모델이라고 높이 평가했는데, 그는 마키아벨리의 군주론 모델에 따라 교황령 영토

---

18 프리드리히 2세는 말라리아로 사망한 하인리히 6세(Heinrich VI, 1165~1197) 황제의 외아들이다. 부친이 사망했을 때 그의 나이 3세였으므로, 모친 국가인 이탈리아에서 주로 성장했다. 모친이 사망한 후 시칠리아 통치권을 넘겨받아 이슬람인, 유대인들과 어울리며 식견을 넓혔다. 따라서 그는 황제였지만 동시에 시인이었다. 또한 그는 독일어뿐만 아니라, 이탈리아어, 프랑스어, 라틴어, 그리스어, 아랍어 등 여러 개 국가에 능통했으며, 철학, 수학, 자연사, 의학, 건축학 등에도 능통한 엄청난 능력의 소유자였다. 사람들은 그를 "스투포르 문디(Stupor Mundi,)," 즉 "세상의 경이(Wonder of the World)"라고 불렀다.

19 이 때문에 교황청의 시작은 752년이기도 하고, 영지가 완성된 756년이기도 하다.

를 추가로 확립하는데 중대한 역할을 수행하기도 하였다.[20] 이후 교황령은 1870년 이탈리아 통일로 없어질 때까지 이탈리아 중부 지방을 중심으로 교황에게 피 같은 자금을 공급하는 확고한 교황의 영지였다.[21] 이 교황의 영지에서 나오는 세금 또한 교황이 어떤 식으로든지 처리해야 했다.

체사레 보르지아. 그는 알렉산더 6세 교황의 사생아이다. 이탈리아 부유층이 통상적으로 받았던 라틴어, 고전 그리스어 등을 공부하였으며, 상당한 미남으로 머리는 좋아 재능은 뛰어난 인물이었다. 그러다가 부친이 1492년에 교황이 되자, 이듬해인 1493년 주위의 엄청난 반발을 이겨내고, 사생아임에도 불구하고 18세에 바로 추기경으로 임명된다. 그후 나폴리 왕국과 혼인을 추진했으나 실패했고, 프랑스로 가서 프랑스 여인과 결혼한다. 1499년부터는 프랑스와의 우호적 관계를 바탕으로 교회군의 총사령관으로서 주변 영토를 넓히기 시작하는데, 이 당시 그의 적수가 없을 만큼 무적의 군대였다고 한다. 이처럼 체사레는 교회군을 바탕으로 이탈리아 전역을 통일하려는 야망을 가지고 있었는데, 이 때문에 마키아벨리는 그를 냉혹하면서도 추진력과 결단력이 있는 인물로 추켜세우기도 했다. 일설에는 마키아벨리가 쓴 군주론의 모델이 체사레 보르지아라는 주장이 있을 정도이며, 현대의 사가들도 그를 "우아한 냉혹함"의 소유자, "마키아벨리를 사로잡은 군주론의 모델"로 평가하기도 한다. 체사레는 권모술수의 달인으로 가족, 특히 루크레치아를 제외하고는 누구도 믿지 않았으며, 자존심에 상처를 입힌 사람이면 그 대상이 누구이든 반드시 복수를 가했다고 한다. 알렉산더 6세 교황 사후 세력이 급격히 위축되어, 스페인의 나바로에서 용병 생활을 하다가 전투 중 사망한다. 그의 나이 불과 31세였다. 이탈리아 화가 도소 도시(Dosso Dossi, c.1489~1542)의 1518~1520 작품. 루브르 박물관 소장. 출처: Wikipedia. Public Domain

결국 교황은 이처럼 막대한 자금을 관리하기 위해 성직자와 非성직자 민간인이 협업하는 독특한 조직을 구성했는데, 교황청은 이 조직을 왕실의 궁정(court)과 비슷하다 하여 궁정을 뜻하는 라틴어인 "큐리아(Curia)" 혹은 "카메라 아포스톨리카(Camera Apostolica)"라고 불렀다.[22] 이 큐리아는 초기에는 자금 처리를 단독으로 수행하다가, 교황청의

20 체사레 보르지아의 모토는 "Aut Caesar Aut Nullus! (Caesar or nothing: 시저가 아니면 아무것도 아니다!)"일 정도로 권력욕이 강력했다. 심지어 그는 부친인 알렉산더 6세 교황의 제 1 후계자인 자신의 형 지오반니(Giovanni Borgia, 2nd Duke of Gandía, 1474~1497)를 살해했다는 의심도 받고 있다.

21 한편 1929년 2월, 이탈리아의 무솔리니는 교황청의 영지를 완전히 몰수하면서 발생한 반발을 무마하기 위해, 로마 교황인 피우스 11세와 라테라노 조약(Lateran Treaty)을 체결하여, 베드로 성당 주변의 44㎢의 영지를 교황이 국가수반이 되는 바티칸 시국(Vatican City State)의 영토로 인정하게 된다.

22 Gerald Posner, *Ibid*, p. 8

자금 유출입이 점차 복잡하고 거대해지면서 이를 효율적으로 관리하기 위해 가장 먼저 외부 뱅커인 성전기사단과 협업하여 자금을 관리했다. 하지만 자금 규모가 계속 커지자 큐리아는 성전기사단 이외의 다른 은행들도 찾아 나섰다. 이에 따라 교황청의 필요에 따라 새로운 뱅커들이 이탈리아 도시를 중심으로 그야말로 우후죽순처럼 생겨났다. 큐리아가 뱅커들과 화학적으로 결합하면서 큐리아의 권한은 이후 교황의 권한을 능가하게 된다. 그들 말대로 "교황은 왔다 가지만, 큐리아는 영원하기 때문(Popes come and go, but we go on forever)"이다.[23] 이처럼 필자가 단언컨대 **오늘날 근대적 뱅커의 원조는 이처럼 로마 교황청의 효율적인 자금 관리의 필요성 때문에 생겨난 교황의 발명품이었다!!!**

교황청은 큐리아와 협업하던 이들 뱅커들을 공식적으로 로마 교황청 소속 상인이라고 불렀다. 예컨대 시에나 뱅커들은 "로마 교황청 소속 시에나 상인(mercator Senesis Romanam Curiam sequens)"이라고 불렀다. 어떤 경우에 사람들은 교황청의 자금을 관리하는 외부 뱅커를 "교황의 환전상(campsor domini pape)"이라는 별칭으로 부르기도 했다. 초기 교황청의 자금관리는 대부분 이탈리아 중부 도시인 시에나 출신의 뱅커들이 담당했으므로, 13세기 영국인들은 시에나의 뱅커들을 "교황의 뱅커들(papal bankers)"이라고 부르기도 했다. 어쨌든 이 과정에서 다수의 뱅커들은 교황의 자금을 유치하기 위해 교황을 대상으로 치열한 로비전을 벌였다. 이 로비전에서 승리한 몇몇 상업은행은 교황의 막대한 세금 수입을 관리하고 교황의 자금을 예치 받았다.

### (4) 교황과 상업은행의 이전투구

이후 교황이 바뀌면 주거래 상업은행도 바뀌었다. 이에 따라 교황이 여러 차례 교체되면서 몇몇 이탈리아 상업도시를 중심으로 대형 상업은행들 여러 개가

23 Gerald Posner, *Ibid*, p. 33

생겨나기 시작했다. 가장 먼저 1255년, 시에나(Sienna)에서 본시뇨리(Bonsignori) 가문의 대형은행인 그란 타볼라(Gran Tavola)가 탄생했다. 이어 피렌체(Firenze)에서 바르디 은행이, 나중에는 메디치 은행이 부상했다. 특히 이탈리아 피렌체의 바르디(Bardi), 페루찌(Peruzzi), 아치아올리(Acciaioli) 뱅커 가문은 13~14세기 당시 유럽에서 가장 큰 "Big Three" 상업은행이었다. 실제 기록으로 남아 있는 자료만을 보면, 이 세 은행은 가장 많이 알려진 메디치 은행보다 비교가 불가능할 정도로 규모가 컸다.[24] 특히 바르디 은행은 실질가치와 인플레이션을 고려했을 때 오늘날 최대 은행인 중국의 공상은행과 비슷한 세계 최대 규모의 은행이었다.

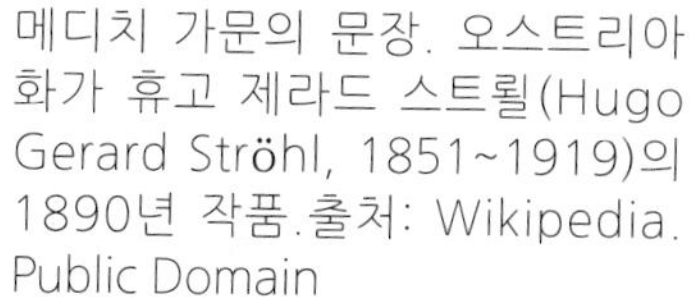
메디치 가문의 문장. 오스트리아 화가 휴고 제라드 스트룈(Hugo Gerard Ströhl, 1851~1919)의 1890년 작품.출처: Wikipedia. Public Domain

은행가들의 영향력이 커지면서 13세기 말부터는 아예 뱅커들이 교황의 선출에 영향을 미치기 시작했다. 왜냐하면 교황은 추기경들의 총회인 콘클라베(conclave)에서 투표로 선출되는데, 새로운 교황의 선출과정은 기존 교황의 장례식, 콘클라베 준비, 추기경에 대한 로비 등이 포함되면서 사실상 엄청난 자금이 소요되는 일종의 선거 운동이었기 때문이다.[25] 특히 콘클라베는 한 번에 끝나는 것이 아니라 ⅔ 득표율이 나올 때까지 계속해서 투표를 해야 한다. 역사상 횟수가 가장 적었던 콘클라베는 1939년 2월, 교황 피우스 12세(Pius XII, 1876~1958) 선출 당시의 콘클라베로 투표만 3번을 했다. 콘클라베 개최 자체에도 엄청난 자금이 필요하다. 예컨대 알렉산더 6세(Pope Alexander VI, 1431~1503) 교황의 장례식과 콘클라베 준비 과정에 필요한 자금으로 스파노키(Spannocchi)와 기누치(Ghinucci) 뱅킹 가문은 교황청에 15,000 듀캇이라는

24 Raymond De Roover, *Ibid*, p 194

25 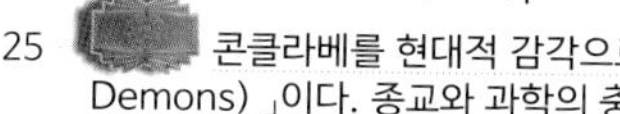 콘클라베를 현대적 감각으로 묘사한 장면이 포함된 영화는 2009년에 개봉한 영화 「천사와 악마(Angels & Demons)」이다. 종교와 과학의 충돌을 교황의 죽음과 둘러싼 음모론으로 해석한 영화로, 다빈치 코드의 저자 댄 브라운의 소설을 바탕으로 만들었다. 마지막의 반전이 나름 돋보이는 영화이다.

거금을 빌려주었다.[26]

교황의 뱅커가 되면 엄청난 규모의 자금을 예탁받을 수 있는 천우신조의 사업 기회가 부여되므로, 뱅커들이 교황의 선출과정에 영향을 미치는 것은 어쩌면 당연한 일인지도 모르겠다. 실제로 보니파키우스 8세(Pope Boniface VIII, 재위 1294~1303)는 피렌체 뱅커들의 "작전"으로 1294년에 교황의 자리에 올랐다. 사람들은 이 때문에 보니파키우스 8세 교황은 여우처럼 교황이 되었다고 수군거렸다. 어쨌든 보니파키우스 8세의 등극으로 교황의 자금을 관리하는 큐리아에서 일하던 기존의 뱅커들은 모두 새로운 뱅커들로 교체된다. 즉 보니파키우스 8세 교황 이후 교황청의 자금 예탁은 시에나 뱅커들에서 피렌체 뱅커들로 완전히 교체되었고, 그 결과 시에나 초대형 은행인 그란 타볼라가 1298년에 파산한다.[27]

### (5) 교황 알렉산더 6세의 콘클라베(Conclave), 황금과 독극물의 향연

교황 선출 역사상 가장 잡음이 많았던 알렉산더 6세 또한 교황의 자리를 뱅커들의 금전으로 매수했다는 소문이 끊이지 않는 대표적 사례이다.[28] 그는 특이하게도 이탈리아나 프랑스 출신이 아니라, 스페인의 아라곤 지방에서 부를 축적한 뱅커 가문 보르지아(Borgia) 가문 출신이다.[29] 보르지아 가문은 근대 르네상스

---

26 Felix Gilbert, *Ibid*, p. 73

27 교황의 자리는 현금으로 얼마의 가치가 있을까? 1939년 교황 피우스 11세가 사망하자, 바티칸은 다음 교황 선거 준비 과정에서 독일 게쉬타포에게 현금 3백만 금 도이치 마르크를 제안했다는 설이 있다. 즉, 독일의 히틀러가 이 돈을 지급하면 단 한 번의 콘클라베로 독일 제3제국이 원하는 인물을 교황으로 세우겠다고 제안했다는 것이다. 만약 이 설이 사실이라면 교황 자리의 경제적 가치는 최소 3백만 마르크인 셈이다. Gerald Posner, *Ibid*, p. 78. 한편 교황이 교체되면 뱅커가 교체되는 공식은 중세에만 해당하는 것이 아니다. 교황청이 1942년에 설립한 바티칸 은행의 경우도 마찬가지다. 대표적으로 1978년에 교황이 된 요한 바오로 1세(Pope John Paul I, 1912~1978)는 자신이 교황에 즉위하자마자 당시 바티칸 은행의 수장인 마르친쿠스(Paul Marcinkus, 1922~2006)를 교체하려고 하였다. 하지만 그는 마르친쿠스를 교체하기 직전에 의문의 죽임을 당한다. 교황 즉위 33일만이다.

28 알렉산더 6세 교황은 콜럼버스가 발견한 미주 대륙의 소유권을 스페인에게 공식 인정한 교황이다. 나아가 1493년에는 포르투갈과 스페인이 소유할 신대륙의 경계를 나누는 칙서(Inter Caetera)를 반포하여, 1494년 7월 양국이 서명한 토르데실랴스 조약(Treaty of Tordesillas)의 발판을 만들었다.

29 보르지아 가문이 유대인 출신이라는 설이 있는데, 스페인에서 막대한 부를 축적하는 경우는 뱅킹 이외에는 마땅한 수단이 없었다는 점에서 완전히 낭설은 아닌 것으로 보인다. 실제로 알렉산더 6세 교황은 1492년 스페인에서 유대인들이 대규모로 축출되었을 때, 9천여 명에 이르는 유대인의 교황청 정주를 허락하기도 하였다.

시대에 뇌물, 근친상간, 간통, 성직매매, 청부 살인 등 각종 기행과 범죄 행위로 악명이 높은 가문이었다.[30] 특히 알렉산더 6세 교황의 아들인 체사레는 레오나르도 다 빈치, 마키아벨리 등과 교류했는데, 체사레의 가장 큰 관심사 중의 하나는 독극물이었다고 한다.

예컨대 *『코덱스 로마노프*(Codex Romanov)』에 따르면 체사레는 레오나르도 다 빈치에게 독극물에 대해 물어본 적이 있다고 한다. 레오나르도는 자신은 독극물에 대해서는 잘 모르지만 스트리크나인(strychnine)은 공포심을 유발하고, 벨라도나(belladonna)라는 나무에 열리는 밤색 열매는 눈을 돌아가게 하며, 투구꽃(aconitum) 혹은 바곳(aconitum variegatum) 풀은 오한과 구토를 유발한다고 조언했다.[31] 나아가 식사를 통해 독살하기 위해서는 독극물을 반드시 식사 초반에 내놓는 것이 좋은데, 이는 공복에 효과가 좋기 때문이라고 한다.[32] 그리고 야생 달팽이는 독이 든 식물을 먹을 수 있는데, 달팽이의 똥과 점액질을 제거하지 않으면 사람이 죽을 수도 있다고 한다. 실제로 줄리오 오르시니(Giulio Orsini, ?~1517) 공작은 중북부 이탈리아인 만토바(Mantova)에서 식사 도중 야생 달팽이를 먹다가 그 때문에 죽었다고도 한다.[33] 체사레가 독극물에 왜 많은 관심을 가졌는지는, 독자의 상상에 맡기겠다. 하지만 이 가문은 뱅킹을 통해 축적한 부를 바탕으로 르네상스 시대 각 분야의 예술인들을 후원하기도 하는 이해하기 힘든 복잡한 성격의 가문이었다.

30 알렉산더 6세는 결혼이 금기시된 신분상의 제약을 망각하고, 자신의 자식을 공공연하게 대중 앞에서 공개했다. 그의 아들 체사레 보르지아(Cesare Borjia, 1475~1507)는 부친의 공식적인 후원으로 로마 주변의 로마냐 왕국의 왕이 된다. 그의 딸 중 루크레치아 보르지아(Lucrezia Borjia, 1480~1519)는 뛰어난 미모 때문에, 알렉산더 6세의 정략결혼 전략에 희생되어 공식적인 결혼만 3번을 하게 된다. 소문에는 루크레치아와 알렉산더 6세, 그리고 체사레 사이에는 근친상간의 관계도 있었다고 한다. 이탈리아 음악가 도니제티(Domenico Donizetti, 1797~1848)는 루크레치아의 파란만장한 일생을 그린 오페라를 만들기도 하였고, 보르지아 가문의 이야기는 2011년 미국에서 드라마(「The Borjias」)로도 제작된다.

31 바곳은 추출한 독으로 늑대를 죽일 수도 있어 늑대의 치명타(wolf's bane) 혹은 독의 여왕(queen of poison)이라고 부르기도 한다. 그리스 신화에서 악녀 메데이아(Medeia)는 바곳을 포도주에 타서 아이게이아의 아들인 테세우스를 독살하려고 시도하기도 한다.

32 레오나르도 다 빈치, *『요리 노트』*, 노마드, 2019, pp. 164~168

33 로마 4대 황제 클라우디우스(Claudius, BC 10 ~ AD 54)는 버섯 요리를 먹고 사망했다. 클라우디우스 황제는 독극물 암살을 두려워하여 음식의 독을 검사하는 일종의 기미상궁을 두고 매번 음독 검사를 하였다. 그의 음독 검사자(에샹송, échanson)는 할로투스(Halotus, c.20~c.70)라는 내시였는데, 할로투스는 버섯 요리를 먹고도 멀쩡하였고 클라우디우스 황제만 사망한 이유는 오늘날까지도 밝혀지지 않았다.

## Codex Romanov: 다 빈치의 요리책

코덱스 로마노프는 레오나르도 다 빈치가 저술한 요리책이다. 상트 페테르부르크에 있는 에르미타쥬 미술관에서 발견되어, 로마노프 왕조가 구입한 것이라 하여 코덱스 로마노프라고 부른다. 레오나르도가 만든 요리 중 가장 유명한 요리는 스파게티이다. 당시 스파게티 비슷한 것은 면발이 굵고, 식용이 아니라 관상용이었다. 마르코 폴로가 중국의 면발 요리를 소개하면서 이것이 식용이라는 이야기를 안 하여서 이탈리아 사람들은 면발 요리를 만들고 식탁에 그냥 두고 보기만 하였다고 한다. 레오나르도는 이 면발을 자기가 발명한 기계를 이용해 얇게 썰었다.

당시 그가 만든 기구를 보면 사람이 물레를 이용해서 밀가루 반죽을 최대한 늘리는 방식이었다. 이론상으로는 쉽게 될 것 같아 보이지만, 실제로는 밀가루 반죽이 끊어지기 십상이라 이 작업이 마냥 쉽지만은 않았다고 한다. 그는 이 때문에 밀가루를 빗물에 섞어 반죽을 만들었다고 한다. 반죽이 끝나면 면발의 강도를 측정하기 위한 장치도 별도로 만들었다. 나중에는 밀가루 면발을 꼬아서 강도를 올리기도 하였다. 하여튼 이렇게 어렵게 만든 이 얇은 면발은 당시에는 먹을 도구가 마땅치 않았다. 날이 2개인 포크가 있었지만, 그것은 조리 도구로서 크기가 매우 컸다고 한다. 레오나르도는 날이 2개인 조리 도구의 크기를 줄이고 얇은 면발을 잘 먹을 수 있게 날을 3개로 만들었다. 그는 이 음식을 먹는 끈이라는 의미에서 '스파고 만지아빌레(spago mangiabile)'라는 이름도 붙였다. 이 음식이 오늘날 스파게티이다. 하지만 레오나르도가 살던 당시 이 요리는 그렇게 인기가 없었다고 한다.

스파게티 이외에도 레오나르도는 각종 요리에 대해 엄청난 열정을 보였다. 그가 만들거나 관심이 있던 요리는 개구리 다리 요리, 양머리 케이크, 암송아지 케이크, 폴렌타(polenta, 당시 주식이던 옥수수 수프)를 이용한 돼지 꼬리 요리, 구멍 뚫린

돼지 귀때기 요리, 꿀과 크림을 곁들인 새끼 양 불알 요리, 빵가루 입힌 닭의 볏 요리, 톱니오리 조각 요리, 장어 요리, 올챙이 요리, 생선 젤리, 공작새 구이, 뱀 등심, 당근 3개를 반드시 넣어야 하는 말고기 수프, 개구리 수프, 달걀을 곁들인 돼지고기와 빵 요리, 변장한 생선 요리 등이 있다.

특히 그는 생선 요리에 관심이 많았다. 그가 얼마나 생선 요리를 좋아했는지는 인류 최고의 대작인 「최후의 만찬」 식탁에서도 생선 요리가 등장하는 것을 보면 알 수 있다. 그는 자신이 발명한 "변장한 생선 요리"에 대해서는 상세한 기록도 남겼다. 우선 "바다의 귀족이라고 불리는 연어 한 마리를 구해 내장을 모두 빼고 비늘도 벗겨 낸다. 생선을 으깬 뒤 달걀, 소금, 후추와 함께 버무려 공 모양이나 주먹 크기의 아몬드 모양으로 빚은 후 빵가루를 입힌다. 달걀흰자를 조금 쓰면 더 잘 붙는다. 이제 이 변장한 생선 반죽을 기름 두른 냄비에 넣고 불에 올려 열과 기름의 합동작전으로 노릇노릇해질 때까지 둔다. 미나리 한 줄기를 추가하면 이 담백한 요리는 한층 빛을 낼 수 있다."[34] 독자 중에서 혹시 이 요리에 도전하실 분은 소개한 요리법대로 시도해 보시는 게 어떠실지 모르겠다. 레오나르도는 소 아래턱 고기를 빵 두 조각 사이에 끼워 먹는 방법도 고민했는데, 오늘날 샌드위치와 완전히 동일한 음식이다. 그는 이 음식의 이름을 무엇으로 할지 고민 중이라고 기록에 남기기도 했다[35]

한편 레오나르도는 식당 청결과 식사 예절에 대해서도 기록을 남겼다. 우선 식당은 반드시 깨끗해야 하고, 요리사의 머리는 장발이 되어서는 안 되며, 요리할 때는 음악이 반드시 필요하다고 주장했다. 레오나르도는 루도비코 공작이 식사 때 자신의 나이프를 다른 사람의 옷으로 닦거나 식탁보가 지저분해지는 것을 보고는 기겁을 하였다. 그는 이를 해결하기 위해 나이프 밑에 별도의 천을 두도록 하여 냅킨이라는 개념도 처음 만들었다. 그는 냅킨의 접는

34 레오나르도 다 빈치, *앞의 책*, p. 139

35 레오나르도 다 빈치, *앞의 책*, p. 188.

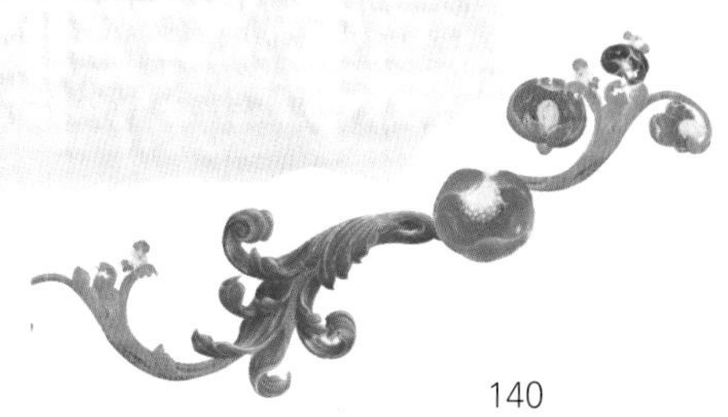

방법과 새, 꽃, 궁정 모양의 냅킨 모양을 만드는 방법에 대해서도 기록으로 남겼다. 그는 이 천 조각의 이름을 무엇으로 할지 고민이라고 했다.

그는 요리사의 덕목에 대해서도 기록했다. 우선 요리사는 거대한 요리 재료를 날라야 하기 때문에 남자인 것이 좋다고 주장했다. 식재료를 몸에 묻히지 않는 단정한 사람이어야 하며, 케이크를 만들 때 장력과 하중 개념을 알아야 하므로 건축 지식 또한 있는 사람이 좋다고 언급하기도 했다. 그는 자신만의 주방을 직접 설계하기도 했다. 엄청난 규모의 군부대 주둔지 같은 그의 주방은 그가 꿈에도 염원하던 간절한 소망이기도 했다. 그의 주방 천장에는 물이 나올 수 있는 장치도 있었는데, 오늘날로 보면 스프링 쿨러와 완전히 동일한 것이었다.

나아가 그는 수많은 요리 기구도 직접 만들었다. 대표적으로 스파게티 면발을 길게 늘려 얇게 자르는 기구, 달걀 크기를 재는 기구, 깨끗한 냅킨을 두기 위해 냅킨을 씻고 곧바로 말리는 회전식 건조대, 오늘날 와인의 코르크 따개인 병마개 뽑이, 3마리의 말을 이용해 호두 껍질을 까는 기구, 삶은 달걀을 균등하게 자르는 장치, 얼린 포도주와 얼린 오렌지즙을 담는 용기를 좌우에 두고 중앙에는 요리를 할 수 있는 일종의 요리대 장치, 통에 장작을 담고 그 위에 석쇠를 얹은 장작불 석쇠, 사람이 기계 안으로 들어가 기구를 돌리는 거대한 믹서기, 네덜란드 겨자 추수기, 와인의 숙성 정도를 측정하는 유리병 모양의 기구, 요리 특성에 맞는 갖가지 모양의 식칼 등이 있었다.

특히 레오나르도는 마늘을 까는 기구도 만들었는데, 이탈리아에서는 마늘 까는 기계를 지금도 레오나르도라고 부른다고 한다. 그리고 당시에는 냄비에 뚜껑이 없어 천을 덮었는데, 천의 냄새가 음식에 스며들고 매번 천을 갈아야 하는 불편함이 있었다. 레오나르도는 쓰기 간편하면서 바꿀 필요도 없는, 냄비 자체만큼 튼튼한 냄비 뚜껑을 만들어야 하지 않을까 하는 기록도 남겼다. 이 정도면 레오나르도의 요리 실력은 요리 장인이라고 불러도 되지 않을까?

레오나르도 다 빈치의 세례 요한 혹은 바쿠스. 이 그림을 누가 그렸는지에 대해서는 논란이 많다. 아마도 다 빈치가 그렸을 것이라고 추정되지만, 다 빈치가 아니라 그의 추종자가 그렸을 것이라는 주장도 있다. 필자가 보기엔 최초에 다 빈치가 그렸지만, 후에 누군가가 덧칠했을 가능성이 있을 것으로 본다. 우선 작품의 모델로 추정되는 이는 다 빈치의 동성 연인이었던 살라이(Salai, 1480~1524)이다. 따라서 이 그림의 중앙에 있는 인물은 다 빈치가 그렸을 가능성이 매우 높다. 다 빈치가 그린 또 하나의 그림인 세례 요한에 나오는 인물의 모델도 동일한 인물인 살라이이다. 두 번째가 손가락 모양이다. 검지를 펴서 위쪽으로 향하는 모습은 다 빈치 그림에서 자주 등장하는 포즈인데, 이 그림도 동일한 포즈를 취한다. 하지만 이 그림은 이해하기 어려운 장면도 여럿 보인다. 우선 이 그림은 처음에는 세례 요한을 그렸던 것으로 추정되는데, 그가 걸치고 있는 표범 가죽은 세례 요한과 전혀 어울리지 않는다. 표범과 유사성이 있는 인물은 와인의 신인 디오니소스(혹은 바쿠스)인데, 누가, 왜, 언제 이 그림을 변형시켰는지 알 수가 없다. 그리고 남자이지만 그가 뿜어내는 강렬한 관능미 또한 신비롭다. 필자는 얼굴이 남자인지, 여자인지도 잘 모르겠다. 루브르 박물관 소장

알렉산더 6세의 본명은 로드리고 보르지아(Rodrigo Borja)로 보르지아 가문의 본향인 스페인의 아라곤에서 태어나, 이탈리아의 볼로냐 대학에서 법을 전공한다. 당시 그의 삼촌으로 이미 1455년 보르지아 가문 출신으로는 처음으로 교황이 되어 있던 칼리투스 3세(Calixtus III, 1378~1458)의 후원으로, 그는 로마 교황청의 큐리아에서 일하게 되는 절호의 기회를 잡게 되었다.[36] 그는 이후 5명의 교황[37]을 모두 모시는 행운을 누리게 되고, 이노첸트 8세가 사망하자 자신이 스스로 교황이 되고자 교황 선거전에 뛰어들었다.[38]

이 선거전에서 알렉산더 6세가 추기경을 상대로 막대한 자금을 살포하였다는 주장이 있다. 실제로 가장 유력한 경쟁자였던 쥴리아노 로베레(Giuliano della Rovere, 후일 율리오 2세 교황, 1443~1513) 추기경은 프랑스 왕의 지지를 받고 있었는데, 당시 프랑스 왕이었던 샤를 8세(Charles VIII of France, 1470~1498)는 쥴리안의 교황 선출을 위해 로마 교황청에 2만 듀캇이라는 대규모 현금을 예탁하기도 하였다. 따라서 명확한 증거는 없다 하더라도 유력한 경쟁자를 압도하기 위해 정황상 알렉산더 6세가 선거인단인 추기경들을 상대로 엄청난 현금을 살포했을 가능성이 매우 높다. 일설에는 교황 후보자로서 그는 경쟁자 중 한 사람이었던 밀라노의 아스카니오 스포르차(Ascanio Sforza, 1455~1505)를 매수하기 위해 노새 4마리에 은을 가득 실어 보냈다는 이야기도 있다.

추기경을 상대한 현금 살포 과정에서 교황 후보가 자기 돈을 모두 사용했을 리가 없다. 아마도 교황 주변에서 거미줄 같은 뱅커들의 네트워크들이 특정 후보자를 당선시키기 위해 사활을 걸고 치열한 자금력 대결을 펼쳤을 것이다. 예컨대 이탈리아의 뱅커 중 시에나의 스파노키 가문(Spannocchi Family)의 안토니오(Antonio Spannocchi, 1474~1530)는 프랑스 왕이 후원하여 가장 당선이 유력했던 후보인 쥴리아

---

36 당시에는 삼촌과 조카의 관계가 사실상 부자지간일 가능성이 높을 정도로 불륜이 횡행하던 시절이었다. 이후 조카(nepos)라는 뜻의 이탈리아어는 족벌 체제라는 뜻의 네포티즘(nepotism)이라는 신조어를 만들었다.

37 칼리투스 3세(Calixtus III), 피우스 2세(Pius II, 1405~1464), 바울 2세(Paul II, 1417~1471), 식스투스 6세(Sixtus IV, 1414~1484), 이노첸트 8세(Innocent VIII, 1432~1492)

38 고대 노르드어로 hap은 행운을 의미한다. 영어의 happy와 happen은 모두 hap에서 유래한 말이다.

칼리투스 3세 교황. 스페인 태생으로는 최초의 교황이다. 악명높은 보르지아 가문 출신으로, 다소 유약하고 무능하다는 평가가 많다. 그는 특히 무어인들을 대상으로 노예 사냥에 열중하였던 포르투갈의 아프리카 노예화를 정당화시켜 준 칙령을 반포하기도 하였다. 황제 즉위 후 스파노키 가문을 교황청의 자금을 총괄하는 책임자 뱅커로 등용하여, 시에나 뱅커들과 특별 관계를 형성한다. 이탈리아 화가인 산도 디 피에트로(Sano di Pietro, 1405~1481)의 1455년 작품. 시에나 국립 미술관(Pinacoteca Nazionale di Siena) 소장. 출처: Wikipedia. Public Domain

노 로베레가 아니라 대담하게도 알렉산더 6세를 위해 선거 자금을 적극 대출했다. 왜냐하면 스파노키 가문은 이미 알렉산더 6세 이전 보르지아 가문에서 배출한 최초의 교황인 칼리투스 3세(Calixtus III, 1378~1458)와 이미 긴밀한 관계에 있었기 때문이다. 즉 스파노키 가문은 보르지아 가문 출신의 칼리투스 3세가 교황이 된 해인 1455년부터 1464년까지 교황청의 자금을 총괄 관리하는 큐리아의 책임자 뱅커(Mercator Romanam Curiam Sequence)였다.[39]

따라서 알렉산더 6세가 교황이 된 후 교황청의 자금을 관리하는 큐리아의 책임자 뱅커가 메디치 가문에서 스파노키 가문으로 교체되는 것은 너무나도 당연한 결과였다.[40] 알렉산더 6세 교황의 선거 과정에서 추기경으로 선거에 참여했고 후일 교황 레오 10세가 된 메디치 가문의 죠반니(Giovanni di Lorenzo de' Medici, 1475~1521)는 알렉산더 6세가 1492년에 교황이 된 후 "도망쳐라"라는 말을 남겼다고 하는데, 이는 알렉산더 6세 교황 선거에서 메디치 뱅커가 누구를 후원하지 않았는지를 명확히 보여 준다. 1490년대는 이제 스파노키 가문의 시대가 될 참이었다.

혹자는 알렉산더 6세의 선거 자금에 독일 아우구스부르그(Augsburg)의 유명 뱅커인 푸거 가문 설립자 야곱 푸거(Jakob Fugger, 1459~1525)가 관련되어 있다고 주장

39 Felix Gilbert, *Ibid*, p. 69

40 Eugenio Garin, 『*Renaissance Characters*』, University of Chicago Press, 1991, p. 168

하기도 한다. 즉, 프랑크푸르트 바로 남쪽의 오래된 독일 도시 마인츠(Mainz)의 추기경을 통해 푸거 가문이 알렉산더 6세 선거 과정에 개입했다는 것이다. 하기야 알렉산더 6세 선거 이전인 1484년에 푸거 가문의 창시자인 야곱 푸거(Jakob Fugger, 1459~1525)는 이미 헝가리에 있는 구리 광산을 매입하여 막대한 양의 구리를 채굴하면서, 엄청난 돈을 벌어들이고 있었다. 전 유럽으로 뱅킹 사업을 확장하고 있던 푸거 가문이 당시 가장 큰 이권이 걸려 있던 로마 교황 알렉산더 6세 선거 과정에 과연 개입하지 않았을까? 우연의 일치인지는 몰라도 알렉산더 6세가 교황이 되고 3년 후인 1495년에 푸거 가문은 로마에 처음으로 자신의 은행 지점을 설립한다.[41]

푸거 은행의 설립자 야곱 푸거. 아우크스부르크의 상인 집안 출신으로, 14세 때부터 베네치아에서 교육을 받았다. 거래 대상은 초기에는 직물이었으나 나중에는 은, 수은, 구리 등 원자재 거래에 집중하여, 당시 유럽 GDP의 2%에 해당하는 엄청난 부를 축적한 것으로 알려졌다. 특히 그는 막시밀리앙 1세나 카를 5세 등 합스부르크 왕가에 대한 독점적 자금 지원으로 합스부르크 가문의 확장에 필요한 거의 모든 자금을 대출해 주었다. 아마 푸거 가문의 대출이 없었으면, 카를 5세가 신성 로마 제국 황제가 되는 일은 결코 없었을 것이다. 그는 독실한 카톨릭 신자로 본문에서 언급한 것처럼, 교황의 선거 과정에도 깊숙이 개입한 것으로 추정된다. 불행히도 그는 직계 자손이 없어 그의 막대한 부를 조카에게 물려주는데, 조카들도 수완이 좋아 이후에도 은행 규모가 기하급수적으로 증가한다. 독일 화가 알브레히트 뒤러(1471~1528)의 1519년경 작품. 고전 독일 명작의 주립 미술관(Staatsgalerie Altdeutsche Meister) 소장. 출처: Wikipedia. Public Domain

알렉산더 6세 사후의 상황도 마찬가지였다. 알렉산더 6세가 1503년 8월에 사망하자, 이번에는 스파노키 가문의 라이벌로 시에나의 또 다른 뱅커인 피콜로미노(Piccolomino) 가문이 후원한 피우스 3세(Pope Pius III, 1439~1503)가 교황이 된다. 피우스 3세는 피콜로미노 가문 출신이었으므로, 스파노키 가문은 큐리아의 책임 뱅커에서 쫓겨날 절체절명의 위기에 처했다. 이미 스파노키 가문은 칼리투스 3세 후임으로 선출된 피콜로미노 가문 출신 피우스 2세 교황 때 큐리아의 책임 뱅커에서 쫓겨난 경험이 있기도 했다.

하지만 알렉산더 6세 때 뱅커인 스파노키 가문이 이를 쉽게 용인할 리가 없었다. 더구나 피콜로미노와 스파노키 가문 외에도 치기(Chigi) 가문, 기누치

41 Felix Gilbert, *Ibid*, p. 77

(Ghinucci) 가문 등의 유력 뱅커들이 새로운 교황의 등장으로 인해 큐리아에서 자신들이 차지하고 있던 기존의 지위가 변경될 것이 두려워 사력을 다해 투쟁하기 시작했다. 결국 뱅커들의 치열한 권력 다툼 와중에서 피콜로미노 가문 출신인 피우스 3세는 즉위 26일 만에 사망하고 만다. 공식 사인은 통풍이었다. 하지만 통풍으로 사람이 갑자기 죽는다고?

피우스 3세 교황. 피우스 2세 교황의 조카로, 피우스 3세 교황의 모친이 피우스 2세 교황의 여동생이다. 피콜로미노 뱅커 가문 출신이며, 알렉산더 6세 교황이 선종하자 체사레 보르지아가 사병을 동원하는 극도의 혼란 속에서 피콜로미노 가문의 도움을 받아 알렉산더 6세의 후임 교황이 된다. 작자 미상. 1503년경 작품. 비엔나 미술사 박물관 소장. 출처: Wikipedia. Public Domain

뱅커들의 권력 다툼으로 교황이 독살당하는 일이 16세기에만 있었던 괴이한 사건일까? 아니다. 20세기도 마찬가지다. 전술한 대로 1978년에 교황이 된 요한 바오로 1세 또한 당시 바티칸 은행의 수장인 마르친쿠스(Paul Marcinkus, 1922~2006)를 교체하려다 교황 즉위 33일 만에 의문의 죽음을 당했다.

## (6) 파찌(Pazzi) 음모와 뱅커의 승리

뱅커가 교황을 살해하는 것이 아니라 교황이 뱅커를 살해하는 일도 있었다. 역사적으로 가장 유명한 사건이 바로 1478년 피렌체의 "파찌 음모(Pazzi Conspiracy)" 사건이다. 파찌 음모 사건은 피렌체 뱅커였던 파찌(Pazzi) 가문과 피사 대주교 프란체스코 살비아티(Francesco Salviati Riario), 교황 식스투스 4세의 조카인 지롤라모 리아리오(Girolam Riario) 3자가 경쟁 뱅커이자 피렌체 공화국의 지배자인 메디치 가문을 제거하기 위해 꾸민 사건이다. 이 살해 모의 사건에는 평소 파찌 가문으로부터 자금을 빌렸던 교황 식스투스 4세(Pope Sixtus IV, 1414~1484)가 이들의 살해 모의를 "암묵적으로" 승인하면서 촉발되었다.

즉, 1478년 4월 26일 일요일, 피렌체의 두오모 대성당에서 미사를 보려고 나온 로렌초 메디치와 그의 동생 쥴리아노 메디치는 프란체스코 데 파찌(Francesco

줄리아노 메디치(Giuliano di Piero de' Medici, 1453~1478, 중앙의 조각상)는 로렌초 메디치의 동생이다. 그는 당대 뛰어난 미모를 자랑한 남성으로, 보티첼리가 그린 봄의 실제 여성 모델인 시모네타(Simonetta Vespucci, 1453~1476)와 염문을 뿌리기도 했다. 하지만 파찌 음모에 휩쓸려 25세의 꽃다운 나이에 사망하고 만다. 사망할 당시 연인이었던 피오레타(Fioretta Gorini, 1453c~1478)는 임신한 상태였고, 로렌초는 이 사생아를 거두어 자신이 키운다. 쥴리아노의 사생아인 이 아들은 나중에 교황 클레멘스 7세(Pope Clement VII, 1478~1534)가 된다. 사진의 조각상은 미켈란젤로 작품으로 중앙의 쥴리아노 얼굴은 후일 모든 미대생의 데생 모델이 된다. 산 로렌초 성당 소장

de' Pazzi, 1444~1478)와 베르나르도 바론첼리(Bernardo Bandini dei Baroncelli, 1420~1479)의 공격을 받았다. 로렌초는 급히 몸을 피했지만, 그의 동생인 쥴리아노는 19번이나 칼에 찔려, 1만여 명의 피렌체 시민이 지켜보는 앞에서 유혈이 낭자한 상태로 잔인하게 살해되었다. 2004년 발견된 문서에 따르면 우르비노 공작 페데리코 몬테펠트로(Federico da Montefeltro, 1422~1482)는 메디치 가문의 살해가 성공할 경우에 대비하여 600여 명의 중무장 병사들을 피렌체 외곽에 대기시키기도 하였다고 한다. 파찌의 쿠데타는 결국 실패하고 암살자들은 사형을 당했지만, 동성애자였던 교황 식스투스 4세는 이로 인해 메디치 가문과 전쟁을 선포하기도 하였다.

하여튼 즉위 26일 만에 누군가에게 살해된 피우스 3세 사후에는 제노바의 뱅커인 사울리(Sauli) 가문이 재정적으로 후원한 율리우스 2세(Pope Julius II, 1443~1513)가 교황으로 등극한다. 율리우스 2세 교황은 에라스무스의 명작 『*우신 예찬*(*Moriae Encomium, In Praise of Folly*)』의 실질적인 타겟이 된 인물이다. 즉, 에라스무스는 우신 예찬을 통해 율리우스 2세가 이탈리아의 정치적 파고와 불안을 야기한 근본적 원인을 제공한 인물이라고 맹비난했다. 특히 에라스무스는 율리우스 2세가 자신의 정치적 목적을 위해 칼과 불로써 그리스도교들이 피를 흘려 가며 죽어 가는 수많은 전쟁을 일으켰으며, 고난을 당했던 그리스도와 달리 교황 자신은 "영화

와 행복" 속에서 살아가고 있다고 그를 대놓고 비난했다.[42]

이 "바보의 신"인 율리우스 2세가 교황이 되는데 결정적으로 기여한 정치적 후원자는 당시 시에나의 정치 지도자였던 페트루치(Pandolfo Petrucci, 1452~1512)였다. 페트루치는 시에나 뱅커인 스파노키 가문과 치기 가문으로부터 막대한 자금을 빌리고 있었다. 예컨대 16세기 이탈리아 역사가 사누토(Marino Sanuto the Younger, 1466~1536)는 시에나 통치자 페트루치의 사위인 알레산드로 디 프란짜(Alessandro di Franza)가 사실은 스파노키 가문 소속이라고 주장했다. 더 나아가 프란짜는 스파노키 가문의 뱅킹 파트너인 치기 가문으로부터 17,000 듀캇이라는 거금을 빌리기도 했다.[43] 이 때문에 26일 만에 사망한 피우스 3세가 사실은 스파노키 가문, 치기 가문과 연대한 시에나의 통치자 페트루치가 독살한 것이라는 흉흉한 소문이 돌았다.

듀오모 성당 정문. 정식 명칭은 산타 마리아 델 피오레 대성당. 피렌체 도시가 성장하면서 기존의 성당 규모를 키워서 지은 성당이다. 성당의 설계자는 베키오 궁전의 설계자인 아르놀포 디 캄비오(Arnolfo di Cambio, ?~1302)이고, 공사 중단과 재개 등을 반복했다. 외벽은 대리석으로 수직과 수평을 교차해서 지었으며, 세상에서 가장 큰 단일 거대 돔은 후일 브루넬레스키(Filippo Brunelleschi, 1377~1446)가 완성한다. 15~16세기에는 피렌체 의회의 회의 장소로 사용되기도 하였다. 듀오모 성당과 관련하여 가장 유명한 사건이 바로 본문에서 언급한 파찌 음모 사건이다.

율리우스 2세 교황. 자신의 정치적 목적을 위해 그리스도 교도를 희생하면서, 교황 자신은 영화와 행복 속에서 살았다고, 에라스무스가 『*우신 예찬*』에서 비난 대상으로 삼은 인물. 르네상스 거장 라파엘로의 1511~1512년 작품. 런던 국립박물관 소장. 출처: Wikimedia Commons. Public Domain

교황을 둘러싼 뱅커들의 이권 경쟁이 이처럼 갈수록 격화되자, 15세기경부터는 아예 뱅커가 후원한 교황이 아니라 뱅커 가문에서 직접 교황이 나오기 시작한다. 예컨대 칼리투스 3세의 후임자 교황인 피우스 2

42 Felix Gilbert, *Ibid*, p. 112

43 Felix Gilbert, *Ibid*, p. 15

세는 시에나 피콜로미노 가문의 추기경 인 에네아 실비오(Enea Silvio Bartolomeo Piccolomini, 1405~1464)로, 뱅커 가문에서 직접 교황을 배출한 사례이다. 교황 피우스 3세 또한 피우스 2세의 조카로 사실상 피콜로미노 가문 소속이다. 루터의 종교 개혁을 촉발한 면죄부의 주인공인 교황 레오 10세 또한 피렌체의 뱅커 가문인 메디치 가문 로렌초 메디치의 아들인 죠반니 메디치였다.[44]

브루넬레스키 돔. 브루넬레스키 돔은 인간이 만든 단일 인조 건축물 중 가장 큰 돔이다.

## (7) 유럽의 분열, 유럽의 전쟁, 그리고 유럽의 뱅커

이처럼 서유럽에서는 자금 규모나 대출 역량 면에서 동양과는 비교가 안 될 정도의 막강한 영향력을 발휘하던 은행들이 종교와 정치를 좌우하던 핵심적인 지배층의 지위에 있었다. 율리우스 2세와 레오 10세 교황의 최측근 뱅커였던 아고스티노 키지(Agostino Chigi, 1466~1520)는 아예 사회 지배층으로 부상하기 위해 뱅커 역할을 자처했던 인물이었다.[45] 반면 이 당시 세계 최대의 부국이었던 송나라는 변변한 은행이 아예 없었다. 세계 최대의 산업 생산력, 세계 최대의 인구 대국, 세계 최대의 청동 화폐 발행량, 세계 최초의 지폐 발행을 통해 동양 최초로 해상

---

44 원래 면죄부(Indulgences)는 레오 10세가 최초로 발행한 것이 아니었다. 면죄부는 6세기부터 존재해 오던 것이었으며, 레오 10세 이전에도 교황청이 자금이 필요할 때 대량 발행되었다. 예컨대 십자군 원정을 처음 시작했던 교황 우르반 2세도 면죄부를 대량 발행하여 십자군 운동에 필요한 자금을 조달하였다. 면죄부가 교황청의 긴급 자금 조달 수단으로 확립되자, 면죄부 형태도 계속 발전한다. 예컨대 교황 식스투스 4세(Pope Sixtus IV, 1414~1484)는 천국과 지옥 사이의 연옥에 갇힌 이들이 면죄부를 사면 천국으로 갈 수 있다는 기막힌 발상으로 새로운 면죄부를 발행하여 엄청난 자금을 끌어모았다. 식스투스 4세의 면죄부 발행으로 오늘날 미켈란젤로의 최후의 심판이 그려진 시스티나 성당과 바티칸의 각종 古문서가 보관된 바티칸 도서관이 만들어졌고, 초기 르네상스 시대의 예술가들에 대한 적극적인 후원도 이루어졌다. Felix Gilbert, *Ibid*, p. 9

45 Felix Gilbert, *Ibid*, p. 97

제국인 탈라소크라시(Thalassocracy)를 이룩한 한 송나라였지만, 송나라는 전당포와 같은 약탈적 소비자 금융만 있었지 12~13세기 이탈리아처럼 산업과 금융을 연계함으로써 힘을 축적하여 정치와 종교까지 좌우할 수 있었던 유력 은행과 뱅커들은 없었다.

이처럼 송나라의 최대 약점은 산업, 무역을 금융과 연계시킨 뱅킹 산업이 없었다는 것이다. 하지만 13~14세기 유럽에서는 오늘날 최대 은행과 유사한 수준의 대형 은행을 보유할 정도로 이미 뱅킹이 산업으로서 위상을 확고히 하고 있었다. 자본주의 직전 단계에서 좌절된 송나라와 지리상 발견 이후 산업혁명을 거쳐 전 세계를 지배하게 된 서양의 가장 결정적인 운명의 갈림길이 바로 유력 뱅커들의 탄생 유무가 갈린 13~14세기였다고 하면 지나친 단순화일까?

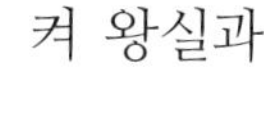

아고스티노 키지. 시에나 태생의 뱅커. 그는 소금 산업과 톨파 명반에 대한 독점사업을 통해 부를 축적하여 뱅커가 된다. 시에나에서 한 때 2만여 명에 이르는 직원을 고용한 거대 뱅커로, 시에나 사람들은 그를 '위대한(Il Magnifico) 키지'라고 불렀다. 1487년경에 로마로 진출, 당시 교황 후보였던 알렉산더 6세 교황에게 막대한 자금을 빌려주어 교황으로 만들면서, 로마 뱅킹 사업의 발판을 마련했다. 한편 알렉산더 6세 교황의 후임인 피우스 2세 교황이 수술 후유증으로 한 달도 안 되어 사망하자, 이번에는 교황 율리우스 2세에게 막대한 자금을 빌려주어 그를 교황으로 당선시켰다. 당연한 이야기이겠지만 교황 즉위 이후 율리우스 2세는 키지를 큐리아의 재무관으로 임명한다. 뱅킹 사업뿐 아니라, 미술과 문학 작품에도 막대한 자금을 투자하여 르네상스 운동에 기여하기도 한다. 대표적으로 로마 티베르 강가에 있는 그의 별장인 빌라 파르네시나(Villa Farnesina)는 르네상스의 진수를 보여 준다. ***필자는 키지 가문을 메디치 가문에 이어 뱅커라는 직업을 독자적인 사회적 계층으로 인식한 두 번째 가문으로 평가한다.*** 작자 미상. 16세기경 작품. 키지 궁전(Palazzo Chigi) 소장. 출처: Wikipedia. Public Domain

한편 교황의 은행 산업 육성으로 생겨난 상업은행 중에 교황이 아니라 십자군 전쟁에 참여한 왕실을 상대로 영업을 하는 이가 생겨났다. 교황의 관점에서는 말도 안 되는 일일지 모르지만, 당시 카톨릭을 채택하고 교황을 따르던 왕들을 고객으로 둔다면 크게 문제될 것은 없었다. 어떤 경우에는 아예 교황이 자신의 환전상을 시켜 왕실과 귀족들에게 직접 대출할 것을 명령하기도 하였다. 예컨대 13세기 우

르반 4세(Urban IV, 재위 1261~1264)는 교황이 된 이후 자신의 환전상, 즉 자신의 뱅커들을 통해 앙주의 샤를(Charles I of Anjou, 1226~1285)에게 신성 로마 제국을 공격하기 위한 전쟁자금 대출을 지시했다.

이후 유럽의 왕실은 상업은행들의 주요한 고객으로 확고히 자리를 잡았다. 왕실의 관점으로 보아도 상업은행의 서비스가 나쁘지 않았다. 그 결과 둘 사이의 관계는 급속히 발전했다. 13세기 이후 이탈리아 상업은행이 실질적으로 교황의 자금을 유럽 왕실에 빌려주는 자금 중개 역할을 한 셈이 되었다. 물론 교황의 권위에 도전했던 신성 로마 제국 황제는 빼고.[46]

이에 따라 서양 역사상 최초의 왕실 뱅커였던 루카의 리카르디 가문 이후 대형 은행 바르디, 페루찌, 아치아올리 가문 모두 왕실의 군주들을 자신들의 주요한 고객으로 삼았다. 왕실의 군주가 이들 은행과 밀접할 수밖에 없었던 이유는 유럽의 분열로 인해 유럽 각국의 군주들이 불가피하게 일으켜야 했던 전쟁 때문이었다. 불행히도 유럽에서는 중국과 달리 전쟁을 하기 위해서는 황금이 필요했다. 현대 이전의 중세나 근대의 유럽 국가들의 경우 징병제는 당연히 없었고, 전시에 세금을 징수할 수 있는 시스템조차 부족했기 때문이다.

따라서 징병제와 조세체계가 확립된 근대 이전 유럽의 왕실은 전쟁 수행을 위해 반드시 은행가들을 통해 사적으로 자금을 빌려야 했다. 예컨대 에드워드 3세는 100만 대군을 한 푼도 들이지 않고 징병했던 진나라와 조나라와 달리, 백년 전쟁의 본격적인 개전을 위해 당시 유럽 최대의 유대인 뱅커인 비블린(Vivelin of Strasbourg, ?~c.1347)으로부터 34만 플로린이라는 엄청난 돈을 빌렸다.[47] 아마 에드워드 3세는 이 돈이 없었으면 아예 도버 해협을 건널 생각도 못 했을 것이다.

---

46 하지만 정치적 이해관계에 따른 대출 여부는 중세 말이 끝이었다. 이후 상업은행의 대출 여부는 오직 경제적 이해관계에 따라 결정되었다.

47 Joseph Shatzmiller, 『*Cultural Exchange: Jews, Christians, and Art in the Medieval Marketplace*』, Princeton University Press, 2013, p. 53. 1 플로린은 대략 순금 3.53그램이다. 2018년 9월 금 값(1 트로이 온스당 1,200불, 그램당 약 38불)과 2024년 금 값(그램당 약 80불)을 적용하면 1 플로린은 명목가치로 대략 130~282불이므로, 34만 플로린은 약 4,500~9,588만 불에 해당한다.

아닌 게 아니라 에드워드 3세는 1337년에 프랑스에 전쟁을 선포해 놓고는, 전쟁자금이 변변치 않아 프랑스와 제대로 된 전투 한번 치르지도 못했었다. 즉, 전쟁자금이 부족했던 에드워드 3세는 프랑스 왕위를 물려받은 발루아 왕가의 필리프 6세(Philippe VI de Valois, 1293~1350)에게 프랑스 왕국 전체를 원한다는 협박성 편지로 전투에 대응했다. 나아가 자신과 1:1 결투를 통해 승부를 가리든지, 아니면 사자 앞에서 생존한 자가 왕이 되든지, 그것도 안 되면 병든 자를 낫게 하는 자가 왕이 되는 것으로 하자는 황당한 제안도 한다. 이 모두 전쟁자금이 없었기 때문에 벌어진 웃지 못할 해프닝이다.

필리프 6세. 샤를 4세가 남자 후계자 없이 사망하자, 여성은 왕위를 승계할 수 없다는 살리카 법에 따라 사제들의 회의를 거쳐 1328년 왕위에 올라 발루아 왕조를 개창한다. 하지만 1333년 영국의 에드워드 3세와 대립하던 스코틀랜드의 데이비드 2세가 프랑스로 망명하자 그를 환영하면서, 처음에 그를 인정했던 에드워드 3세가 프랑스 왕위를 다시 주장한다. 이로 인해 양국은 100년이 넘는 기간 동안 전쟁에 돌입하게 된다. 작자 미상. 1336년경 작품. 14세기 필사본 『*(1332년 8월 6일에 개최된) 아르투아의 로베르 3세 최종 심리(Proces de Robert III d'Artois)*』 삽화. 출처: Wikipedia Commons. Public Domain

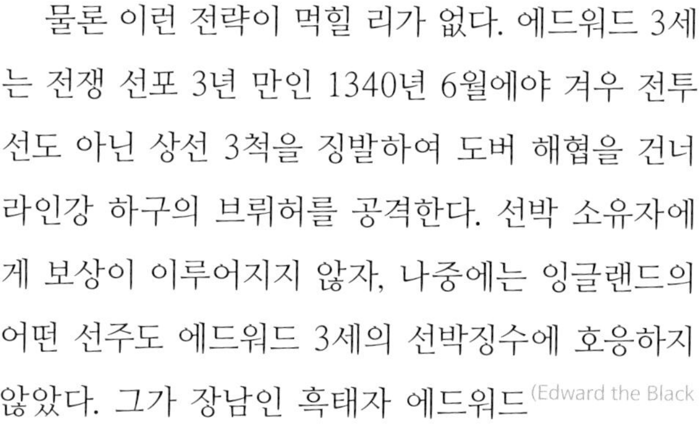

물론 이런 전략이 먹힐 리가 없다. 에드워드 3세는 전쟁 선포 3년 만인 1340년 6월에야 겨우 전투선도 아닌 상선 3척을 징발하여 도버 해협을 건너 라인강 하구의 브뤼허를 공격한다. 선박 소유자에게 보상이 이루어지지 않자, 나중에는 잉글랜드의 어떤 선주도 에드워드 3세의 선박징수에 호응하지 않았다. 그가 장남인 흑태자 에드워드(Edward the Black Prince, 1330~1376)와 함께 1만 명이 넘는 대규모 군대를 거느리고 도버 해협을 직접 건넌 해는 비블린의 자금을 빌려서 군대를 마련한 이후로, 그보다 6년이나 지난 1346년이었다.[48]

48  프랑스에 당도한 에드워드 3세는 흑태자 에드워드와 함께 1346년 8월, 프랑스 북부의 항구 도시 크레시(Crécy)에서 처음으로 프랑스 대군과 일전을 벌인다. 에드워드 3세 병력은 12,000명 정도였으나, 프랑스군은 제노바 궁병 1.5만여 명, 기병 1만여 명을 포함한 3~4만 명 정도로 수적으로 에드워드 3세가 단연 열세였다. 하지만 에드워드 3세에게는 뱅커로부터 빌린 돈으로 고용한 분당 10~20발을 발사하고 사거리도 제노바 궁병보다 훨씬 긴 웨일즈의 장궁병이 있었다. 프랑스 기병은 웨일즈 장궁병의 집중 화살 공격으로 궤멸적인 타격을 입고, 결국 영국이 승리한다. 일설에 따르면 프랑스 사상자는 1~3만여 명, 영국 사상자는 150~300여 명이라고 한다.

무엇보다도 상업은행 대출은 세금 징수보다 간단했다. 은행 대출을 통한 자금조달은 세금을 징수하려다 형장의 이슬로 사라진 영국의 찰스 1세(Charles I, 1600~1649)처럼 예나 지금이나 고분고분하지 않은 의회를 설득하려고, 될지 안 될지 전혀 예측이 안 되는 지루한 협상을 하지 않아도 된다. 또한 루이 16세처럼 세금을 징수하려고 삼부회를 소집했다가, 왕정 자체가 붕괴되는 상상조차 하기 힘든 리스크를 부담할 필요도 없었다. 더구나 왕실은 은행가들을 상대로 대체로 자신들에게 유리한 조건으로 협상을 할 수 있었다. 그것도 은행들로부터 무엇을 상상하든 그 이상의 극진한 대접을 받으면서.

흑태자 에드워드. 에드워드 3세의 장남으로, 기병을 귀신같이 잘 다루어 1346년 크레시 전투(Battle of Crécy), 1356년 푸아티에 전투(Battle of Poitiers) 등 주요 백년 전쟁에서 승리하여 살아생전에 가장 위대한 기사로 불렸다. 그러나 자신의 장남인 에드워드 앙굴렘(Edward of Angoulême, 1365~1370)이 흑사병으로 자기보다 먼저 사망하자, 이에 극도로 상심하여 자신도 시름시름 앓다가 1376년에 부친인 에드워드 3세보다 먼저 사망한다. 태자였음에도 불구하고 부친보다 먼저 사망하면서, 흑태자의 둘째 아들이 10세의 나이에 리처드 2세로 왕위에 오른다. 그는 주로 검은색 투구와 갑옷을 즐겨 입었는데, 이 때문에 그를 흑태자(Black Prince)라고 부른다. 작자 미상. 1440~1450년경. 가터 기사단(Order of the Garter) 소속의 왕들 초상화를 담은 *『브루게스 가터 북(Bruges Garter Book)』* 삽화. 출처: Wikipedia Commons. Public Domain

은행가들도 왕실에 대한 대출로 이자수익은 물론이고, 무역과 관련된 특권까지 부여받았다. 예컨대 1272년 왕위에 오른 영국의 에드워드 1세(Edward I, 1239~1307)는 이탈리아의 상업은행으로부터 대출을 받는 대가로, 유럽 최고의 품질을 자랑하는 영국의 양모 수출 물량 중 24.4%를 롬바르드 지역의 뱅커들에게 우선 배정했다.

어떤 경우에 왕들은 골치 아픈 세금징수를 아예 상업은행들에게 위탁했다. 이 전통은 사실 이슬람에서 비롯된 것이다. 즉, 압바스 왕조(750~945) 시대 금화 디나르의 순도를 관리하고 세금을 징수하던 금융 행정관인 자바드(Al-jahbadh)는 여유 자금이 있는 거상이면서 뱅커였던 타지르(tajir)였다. 반면 세금 징수까지 은행가들에게 위탁했다는 이야기를 들으면, 징

세를 포함한 거의 모든 정부 업무에 상상을 초월하는 엄청난 양의 서류작업에 몰두했던 당송 시대 관료들은 놀라서 뒤로 나자빠졌을지도 모르겠다. 하지만 1272~1294년, 루카의 리카르디(Riccardi) 뱅커 가문이 영국의 에드워드 1세를 대신해서 징수한 세금은 연 2만 파운드로, 당시 에드워드 1세 연 수입의 약 절반에 달할 정도였다.

은행가들이 빌려준 돈으로 수행한 전쟁에서 승리하면 은행은 왕실로부터 막대한 전리품을 받기도 했다. 경우에 따라서는 대출의 대가로 뱅커들이 귀족 작위를 받는 경우도 있었다. 14세기까지 영국에서는 이탈리아 뱅커들이 영국 왕실에 대출해 준 후, 반대급부로 왕실의 동전 주조와 환전 과정에도 고용되어 수수료도 챙겼다.[49] 결국 유럽의 왕실·정부와 상업은행은 때로는 서로 없으면 죽고 못 사는 트리스탄(Tristan)과 이졸데(Isolde)보다 더 심각한 연인처럼, 때로는 관중과 포숙보다 더 가까운 친구처럼, 때로는 돈 키호테와 산초 판다보다 더 긴밀한 주종 관계로 발전했다.

이에 따라 로마 이후 극도로 분열된 유럽판 춘추전국시대, 유럽판 5호 16국 시대는 유럽 상업은행의 대출과 물고 물리는 관계로 발전했다. 즉, 유럽 왕실의 끊임없는 전쟁으로 상업은행의 대출 규모가 커졌고, 대출 규모가 커지면서 전쟁 빈도도 잦아졌다. 전쟁이 잦으면서 역설적으로 전쟁자금을 대출하는 상업은행의 규모가 조금씩 커졌다. 물론 중세 말과 근대 초기에는 왕실이 대출을 받고 상환을 거부하는 경우도 있었다. 그 결과 대형은행들이 파산하기도 했다. 바르디와 페루찌 은행이 대표적인 사례이다.

### (8) 유럽의 국공채 시장과 로쉴드 가문, "황금에는 조국이 없다!"

하지만 시간이 흐를수록 뱅킹과 대출 기법은 정교해졌다. 예컨대 왕실에 대

49 Martin Allen, edited by Chris Given-Wilson, *Ibid*, pp. 53~55

한 대출은 엄격한 신용도 평가를 거쳐야 했다. 왕실도 과거보다는 약속을 지켰다. 특히 유럽의 상업은행들은 왕실에 대한 직접 대출이 아니라, 12세기 제노바에서 등장한 국공채 시스템을 활용하기 시작했다. 지리상 발견 이후 17세기부터 광풍에 가까운 투기 열풍이 몰아치면서 급격하게 발전하는 유럽의 자본시장이 바로 국공채 매매 시스템이 작동하는 무대가 되었다. 한낱 꽃봉오리에 불과한 튤립도 운하 인근의 주택과 맞바꿀 수 있는 가격인 7만 5천 불로 치솟아 수익률 몇천 %를 기록하는 투자 대상이 되는 판국인데, 유럽 왕실이 지급을 약속하는 국공채는 두말할 필요도 없는 매력적인 투자 대상이었다.[50]

유럽의 상업은행 처지에서 이와 같은 국공채 시스템은 유럽의 왕실 자금 수요와 넘쳐나는 민간 자본을 효율적으로 매개할 수 있는 매혹적인 장소였다. 특히 유럽의 상업은행은 해당 국채를 국공채 시장에서 도매로 대량 매수한 후 소매로 일반 투자자에게 판매하는 "인수 후 재판매, 이른바 셀-다운(Sell-down)" 방식을 새로 개발했다. 이 방식을 통해 상업은행은 국공채 시장을 활용하여 과거 끊임없이 자신들을 괴롭혀 왔던 왕실의 채무 불이행 위험을 직접 부담하는 것이 아니라, 자금의 수요자와 공급자를 단순히 중개함으로써 왕실의 채무 불이행이라는 리스크를 국공채 투자자에게 100% 전가했다.[51] 즉 이 독특한 셀-다운 방식으로 상업은행은 리스크를 거의 부담하지 않으면서도, 그야말로 상상을 초월하는 자본차익과 수수료를 챙긴 것이다.

예컨대 1740년대 영국 국공채 시장의 큰손 삼손 기드온(Sampson Gideon, 1699~1762)

---

50 튤립의 원산지는 중앙아시아이다. 중앙아시아의 튤립은 비단길을 거쳐 유럽으로 전파된다. 2005년과 2010년 키르기스스탄의 민주화 혁명을 튤립이 필 무렵인 3~4월 무렵에 일어났으므로, 튤립 혁명이라고 부른다.

51 이와 같은 전통 때문에 오늘날에도 유럽의 자금시장은 투자 개념의 주식시장보다 대출 개념의 국공채 시장이 가장 크다. 이는 2011년 유럽 재정위기의 가장 근본적인 원인이기도 하였다. 나아가 전 세계 채권시장 중에서 미국의 국채 발행이 차지하는 비중도 가장 높다. SIFMA에 따르면 2022년 전 세계 채권시장 규모는 122.6조 불이었는데, 미국 채권이 50.1조 불로 41.3%를 차지했다. 이 중 미국 국채는 22조 달러로 전 세계 채권 시장의 18% 수준으로 단일 채권 상품으로는 비중이 가장 높다. (참조: SIFMA, Understanding Fixed Income Markets in 2023) 글로벌 금융시장 전체로도 미국 국채 하루 거래량이 2022년 기준으로 장기채(US Bills) 1,520억 불, 단기채(US treasuries) 1,307억 불, 합계 2,827억 불로 S&P500 하루 거래량 2,400억 불을 상회하는 전 세계 최대 금융투자 상품이다. (참조: https://www.gold.org/goldhub/data/trading-volumes) 본질적으로 미국의 국채는 곧 미국 정부에 대한 자금 대출이다. 오늘날까지도 상업은행, 투자은행은 채권 중개를 통해 막대한 수수료를 챙기고 있는 것이다.

은 런던의 커피 하우스에서 복권, 주식, 보험 등의 금융 상품을 취급하다, 본격적으로 국공채 시장에 진입했다. 특히 1740년부터 1748년 기간의 오스트리아 왕위 계승 전쟁 중 기드온은 영국군의 전비를 지원하는 국공채를 중개하면서, 막대한 돈을 벌었다. 예컨대 1745년, 오스트리아 왕위 계승 전쟁 당시 스튜어트 왕조의 부흥을 도모하던 자코바이트 반란군이 프랑스의 도움으로 영국에 상륙했다. 이 소식에 경악한 런던의 국공채 금융시장은 영국의 재무장관이 도주했다는 소문까지 돌면서 영국 정부가 발행한 국채 가격이 폭락했다. 기드온은 투자자들이 공포에 질려 매도하던 국채를 싼값에 매입하면서, 동시에 영국 정부의 자금줄인 잉글랜드 은행에 자금을 대었다. 기드온이 전세를 정확히 읽고 이런 투자를 했는지 알려져 있지 않지만, 자코바이트 반란군은 중화기를 거의 보유하지 않은 상태였고 보급도 부족해 영국군을 효과적으로 제압하지 못했다. 결국 자코바이트 반란군은 소리만 요란하게 내다가 결국 진압되었다. 이로 인해 폭락한 국채 가격이 다시 폭등했고 기드온은 이때 엄청난 돈을 벌었다. 예컨대 1719년 1,500파운드, 1740년에 45,000파운드에 불과하던 그의 자본금은 국공채 시장의 큰손으로 활약한 이후 1750년에는 180,000파운드, 1759년에는 350,000파운드로 급격히 증가했다,

암스테르담에서 런던으로 이주한 유대인 아론 골드스미스(Aaron Goldsmith, 1715~1782)의 아들들도 잉글랜드 은행의 브로커로 주로 3개월짜리 단기 국공채 시장

유대인 삼손 기드온. 런던에서 태어난 유대인 뱅커. 그의 조부는 포르투갈의 세파르디 유대인 출신이며, 그의 부친인 롤랜드(Rowland Gideon)는 함부르크의 상인으로 카리브해의 사탕수수 생산에 투자하여 막대한 돈을 벌었다. 부친의 상업 및 뱅킹 활동을 옆에서 지켜보던 삼손은 런던 롬바르드 스트리트의 커피 하우스에서 금융업을 시작했다. 특히 그는 영국군이 대외 전쟁을 수행할 때 필요한 군자금 조달을 책임지는 역할을 도맡아, 영국에서 유대인의 실질적인 지위 향상에 크게 기여하였다. 자코바이트 당의 런던 침략 때에는 국무장관이 영국을 떠났다는 소문이 파다한 최악의 상황에서, 영국 국채를 매입하고 영란은행에 자금을 지원하여 영국을 구원하는 결정적인 역할을 하게 된다. 작가 Benjamin Long. 18세기경 작품. 출처: Wikipedia Commons. Public Domain

에서 활약했다. 이들 골드스미스 가문은 1800년대 국공채 시장의 투자자들을 중개하면서 수억 파운드를 모았다고 한다.[52] 영국은 이 자금으로 프랑스와의 전쟁자금을 수월하게 모집할 수 있었다.

누가 뭐래도 국공채 시장 브로커의 절대 강자는 다름 아닌 로쉴드 가문이었다. 로쉴드 가문이 중개한 국채는 절대로 파산하지 않는다는 시장의 불문율까지 생길 정도였으니까. 1820년, 메테르니히(Klemes von Metternich, 1773~1859) 치하의 오스트리아가 발행한 연율 6.5%, 2천만 플로린의 국채를 솔로몬 로쉴드(Solomon Rothschild, 1774~1855)가 인수할 때, 최초 할인율은 33.3%였다.[53] 이후 솔로몬 로쉴드가 이 국채를 일반 투자자에게 매도(sell-down)한 가격은 로쉴드 국채라는 프리미엄이 붙으면서 액면가의 140%까지 치솟았다.[54] 인수 수수료는 4%였다. 간단히 말하면 100원 국채를 67원에 인수해서 140원에 팔고, 추가로 4원의 인수 수수료까지 챙긴 것이다. 단순 계산으로 로쉴드 은행은 이 국채 인수 건으로 두 배 이상의 수익률을 올렸다. 이를 통해 추정하면 매번 국채를 발행할 때마다, 최소 발행 총액 두 배 내외의

솔로몬 로쉴드. 로쉴드 가문의 창립자 마이어 암셸 로쉴드(Mayer Amschel Rothschild, 1744~1812)의 둘째 아들로 오스트리아 지부의 창립자. 오스트리아의 증기 철도 건설에 자금을 대고, 메테르니히 정부가 수행한 각종 전쟁에도 그의 자금이 사용되었다. 이에 따라 오스트리아 경제발전에 기여한 공로로 독일인임에도 불구하고 오스트리아 귀족인 남작 작위(프라이헤르, Freiherr)를 받게 된다. 한편 로쉴드 가문은 마이어 암쉘 로쉴드가 동족결혼(Endogamy)을 유언으로 남기면서, 오직 그들 친척끼리만 결혼하는 폐쇄적 유산을 가지게 된다. 독일 화가 모리츠 오펜하임(Moritz Daniel Oppenheim, 1800~1882)의 1853년 작품. 출처: Wikipedia Commons. Public Domain

52 에이미 추아, *앞의 책*, p. 285

53 최초 할인은 보통 OID(Original Issue Discount)라고 부른다. 채권 발행자의 신용도가 낮을수록 액면가보다 많이 할인(deep discount)되어 상업은행이나 투자은행이 인수한다. 금액이 크기 때문에 일종의 도매 시장 할인이기도 하다. 하지만 상업·투자은행 관점에서는 명백히 소득이다. 미국 국세청도 OID를 일종의 소득으로 보고 과세한다. 상업·투자은행은 OID로 채권을 인수한 후, 소매 시장에서 일반 투자자에게 액면가로 혹은 프리미엄을 붙여서 매각(sell-down)한다. 이처럼 상업·투자은행은 채권시장에서 도소매 유통 마진을 챙기면서 수익을 확보한다.

54 Geoffrey Jones, 『*Banks as Multinationals*』, Routledge, 2012, p. 129

엄청난 자본차익과 수수료 수익이 로쉴드 은행에 떨어졌을 것이다.

이 때문에 전쟁이 잦을수록 상업은행은 부유해졌다. 미국 역사학자 니얼 퍼거슨의 말을 빌리면 네이선 로쉴드(Nathan Rothschild, 1777~1836)의 은행은 오늘날의 "메릴린치, 모건스탠리, 제이피 모건, 골드만 삭스를 모두 합친 것보다 더 컸다."[55] 역으로 상업은행의 대출이 커지면서 중세와 근대 유럽은 끊임없이 전쟁의 소용돌이 속에 휘말려 들었다. 얼마나 유럽에 전쟁이 많았는지 독일 철학자 임마누엘 칸트(Immanuel Kant, 1724~1804)는 이제는 제발 전쟁 그만하자는 불후의 명작 논문 『*영구평화론*(Zumewigen Frieden)』을 1795년에 발표한다. 칸트는 이 논문에서 특히 전쟁자금 조달을 위한 국채 발행에 반대했다. 그는 유럽 각국의 전쟁과 상업은행 사이의 유착 관계에 대한 깊은 통찰력을 가지고 있었던 것이다. 칸트의 말대로 안 해도 될 전쟁을 상업은행 때문에 하는 경우도 있었다. 예컨대 유럽과 미국의 상업은행들이 없었으면 브라질, 파나마, 이스라엘은 나라 자체가 없었을 것이

네이선 로쉴드. 로쉴드 가문의 창립자인 아쉬케나짐 유대인 출신인 마이어 암셸 로쉴드(Mayer Amschel Rothschild, 1744~1812)의 셋째 아들로 영국에서 활동했다. 처음에는 맨체스터에서 면직물과 모직물 교역에 종사하던 무역업자였으며, 런던으로 이주한 후부터는 교환 증서를 할인하는 뱅킹 업무에 주력하면서 막대한 돈을 벌었다. 1802년에는 프리메이슨에 가입하고, 1809년부터는 황금과 국채 매입에 뛰어들었다. 특히 나폴레옹과 전쟁을 벌였던 영국에게 네이선은 전쟁자금을 공급한 주요 자금 조달원이었다. 1815년 워털루 전투에서 영국군이 패배한다는 불확실한 소문에 영국 국채값이 폭락했을 때 영국군의 승리를 미리 알고서 대량으로 이를 매집했으며, 나중에 영국의 웰링턴이 승리했다는 소식이 정식으로 전해져 영국 국채값이 폭등하자 엄청난 돈을 벌었다는 유명한 일화가 전한다. 그가 사망할 무렵, 그의 전 재산이 영국 국가 전체 수입의 1%에 육박했다는 설도 있다. 독일 시인 하이네(Heinrich Heine, 1797~1856)에 따르면, 프랑스의 리슐리외 추기경은 봉건 독재를 처음으로 타파한 인물이고, 프랑스 3대 혁명가 중 한 사람인 로베스피에르는 봉건 잔재를 완전히 청소한 인물이며, 네이선 로쉴드는 금융의 제왕이라는 새로운 엘리트층의 탄생을 상징하는 인물이라고 평가했다. 독일 화가 모리츠 오펜하임(Moritz Daniel Oppenheim, 1800~1882)의 1853년 작품. 로쉴드 콜렉션(Rothschild Collection) 소장. 출처: Wikipedia Commons. Public Domain

55 Niall Ferguson, 『*The House of Rothschild: The World's Banker, 1849 - 1999*』. Viking, 1999, p. 479

고, 런던 시장에서 국채 발행을 통해 전쟁자금을 마련하지 못했다면 일본은 러일 전쟁(1904~1905)을 시작할 엄두조차 내지 못했을 것이다.[56]

그 결과 18세기와 19세기 영국, 프랑스, 프로이센, 러시아, 오스트리아·헝가리 제국, 스페인 등 유럽 각국의 정치, 경제, 외교 분야 각축전은 뱅커들의 자금을 바탕으로 물고 물리는 "대규모 체스게임(Grand Chess Game)"으로 변질되었다. 더 정확히 말하면 유럽 각국의 각축전은 뱅커들이 없다면 시나리오 자체가 불가능했다. 오히려 시간이 흐를수록 뱅커들이 유럽 각국의 정치, 경제, 외교 각축전 양상을 '디자인'하는 경우도 있었다.

라이오넬 로쉴드. 그는 네이선 로쉴드의 장남이다. 부친과 마찬가지로 영국군 전쟁자금 조달의 핵심 인물로, 크림 전쟁은 라이오넬 로쉴드가 없었다면 영국이 러시아를 상대로 승리할 수 없었다. 특히 1875년 이집트 정부의 수에즈 운하 지분 44%는 라이오넬 로쉴드의 단기 자금 대출이 없었다면, 영국이 아니라 그대로 프랑스로 넘어가는 상황이었다. 1885년, 유대인으로서는 처음으로 하원 의원이 되는 기록도 남겼다. 그는 20년이 넘는 기간 동안 통풍으로 고생하다가, 70세에 사망한다. 런던 독일 화가 모리츠 오펜하임(Moritz Daniel Oppenheim, 1800~1882)의 작품. 런던 초상화 박물관 소장. 출처: Wikipedia Commons. Public Domain

예컨대 18세기 네이선 로쉴드 은행은 영국이 나폴레옹과 전쟁을 벌일 때 영국 정부에 자금을 대출했다. 로쉴드 은행이 나폴레옹 전쟁의 승패를 계기로 영국 국채를 대상으로 도박 아닌 도박을 걸어 일확천금을 확보한 것은 이제는 비밀도 아니다.[57] 아마 영국 정부는 로쉴드 은행의 자금 대출이 없었으면, 나폴레옹의 해상 봉쇄로 국가가 거덜 나면서 결국 무릎을 꿇었을 것이다. 만약 그랬다면 해가 지지 않는 나라라는 명칭은 영국이 아니라 프랑스의 나폴레옹 제국이 가져갔을지도 모르겠다.

나아가 웰링턴의 이베리아 반도 전쟁(Wellington's Peninsular Campaigns, 1807~1814)과 러시아 남하를 견제하기 위한 크림 전쟁(Crimean War, 1853~1856)에서 영국군의 승리 역시 로쉴

---

56 이스라엘의 건국으로 팔레스타인인 70여만 명은 1948년, 살던 곳에서 쫓겨났다. 팔레스타인인들은 매년 이스라엘 건국 다음 일인 5월 15일을 날벼락, 대재앙이라는 뜻의 '나크바(Nakba)'라고 부른다.

57 Roy C. Smith and Ingo Walter, *Ibid*, p. 10

프란시스 베어링(Sir Francis Baring, 1st Baronet, 1740~1810)의 초상화. 프란시스 베어링의 부친인 요한 베어링(Johann Baring, 1697~1748)은 독일 사람으로 양모 제조업자이면서 직물 무역업자였다. 부인이 영국인인 탓에 아들인 프란시스를 런던으로 보내 일찍부터 영국에서 교육받았다. 런던에서 무역업을 하다가 나폴레옹과 영국이 전쟁에 돌입하자 국채 발행으로 엄청난 돈을 벌었다. 프란시스 베어링은 네덜란드의 호프 앤 코(Hope & Co.)와의 긴밀한 네트워크를 활용해서 뱅킹 사업을 유럽, 미국으로 확대하여 정치, 외교적으로도 엄청난 거물이 된다. 바이런이 유럽의 제왕이라고 묘사한 이가 바로 다름 아닌 프란시스 베어링이다.그가 살아 있을 때 회사명은 프란시스 베어링 회사(Francis Baring & Co)였는데, 그의 세 아들이 사업을 물려받은 후에는 베어링 형제 회사(Baring Brothers & Co)로 이름이 바뀐다. 런던 초상화 박물관 소장

드 가문이 영국 정부에 자금을 빌려주었기 때문에 가능했다. 프랑스인 레셉스가 건설한 수에즈 운하의 소유권을 장악하기 위한 영국 정부의 추악한 "1876년 작전" 역시 4백만 파운드의 자금을 주선해 준 라이오넬 로쉴드(Lionel Rothschild, 1808~1879)가 없었다면 절대 가능하지 않았을 것이다. 영국 왕실은 지금도 로쉴드 은행의 주요 고객이다.[58]

리슐리외 추기경은 이처럼 단순한 은행에서 열강의 반열로 부상한 로쉴드(Rothschild) 家의 세력을 약화시키기 위해 의도적으로 베어링(Baring) 가문의 자금을 사용했다. 하지만 그의 판단은 완전한 오판이었다. 리슐리외 추기경은 자신이 의도적으로 지원한 베어링 가문의 폭발적 성장에 스스로 놀라면서, 유럽의 6대 강국은 영국, 프랑스, 오스트리아, 러시아, 프로이센 그리고 베어링 형제(Baring Brothers)라고 뒤늦게 탄식했다.[59]

리슐리외의 평가처럼 은행에

58 로쉴드 은행의 에블린 로쉴드(Evelyn de Rothschild) 회장은 2022년까지 영국 여왕인 엘리자베스 2세의 개인적인 금융 자문관이었다.

59 Liaquat Ahamed, -, Penguin Books, 2009, pp. 209~210

서 6대 강국으로 변신한 영국의 베어링 은행(Baring Bank)은 1803년 프랑스의 나폴레옹 황제가 루이지애나를 미국에 1,500만 불에 매각할 때, 미국 정부의 국채 인수를 중개하여 미국 정부에 자금을 공급해 주었다.[60] 나폴레옹은 이 돈으로 영국을 공격하려고 했으나, 끝내 그 꿈을 이룩하지는 못했다. 베어링 은행은 나폴레옹 제정 이후에도 프랑스 정부의 전쟁 경비 중개를 거의 독점하다시피 하면서 사세를 키웠다. 베어링 은행은 특히 나폴레옹의 패배 이후 유럽 국가에 배상해야 할 전쟁 배상금을 조달하기 위해 프랑스가 발행한 국채 매각을 주선하면서 급격히 사세를 확장했다.

하지만 베어링 은행은 프로이센이 유럽 신

나폴레옹. 코르시카섬의 하급 귀족 출신으로, 프랑스 혁명 이후 왕당파의 반란을 산탄환을 이용하여 무자비하게 진압한 이후부터 승승장구한다. 대표적으로 혁명정부는 나폴레옹을 당시 혁명정부의 가장 큰 적이었던 이탈리아 원정군의 사령관으로 임명하여, 이탈리아 정복을 지시한다. 나폴레옹은 이탈리아 북부인 롬바르디아 지방을 완전히 쓸어버려 대승을 거두는데, 이 때문에 프랑스에서 엄청난 인기를 얻게 된다. 혁명정부는 나폴레옹의 국내 인기가 부담스러워 그를 이집트 원정길로 보내는데, 원정 중에 혼란한 국내 정치를 이유로 귀국하여 쿠데타(브뤼메르 18일 쿠데타)를 일으켜 제1 통령이 된다. 제1 통령이 된 후 이탈리아에 평화를 제안했으나 거절당하자, 한니발 이후 두 번째로 알프스 산맥 중 해발 2,469m에 이르는 산베르나르 고개를 넘어 이탈리아로 쳐들어간다. 알프스 산맥을 넘을 당시 참모들이 극구 반대했으나, 이에 대한 나폴레옹의 답변은 간명했다. "내 사전에 불가능이란 없다." 이후 유럽 문제에 집중하기 위하여 신대륙에 있는 아이티나 루이지애나 식민지 등을 정리하여 전쟁 비용을 마련하기도 한다. 특히 1803년 왕당파들의 반란을 빌미로 스스로 황제에 오르는데, 공화주의자로 명성이 높았던 터라 많은 이들의 반발을 샀다. 특히 베토벤은 교향곡 3번을 '보나파르트'라 하여 그에게 헌정할 생각이었으나, 황제가 되었다는 소식에 악보를 바닥에 내팽개치고는 헌정을 포기하고 악보 제목도 '영웅'으로 바꾸었다. 1805년에는 스페인 함대와 연합하여 영국 함대와 트라팔가에서 맞붙었으나 패배하고, 대륙 봉쇄령으로 영국 고립 작전에 들어간다. 하지만 대륙 봉쇄령을 어긴 러시아를 응징하기 위해 러시아로 쳐들어갔다가, 병력 대부분을 잃고 결국엔 몰락한다. 프랑스 화가 자크 루이 다비드(Jacques-Louis David, 1748~1825)의 1812년 작품. 이 그림은 나폴레옹이 황제시절에 그린 것인데, 황제 차림이 아니라 근위 기병 대령 복장 차림이다. 워싱턴 국립미술관(National Gallery of Art) 소장. 출처: Wikipedia Commons. Public Domain

60 당시 루이지애나는 그 면적이 212만 ㎢로 한반도 영토의 10배, 당시 미국 영토의 2배에 가까운 엄청난 크기의 영토였다.

흥 강국으로 등장하자, 대출 고객을 프랑스에서 그 적대국인 프로이센으로 바꾸었다. 프랑스는 프로이센에 자금을 대출해 준 베어링 은행 때문에, 보불 전쟁(1870~1871)에서 패하여 자신의 심장부인 베르사유 궁전에서 프로이센에게 항복 선언을 해야 하는 치욕을 겪어야만 했다. 자신을 키워준 은인이었던 프랑스의 심장에 오히려 비수를 꼽은 베어링 은행을 보고, 프랑스 정치인들은 도대체 무슨 생각을 하였을까?

프랑스인들이 베어링 은행의 배신을 전혀 예측 못했던 것은 결코 아니었다. 베어링 은행의 황당한 배신을 이미 예언한 이가 프랑스에 있었다. 바로 나폴레옹 황제였다. 그는 영국과 러시아를 제외한 유럽 전역을 제패한 이후 상업은행들의 철저한 이해타산 행위를 목도한 후 "황금에는 조국이 없다"라고 탄식했다. 결국 보불 전쟁 이후 프랑스 정부의 전쟁 비용을 조달한 상업은행 역할은 베어링 은행에서 제이피 모건(J.P. Morgan)으로 교체된다.

### (9) 유럽의 뱅커, 그리고 "Jackson and No Bank!"

유럽뿐만 아니다. 18세기에 새로 탄생한 미국 또한 상업은행의 영향력에서 결코 벗어날 수 없었다. 미국 초대 재무장관 해밀턴(Alexander Hamilton, c.1755~1804)은 독립선언문의 초안을 작성했던 토머스 제퍼슨(Thomas Jefferson, 1743~1826)의 격렬한 반대를 무릅쓰고 미합중국 제1은행(First Bank of the United States, 1791~1811)을 창설하였다. 미국의 중앙은행인 연방준비은행(FRB, 1913~) 또한 영국의 중앙은행 모델을 따라 설립된 민간은행이다.

미국이 2차 대전에 참전할 때도 상업은행의 역할은 더욱 커졌다. 예컨대 2차 대전 참전 직전 미국의 정부 부채는 500억 불이었는데, 2차 대전이 끝나자 정부 부채가 그 5배인 2,500억 불로 늘었다. 놀랍게도 2,000억 불의 약 절반인 840억 불은 상업은행이 부담했는데, 이 당시 상업은행 자산의 무려 60%에 이르는

알렉산더 해밀턴. 미국 독립선언서에 참여한 건국의 아버지(Founding Fathrs) 중 한 사람이다. 그러나 태생은 미국이 아니라, 영국의 카리브해 식민지인 네비스(Nevis) 섬이다. 그의 부친은 정식 부친이 아닌, 스코틀랜드 무역업자인 제임스 해밀턴이었는데, 알렉산더 해밀턴이 어릴 때 그의 모친과 형, 그리고 자신을 버리고 떠났다. 10대에 뉴잉글랜드 지방과 교역을 하는 무역 상사(Beekman and Cruger)에서 회계, 무역, 뱅킹 기법 등을 배웠으며, 1771년에는 사장이 해외 출장을 갔을 때, 5개월 동안이나 회사를 책임질 만큼 능력을 인정받았다. 1772년에는 보스톤으로 입국한 후, 뉴욕시로 이동하여 정식으로 교육을 받기 시작했다. 이후 미국 독립전쟁이 터지자 민병대로 참여하여, 나중에 철저한 연방주의자로 변신한다. 미국 헌법 초안은 제임스 매디슨과 그가 협력하여 작성한 것으로 알려져 있다. 조지 워싱턴 대통령 시절에는 재무장관을 맡아, 토머스 제퍼슨, 심지어 제임스 매디슨의 반대를 뚫고 조지 워싱턴 대통령을 설득하여 제1 국립은행 설립을 주도하게 된다. 미국 화가 존 트럼불(John Trumbull, 1756~1843)의 1806년 작품. 런던 초상화 박물관 소장. 출처: Wikipedia Commons. Public Domain

규모였다.[61]

반면 미국의 경우, 유럽과 달리 뱅커들의 영향력을 벗어나려고 시도한 정치 지도자도 있었다. 가장 대표적인 이가 1829년 미국의 7대 대통령이 된 앤드류 잭슨(Andrew Jackson, 1767~1835)이다. 그는 대통령 선거 과정에서부터 뱅커들을 상대로 전쟁을 선포했다. 그의 선거 캠페인 모토는 "Jackson and No Bank!"였다. 뱅커들 관점에서는 참으로 불행하게도 미합중국 제1 은행에 이어 설립된 미합중국 제2 은행(Second Bank of the United States, 1816~1836)의 인가연장 여부 결정 시점이 잭슨 대통령의 재임 기간 중에 있었다. 미합중국 제2 은행 총재였던 니콜라스 비들(Nicholas Biddle, 1786~1844)은 인가 만료 4년 전인 1832년에, 의회에 인가 연장을 신청했다. 하원은 107대 85로, 상원은 28대 20으로 법안이 통과되었다.

법안은 의회를 통과했지만, 잭슨 대통령은 거부권을 행사했다.[62] 1833년 여름, 잭슨 대통령은 미합중국 제2 은행에 보관된 미국 정부의 예금을 모두 인출해서 州 은행으로

---

61 이 중 240억 불은 FRB가 매입하였다. 당시 FRB의 역할은 이자율을 낮추어서 정부의 이자 부담을 줄여주는 것이었는데, 낮아진 이자율 때문에 미국 시장에 필요 이상으로 유동성이 넘치기도 했다. Martin Mayer, 『The Bankers』, Weybright and Talley, 1974, p. 187

62 잭슨 대통령은 미합중국 은행이 발행한 지폐 자체를 혐오했다. 더 정확히 말하면 경화를 보관했다는 증서가 화폐로 쓰이면서, 민간 은행들이 보이지 않는 엄청난 이득을 챙긴다고 생각했다.

옮기라고 듀안(William J. Duane, 1780~1865) 재무부 장관에게 명령했다. 듀안 재무부 장관은 잭슨 대통령의 지시를 거부했다. 잭슨은 그를 해임했다. 그는 타니(Roger B. Taney, 1777~1864) 재무부 장관을 다시 임명했다. 그는 잭슨의 명령을 열렬히 지지했지만, 상원 인준이 거부되었다. 잭슨은 1834년 6월, 재무부 장관을 다시 임명하였다. 결국 세 번째 재무부 장관 우드베리(Levi Woodbury, 1789~1851)가 1834년 가을, 마침내 정부 예금을 미합중국 제2 은행으로부터 모두 인출하는데 성공했다! 잭슨 대통령의 이 조치로 미국은 1913년 연방 준비 이사회가 만들어지기 전까지 중앙은행이 없었다. 역설적이게도 중앙은행을 없애버린 앤드루 잭슨 대통령은 현재 FED가 발행한 20달러 지폐의 모델을 하고 있다.

앤드류 잭슨 대통령. 미국 제7대 대통령으로서 민주당 출신으로는 최초의 대통령이다. 대통령이 되기 전 독립 전쟁에서 영국군과 교전 경험이 있는 군인이었다. 특히 그는 영토 확장 과정에서 인디언을 대량 학살했다는 비난을 받는 인물이기도 하다. 예컨대 여성이 살아남으면 부족이 늘어난다는 신념을 가지고 인디언 여성이면, 아이이든 성인이든 가리지 않고 학살할 것을 지시했다고 한다. 1828년 대선에서 상대방 진영은 그의 이름을 비꼬아 수탕나귀, 즉 Jackass(멍청이라는 뜻도 있음)를 즐겨 사용하였는데, 잭슨은 오히려 이 말을 좋아했다고 한다. 후일 민주당의 상징은 수탕나귀로 고정된다. 대통령 재임 기간 중 미합중국 제2 은행 재인가를 거부함으로써, 미국 대통령 최초로 암살 위협에 노출되기도 하였다. 랄프 엘리저 화이트사이드 백작(Ralph Eleaser Whiteside Earl, c.1785~1838)의 19세기 작품. 출처: Wikipedia Commons. Public Domain

우연의 일치인지는 몰라도 그다음 해인 1835년 1월 30일, 미국 역사상 최초로 대통령 암살을 시도한 사건이 일어났다. 암살을 시도한 이는 리차드 로렌스(Richard Lawrence, 1800~1861)로, 그날은 워렌 데이비스(Warren R. Davis, 1793~1835) 하원 의원의 장례식이 의회 앞에서 거행되는 날이었다. 장례식장에 참석한 잭슨 대통령을 향해 로렌스는 두 개의 총을 겨누었다. 다행히 두 개의 총 모두 제대로 격발되지 않았다.

나중에 밝혀진 사실이지만, 로렌스의 총은 습기에 매우 취약했다. 장례식 당일에는 비가 와서 매우 습했다고 한다. 날씨가 맑았으면 잭슨의 운명은 어떻게

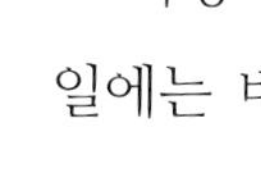

되었을까? 로렌스는 경찰 심문 과정에서 자신의 배후에는 유럽의 실력자들이 있다고 고백했다고 한다. 나아가 직업이 "페인트공"이었던 로렌스는 "잭슨이 죽으면 더 많은 돈이 만들어질 것(With Jackson dead, money would be more plenty.)"이라고 전문 화폐 경제학자나 했을 법한 말을 했다고 한다![63]

우리에게 잘 알려진 링컨 대통령도 뱅커들의 영향력에서 벗어나 있었다. 남북전쟁을 치러야 했던 링컨 대통령은 필요한 전비를 조달하기 위해, 국립 인가 은행(National Chartered Bank)에게 은행권(bank notes) 발행을 허용하고 이 대가로 국채를 매입하도록 유도해서 전비를 조달했다. 이처럼 링컨 대통령은 특정 상업은행의 힘을 빌리지 않고, 국가의 정당한 권한을 행사해서 전비를 조달하였다. 링컨 대통령의 위대함은 노예 해방에 있기도 하지만, 필자가 보기에는 이보다 더 위대한 업적은 전쟁 수행 과정에서 상업은행의 영향력에서 벗어나 있었다는 것이다.[64] 불행히도 그는 암살당했다. 혹

리처드 로렌스. 직업은 주택 페인트공 혹은 리모델링 업자이다. 페인트공을 오래 한 탓인지, 30대부터 정신 이상 증세를 보여왔다. 특히 1832년 한 달 동안 집을 나가 어디인지는 모르나, 해외여행을 한 것으로 추정된다. 그 이후 로렌스는 페인트공을 그만두고 값비싼 옷과 화려한 장식을 몸에 두르기 시작하며 완전히 다른 사람으로 변신했다. 잭슨 대통령의 암살 직후 체포되어 재판에 넘겨졌지만, 정신 이상 증세가 인정되어 무죄 평결을 받았다. 이후 평생을 정신병원에서 생활하다가 사망한다. 작자: 워싱턴 기자(성명 미상). 1835년 4월 11일 자 신문 삽화. 출처: Wikipedia Commons. Public Domain

63 하지만 은행권이 갑자기 없어지면서 급격한 통화위축으로 1837년 공황이 찾아오기도 한다. 페인트 공이던 로렌스가 이런 복잡한 화폐 경제 메카니즘을 어떻게 이해하고 있었는지는 여전히 수수께끼다. 역설적이게도 중앙은행을 없앤 앤드류 잭슨 대통령은 후일 중앙은행이 되는 연방 준비 이사회가 발행한 20달러 지폐의 표지모델이 된다.

64 노예 문제는 텍사스 독립에도 영향을 미쳤다. 테하스(텍사스) 지역은 원래 스페인 영토였고, 이후 멕시코가 독립하면서 멕시코 영토가 되었다. 하지만 이 지역에 미국인 이민자가 급증하여 미국 이민자 수 3만여 명, 멕시코 인 4천여 명이 거주하는 극도의 불안정 지역으로 바뀌었다. 특히 미국 이민자들은 텍사스에 대규모 목화 농장을 운영하고 있었고, 이를 위해 노예 수입이 반드시 필요했다. 하지만 멕시코 정부는 미국 이민자의 영향력 확대를 우려해 노예 수입을 엄격히 금지했다. 결국 1836년 2월, 미국 이민자들은 멕시코 정부로부터 독립을 선언하며 텍사스 공화국을 세웠다. 당시 멕시코 지도자인 산타 안나(Antonio Lopez de Santa Anna, 1794~1876)는 1천 8백여 명에 이르는 군대를 직접 이끌고 반란 진압에 나섰다. 대부분의 미국 이민자들은 도주하였으나, 알라모(Alamo) 요새의 민병대 186명은 끝까지 항전하였다. 멕시코 군이 알라모 요새를 점령하고 사망한 이들이 200명이 채 안 되는 것을 보고 기절초풍할 뻔했다고 한다. 왜냐하면 그들은 멕시코 사망자 수가 500여 명 내외로 미국 민변대도 자신들과 비슷한 병력일 것으로 생각했기 때문이다. 이 전쟁이 미국 본토에 알려지자 샘 휴스턴(Sam Houston, 1793~1863)을 중심으로

시 링컨 대통령의 암살 배후에도 뱅커들이 있었던 것일까?[65]

미국은 잭슨 대통령과 링컨 대통령 이후에도 뱅커들에 대한 일반인의 인식이 매우 좋지 않았다. 심지어 1929년 대공황이 일어났을 때조차도 대공황이 은행 때문에 일어난 재앙이라고 믿는 사람들이 미국에서는 부지기수였다. 그 결과 1930년대는 은행털이가 미국 전역에서 기승을 부렸는데, 대표적인 인물이 바로 존 딜린저(John Dillinger, 1903~1934)였다. 딜린저는 은행을 사회악이라 간주하면서 이에 호응하는 이들을 중심으로 딜린저 갱단을 만들고 은행만 집중적으로 털었는데, 그가 턴 은행만 해도 미국 전역에서 24개소에 달했다.

신출귀몰하는 딜린저를 도저히 잡을 수 없었던 미국 법무부의 에드거 후버(John Edgar Hoover, 1895~1972) 수사국장은 딜린저를 "공공의 적(public enemy) 1호"로 명명하고 그를 잡기 위해 총력전을 펼쳤다. 그 결과 기존의 법무부 내에서 수사를 담당하던 수사국(Bureau of Investigation, BOI)이 별도의 기관으로 독립함으로써 수사 기능이 대대적으로 확대 개편되었다. 이때 만들어진 독립기관이 바로 미국 연방수사국(Federal Bureau of Investigation, FBI)이다. 아마 미국에서 은행에 대한 부정적 인식이 없었으면 딜린저도 없었고,

존 딜린저. 대공황 시대 갱스터. 인디애나주 출신으로 폭력적인 부친 아래에서 성장하여 어릴 때 환경이 그다지 좋지 않았다. 어릴 때부터 절도, 폭력 등 반항적인 성격이었으며, 해군에 입대한 후에는 탈영해 버리기도 한다. 출소한 후 일자리를 찾았으나 일자리를 찾지 못해 극도의 생활고를 겪는다. 결국 대공황의 원인이 은행이라고 생각한 딜린저는 전국을 돌며 은행 24개를 털었다. 연방 정부는 그를 잡기 위해 조직을 BOI에서 FBI로 확대하고, 그를 잡는 데 총력을 기울였다. 은행을 터는 과정에서 단 한 번도 살인을 저지르지는 않아, 의적으로 불리기도 했다. 그의 갱스터 활동이 전국적으로 알려지면서, 1930년대 미국의 갱스터 시대를 사실상 개막한 장본인이기도 하다. 그러던 1934년, 시카고의 바이오그래프(Biograph) 극장에서 갱스터 영화를 보고 난 후, 극장을 나오다가 FBI 요원들에게 총을 맞고 사망한다. 사람들은 딜린저가 흘린 피에 자신들의 손수건과 치마를 적시며, 마치 그를 순교한 기독교 성인으로 생각했다고 한다. 1934년 이전의 머그샷. 출처: Wikipedia Commons, Public Domain

미국 이민자들이 대거 단결하였고, 1836년 3월 2일, 텍사스 독립 공화국을 수립한다. 1836년 4월 20일, 샘 휴스턴은 산-야신토강(San Jacinto River) 전투에서 산타 안나를 격파하여 실질적인 독립을 완수하였고, 1846년 2월에는 미합중국으로 편입된다. 노예 문제는 이후에도 텍사스의 생존과 직결된 핵심 이유였는데, 이 때문에 링컨 대통령이 노예를 해방하자 북부 합중국 연방에서 다시 탈퇴하기도 한다. 공화국 국기에 별이 하나가 그려져 있어, 텍사스 주의 별칭이 론스타(Lone Star)이다.

65  또 다른 음모론일지는 모르지만, 케네디 대통령도 FRB의 지폐 발행권에 도전하여 40억 불에 이르는 미국 재무부 명의의 지폐(note) 발행을 명하는 행정 명령 서명 후 5개월 후에 사망했다.

딜린저가 없었으면 미국의 FBI가 만들어지지도 않았을 것이다.

## (10) 시인 바이런과 정치인 디즈레일리의 공포

이처럼 잭슨 대통령의 암살 시도와 링컨 대통령의 암살 배후에 있을지도 모르는 상업은행의 무시무시한 영향력은 미국 일반인의 반감은 물론이고, 유럽 지식인과 정치인들 사이에서조차도 공포감을 불러일으켰다. 영국 시인 바이런(George Gordon Byron, 1788~1824)은 그의 시에서 상업은행인 로쉴드와 베어링 은행 가문의 가늠할 수 없는 막강한 힘을 "유럽의 국가 질서를 재편하는 막강한 권력을 보유한 유럽의 제왕"이라고 소름끼치는 시를 썼다.

**"누가 이 세상의 균형을 장악하고 있는가?**
**우리의 의회를 지배하는 이는 누구인가? 왕당파, 아니면 의회파?**
**유럽 언론들이 호들갑을 떨 정도로 스페인의 애국자들을 선동하는 이들은 누구인가?**
**구세계와 신세계를 고통 혹은 쾌락 중 하나로 몰고 가는 이들은 도대체 누구인가?**
**누가 정치를 무의미한 수사들로 가득 차게 하는가?**
**나폴레옹이 가진 고귀한 대담성의 그림자인가?**
**아니. 그들은 바로 유대인 로쉴드와 기독교인 베어링이다.**
**그들과 자유인(해적) 라피트야말로 진정한 유럽의 제왕(True Lords of Europe)이다.**
**그들의 모든 대출은 단순한 베팅이 아니라,**
**국가 하나를 건국하거나 왕좌를 뒤흔드는 수단이다."**[66]

---

66 Lord Byron, 『The Works of Lord Byron, including the suppressed poems』, Paris, 1827, p. 666
"Who hold the balance of the world? Who reign
O'er Congress, whether royalist or liberal?
Who rouse the shirtless patriots of Spain?
(That make Europe's journals squeak and gibber all.)
Who keep the world, both old and new, in pain
Or pleasure? Who make politics run gibber all?

바이런. 런던 태생으로 어렸을 때부터 글재주가 뛰어났다. 케임브리지 대학에 진학하여 문학과 역사를 공부한 후, 1812년 『*차일드 해럴드의 순례(Childe Harold's Pilgrimage*』를 출간한 후 유명세를 타기 시작했다. 하지만 결혼 생활은 잦은 외도로 행복하지 못했고, 별거 후 벨기에, 이탈리아, 그리스 등을 떠도는 신세가 된다. 영국 화가인 토마스 필립(Thomas Phillips, 1770~1845)의 1813년 작품. 뉴스테드 수도원(Newstead Abbey) 소장. 출처: Wikipedia Commons. Public Domain

로쉴드 은행의 도움으로 수에즈 운하의 지분 매입 작전을 주도했던 영국 수상인 벤자민 디즈레일리(Benjamin Disraeli, 1804~1881) 조차도 이와 같이 유럽 정부 곳곳과 대서양을 넘어 신생국인 미국에까지 침투한 상업은행의 영향력을 빗대어, 상업은행을 중세 및 근대의 왕과 그들 제국의 운명을 손에 쥐고 흔드는 "막강한 대출 장사치들(mighty loan-mongers)"이라고 비아냥거렸다. 20세기에 와서도 상업은행의 영향력은 줄어들지 않았다. 유대인 작가였던 요셉 웩스버그(Joseph Wechsberg, 1907~1983)는 상업은행(merchant banks)이 정치와 경제의 경계가 모호한 "비

디즈레일리(Benjamin Disraeli, 1804~1881)는 영국의 작가이자 정치인이다. 1868년 영국 수상이 되었고, 1874년부터 1880년까지도 영국 수상을 역임하며 영국의 대외 정책을 성공적으로 이끌었다. 그는 관세 부과를 통해 국내 산업을 보호하는 보호무역주의자로서 잘 알려져 있다. 한편 1875년, 이집트 총독 이스마일(Isma'il Pasha, 1830~1895)이 이집트 정부의 자금 부족으로 수에즈 운하 지분 44%를 비밀리에 시장에 내놓았다. 프랑스와의 경쟁 관계 때문에 신속하게 비밀 자금이 필요했던 디즈레일리 수상은 라이오넬 로쉴드(Lionel Nathan de Rothschild, 1808~1879)를 찾아갔다. 디즈레일리는 주식이 시장에 나왔다는 사실이 알려지기 전에 주식을 매수해야 했으므로, 내일까지 400만 파운드를 빌려달라고 요청했다. 라이오넬이 담보가 무엇이냐고 물어보자, 디즈레일리는 "대영제국"이라고 대답했다. 단 하루 만에 400만 파운드를 빌려줄 수 있는 유일한 인물이었던 라이오넬 로쉴드는 기꺼이 400만 파운드를 디즈레일리에게 내주었다. 무담보 400만 파운드 대출은 필자가 보기에 디즈레일리도 유태인이었고 라이오넬 로쉴드도 유태인이었기 때문에 가능했던 일이라고 본다. 하여튼 이렇게 디즈레일리는 로쉴드 은행으로부터 자금을 수혈받아 수에즈 운하의 장악에 성공하게 된다. 이 일을 계기로 영국 정부는 로쉴드 가문에 막대한 빚을 지게 되었고, 이후 이 국가적 빚은 이스라엘 건국이라는 비극적인 형태로 나타나게 된다. 런던 초상화 박물관 소장

The shade of Bonaparte's noble daring?
Jew Rothschild, and his fellow Christian Baring.
Those, and the truly liberal Lafitte,
Are the true lords of Europe. Every loan
Is not a merely speculative hit,
But seats a nation or upsets a throne"

밀스러운 영역(twilight zone)"에 위치하고 있다고 묘사할 정도였다.[67] 1차 대전 때는 J.P.모건이 영국 전쟁 공채의 최대 보유자로서 무기와 탄약 같은 전쟁물자의 지속적인 공급을 보장하는 신용공급을 전담했으며. 이로 인해 유럽의 황금과 은은 모두 미국으로 몰려들었다. 만약 J.P.모건이 없었으면 미국이 1차 대전 이후 세계 강국으로 그렇게 급부상하는 일은 아마도 없었을 것이라 필자는 확신한다.

## (11) 뱅커의 교황청 장악, 바티칸 은행

너무나 애석하게도 유럽의 다른 국가들이나 미국과 마찬가지로 교황청 또한 근대적 뱅커의 손아귀에서 벗어날 수가 없었다. 그런데 교황청은 십자군 전쟁 때부터 유럽의 뱅커들을 최초로 육성하고 이들을 통제하면서 뱅커들을 탄생시킨 뱅킹의 실질적인 산실이 아니었나? 하지만 교황청과 은행의 관계는 19세기에 들어서면서 갑과 을의 위치가 완전히 바뀌게 된다. 가장 결정타는 바로 나폴레옹 황제의 조치와 그가 유럽 전역에 일으킨 민족주의 열풍이었다. 즉 나폴레옹은 황제가 되자마자 프랑스에서 교황청으로 송부되는 모든 자금줄을 차단했다. 왜 프랑스인이 로마 교황에게 피 같은 세금을 내고 있나? 이후 거의 모든 유럽 국가들이 프랑스를 따라 교황청으로 보내는 자금을 줄이거나 아예 없애 버렸다. 특히 민족주의 운동의 확산으로 이탈리아가 통일되는 과정에서 교황의 실질적인 심장 역할을 하던 교황청 영지는 1861년 이탈리아 군대가 진입하여 이탈리아 국가로 흡수된 후 아예 공중 분해되었다.

유럽 국가로부터의 자금이 차단되고 동시에 자신만의 영지도 사라지면서 사실상 독자 생존이 불가능해진 교황청은 1831년, 당시 세계에서 가장 큰 은행이던 로쉴드 은행으로부터 40만 파운드, 현재가치로는 대략 100배 정도인 4천만

67 Ron Chernow, 『*The House of Morgan*』, Simon & Schuster Ltd, 1990. pp 24~25

피우스 11세 교황. 이탈리아 밀라노 현에서 견직물 공장을 하는 집안의 아들로 태어났다. 성인이 되어서는 로마에서 신학, 철학, 교회법 등을 연구한 후 파도바 신학 대학의 교수가 된다. 1888년에는 교직을 떠나 1911년까지 밀라노의 암브로시아나 도서관에서 온종일 틀어박혀 책만 읽었다고 한다. 1922년에는 교황이 되었는데, 당시 로마 교황청은 돈이 한 푼도 없는 그야말로 파산 상태였다. 피우스 11세는 이를 해결하기 위하여 1929년 2월, 이탈리아 왕국과 라테란 협정(Patti lateranensi)을 체결한다. 이 조약에 따라 교황청의 주권은 완전한 독립이 되고, 바티칸시는 독립 영토가 되며, 특히 이탈리아 정부는 현금 7.5억 리라와 채권 10억 리라를 교황청에 지급한다. 이 자금을 관리하기 위해 피우스 11세는 베르나르디노 노가라를 바티칸 은행의 전신인 특별행정처의 수장으로 임명한다. 이 때문일까? 라테라노 조약 직후 거행된 1929년 3월 총선에서 무솔리니는 전체 의석수의 98%를 장악한 다수당이 된다. 하지만 무솔리니의 전체주의가 그 진짜 모습을 드러내자, 피우스 11세는 단호히 이에 반대하고 무솔리니를 정면으로 비난하기도 했다. 1939년 2월, 심장마비로 선종한다. 이탈리아 사진작가 쥬세페 펠리치(Giuseppe Felici, 1839~1923)의 작품. 출처: Wikipedia Commons. Public Domain

달러의 대규모 자금을 차입할 수밖에 없었다.[68] 교황청이 그토록 싫어하던 유대인 은행으로부터 자금을 차입하게 된 것이다. 이보다 더 큰 역사적 역설이 있을까? 교황청 내부에서도 로쉴드 은행을 "신에 대한 경배를 돈에 대한 경배로 바꾸려는 음모를 꾸미고 있는 프리메이슨 집단"이라고 맹비난했다. 하지만 이 당시 교황청의 빚은 무려 3.5억 프랑에 달하는 엄청난 규모였다.[69] 돈을 빌리지 않으면 바로 파산 상태인데, 어떻게 돈을 빌리지 않을 수 있나? 그리고 이 정도 자금을 한 번에 빌려줄 수 있는 뱅커가 로쉴드 말고 어디에 있나?

자금난에 시달리던 교황청은 유대인 뱅커들의 손아귀에서 벗어나기 위해 장고 끝에 최악의 수를 두게 된다. 즉, 교황청은 당시 이탈리아를 휩쓸고 지나가던 무솔리니 정부와 손을 잡았다. 가장 대표적으로 1929년 2월 11일, 라테란 협정(Lateran Accords)을 통해 무솔리니 정부는 이탈리아 국가가 교황령을 몰수한 반대급부 명목으로 피우스 11세(Pope Pius XI, 재위 1922~1939) 치하 교황청에게 7.5억 리라의 현금과 10억 리라의 정부 채권 등 엄

68 Gerald Posner, *Ibid*, p. 12

69 Gerald Posner, *Ibid*, p. 16

청난 자금을 공여한다. 이에 대한 반대급부로 교황청은 그해 임박한 선거에서 무솔리니 정부의 당선에 적극 협조한다. 그 때문인지 몰라도 1929년 3월 24일 총선에서 무솔리니가 당수인 국가 파시스트당(National Fascist Party)은 그해 의석수의 98%를 장악하는 무시무시한 힘을 발휘했다.[70]

교황청은 더 나아가 1933년 정권을 잡은 히틀러의 나치 당과도 협력했다. 즉, 히틀러와 교황청은 1933년 7월 20일 협정(Reichskonkordat)을 체결하였고, 이에 따라 독일은 당시 교황청으로 보내는 송금 명목으로 카톨릭 교도의 임금에서 8~10%를 부과하는 세금까지 신설하여 이를 로마에 송금한다. 이 조치는 근대 국가로서는 사상 처음으로 바티칸에 송금하는 국가 세금이라는 기록도 남겼다.

하여튼 이 대가로 독일의 주교와 추기경은 히틀러의 제3제국에 충성을 맹세하는 서약까지 해야 했다. 나아가 수백만 명을 잔인하게 살해한 나치의 유대인 학살 정책에 대해서도 교황청은 침묵으로 일관해야 했다. 특히 교황청은 전쟁이 끝나자 나치와 그들과 협력했던 전범의 도피를 적극 도와주는 이해할 수 없는 행위도 저질렀다.[71] 이처럼 자금 부족에 시달리던 교황청은 뱅커들의 손아귀에서 벗어나기 위해 막대한 현금 공여에 현혹되어 나치와의 협력이라는 치욕적인 기록을 남기는 불행한 역사까지 남기게 되었다.[72]

다행인지 불행인지 교황청은 무솔리니와 히틀러로부터 지원받은 자금을 바탕으로 1942년 6월 27일, 마침내 교황청 평생의 숙원 사업인 바티칸 은행(Instituto

---

70 Gerald Posner, *Ibid*, pp. 48~49

71 나치 전범의 도피를 가장 적극적으로 도운 이는 바티칸의 오스트리아 주교 알로이스 후달(Alois Hudal, 1885~1963)이다. 그가 도피를 도운 것으로 의심받는 대표적인 사례는 최소 100만 명의 유대인 학살에 간여한 프란츠 스탕글(Franz Stangl, 1908~1971)의 시리아 도피, 2십만 명의 독가스 살해에 간여한 SS 요원 구스타브 바그너(Gustav Wagner, 1911~1980)의 브라질 도피, 가스 체임버 개발에 적극 간여했던 SS 요원 발터 라우프(Walter Rauff, 1906~1984)의 시리아와 칠레 도피, 크로아티아의 대규모 유대인 학살을 주도했던 크루노슬라브 드라가노비치(Krunoslav Draganović, 1903~1983)의 아르헨티나 도피 등이다. Gerald Posner, *Ibid*, pp. 147~150

72 Gerald Posner, *Ibid*, p. 65. 하지만 1938년 나치의 인종 대학살이 계속되자 피우스 11세는 내부적이긴 하지만 나치와의 협력 관계를 청산하기 시작했다. Gerald Posner, *Ibid*, p. 74. 불행히도 피우스 11세의 반발은 일회성에 그쳤고, 그에 이어 교황이 된 피우스 12세는 피우스 11세보다 때로는 훨씬 적극적으로, 때로는 암묵적으로 나치의 정책에 협조한다. 나치와 교황청의 협력 관계는 두 기관이 反 유대주의, 反공산주의를 추구했다는 점에서 공통의 이해관계를 가지고 있었기 때문이다.

per le Opere di Religione: IOR)을 설립함으로써 뱅커들의 손아귀에서 간신히 벗어날 수 있었다. 바티칸 은행 설립을 주도한 이는 라테란 협약 이후 불어난 거액의 자산 관리를 주도했던 베르다르디노 노가라(Berdardino Nogara, 1870~1958)였다.[73] 그는 바티칸 은행의 주주로서 단 한 사람, 즉 교황을 지명하였으며, 일반인들은 접근할 수 없는 바티칸의 15세기 성채인 니콜라스 타워(Torrione di Niccolò V)에 은행의 사무실을 차렸다. 특히 바티칸 은행은 교황청의 주권 면제 특권을 활용하여 지구상 어떤 나라의 중앙은행 감독이나 통제부터 자유로웠고, 동시에 전 세계 카톨릭 교구들을 활용해서 지구상 어디에서도 영업이 가능했으며, 특히 세금을 단 한 푼도 내지 않았다. 이는 사실상 중세 성전기사단이 부활한 것이나 마찬가지였는데, 다른 게 있다면 중세의 성전기사단과 달리 이번에는 교황청이 직접 뱅커로 변신했다는 점이다.

이 때문에 로마 교황은 성전기사단의 힘과 버금가는 막강하고 은밀한 권한을 가지기 시작했다. 가장 대표적으로 바티칸 은행은 각종 자금세탁에서 결코 자유로울 수가 없었다.[74] 예컨대 바티칸 은행은 2차 대전 말기에 나치가 유대인 등으로부터 약탈한 4.5억 불 어치의 황금을 아르헨티나로 옮기는 주요한 도관체 역할을

노가라. 원래 기술자 출신으로 웨일즈, 불가리아, 오스만 제국 등에서 광산 프로젝트를 관리한 적도 있다. 1차 대전 후 베르사이유 평화회의에서 오스만 제국의 부채 문제를 감독하는 배상위원회의 이탈리아 대표를 지내기도 했다. 그리고 1929년에는 이탈리아 정부로부터 받은 현금과 이자 채권의 자산을 운용하기 위해 신설된 교황청 특별행정처의 초대 수장이 된다. 막대한 자산을 굴리는 투자책임자로서, 유럽 각국의 거대 기업을 물색하여 투자하고, 주요 이사회의 이사까지 역임한다. 하지만 자금을 운용하는 과정에서 무솔리니 정부에 대한 대출과 전쟁 범죄 기업에 대한 투자를 주도했다는 의혹도 받는다. 다만 그의 수완은 의심할 여지 없이 뛰어나, 교황청의 재산은 눈덩이처럼 불어난다. 1942년, 마침내 노가라는 자신의 투자 성과를 바탕으로, 특별행정처를 바티칸 은행으로 확대 개편하게 된다. 작자 미상. 1912년 사진. 출처: Wikipedia Commons. Public Domain

73 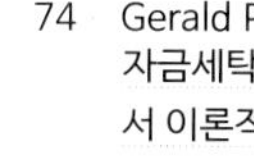 노가라 이후 바티칸 은행은 마르친쿠스(Paul Marcinkus, 1922~2006), 신도나(Michele Sindona, 1920~1986), 캘비(Roberto Calvi, 1920~1982) 등 이탈리아 뱅커 3인방이 주도한다. 이 중 캘비는 1982년에, 신도나는 1986년에 살해된다. 마르친쿠스만이 끝까지 남아 1990년에 사퇴할 때까지 바티칸 은행의 경영을 주도하였다.

74 Gerald Posner, *Ibid*, p. 133. 바티칸 은행은 2012년 4월 1일부터 자금세탁 방지법 규정을 시행하게 된다. Gerald Posner, *Ibid*, p. 452. 따라서 이론적으로는 2012년부터 불법 행위에 관련된 바티칸 은행의 고객 정보는 수사 기관에 제공할 수 있다.

했다는 의심을 받았다.[75] 바티칸 은행이 나치의 은밀한 자금세탁 역할만 한 것은 아니었다. 영국 정보기관 MI6는 1948년 이탈리아 총선에서 反공산주의 진영을 지원하기 위한 선거 자금 송금에 바티칸 은행을 이용하기도 했다.[76] 더 나아가 1970년대 말 바티칸 은행의 계좌 11,000여 개 중 교황청 소속은 1,000여 개였고, 나머지 1만여 개는 성직자 개인이나 바티칸 은행 투자기업 소유였다는 사실 또한 바티칸 은행의 활발했던 자금 세탁 활동 가능성을 보여 준다.[77]

### (12) 뱅커와 성전기사단의 비밀

이처럼 유럽의 뱅커들은 어떻게 하여 유럽의 국가들을 지배하고, 미국 정치에 영향력을 행사하고, 자신의 산파였던 교황까지 파시스트와 협력하게 만들도록 궁지에 모는 막강한 힘을 가지게 되었을까? 그중에서 산업혁명 이전 유럽의 뱅커들은 어떤 경로를 통해 성장하게 되었는가? 이제 필자는 중세와 근대 직전 시기에 황금, 설탕, 이자의 역사적 발전 경로와 이탈리아 유력 은행들의 성장 사례를 통해 서유럽에서만 독특하게 발전한 상업은행들이 산업혁명 이전에 어떤 역사적 과정을 거쳐 탄생하고 발전하게 되었는지를 파헤치고자 한다.[78]

특히 필자는 지리상 발견과 뱅커들과의 관계에 주목할 것이다. 왜냐하면 필자는 지리상 발견이야말로 오늘날 서양의 동양 지배를 가능하게 하고 유지한 가장 결정적인 요인이라고 생각하기 때문이다. 원래 로마 멸망 시기부터 지리상 발견 사이의 1,000년 동안은 중국을 비롯한 동양의 국력이 서양의 국력을 추월했었다.[79] 이유는 3세기 무렵부터 지구 기후가 추워지면서 시작된 민족 대이동으로

---

75 Gerald Posner, *Ibid*, p. 140

76 Gerald Posner, *Ibid*, p. 154

77 Gerald Posner, *Ibid*, p. 262

78 근대 이후 뱅커들의 상세한 행적은 쑹훙빙의 『*화폐전쟁*』에 나름대로 상술되어 있으므로, 이에 대해서는 자세히 설명하지 않기로 한다.

79 로마 멸망 이전까지는 서양의 국력이 중국을 비롯한 동양보다 명백히 앞서 있었다. 즉, 고대 메소포타미아의

서양의 로마 제국은 와해되고 그 생산력은 철저히 파괴되었지만, 동양의 중국은 오히려 남쪽으로 이동한 한족이 황허강 이남을 적극 개발하면서 이전보다 생산력이 극적으로 개선되었기 때문이다.

하남의 생산력이 수나라의 운하 건설로 인해 중국 전역으로 확산한 7~8세기 이후부터는 유럽의 생산력이 더욱더 중국의 생산력 수준에서 멀어져 갔다. 12~13세기 남송 시대는 중국의 확대된 생산력이 동남아 해상과 일본으로 밀물처럼 확장하면서, 동양은 역사상 처음으로 해상교역이 육상 교역을 추월하는 전무후무한 풍요의 시대를 맞이하기도 하였다.[80] 따라서 필자는 만약 15세기에 서양의 지리상 발견이 없었다면 유럽의 생산력이 중국을 포함한 동양의 생산력을 역전하는 일은 역사상 결코 일어나지 않았을 것이라 확신한다.

그렇다면 서양인은 어떻게 지리상 발견을 먼저 시작할 수 있었나? 왜 서양보다 발달한 과학기술과 놀라운 생산력을 갖춘 중국인이 지리상 발견을 먼저 시작하지 않았나? 필자는 동양과 서양의 발전 경로를 완전히 갈라놓았던 지리상 발견이 교황의 첫 번째 뱅커였던 성전기사단과 어떻게 관련되어 있는지도 추적할 것이다. 필자는 성전기사단과 지리상 발견 사이의 이 긴밀한 관련성을 ***『성전기사단의 비밀』***이라고 부르고자 한다. 필자는 이 ***『성전기사단의 비밀』***이야말로 서양이 동양의 생산력과 발전 수준을 극적으로 추월한 역전의 계기였고, 오늘날도 서양이 동양의 지배를 계속하고 있는 엄연한 힘의 근원이라고 생각한다. 그렇다면 ***『성전기사단의 비밀』***이란 도대체 무엇인가? 이제부터 그와 관련된 이야기를 차근차근 풀어가고자 한다.

---

문명이나 고대 이집트 문명은 비슷한 시기 중국의 하, 은, 주나라보다 그 수준이 훨씬 높았다.

80 남송이 해상 세력을 통해 확장하는 12~13세기경부터는 일본의 국력이 한국의 국력을 추월하기 시작한다. 이유는 일본이 한국이 아니라 해상을 통해 중국으로부터 선진 문물을 직접 수입할 수 있었기 때문이다.

金糖利

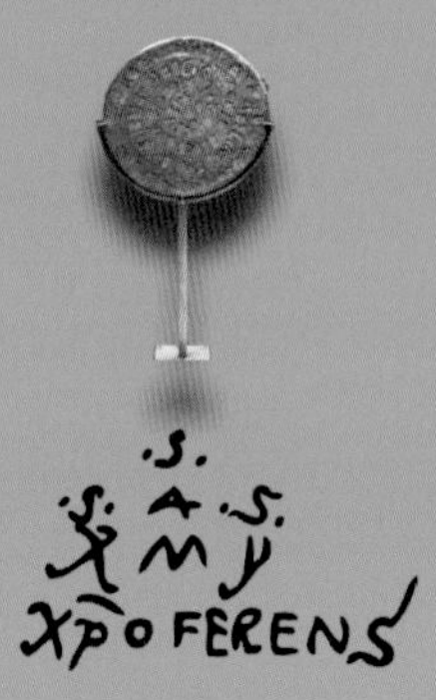
.S.
.S.A.S.
X M Y
XPO FERENS

# II

# 초기 중세

## 서유럽의 암흑시대와 이슬람의 황금시대

# 01 초기 중세 서유럽의 황금 ①<br>Dark Age와 황금의 고갈

바사리, 최후의 심판, 산 조반니 세례당 소장

## (1) 콜로나투스(colonatus)와 암흑시대

***『황금, 설탕, 이자 - 바빌로니아의 수수께끼(下)』***編에서 이야기한 대로 서로마 제국은 조금이라도 세수를 올리기 위해 농민들의 이동을 철저히 제한했다. 특히 게르만인 포로를 토지에 예속된 소작농으로 정착시킨 로마의 콜로나투스(colonatus) 제도는 농민들의 노예화를 촉진했다. 로마가 멸망한 이후에도 농민 이동의 제한은 없어지지 않았다. 나아가 로마 제국의 대규모 황금 유출로 인한 부채의 가속화로 자유농민이 몰락하면서 거대한 노예 층이 형성되었다. 이처럼 아예 중세 시대의 농민은 명칭부터가 이동의 자유가 없는 노예(serf 혹은 servi)였다.[1] 따라서 중세 서유럽은 극도로 이동이 제한된 폐쇄적인 사회였다. 경제 구조 또한 로마 시대 경제의 기본 단위였던 농토와 유럽 특유의 경제적 계약 관계가 결합하면서 폐쇄적인 유럽식 봉건제도로 전환되었다. 즉 농토를 분배하면 그것을 바탕으로 충성을 맹세하는 경제적 계약 관계가 확립된 것이다.

12세기 영국의 농노. 1170년경 발행된 영국의 삽화집인 『Hunterian Psalter』 발췌. Public Domain

왕과 영주, 영주와 신하 간 군신 관계는 유비와 관우 간 도원결

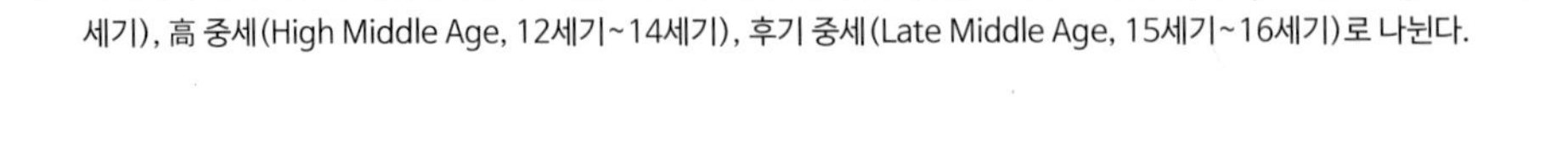

1 여기서 중세는 기후가 따뜻해지기 시작하는 11세기 이전을 뜻한다. 중세는 보통 초기 중세(Early Middle Age, 5세기~11세기), 高 중세(High Middle Age, 12세기~14세기), 후기 중세(Late Middle Age, 15세기~16세기)로 나뉜다.

의(桃園結義) 식 맹목적인 충성이 아니라, 농토를 받는 대가로 제공해야 할 물물교환의 대상일 뿐이었다. 어쩌면 중세의 장원경제 구조는 근대 시민 혁명의 기본 정신과 크게 다를 것이 없었다고 해도 크게 틀린 말은 아니라고 생각한다. 홉즈, 로크나 루소의 사회계약설 또한 근본적으로는 로마 멸망 이후 장원경제에서 비롯된 서유럽인들의 인식을 단순히 정리한 것일지도 모르겠다. 하기야 유럽 정신세계를 지배했던 기독교에서는 종교적 신념을 준수하겠다는 행위조차도 신과의 계약 관계로 설정했으니, 계약이라는 개념 자체가 유럽인들에게는 매우 친근했을 가능성이 매우 높다.[2]

페트라르카(Francesco Petrarca, 1304~1374). 암흑시대, Dark Age는 중세 유럽을 다소 경멸적으로 일컫는 말로, 이탈리아 르네상스 시대 인문주의자인 페트라르카가 처음 사용한 말이다. 페트라르카가 처음 사용할 때는 로마 멸망 후 르네상스 이전의 유럽 역사 전체를 가리키는 말이었으나, 최근에는 중세 초기에 한정해서 사용하는 경향이 있다. 안드레아 델 카스타뇨(Andrea del Castagno, c.1419~1457)의 1450년경 작품. 우피치 미술관 소장. 출처: Wikipedia Commons. Public Domain

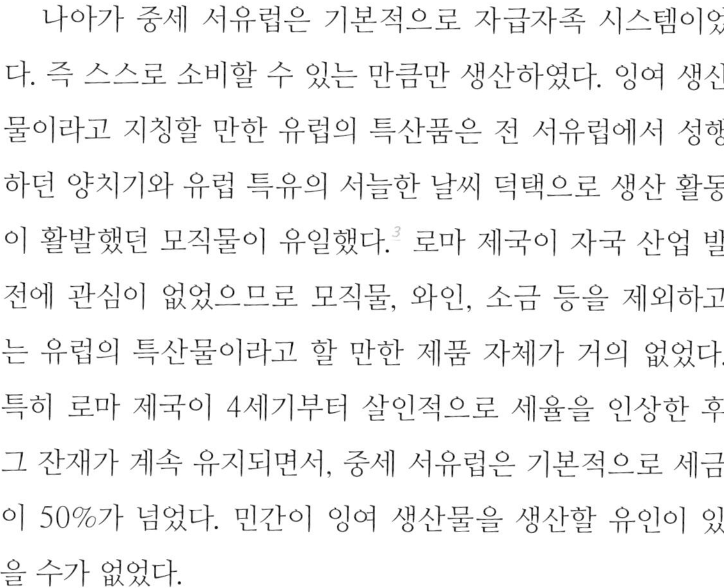

나아가 중세 서유럽은 기본적으로 자급자족 시스템이었다. 즉 스스로 소비할 수 있는 만큼만 생산하였다. 잉여 생산물이라고 지칭할 만한 유럽의 특산품은 전 서유럽에서 성행하던 양치기와 유럽 특유의 서늘한 날씨 덕택으로 생산 활동이 활발했던 모직물이 유일했다.[3] 로마 제국이 자국 산업 발전에 관심이 없었으므로 모직물, 와인, 소금 등을 제외하고는 유럽의 특산물이라고 할 만한 제품 자체가 거의 없었다. 특히 로마 제국이 4세기부터 살인적으로 세율을 인상한 후 그 잔재가 계속 유지되면서, 중세 서유럽은 기본적으로 세금이 50%가 넘었다. 민간이 잉여 생산물을 생산할 유인이 있을 수가 없었다.

잉여 생산물이 거의 없었기 때문에, 비잔틴 제국과 교역을 하고 있었던 콘스탄티노플 주변과 북쪽의 바이킹족을 제외하고는 10세기 중

2 구약은 시나이산에서 모세를 중개인으로 하여 체결된 유대인과 하느님 사이의 오래된 계약이고, 신약은 그리스도를 중개인으로 하여 체결된 세계인과 하느님 사이의 새로운 계약이다. 구약에서는 계약의 증거로 송아지, 염소 등의 피를 뿌렸으며, 신약에서는 그리스도께서 포도주를 계약의 피라고 불렀다.

3 가와기타 미노루, 『설탕의 세계사』, 좋은 책 만들기, 2003, p. 15

반까지 서유럽 전체의 상업 활동은 극도로 침체되었다. 서유럽에서는 이 시기 상업 활동에 대한 인식 자체도 매우 부정적이었다. 예컨대 서유럽 거의 모든 나라에서 "물건을 실어와 교환(truck and barter)"한다는 말은 "사기치다(swindle), 속이다(bamboozle), 현혹하다(deceive)" 등에서 유래된 말이다.[4] 이에 따라 서유럽 도시의 인구도 급격히 감소한다. 최전성기 인구 100만이 넘었던 로마는 90% 이상 감소하여 인구 4만 명의 시골 도시로 전락했다. 오히려 바이킹족의 활발한 상업 및 교역 활동에 따라 국제교역의 유럽 중심지는 북해와 발트해 연안의 북유럽으로 이동했다.

더구나 이슬람 세력의 팽창은 이미 침체 상태에 빠져 있던 서유럽의 침체 상태를 추가로 악화시켰다. 남부 스페인은 8세기 초에 이슬람 세력권에 이미 편입되었고, 프랑스는 이슬람 세력의 유럽 중원 진출을 겨우 막았다. 아프리카 북부를 차지한 이슬람인들의 지중해 진출이 극성을 이루면서, 7세기 말부터 로마 시대 내해인 지중해까지도 이슬람 해적들의 소굴로 전락했다. 이슬람 해적이 하도 들끓어서, 지중해 연안에서 납치된 이들의 표준 몸값 또한 정해져 있을 정도였다.[5] 이탈리아 남부의 섬들인 시칠리아, 사르데냐, 코르시카 등과 이탈리아 남부의 해안 도시는 이슬람 해적들의 주요한 약탈 대상이 되었다. 농산물 약탈은 물론이고 기독교인들은 이슬람 해적들의 납치 대상이기도 하였다. 로마의 내해였던 지중해는 아랍인들이 7세기부터 접수하였다. 지중해는 이제 아랍 해적들의 내해로 바뀌었다. 남부 이탈리아는 아랍인 해적들의 출몰로 거의 경제 활동이 마비되었다.

하지만 서로마는 물론이고 재정이 건실했던 동로마조차도 지중해를 방어할 힘이 없었다. 기독교인들은 그야말로 속수무책이었다. 할 수 있는 유일한 일은 멀리서 이슬람 해적이 다가오는 것을 최대한 빨리 발견하여, 최대한 멀리 도망가

---

4 David Graeber, *Ibid*, p. 291

5 케네스 포메란츠, 스티븐 토픽, *앞의 책*, p. 49

는 것뿐이었다. 이탈리아 남부 전역의 해안가에 '토레 사라체노(Torre Saraceno)'라는 망루가 세워진 것도 이 시기이다. 중세 서유럽은 그야말로 암흑천지였다.

상업 활동에 필수적인 도로망과 같은 인프라 발전 역시 정체되거나 퇴보하였다. 로마 시대 건설된 도로는 관리가 되지 않아, 방치된 흉물로 변하거나 끊어졌다. 로마 멸망 이후 분열된 유럽의 각 국가가 전 유럽인들에게 공통적으로 필요한 도로망 같은 인프라 투자를 할 정치적 동기도, 경제적 유인도, 외교적 노력도 없었다. 결국 도시 간 교역은 샤를마뉴 대제의 프랑스 영토가 통일된 8세기 중반까지 거의 완전히 사라졌다. 이와 같은 현지 생산, 현지 소비를 기본으로 한 중세 서유럽의 사회 구조 때문에, 바빌로니아에서 잉태하여 페니키아, 그리스와 로마로 전파된 뱅킹에 대한 인식은 로마 교황청과 베네치아 주변의 이탈리아 사람들을 제외하고는 서유럽인들의 머리에서 흔적도 없이 사라졌다.

### (2) 유럽의 암흑시대와 황금의 고갈

아우레우스 복음서 내의 황금 장식과 글씨. 870년경. 에메람 수도원(Sankt Emmeram Abbey) 소장. 출처: Wikipedia Commons. Public Domain

산업 침체, 국제무역 중단, 뱅킹 활동이 사라지면서 로마 제국 당시 제국 밖으로 유출된 대규모 황금의 양은 결코 회복되지 않았다. 즉, 로마 멸망 당시 심각했던 황금의 부족 현상은 중세 유럽 사회의 생산과 상업의 침체로 인해 더욱 가속화되었다. 최소한 10세기까지는 금광 개발도 사실상 중단되었다. 금광 개발이 중단되면서 기술 발전도 정체되었다. 아마도 최소한 10세기까지 중세 서유럽은 로마 시대의 금광 채굴 기술보다 기술 수준이 더 퇴보했을 것이다. 그나마 남아 있던 금으로는 성당과 교회의 성상·성화의 금박 장식과 성경의 복음서 글씨(chrysography)에 사용했다. 미약하나마 서유럽 국가에 금을 공급하였던 오늘날 남부 수단의 누비아

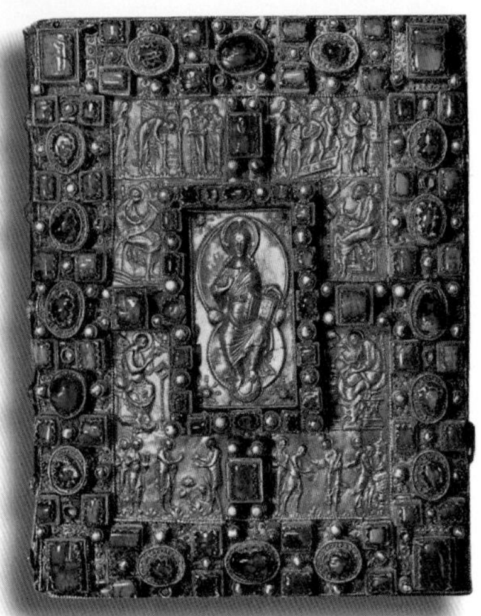

샤를마뉴 대제 시절 가스펠 복음서인 성 에메람의 코덱스 아우레우스(Carolingian Gospel Codex Aureus of Sankt Emmeram) 표지. 이 작품은 870년경 신성 로마 제국의 카를로스 2세(Charles the Bald, 823~877)가 만든 작품으로, 그리스도교를 전파하는 복음서이다. 표지는 손으로 만든 황금 부조물을 바탕으로 사파이어, 에메랄드, 진주로 장식되어 있다. 중세 시대에는 사파이어나 에메랄드, 황금 등이 마법의 힘을 가지고 있어, 천국과 영혼을 연결시켜 준다고 믿었다. 본문의 텍스트 또한 황금으로 장식된 글씨(chrysography)로 이루어져 있다. 870년경. 에메람 수도원(Sankt Emmeram Abbey) 소장. 출처: Wikipedia Commons. Public Domain

(Nubia) 또한 7세기에 이슬람 수중으로 떨어졌다.

절대적인 금의 양도 부족했지만, 산업 생산과 무역 침체로 인해 시장에서 유통 화폐로서 필요한 황금의 양도 줄었다. 이 때문에 초기 중세 서유럽은 자체 금화보다는 동로마의 황금 동전을 그대로 사용하는 경우가 다반사였다. 다만 동로마의 솔리두스가 서유럽에 유통되면서 동로마의 금화 문화는 프랑크족이나 게르만족, 앵글로색슨족 등에게 미약하긴 하지만 어느 정도 알려져 있었다. 이에 따라 어떤 경우는 솔리두스를 모방해서 극소량이긴 하지만 자체 금화를 제작하는 경우도 있기는 하였다.

그러나 동로마가 교역을 통해 풍부하게 소장했던 황금으로 화폐를 만들어 광범위하게 사용하였던 것과 달리, 고대 중국이나 중남미 3대 문명과 마찬가지로 중세 초기 서유럽에서 황금은 너무 귀해서 화폐의 역할보다는 보물에 가까웠다. 예컨대 6세기 프랑스 북부 지방의 네우스트리아 왕국의 왕이었던 힐페리히 1세(Chilperic I, 539~584)는 부친으로부터 물려받은 보물 창고에 금이 가득 차 있었다. 그런데 그는 이 금을 보물로 생각했지, 화폐로 생각한 적이 결코 없었다고 한다. 어떤 경우는 아예 동로마의 솔리두스 금화를 그대로 반지에 끼워서 장식품으로 사용하는 경우도 있었다.

특히 조세를 거두어야 할 중앙정부가 없어지면서 안 그래도 부족한 금이 한 곳에 집중되고 순환되는 시스템도 사라졌다. 영주가 기사에게 주는 경제적 대가 또한 금이 아니라 토지였다. 이에 따라 서로마 멸망 이후 중세 온난기가 시작되

던 10세기 중반까지 서유럽에서 황금은 구경하는 것 자체가 쉽지 않았다. 중세 유럽에서 황금은 그야말로 금값이었다. 중세 시대에 서유럽에서 주조된 금화 또한 인류 역사 어떤 시대, 어떤 지역의 금화보다도 순도가 떨어졌다.

그레고리(St. Gregory of Tour) 대주교에게 자신이 작문한 글을 읽어주는 힐페리히 왕. 그는 메로빙거 왕조의 클로타르 1세(Chlothar I, 497~561) 아들로, 부친이 사망하자 형제들과 영토 다툼을 벌인다. 즉, 차남인 샤리베르 1세(Charibert I, c.517~567)가 파리를 물려받았는데, 그가 사망하자 형제들과 같이 파리를 나눠 가진 후 이에 불만을 품고 이복형인 시즈베르(Sigebert c.535~c575)와 전쟁을 벌였던 것이다. 힐페리히 왕은 시즈베리가 암살될 때까지 그와 전쟁을 계속했는데, 그 자신도 584년에는 사냥을 마치고 돌아오다 정체를 알 수 없는 암살자에게 암살당한다. 프랑스 화가 장-폴 로렝(Jean-Paul Laurens, 1838-1921)의 1881~1882년경 작품. 출처: Wikipedia Commons. Public Domain

한편 로마 제국의 붕괴로 유럽이 분열되면서 각 지역의 왕, 기사, 영주들은 너도나도 동전을 찍었다. 이는 로마 제국 말기 국경의 군단장들이 앞다투어 동전을 주조했던 관행이 그대로 계승된 것이었다. 지방의 영주나 기사 심지어 대주교도 동전을 찍었다. 옥타비아누스 황제가 오직 황제만이 금화와 은화를 주조할 수 있게 한 전통은 거의 완전히 사라졌다.

왕이나 기사가 동전을 주조한 가장 중요한 원인은 주변의 왕이나 기사들을 상대로 한 전쟁 때문이었다. 주조된 동전에 새겨진 인물도 왕이나 기사 자신들의 얼굴이었다. 왕이나 기사가 주조한 동전은 경제적 거래에는 거의 사용되지 않았다. 황금이나 은이 부족하여 순도가 높지 않았을 뿐 아니라, 최소한 샤를마뉴 대제가 프랑스 주변 전역을 통일한 9세기까지는 세금도, 경제적 거래도 모두가 거의 현물 거래였기 때문이다. 따라서 왕이나 기사가 전쟁을 위해 주조한 동전은 시장에서 활발히 유통되지 않았다. 그냥 보물이나 기념품처럼 쌓아 놓기만 했다.

다만 이와 같은 활발한 동전 주조 활동 때문에 유럽은 동전 공화국인 로마의 전통을 그대로 이어갔다. 비록 결제 수단으로서 역할은 하지 못했지만, 워낙 많은 동전이 주조되었으므로 유럽에서는 누구나 동전을 가지고 있었다. 심지어 가장 가난한 이들조차도 자신의 주머니에 동전 한두 개쯤은 가지고 있었다고 한다.[6] 즉, 초기 중세 유럽인들에게 동전이란 경제적 가치가 있어서라기보다 그냥 기념품 정도였을 가능성이 높다. 역설적이게도 중세 서유럽이 계승한 로마의 동전 문화는 중세 서유럽에서 뱅킹의 전통이 완전히 사라지지 않고, 그나마 명맥을 유지할 수 있게 한 가장 중요한 토대가 된다.

동로마 금화인 솔리더스를 그대로 반지에 끼운 프랑크족의 반지. 솔리더스는 마르키안 1세(Marcian I, 392~457, 재위 450~457) 시대의 금화로 콘스탄티노플에서 주조된 것이다. 중세 초기 서유럽에서 황금으로 만든 동전을 화폐로 사용한 것이 아니라, 진귀한 보물로서 장식품으로 사용한 예이다. 400~550년경, 센느강 주변 루앙(Rouen) 출토. 영국박물관 소장

동전의 원료는 금보다는 상대적으로 풍부한 은과 동이 주원료였다. 설사 금으로 된 동전을 주조하였다 하더라도 동전이 작고 얇아서 금의 함유량이 높지도 않았다. 순도가 높은 금화는 비잔틴 제국의 영토였던 콘스탄티노플이나 그 영향력 아래에 있는 시칠리아섬에서만 주조되고 유통되었다. 비잔틴 제국의 영향력 하에 있었던 북부 이탈리아의 롬바르드(Lombard) 지역에서도 금화가 일부 주조되고 유통된 적도 있었다. 하지만 그 양이 많지도 않았고, 8~9세기 이후에는 주조가 아예 중단되었다. 후술하겠지만 이 시기 전 세계의 금은 활발한 국제무역 활동을 전개했던 이슬람 지역으로 집중되고 있었다.

프랑크 왕국의 테우데베르트(Theudebert I, 504~548, 재위 534~548) 왕이 자신의 이름을 새겨 발행한 금화. 그는 486년 최초로 프랑스를 통일한 메로빈지언(Merovingian) 왕조의 클로비스 1세(Clovis I, 446~511) 손자이다. 이 당시 금화는 수량이 매우 적어서, 발행량이 극도로 미미했다. 테우데베르트는 프랑크족으로서는 최초로 금화를 주조한 왕이다. 530~550년경, 센느강 주변 루앙(Rouen) 출토. 영국박물관 소장

6 Edited by Joanna Story, 『Charlemagne, Empire and Society』, Manchester University Press, 2005, p. 213 (Simon Coupland, 『Charlemagne's Coinage: Ideology and Economy』)

# 02 초기 중세 서유럽의 황금 2 샤를마뉴 대제와 오파 왕의 화폐 개혁

그랑 트리아농, 베르사이유 궁전 소재

## (1) 샤를마뉴 대제의 은본위제 도입과 아바르(Avar)족 정벌

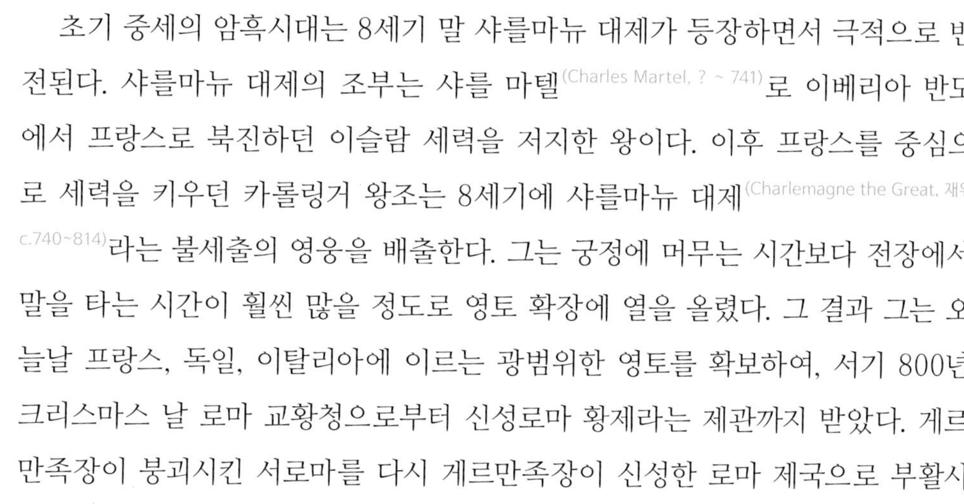

초기 중세의 암흑시대는 8세기 말 샤를마뉴 대제가 등장하면서 극적으로 반전된다. 샤를마뉴 대제의 조부는 샤를 마텔(Charles Martel, ? ~ 741)로 이베리아 반도에서 프랑스로 북진하던 이슬람 세력을 저지한 왕이다. 이후 프랑스를 중심으로 세력을 키우던 카롤링거 왕조는 8세기에 샤를마뉴 대제(Charlemagne the Great, 재위 c.740~814)라는 불세출의 영웅을 배출한다. 그는 궁정에 머무는 시간보다 전장에서 말을 타는 시간이 훨씬 많을 정도로 영토 확장에 열을 올렸다. 그 결과 그는 오늘날 프랑스, 독일, 이탈리아에 이르는 광범위한 영토를 확보하여, 서기 800년 크리스마스 날 로마 교황청으로부터 신성로마 황제라는 제관까지 받았다. 게르만족장이 붕괴시킨 서로마를 다시 게르만족장이 신성한 로마 제국으로 부활시킨 것이니, 역사의 아이러니란 논리적으로 설명하기 참 어렵다.[1]

특히 그는 793~794년에 대대적인 화폐개혁을 시도했다. 중세 시대 동전의 사용량은 급격히 늘었지만, 그 순도가 너무 떨어져 있었다는 게 화폐개혁의 주요 배경이었다. 따라서 그의 화폐개혁 핵심은 순도가 높은 은화를 주조하는 것

1 샤를마뉴 대제는 프랑스 중북부에 위치한 브리(Brie) 지방을 방문했는데, 그곳의 수도원이 샤를마뉴에게 얇고 하얀 껍질에 부드러운 속살의 치즈를 바쳤다. 샤를마뉴 대제는 그 맛에 반해 매년 궁정에 그 치즈를 받칠 것을 명했다. 이것이 오늘날 브리 치즈(Brie de Meaux)의 유래이다.

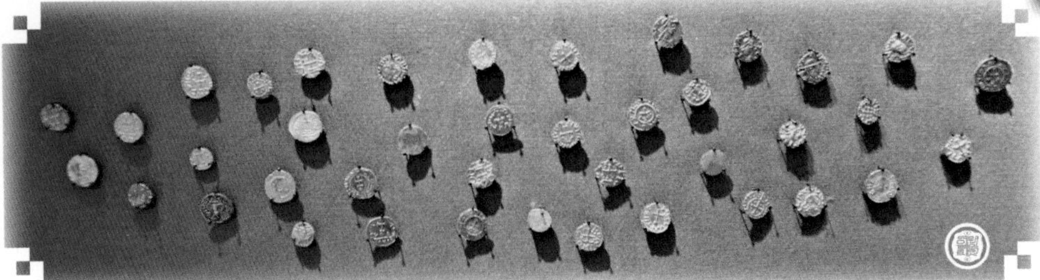

7세기 프랑크족의 소액 금화 트레미시스(tremissis) 37개. 표면에 아무런 표시가 없는 금화 3개도 있는데 이는 액면이 아니라 이 금화가 무게로서 거래되었다는 뜻이다. (이 외에도 직육면체 모양의 잉곳 2개가 같이 발견되었다.) 총 40개의 동전은 사후 세계에서 저승으로 가는 강을 건너는 사공에게 지급해야 할 노잣돈일 것이라는 주장이 있다. 서유럽에서 이런 소액 금화가 유행했던 이유는 금화를 주조할 황금이 많지 않았기 때문이다. 그나마 이 소액 금화도 9세기경부터는 자취를 감추게 된다. 이 금화는 오늘날 벨기에와 네덜란드 맞은편에 위치한 영국의 서튼 후(Sutton Hoo)에서 발견되었는데, 영국과 프랑스 사이에 금화를 통한 국제교역이 있었음을 시사하는 증거이다. 610~635년경, 영국 서튼 후(Sutton Hoo) 출토. 영국박물관 소장

이었다.[2] 우선 그는 왕실만이 은화를 주조할 수 있게 하였다. 자신이 통일한 영토 내에서 지방의 영주나 기사는 더 이상 은화를 주조할 수 없었다. 이탈리아 반도와 일부 프랑스, 독일에서 소량으로 인쇄되던 소액 금화 "트레미시스(Tremissis)"의 경우에는 한나라를 통일했던 유방과 마찬가지로 지방 상인들의 주조를 허락하되, 반드시 샤를마뉴 자신의 이름을 새길 것을 명했다.[3]

샤를마뉴 대제는 은화의 무게도 종전의 1.3그램에서 1.7그램으로 30% 늘리고, 은화의 지름도 16mm에서 20mm로 키웠다.[4] 나아가 화폐 단위도 통일했다.

---

2 『Power of Gold』를 저술한 피터 번스타인(Peter Bernstein)은 샤를마뉴 대제가 금화 개혁을 시도한 것처럼 기술하고 있다. Peter L. Bernstein, 『The Power of Gold』, Wiley, 2012, pp. 79~80. 필자가 보기에는 이는 잘못된 해석이다. 우선 8~9세기 무렵 서유럽에는 황금이 거의 없었다. 아바르(Avars) 정복으로 금이 일시적으로는 유입되었다고 하지만, 전 국토에 금화를 유통시킬 만한 대규모 금은 아니었다. 다만 그는 이탈리아에서 소규모로 주조되고 있던 금화 트레미시스(Tremissis)의 발행을 허용하되, 자신의 이름을 새길 것을 명했다. 샤를마뉴 대제 자신도 금으로 된 장식품을 매우 선호했다. 아마도 이 때문에 샤를마뉴 대제가 금화 개혁을 시도한 것이라고 해석했을지도 모르겠다. 하지만 샤를마뉴 대제가 새겨진 트레미시스는 8세기 이후 거의 자취를 감추었다. 금화를 주조할 금도 사실상 많지 않았다. 따라서 필자는 샤를마뉴 대제가 금화 개혁을 시도했다는 주장은 설득력이 없다고 생각한다. 그의 화폐개혁은 은화 개혁에 집중되어 있었다.

3 트레미시스는 ⅓이라는 뜻이다. 따라서 트레미시스는 금화 솔리두스의 ⅓ 수준에 해당하는 소액 금화이다. 동로마 황제 테오도시우스 1세(Theodosius I, 347~395) 때인 380년대에 도입되었다. 솔리두스의 ½에 해당하는 금화는 세미시스(semissis)라고 불렀다. 트레미시스와 세미시스는 동로마 이외 지역인 앵글로색슨, 프랑크, 롬바르드 등 이민족들이 차지한 서유럽 전역에서 5~8세기경 유통되다가, 9세기경부터는 사라졌다.

4 Edited by Joanna Story, 『Charlemagne, Empire and Society』, Manchester University Press, 2005, p. 211 (Simon Coupland, 『Charlemagne's Coinage: Ideology and Economy』)

우선 은화 1파운드를 12온스(ounce)로 지정했다. 은화 1파운드의 교환 비율도 20수(sou 혹은 solidii, 오늘날의 shilling), 240데니에르(denier, 오늘날의 penny)로 지정했다. 파운드, 실링, 페니는 1971년 폐지될 때까지 무려 1,100년 동안 사용된 유럽의 대표적인 화폐 단위로 정착했다.[5]

샤를마뉴 대제의 화폐개혁으로 도입된 은화 페니 동전. 샤를마뉴 대제는 자신의 동전에 자신의 초상 대신 기독교의 상징인 십자가를 새겨 넣었다. 이는 그가 로마에서 대관을 받았기 때문에 굳이 자신이 황제임을 동전을 통해서 알릴 필요가 없었기 때문이었다. 한편 샤를마뉴 대제의 은화 도입은 이슬람 은화 디르함의 영향이 가장 결정적이었다. 768~814년경. 영국박물관 소장.

샤를마뉴 대제가 화폐를 주조한 주요 도시는 후술하는 도어스태드(Dorestad)와 퀜토빅(Quentovic)이었다. 도어스태드와 퀜토빅은 영국 해협 맞은편에 위치한 국제무역항이었으므로 통화가 대규모로 유통되는 도시들이었다. 따라서 이 도시에서 경제적 목적으로 동전을 주조할 필요성은 충분했다. 샤를마뉴 대제는 이 도시들을 점령한 이후 전략적으로 동전을 주조하는 도시로 삼았다. 특히 현재 네덜란드에 위치한 도어스태드에는 지금도 8~9세기 샤를마뉴 대제 시대 동전이 대량으로 발견된다.

샤를마뉴 대제가 동전을 주조한 것은 당시 세계 최대 무역 대국이었던 이슬람의 영향이 컸다. 예컨대 이슬람 은화 디르함(Dirham)의 디자인과 스타일은 샤를마뉴 대제의 통일된 동전 화폐에 많은 영향을 미쳤다. 자신이 시행한 통일 화폐 데니에르라는 명칭도 이슬람 은화 디르함에서

샤를마뉴의 아들로 그와 공동 황제로서, 동 프랑크의 왕으로서 재임했던 루이 피우스(Louis the Pious, 778~840) 시절 발행된 은화 동전. 부친과 마찬가지로 기독교 문양을 동전에 새겼고, 이슬람의 영향에서 아직도 벗어나지 못한 모습이다. 814~840년경. 영국박물관 소장

5 실링(shilling)은 조각이라는 뜻이다. 솔리디(solidii)를 페니로 절반 혹은 4등분으로 쪼개면서 솔리디를 실링이라는 별칭으로 불렀다. 이 별칭이 그대로 화폐 단위로 정착되었다.

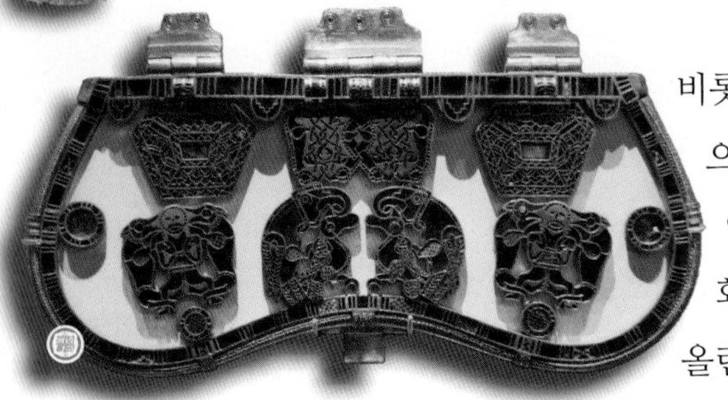
트레미시스 동전에 담겨 있던 지갑을 장식한 황금 커버. 610~635년경, 영국 서튼 후(Sutton Hoo) 출토. 영국박물관 소장

비롯된 것이다.[6] 나아가 그는 이슬람 교역으로부터 받은 이슬람 은화 디르함을 녹여서 데니에르를 만들기도 했다. 793년 화폐개혁 때 은화의 은 함유량을 30% 올린 이후, 은에 대한 수요가 늘었기 때문이다. 아마도 이슬람 제국의 은화 디르함이 없었다면 샤를마뉴 대제의 은본위제 화폐개혁은 없었을 것이고, 있었다 해도 실패했을 것이다.

화폐개혁 시도 후 샤를마뉴 대제는 아바르(Avar)족을 완전히 정벌했다. 아바르족은 그 기원이 동양으로 알려진 기마민족이다. 몽골족이라는 설이 있으나 정확히 그 근원이 어디인지 아직도 모른다. 407년, 민족 대 이동 때 유럽으로 진출하여 국가를 건설한 것으로 알려져 있다. 6세기 중반(550~575)에는 헝가리 평원까지 진출하였다. 이들은 당시 유럽에 없었던 등자를 사용하여 유럽 중원을 철저히 괴롭혔다. 등자는 기병이 말을 타면서 칼과 활을 자유롭게 사용할 수 있게 하는, 당시만 해도 최첨단 군사 장비였다.

이들이 얼마나 중부 유럽을 괴롭혔는지, 비잔틴 제국은 이들의 침략을 무마하는 조건으로 매년 금화 솔리두스 10만 개를 바쳤다고 한다. 샤를마뉴 대제는 아바르족의 등자를 도입하여 791년과 795~796년, 두 차례에 걸쳐 아바르족을 정벌했다. 796년, 샤를마뉴 대제가 아바르족을 완전히 정벌한 후 아바르족은 역사에서 영원히 사라졌다. 샤를마뉴 대제는 796년 아바르 정벌로 상당한 양의 금을 확보했다. 일설에 따르면 이때 확보한 금과 보석이 4마리의 황소가 이끄는 15개의 마차 분량이었다고 한다.[7] 아바르족이 보유한 금화는 비잔틴 제국이 매

6 물론 디르함이 로마 화폐 데나리우스에서 비롯된 것이니, 디르함이나 데니에르 모두 로마 동전의 영향을 받은 것이다. 혹자는 디르함이 고대 그리스의 드라크마에서 비롯된 것이라고 주장하기도 한다.

7 Peter L. Bernstein, *Ibid*, p. 80

년 그들에게 바친 금화 솔리두스가 그 원천이다. 이 금과 보석이야말로 샤를마뉴 대제가 신성 로마 제국을 이룩하는데 가장 중요한 초석이었음은 의심할 여지가 없다.

## (2) 7 왕국의 등장과 오파 왕의 머니어(Moneyer)

비슷한 시기인 8세기 중반, 중남부 잉글랜드에서도 유럽 대륙의 샤를마뉴 대제와 비슷한 걸출한 인물이 등장했다. 그는 켄트(Kent) 지방의 머시아(Mercia) 왕국 오파(Offa, 재위 757~796) 왕이었다. 머시아 왕국의 등장을 이야기하려면 로마의 영국 진출부터 이야기해야 한다. 우선 로마의 카이사르는 BC 55년 영국을 침공하여 기원전 700년경부터 유럽 대륙을 건너와 이미 잉글랜드 지역에 거주하고 있던 켈트족인 브리튼족을 북쪽으로 밀어내었다.[8] 그리고 켈트어로 "습지의 요새"라는 뜻의 "론디니움"을 건설하고, 잉글랜드 지방의 곡물을 로마로 실어 날랐다. 하지만 로마 세력이 약해진 4~5세기 무렵, 브리튼족을 중심으로 잉글랜드 각지에서 소규모 왕국이 난립하게 된다. 이들 소규모 왕국은 특히 오늘날 덴마크가 위치한 유틀란트 반도에 거주하던 앵글족과 색슨족을 용병으로 고용하여, 잉글랜드 전역에서 전투를 치렀다.

그런데 유틀란트 반도의 앵글족과 색슨족이 잉글랜드에 거주하면서 이곳이 정착하기 좋은 땅이라는 것을 깨닫게 되고, 아예 유틀란트 반도에서 잉글랜드로 대거 이주하게 된다. 앵글족과 색슨족은 브리튼족을 잉글랜드 지역에서 아예

8 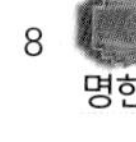 로마인들은 이 섬을 브리튼족이 사는 섬이라 하여 브리타니아(Britannia)섬이라 불렀다. 영국에서 가장 유명한 왕인 아서 왕도 브리튼족의 왕이다. 하지만 아서 왕이 실존 인물인지, 가공 인물인지는 확실하지 않다.

내쫓고, 브리튼족은 서쪽 끝의 웨일즈와 바다 건너 프랑스의 북서부 반도로 쫓겨나게 된다. 이 지역은 오늘날도 브르따뉴(Bretagne) 반도라고 부르고, 잉글랜드에서 거주하던 브리튼족의 풍습과 언어를 아직도 간직하고 있다.

브리튼족이 잉글랜드에서 거의 완전히 축출되면서 앵글족과 색슨족이 잉글랜드 동부와 남부에 여러 개의 왕국을 세웠다. 그중에서도 가장 큰 왕국 7개를 "7 왕국"이라고 불렀다.[9] 7 왕국 중 애설버트 왕(Ethelbert, 고대 영어: Æðelberht, c.550~616)이 지배하던 켄트가 처음에는 종주국의 위상을 가졌으며, 7세기에는 북쪽의 노섬브리아(고대 영어: Norþhymbra rīce)가 종주국이었다.[10] 노섬브리아 왕국의 왕인 에드윈 왕(Edwin, 고대 영어 Ēadwine, c.586~c.632)은 북쪽으로 영토를 크게 확장하였는데, 그가 북쪽 요충지에 세운 요새인 에딘버러 요새는 후일 스코틀랜드의 수도가 되기도 한다. 8세기 말에는 머시아 왕국이 부상하여 7 왕국을 사실상 통일하고 패권국가로 부상한다. 즉, 정치적 역량이 매우 뛰어난 머시아의 오파(Offa, ?~796, 재위 757~796) 왕이 나머지 6 왕국을 정치적으로 지배함으로써, 서부 잉글랜드인 웨일즈와 남서부 잉글랜드 극히 일부를 제외한 거의 모든 잉글랜드 영토를 통일한 것이다.[11]

오파 왕의 가장 큰 업적 중의 하나가 샤를마뉴 대제와 같은 화폐개혁이다. 오파 왕의 화폐개혁 핵심은 샤를마뉴 대제와 같이 은본위제의 도입이었다. 사실 오파 왕의 화폐개혁 이전, 영국에서는 남부 잉글랜드를 중심으로 동전 주조가 매우 광범위하게 행해지고 있었다. 특히 남부 잉글랜드는 동전의 주조를 전문적으로 담당하는 머니어(moneyer)가 지배층의 교체와 상관없이 동전을 지속적으로 주조할 정도로 상당한 정도의 독자적인 세력을 형성하고 있었다. 로마 시대의 머니어들이 동전 주물(die)로 동전의 양각 무늬(legend)를 디자인하고 제조했던 단순

---

9 ① 앵글족: 노섬브리아, 머시아, 동앵글리아 ② 색슨족: 웨식스, 서섹스, 에섹스 ③ 주트족: 켄트

10 앵글로색슨족 언어에서 애설(Æðele)은 신분이 높은 고귀한 귀족이라는 뜻이다. 버트(bert)는 보통 남자를 뜻하므로 애설버트는 고귀한 남자라는 뜻이다. 알프레드 대왕의 손자인 애설스턴(고대 영어 Æþelstan, c.894~939)은 고귀한 돌이라는 뜻이고, 앵글로색슨족의 마지막 왕인 에드워드 참회왕(Edward the Confessor, ?~1066)의 조부인 애설레드(고대 영어 Æþelred, 968~1016)는 고귀한 조언자, 애설링(Æðeling)은 왕이 될 자격이 있는 귀족이라는 뜻이다.

11 앵글족과 색슨족은 서로 침략하여 정복하기보다는 힘이 강한 종주국에 복종하는 정치 형태를 가지고 있었다.

한 기술자들이었던 반면,[12] 영국의 머니어들은 동전을 제조하기보다는 동전의 무게와 순도를 보증하는 금융 중개인 역할에 초점을 맞추었다.

영국의 머니어는 동전 뒷면에 자신의 이름을 새겨 넣었는데, 이는 로마의 전통을 그대로 따른 것이었다. 하지만 의미는 완전히 다른 것이었다. 영국에서 머니어의 이름은 동전의 무게와 순도를 자신의 이름으로 보증한다는 일종의 보증서였다. 같은 시대 유럽 대륙의 동전에 왕이나 영주 이름을 새겨 넣은 것과는 매우 대조적이다. 영국 동전에 새겨진 머니어의 이름은 그만큼 영국 머니어의 영향력이 컸음을 보여 주는 증거가 아닐까?

오파(Offa) 왕의 모습이 그려진 은화 페니. 샤를마뉴 대제는 로마 교황으로부터 제관을 받았지만, 오파 왕은 동전에 자신의 모습을 새김으로써 왕의 권위를 확보했다. 동전에는 오파 왕의 이름과 함께 왕비인 시네드리스(Cynethryth)의 이름이 같이 새겨져 있다. 오파 왕은 화폐개혁을 처음 시도한 영국의 왕인데, 오파 왕의 화폐개혁 핵심은 사진에서와 같은 은화의 본격적 도입이었다. 756~796년경. 영국박물관 소장

하여튼 오파 왕의 화폐개혁 이전 은화 주조를 처음으로 시도한 켄트 지방의 왕은 히베르흐트(Heahberht, 재위 764~765)와, 그와 공동으로 왕을 지낸 엑베르흐트 2세(Ecgbertht II, 재위 764~785)였다. 이들은 켄터베리(Canterbury)에서 영업을 하고 있던 머니어들에게 은화 주조를 맡겨 은화를 주조했다. 히베르흐트와 엑베르흐트 2세를 위해 은화를 주조한 머니어는 "에오바(Eoba)"였다. 이후 히베르흐트가 사망하면서 단독으로 왕권을 행사한 엑베르흐트 2세는 "바바(Babba)"와 "우드(Udd)"라는 새로운 머니어를 고용하여 은화를 주조했다.[13]

한편 잉글랜드 통일 과정에서 오파 왕은 엑베르흐트 2세를 제압하고 784년경에 켄터베리를 장악했다. 이때부터 오파 왕은 자신의 이름을 앞면에 새긴 은

12 주물은 동전의 앞면(obverse)과 뒷면(reverse)을 찍어야 하므로 두 개의 주물(dies)이 필요했다.

13 Iren Hegedus, Alexandra Fodor, 『*English Historical Linguistics 2010*』, John Benjamin Publishing company, 2012, p. 79

화를 주조했다. 이때 고용한 머니어는 바로 이전의 왕이 고용했던 에오바, 바바와 우드였다. 오파 왕은 샤를마뉴 대제와 마찬가지로 자신을 제외하고는 다른 이들이 은화를 주조할 권한을 박탈하였다. 하지만 머니어는 이전의 왕들과 동일한 머니어를 채용하였다. 이는 그만큼 영국 머니어의 영향력이 상당한 정도였음을 보여 주는 것이다.

오파 왕의 화폐개혁은 은화의 순도를 엄격히 유지하는 것이었다. 이는 오파 왕의 업적이라기보다는 오파 왕 이전 왕들의 화폐 통일 노력과 켄터베리에서 영업을 영위하던 머니어의 역할이 더 컸다. 특히 머니어들이 자신의 이름으로 은화의 무게와 순도를 보증하면서 은화의 유통 가치가 올라갔다. 오파 왕은 단지 이들을 적극 후원하기만 하면 되는 것이었다. 오파 왕 시절 발행된 은화는 프랑스의 동전보다 예술적 가치가 높고, 순도도 높아서 유럽 전역에서 유통되었다. 심지어 동부 러시아의 볼가(Volga)강과 돈(Don)강에서도 오파 왕의 은화는 발견된다고 한다.[14]

오파 왕은 은화뿐 아니라 금화도 주조하였다. 오파 왕의 금화는 이슬람의 금화 디나르를 사실상 그대로 베낀 것이었다. 즉, 앞면에는 자신의 이름인 "오파 렉스(Offa Rex, 오파 왕)"라고 새기고, 뒷면에는 바그다드의 금화를 보고 아랍어 글씨를 엉성하게 그대로 베껴 넣었다. 당시 이슬람의 칼리프는 압바스 2대 칼리프 알-만수르(Abū Jafar Abd Allāh ibn Muḥammad al-Manṣūr, 754~775)였는데, 오파 왕은 알-만수르의 금화 디나르를 사실상 그대로 복사했다. 그렇다고 해서 이슬람의 상업 활동이 워낙 광범위했던 탓에 오파 왕만 나무라기도 어려워 보이긴 하다. 특히 뒷면의 아랍어 글씨는 무슨 뜻인지 아무도 몰랐는데, 그렇다고 누구 하나 신경 쓰는 사람도 없었다.

---

14 Peter L. Bernstein, *Ibid*, p. 78

## (3) 영국-프랑스 무역협정과 도어스태드(Dorestad)

이처럼 프랑스 대륙과 중남부 잉글랜드가 은본위제로 통합되면서 양국 간 교역 활동이 활발해지기 시작했다. 796년, 프랑스의 프랑크 왕국과 남부 잉글랜드의 켄트는 공식적인 무역협정을 체결했다. 이 협정을 통해 양국 간 상인은 상대방 국가의 보호 하에 상업 활동의 자유를 보장받았다. 나아가 상호 간 불리한 대우를 받지 아니하며, 불리한 대우를 받을 경우 왕을 알현할 권리를 보유하였다. 샤를마뉴 대제와 오파 왕 간의 무역협정은 영국과 프랑스 등의 서유럽 국가들이 18세기 아시아를 비롯한 전 세계 식민지 시장을 개방할 때 사용한 불평등 조약의 원형이 되었다.

프랑스와 영국 간 국제무역이 활발해지면서 영국 해협과 북해가 주요한 교역로로 발전하게 된다. 네덜란드에 위치해 있던 마을이었던 도어스태드(Dorestad)는 양국 간 활발한 교역으로 대규모 교역항으로 발전하였다. 전술한 대로 도어스태드는 프랑크 왕국의 동전 주조 도시이기도 했다. 전성기 시절 도어스태드는 배를 접안할 수 있는 부두와 물류 창고는 넓이가 60헥타르, 길이는 3㎞에 이를 정도였다.[15]

서기 800년, 대륙에는 신성 로마 제국이 수립되고 영국에는 강력한 왕권이 등장하면서 국제무역도 활발했고 통일 화폐도 등장하였다. 이에 따라 중세 유럽은 암흑시대를 벗어날 수도 있었다. 하지만 의외의 복병이 나타났다. 바로 바이킹이다.

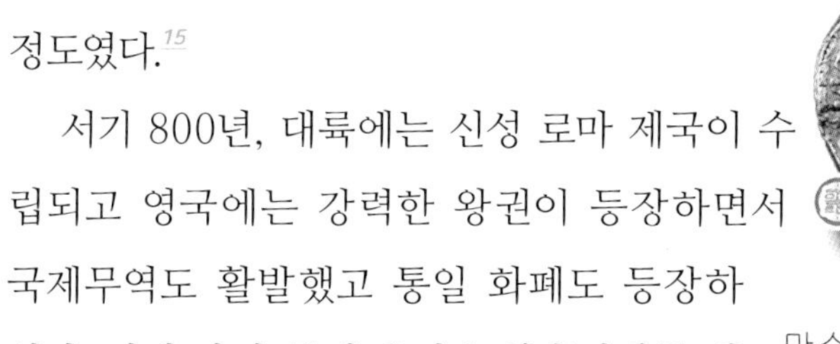

만수르와 오파 렉스. 위쪽은 알-만수르의 금화 디나르이고 아래쪽은 오파 왕의 금화 오파 렉스이다. 위쪽 앞면은 알-만수르의 이름이 새겨져 있고 뒷면은 아랍어로 쓰여 있다. 아래쪽 오파 왕의 통화는 앞면에 자신의 이름인 오파 렉스로 이름을 바꾸는데, 뒷면은 알-만수르의 통화 디자인을 그대로 모방했다. 사진 출처: Wikipedia Commons. Public Domain

15 http://mygeologypage.ucdavis.edu/cowen/~gel115/115ch7.html

# 03 초기 중세 서유럽의 황금 3 바이킹의 시대와 은

바이킹의 항해와 약탈, 아이슬란드 소재

## (1) 노르드(Nord)족과 크나르(Knarr), 양 떼 속에 섞인 늑대

노르드(Nord)족이라 불린 민족은 스칸디나비아와 덴마크 반도에 주로 거주하였다. 이들은 해안가에 주로 거주하였으며 항해술에 매우 능했다. 이들이 장기 항해를 위해 주로 타는 상선의 이름이 크나르(Knarr)였는데, 노르드족은 이 배 이름에서 유래했다는 설이 있다.[1] 유럽인들은 이들 해적을 바이킹(viking)이라 불렀다. 바이킹은 무역상이면서 동시에 해적이었다. 배를 타고 해상교역 활동을 하다가 필요할 경우 갑자기 약탈을 하는 해적으로 돌변하는 것이다. 이 때문인지 중세 유럽인들은 바이킹을 "양 떼 속에 섞인 늑대"라고 기록하기도 했다.

8세기부터 노르드족의 인구가 증가하였다. 노르드족의 인구 증가는 대규모 청어 떼가 북해와 발트해 지역으로 이동하면서, 노르드족이 이들을 주식량으로 삼았기 때문이다. 하필 이때 샤를마뉴 대제가 발트해와 북해 쪽으로 영토를 확장하면서, 노르드족 주식량의 공급원이 줄어들자 심각한 압박을 받기 시작한 것이다. 일례로 샤를마뉴 대제는 슬라브족과 동맹을 맺었는데, 이들 슬라브족이 8세기 말부터 노르드족을 침략하고 이들의 영토를 위협했다. 결국 샤를마뉴 대

---

1 북쪽에 사는 이들이라 하여 노르드 족이라 불렀다는 설도 있다. 한편 상선이 아니라 노르드족이 타던 전함은 드라카르(Drakkar)라고 불렀다. 고대 노르드어로 거대한 용을 드라콘(drakon)이라고 불렀는데, 드라카르의 선박 끝에 용의 머리를 장식했기 때문에 이렇게 불렀다. 우리에게 익숙한 루마니아의 백작 드라큘라(Vlad the Implaer, 일명 Vlad Dracula, c.1428~c.1477)의 뜻도 "용(드라큘, Dracul)의 아들"이라는 뜻이다. 그가 작은 용이라고 불린 이유는 그가 용의 기사단(The Order of the Dragon) 소속이었기 때문이다.

제의 "육상" 영토 확장이 시작되던 8세기 말부터 노르드족은 생존을 위한 "해상"해적 활동에 나섰다.[2] 노르드족은 해적 활동을 하면서 물자를 약탈하는 것은 물론이고, 해당 지역의 여성들도 납치하여 자신들 종족 번성의 계기로 삼기도 하였다.[3] 신에게 아들을 간청하기 위해서만 부부 사이의 육체적 관계를 허락한다는 노르드족의 전통 때문이었다.[4]

바이킹 족의 생활상. 그들은 선박 제조와 항해술에 능했으며, 말을 잘 다룰 수도 있었다. 이 때문에 전 유럽에 걸친 바이킹의 무지막지한 약탈을 막을 적수는 없었다. 아이슬란드 소재

노르드족은 항해술이 뛰어났기 때문에 이들의 이동 경로는 유럽 전역의 해안선을 따라 수천 km에 걸쳐 있었다. 이들의 초기 전술은 해안가 마을의 물자와 여성 약탈 후 신속하게 도주하는 치고빠지기식이었다. 짧은 시간이기는 하지만 서유럽인들이 일찍이 경험하지 못한 잔인한 약탈 방식이 동원되었다. 그만큼 서유럽에 가한 충격은 컸다. 9세기 노르만족의 이동은 4세기부터 시작된 로마 변경의 게르만족 이동에 버금갈 정도로 유럽의 경제와 사회에 엄청난 영향을 미쳤다.

---

2 하지만 왜 이 시기부터 노르드족이 대양으로 뛰쳐나가 해적 활동에 집중했는지는 오늘날도 정확한 원인이 알려져 있지 않다. 혹자는 9세기 이전인 550~790 사이부터 바이킹의 이동이 활발히 전개되었다고 주장한다. 실제로 에스토니아 지방에서는 8세기 이전 것으로 추정되는 바이킹의 선박이 유적으로 발견되기도 하였다. 이 사실은 536~540 사이에 이 지역의 화산이 폭발하여 거주가 불가능할 정도로 햇빛이 줄어들면서, 노르드족이 할 수 없이 이동을 시작했다는 주장을 뒷받침한다. 어떤 이들은 노르드족의 이동이 그들의 주식이었던 청어 떼의 이동 때문에 시작되었다는 주장도 한다. 청어는 한류성 회유어의 일종으로 계절마다 이동하는데, 오늘날에도 알려지지 않는 어떤 이유로 회유 경로를 종종 바꾸기도 한다.

3 이 때문에 어떤 이들은 더 많은 여성을 확보하기 위해 노르드족이 바다를 건너 해적 활동을 시작했다는 주장도 한다.

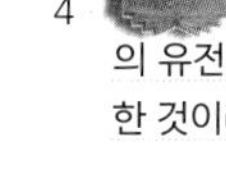

4 스웨덴 웁살라(Uppsala) 대학의 닐 프라이스(Neil Price, 1965~) 교수의 주장에 따르면 아이슬란드 인구의 유전자 조사 결과 남성 인구의 75%가 노르웨이 지방에서 이주하였으며, 50% 이상의 여성은 잉글랜드에서 이주한 것이라고 한다. https://newspeppermint.com/2016/05/11/vikings/

## (2) 바이킹의 약탈과 노르망디(Normandy) 공국

우선 이들의 서쪽 이동 경로는 덴마크를 지나 영국 동쪽 해안을 먼저 치고, 이후 프랑스의 해안선을 따라 남쪽으로 이동하다가, 지브롤터 해협을 지나 시칠리아섬의 지중해 내해와 동쪽 끝인 콘스탄티노플까지 걸쳐 있었다. 이에 따라 영국 및 서유럽 전역과 지중해의 해안가 마을은 이들의 주요한 약탈 대상이 되었다. 예컨대 793년, 영국 북부의 노덤벌랜드(Northumberland) 해안가에 있는 도시 린디스판(Lindisfarne)의 대수도원을 바이킹이 습격했다. 수도원은 파괴되고 수도사는 죽임을 당하거나 노예로 끌려갔다. 그 후 계속되는 바이킹의 약탈로 동부 잉글랜드 연안의 7왕국은 거의 멸망 직전까지 몰렸다. 808년, 북부 독일의 교역항 레릭(Reric)도 덴마크 구트프레드(Gudfred) 왕의 습격을 받아 도시 전체가 완전히 파괴되어 흔적도 없이 사라졌다. 구트프레드 왕은 레릭의 거주자들을 덴마크 반도의 트리니(Treene) 강가에 있는 해이다부(Haithabu, 오늘날 Hedeby)로 강제 이주시키기도 하였다.

영국에 상륙한 바이킹족들이 사용하던 은화. 바이킹족들은 8세기 말에 영국 해안을 간헐적으로 약탈하다가 9세기 중반부터 영국으로 건너와 아예 이주하기 시작했다. 이주한 이후 바이킹족들은 기독교에 동화되어 기독교로 개종한다. 왼쪽은 잉글랜드 섬의 동쪽(East Anglia)에서 발견된 은화로 순교자 에드문드(Edmund the Martyr, 841~869)를 기념한 동전. 895~910년경, 영국박물관 소장. 오른쪽은 요크에서 발견된 은화로 동전 표면에 그리스도가 기적을 행했다는 뜻인 "Mirabilia fecit"가 새겨져 있다. 895~910년경, 영국박물관 소장

814년, 샤를마뉴 대제가 사망하면서 서유럽 해안선의 치안은 공백 상태가 되었다. 이 때문에 유럽 대륙의 서북쪽 해안선에 위치한 항구들은 그야말로 바이킹의 약탈로 초토화되었다. 일례로 834년, 프랑스와 영국 간 국제무역을 주도했던 해안 도시 도어스태드(Dorstad)가 바이킹의 침략을 받았다. 이 도시는 향후 30

년 동안 10여 차례나 약탈당하면서, 지도에서 아예 사라졌다. 839년, 영국 해협 바로 맞은편에 위치한 프랑스 해안의 항구 도시 퀜토빅(Quentovic)도 바이킹의 대량 학살이 자행되면서 교역항으로서 기능을 완전히 상실했다. 9세기 프랑스 한 수도사의 표현에 따르면

> "오, 주여, 우리나라를 파괴하는
> 저 야만스러운 북방 사람들로부터 우리를 구해주소서.
> 저들은 우리의 어리고 깨끗한 아이들을 끌고 갑니다.
> 이 재난에서 우리를 구해 주시기를 간절히 기도합니다."[5]

840년대부터 바이킹은 아예 잉글랜드, 스코틀랜드, 아일랜드, 플랑드르, 프랑스 등에 위치한 해안 지역에 거점을 마련하기 시작했다. 845년에는 이들 거점을 바탕으로 프랑크 왕국의 심장 파리까지 무려 3만 명의 바이킹이 점령했다. 바이킹은 프랑크 왕국으로부터 3.5톤의 은을 받고서야 파리를 해방했다. 프랑스인들은 도시를 해방하는 대가로 지급하는 몸값이라 비아냥거리면서, 이 은을 "데인족 금(Danegeld)"이라고 불렀다. 845년 한 해에만 프랑크 왕국은 최소한 20톤에 가까운 은을 데인족 금으로 지급하였다고 한다. 바이킹족의 침입으로 골머리를 앓던 서프랑크 왕국의 샤를 3세(Charles the Simple, 879~929)는 911년, 아예 센느강 하구에 바이킹족들 우두머리였던 롤로(Rollo)에게 봉토를 하사하고 신하로 삼았다.[6]

롤로에게 자신의 딸을 결혼시키는 샤를 3세. 샤를 3세는 롤로의 침략에 연전연패하면서 파리와 샤르트르까지 롤로에게 넘어갔다. 그러다가 샤르트르 외곽 전투에서 그를 겨우 막아내었다. 이에 따라 911년 생클레르쉬레프트 조약(Traité de Saint-Clair-sur-Epte)을 통해 그의 딸을 롤로에게 출가시키고, 그를 공작으로 삼은 후 노르망디 땅은 그에게 넘겼다. 14세기 양피지 삽화. 영국도서관 소장. 출처: Wikimedia. Public Domain

---

5 피터 프랭코판, *앞의 책*, p. 204

6 정복왕 윌리엄이 영국을 정복한 이후 오뇌르(honneur)는 왕의 봉토를 의미했다. 예컨대 정복왕 윌리엄은 북부 리치몬드의 봉토를 브르타뉴 백작인 알랭

북쪽에서 온 사람들의 나라, 노르망디(Normandy) 공국은 이렇게 탄생했고, 롤로의 손자 윌리엄은 나중에 잉글랜드까지 정복하였다.

노르망디 공국 이후 바이킹은 지브롤터 해협을 넘어 지중해 내해까지 진출했다. 당시 이슬람이 지배하던 이베리아 반도와 모로코도 바이킹의 약탈로 피해를 입었다. 바이킹은 지중해 내해로 더 나아가 시칠리아섬까지 당도했다. 지금은 없어진 이탈리아 남부의 도시 루나는 바이킹의 약탈로 도시가 완전히 초토화되기도 하였다.

롤로: 노르웨이 출신 바이킹으로, 본국에서 쫓겨나 영국, 네덜란드, 프랑스 북부 등을 해적질로 휩쓸고 다녔다. 프랑스에서는 센느강을 따라 파리까지 점령하였으며, 샤를 3세에게 샤르트르 외곽에서 겨우 제압당한다. 이후 생클레르 조약을 통해 센느강 어귀의 노르망디 땅을 하사받고, 약탈 중지 및 기독교 개종을 약속한다. 하지만 몇 년 후 약탈을 중지한다는 약속을 깨고 서쪽으로 약탈을 계속하여 영토를 계속 넓히게 된다. 13세기경 삽화. 출처: Wikimedia. Public Domain

## (3) 루시(Rus') 바이킹의 노브고로드(Novogord)

이처럼 바이킹족이 서유럽 해안을 약탈하는 과정에서 서유럽의 주요 교역항은 거의 완전히 파괴되었다. 나아가 수백 톤의 은 또한 약탈과 납치한 이들에 대한 몸값 지급을 통해 서유럽에서 바이킹으로 흘러 들어갔다.[7] 하필 이 시기인 836년, 압바스 왕조의 8대 칼리프 알무타심(Al-Mu'tasim, 796~842)이 수도를 바그다드에서 사마라(Samarra)로 옮겼다. 사마라에 대규모 수도 건설이 시작되자 이슬람에서 유럽으로 유출되던 은의 양도 급격히 감소했다. 이에 따라 은본위제를 채택한 영국과 프랑스, 이탈리아 북부, 독일에 걸쳐 있던 프랑크 왕국은 심각한 경제적 타격을 받

르 루에게 하사했다. 리치몬드 오뇌르에는 장원이 무려 200여 개가 넘게 있었다고 한다. 원래 오뇌르는 공무를 뜻하는 라틴어 오노램(honorem)에서 유래한 프랑스어로, 공직 혹은 포상이라는 뜻이었다. 오뇌르는 오늘날 영어의 honor가 된다.

7 일설에 따르면 이때 바이킹으로 흘러 들어간 은이 500톤이라는 설이 있다. 어떤 기록은 앵글로색슨 국가에서만 400톤이라고도 한다.

았다. 이러한 사실만 보면 바이킹은 서유럽의 무역을 활성화시킨 것이 아니라, 오히려 심각한 타격을 입힌 셈이 된다.

알-무타심. 알-무타심은 바그다드 태생으로, 압바스 왕조의 8대 칼리프였다. 강력한 군대를 바탕으로 한 영토 확장과 문화 부흥 등 두 개의 축을 주도한 성군이다. 하지만 칼리프 즉위 시 전임자인 알-마문(al-Ma'mun)의 공식 지명을 받지 않아, 주변에 반발이 심했던 것으로 추정된다. 그는 결국 튀르크 계열의 용병에 크게 의존하게 되는데, 이 때문에 바그다드의 기존 칼리프 추종 세력을 통제할 수 없다고 판단한 알-무타심은 836년에는 수도를 사마라(Samarra)로 옮기게 된다. 838년 알-무타심(앉아 있는 이)을 방문하는 비잔틴 대사. 작자 미상. 12~13세기경 작품. 출처: Wikimedia. Public Domain

하지만 바이킹족의 이동이 반드시 경제적으로 부정적인 효과만 초래한 것은 아니었다. 바이킹족은 서쪽으로의 이동과 약탈이 끝나자 9세기 말부터 동쪽으로 눈길을 돌렸다. 동쪽으로 이동한 바이킹은 루시(Rus') 혹은 로스(Rhos)족이라 불렸다. 루시 혹은 로스라는 이름은 아마도 이들의 붉은 머리칼 혹은 그들의 노 젓는 솜씨 때문에 유래한 것으로 보인다.[8] 특히 루시 바이킹은 러시아를 주목했다. 영국이나 프랑스의 해안가 마을처럼 식량이나 전리품이 거의 없는 러시아를 주목한 이유는 바로 볼가강과 드네프르강 때문이었다. 러시아의 볼가강은 카스피해를 거쳐 당시 가장 번영했던 도시인 이슬람의 바그다드와 연결되어 이슬람 교역을 통해 부를 축적할 수 있었다.

이 때문에 오데르강, 볼가강, 드네프르강 주변에 루시족 사람들이 모여들었고, 새로운 마을이라는 의미의 노브고로드(Novogord)를 비롯하여 스타라야 라도가(Straya Ladoga), 류리코보 고로디셰(Rurikovo Gorodische), 벨로 오제로(Beloe Ozero) 등의 신도시들이 새로 생겨났다.[9] 이 중에서 돈벌이가 잘 된 교역 대상은 모피, 노예, 밀

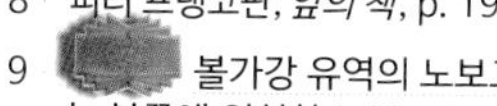

8 피터 프랭코판, *앞의 책*, p. 197

9 볼가강 유역의 노보고로드는 신도시라는 의미인데, 러시아에는 이런 이름이 여럿 있다. 볼가강의 노보고로드는 북쪽에 위치한 노보고로드와 구분하기 위해 저지대 노브고로드라는 의미의 니즈니노보고로드라고 부르기도 한다.

랍, 호박, 꿀, 향신료 등이었고, 그중에서도 비단이 단연코 최고로 돈이 되는 품목이었다.[10] 비단은 11세기 스칸디나비아에서도 발견된다. 노르웨이 오세베르그(Oseberg)에서 발견된 침몰 바이킹 선박에서는 100여 점의 비단 조각들이 발견되고, 바이킹 무덤 안에서도 동로마와 페르시아에서 유입된 비단이 발견된다.[11]

그 결과 엄청나게 많은 이슬람 은화가 중부 유럽, 북부 러시아, 핀란드, 스웨덴 본토와 발트해의 고틀란드섬, 심지어 영국과 아일랜드에서도 발견된다. 이는 바이킹 루시족이 이슬람과의 교역에서 막대한 상업적 이득을 얻었음을 보여 준다. 이 점에서 9세기 후반 동쪽으로 이동한 바이킹 루시족의 목적은 약탈이 목적이라기보다, 이슬람 국가와의 교역을 통한 돈벌이가 목적이었던 것으로 보인다. 물론 루시족에게는 약탈과 교역이 전혀 구분되는 것이 아니긴 했지만. 하여튼 이것만 보면 바이킹족과 같은 해적이 미지의 시장과 교역하기 위해 새로운 항로를 개척한 기업가 정신으로 무장했다는 영국 총리 데이빗 캐머런의 평가가 완전히 틀린 말은 아닐지도 모르겠다.

바이킹의 또 다른 교역로는 드네프르강이었다. 바이킹은 호수나 강을 이동할 때는 배를 타고 이동하다가, 육지가 나오면 타고 온 배를 둘러메거나 지렛대를 이용해서 육지에서 배를 이동시킨 후 다시 호수나 강이 나올 때까지 진군하는 무식한 방법을 사용했다. 하필 드네프르강은 흑해를 거쳐 콘스탄티노플이 위치한 소아시아와 연결되어 있었다. 그 결과 바이킹은 드네프르강을 거쳐 도착한 흑

---

10 피터 프랭코판, *앞의 책*, p. 199

11 피터 프랭코판, *앞의 책*, p. 219

해를 건너 콘스탄티노플을 직접 공격하기도 했다.

### (4) 하자르(Khazar)족, 바이킹과 이슬람 사이에서

모스크바 성 바실리 대성당. 러시아는 바이킹족 중 동쪽으로 이동한 분파인 루시(Rus')족이 세운 나라이다. 러시아라는 말도 루시라는 말에서 유래하였다. 모스크바는 루시족이 이동할 당시에는 조그만 마을이었으나, 후일 몽골족의 침입에 따른 반사적 영향으로 도시가 커진다. 이 성당도 모스크바 공국의 이반 4세가 몽골족을 축출한 것을 기념하여 1555~1561년 건축한 성당이다. 모스크바 소재

흑해와 카스피해가 바이킹의 활동으로 콘스탄티노플, 바그다드와 연결되면서 이 지역을 중심으로 국제무역이 매우 활발히 전개되었다. 이로 인해 흑해 주변의 불가리아인들은 바이킹과 콘스탄티노플, 그리고 주변의 이슬람인들과 교역을 중개하는 역할을 담당했다. 특히 8~10세기 말까지 흑해와 카스피해 사이에서 이슬람 세력과 충돌했던 전투 민족 하자르(Khazar)족의 나라인 하자르 카간네이트(Khazar Khaganate)의 수도인 이틸(Itil) 혹은 아틸(Atil)이라는 도시는 볼가강 하류에 자리 잡아 바이킹, 슬라브족, 이슬람인들이 대거 모여들면서 7~9세기에 놀라운 상업적 번영을 구가하였다.

특히 하자르족은 바이킹과 이슬람 세력의 교역을 중개하면서 많은 부를 축적했다. 도시가 국제화되면서 서로 다른 관습법 때문에 분쟁을 해결하기 위한 별도의 법정이 마련될 정도였다. 판사는 재판을 주관하면서 이슬람교, 유대교, 기독교 사이의 분쟁을 조절했고, 판사가 재판할 수 없는 경우에 대한 별도의 규정도 마련해 두고 있었다.[12] 이에 따라 전성기 시절 하자르족은 러시아의 루스족을

12 피터 프랭코판, *앞의 책*, p. 189

지배할 만큼 강성하였다.

한편 9세기경, 하자르족은 유대교, 이슬람교, 기독교 대표단을 이틸로 초청하여, 여러 차례 열띤 토론을 벌이게 했다. 자신들의 국교를 정하기 위해서였다. 이때 기독교 대표단으로 콘스탄티노플에서 파견된 사람이 슬라브인들을 교화시키기 위해 글라골 문자(Glagolitic)를 만든 것으로 유명한 콘스탄티누스 키릴(Constantinus Cyril, 826~869)이었다. 그의 형 메토디우스(Methodius, 815~885)와 함께 뛰어난 학자였던 키릴은 이틸에서 다른 모든 종교의 학자들을 논쟁에서 이겼다. 하자르족의 카간은 키릴의 성서 독해를 "꿈처럼 달다"라고 표현했다고 한다.[13] 하지만 마지막에 하자르족은 놀랍게도 기독교나 이슬람교가 아니라 유대교를 공식 종교로 채택했다. 이유는? 하자르족은 기독교인들에 이슬람교와 유대교 중 어느 것이 더 나은지 물었다. 기독교인들은 이슬람보다 유대교가 더 낫다고 대답했다. 이번에는 이슬람교도에게 기독교와 유대교 중 어느 것이 더 나은지 물었다. 이슬람교도들은 기독교보다 유대교가 더 낫다고 대답했다. 가장 훌륭한 종교가 무엇인지에 대한 결론은? 당연히 유대교였다.

---

13 피터 프랭코판, *앞의 책*, p. 190

키릴(좌)과 테오도시우스(혹은 키릴로스와 메토디오스). 키릴은 그리스 제2의 도시인 테살로니키 태생으로 동로마의 신학자로 슬라브족에 기독교를 전파한 일등공신이다. 따라서 이들을 슬라브의 사도들이라고 부른다. 이 두 형제들은 고대 슬라브어인 글라골 문자(Glagolitic)를 처음으로 고안한 것으로 알려져 있다. 글라골 문자는 후일 불가리아 왕의 요청으로 키릴 문자로 발전한다. (키릴이 키릴 문자를 고안한 것이 아니라, 키릴의 제자들이 불가리아 왕의 요청으로 글라골 문자와 그리스 문자를 혼합하여 키릴 문자를 만든 것이다.) 불가리아 화가인 자하리 조그라프(Zahari Zograf, 1810~1853)의 1848년 작품. 출처: Wikimedia. Public Domain

하자르족들의 유대교 개종 소식은 전 유럽으로 퍼져나갔고, 유대인으로서 코르도바의 이슬람 의사이자 동시에 학자였던 하스다이 이븐 샤프루트(Hasdai ibn Shaprut, c.910~970)는 이를 직접 확인하기 위해 이틸로 향했다. 샤프루트는 그곳에서 하자르족이 진실로 유대교로 개종한 사실을 눈으로 확인하고는, "저는 카간 폐하의 가족 및 왕실의 건강을 위해, 그리고 폐하의 왕권이 영원하기를 기도합니다. 폐하의 시대와 폐하 자손들의 시대가 이스라엘 속에서 영원하시기를!"이라고 말했다고 한다.[14]

하자르의 유대인들은 이후 이 지방에 본거지를 두고 중앙아시아의 소그드 상인들이 했던 것과 똑같이 활발한 상업적 활동을 펼쳤다. 그들은 "아랍어, 페르시아어, 라틴어, 프랑크어, 안달루시아어, 슬라브어를 유창하게 하면서, 인도와 중국을 정기적으로 여행하여 사향, 침향, 장뇌, 계피, 비단 등 동방의 다양한 산물들을 가지고 돌아다녔다."[15] 이틸 혹은 아틸 남쪽의 카스피해 인근에는 사만다르(Samadar)라는 도시도 있었는데, 이 도시 또한 이틸과 마찬가지로 국제 상업 도시로 번창하였다. 사만다르에는 유대교, 기독교, 이슬람교 예배당이 각각 있어 활기가 넘치는 도시였고, 상업 활동으로 사람들이 북적대는 도시이기도 하였다.

---

14 피터 프랭코판, *앞의 책*, p. 191

15 피터 프랭코판, *앞의 책*, p. 196

## (5) 바이킹의 항해술, *「빈란드 사가(Vinland Saga)」*

한편 바이킹족이 서유럽 교역 활동에 추가로 기여한 것은 바로 그들의 항해술과 조선술이다. 바이킹족은 유럽 이외에도 북쪽과 서쪽으로도 활동 반경을 확대하여 아이슬란드는 물론이고 그린란드, 캐나다 서안까지 진출했다. 아이슬란드의 바이킹 서사시인 「그린랜드 사가(Saga of the Greenlanders)」를 보면, 10~11세기 아이슬란드인 붉은 머리 에리크(Erik the Red), 그의 아들 레이프 에릭슨(Leif Eriksson, c.970~c.1025)과 토르핀 카를세프니(Thorfinn Karlsefini)의 모험 이야기가 나온다. 이 이야기에 따르면 붉은 머리 에리크는 그린란드를 발견하고, 레이프 에릭슨은 폭풍우에 휘말려 우연히 새로운 땅을 발견했다는 비야르니 헐욜프슨(Bjarni Herjólfsson)의 이야기를 듣고 실제로 그 땅을 찾아 빈란드라고 이름 붙였다. 나아가, 토르핀 카를세프니는 빈란드를 다시 찾아가서 스트라움피요르드(Straumfjörð)와 퓌르드스트란디르(Furðstrandir)라는 바이킹 정착지까지 아예 만들었다는 이야기가 나온다.[16]

이 서사시의 이야기가 사실이라면 바이킹족들이 10세기경에 대서양을 건넜다는 뜻이다. 과연 진실일까? 1960년대 노르웨이 고고학자 헬기 잉스타(Helge Ingstad, 1899~2001)는 캐나다 뉴펀들랜드 최북단에 위치한 랜디 오 메도

미주 대륙을 발견하여 상륙한 레이프 에릭슨. 레이프 에릭슨은 아이슬란드 태생으로 추정되는 바이킹이다. 그의 부친은 붉은 머리 에리크로 노르웨이에서 쫓겨나 한동안 아이슬란드에 머물렀으며, 이후 아이슬란드에서도 쫓겨나 그린란드로 이주한 것으로 추정된다. 한편, 「그린란드 사가」에 따르면 레이프 에릭슨은 비야르니 헐욜프슨이 표류하다가 발견한 새로운 땅의 이야기를 듣고, 그의 항로를 따라 그 땅을 다시 발견했다고 한다. 노르웨이 화가인 한스 달(Hans Dahl, 1849~1937)의 작품. 출처: Wikimedia. Public Domain

16 빈란드 사가는 붉은 머리 에릭의 영웅담을 그린 「에릭 사가(Saga of Erik the Red)」와 토르핀의 영웅담을 그린 「그린랜드 사가(Saga of Greenlanders)」를 통칭하는 명칭이다. 두 개의 이야기가 조금 다른데, 그린랜드 사가가 사실이라면 북아메리카의 최초 발견자는 콜럼버스가 아니라 비야르니 헐욜프슨이 된다. 미국에는 레이프 에릭슨 데이도 있다. 레이프가 아메리카 대륙을 발견한 10월 9일을 기념하기 위한 날이다.

(L'Anse aux Meadows)에서 집단 거주지를 발견했는데, 유적지에 대한 탄소연대 측정 결과 놀랍게도 990~1050년의 유적지로 밝혀졌다.[17] 당시 나침반도 없이 바이킹이 어떻게 대서양을 건널 수 있었는지는 지금도 여전히 수수께끼이다.

바이킹족의 선박 또한 갑판을 연이어서 접목하는 방식(carvel-built)이 아니라 갑판을 일정 부분 겹쳐서 접목하는 방식(clinker-built)이었다. 이는 선박의 선체 강도를 놀라울 정도로 개선했다. 아마도 이들의 뛰어난 조선 기술 때문에 망망대해 대서양을 건너도 아무런 문제가 없었을 것이다. 이들의 항해술과 조선술이 바이킹의 이동을 통해 서유럽에 전파되면서 서유럽의 항해 기술도 중세 암흑시대보다 훨씬 진전되었다.

마지막으로 바이킹이 유럽에 남긴 음식 문화유산이 있다. 바로 뷔페다. 바이킹은 해안 연안 지역을 약탈한 후 본거지로 와서 약탈한 채소, 고기, 해산물, 호밀 빵 등을 한꺼번에 테이블에 놓아두고 필요한 만큼 가져다 먹었다. 치고 빠지기식의 전투를 해야 하므로 요리할 시간도 없었고, 전투 후 바로 배불리 먹고 휴식을 취하며 다시 이동 준비를 하는 것이 훨씬 편했기 때문이다. 이것이 오늘날 뷔페의 원형이 된다. 이 뷔페 자리에서 호밀 빵 위에 청어, 새우, 햄 등을 한꺼번에 얹어 놓고 그대로 먹는 스뫼레브뢰드(Smørrebrød)도 바이킹에게는 인기가 많았다. 스뫼레브뢰드는 버터(smør)를 바른 빵(brød)이라는 뜻의 덴마크 말인데, 오늘날로 치면 오픈 샌드위치인 셈이다.[18]

---

17 이 유적지는 유네스코가 1968년, 세계문화유산으로 지정한다.

18  오픈 샌드위치는 중세 유럽의 트렌처(trencher)가 기원이다. 중세 유럽의 귀족들은 음식을 먹는 그릇이 없어서, 3~4일 정도 지난 빵을 얇게 썰어서 그릇 대용으로 사용했다. 식사가 끝나면 각종 음식물이 스며들거나 남아 있는 음식과 빵조각인 트렌처가 남는데, 이 트렌처는 귀족들의 하인들에게는 중요한 식사 거리였다. 이것이 오픈 샌드위치의 기원인 셈이다. 한국에서도 잔치가 끝나고 남는 반찬을 박에 담아 주변 평민과 거지들에게 나눠주면 여기에 밥을 넣

10세기경 바이킹 선박. 바이킹 선박은 갑판을 접목하는 방식으로 연결되어 오랜 항해를 견딜 수 있었다. 선박 건조 기술뿐 아니라 이들은 놀라운 장거리 항해술까지 가지고 있었다. 이들이 10세기 무렵 북미 대륙을 발견했다고 해도 전혀 이상할 것이 없다. 아이슬란드 소재

바이킹의 또 다른 음식 유산은 바로 대구다. 대구는 청어와 달리 회유어가 아니기 때문에 대구 어장만 발견하면, 일년 내내 고기잡이가 가능하다. 유럽 지역 최대의 대구 어장은 노르웨이 최북단 로포텐 제도(Lofoten Islands)이다. 로포텐 제도는 북극권에 위치하지만, 따뜻한 멕시코 만류가 흐르고 있어 대구가 서식하기엔 최상의 조건이다. 이 지역의 대구잡이는 신석기 시대까지 거슬러 올라간다고 하는데, 그만큼 역사가 오래된 대구잡이 지역이다. 노르웨이와 인접한 아이슬란드에서도 대구가 많이 잡혔는데, 이곳에서는 심지어 대구가 화폐 역할까지 할 만큼 바이킹은 대구를 엄청나게 즐겨 먹었다. 아이슬란드 대구 어장은 현대에 와서도 영국과의 영해 갈등으로 인해 1958년, 1972년, 1975년 등 세 차례나 양국이 "대구 전쟁"을 벌일 만큼 중요한 자원이다.

하여튼 노르웨이 대구 어장이 발달하면서 바이킹들은 9세기경부터 대구를 소금에 절여 잉글랜드에 팔았다. 대구는 청어와 달리 기름기가 적으므로, 소금에 절이면 5년까지도 보관이 가능하다. 이처럼 대구는 바이킹의 주식이면서 돈벌이 수단이었다. 빈란드 사가의 모험 이야기도 바이킹들이 이들 대구 어장을 찾아 나서야 했던 강력한 경제적 동기가 있었던 것으로 보인다. 실제로 바이킹이 발견한 뉴펀들랜드 앞바다는 해수면이 볼록 렌즈처럼 솟아오를 정도로 엄청난

---

어 먹는 데서 비빔밥이 비롯되었는데, 트렌처와 비빔밥의 기원이 매우 유사해 보인다.

규모의 대구들이 서식하는 곳이다. 얼마나 대구가 많았는지 웬만한 그물로는 대구들이 그물을 뚫고 나올 정도였다고 한다. 바이킹이 뉴펀들랜드를 발견하고도 이를 세상에 알리지 않은 이유도 이곳 대구 서식지를 독점하고자 하는 경제적 이유가 있었던 것은 아니었을까?

이 지역의 대구 서식지는 바이킹 이후 이 지역으로 옮겨온 영국 청교도(Pilgrim Fathers)의 중요한 식량 자원이 되기도 한다.[19] 즉, 1620년 11월, 메이플라워(Mayflower)가 북미 대륙에 처음 도착한 뉴 플리머스(New Plymouth) 앞바다에는 엄청난 양의 대구가 서식하여 이름을 대구 곶(Cape Cod)이라고까지 부르는 곳이었다. 초기에는 어업 경험이 없어 대구를 식량 자원으로 활용하지 못했으나, 점차 대구잡이가 성행하면서 초기 청교도들의 핵심 산업으로 부상한다. 이후 카리브해의 설탕 산업이 성행하자 급격히 증가한 노예들의 식량으로도 대구가 활용되면서 대구 산업이 대규모 산업으로 탈바꿈한다. 오늘날 보스턴 하원 의사당에 가면 1미터 50센티에 이르는 대구 목제 조각품이 "신성한 대구(Sacred Cod)"라는 이름으로 의사당 천장에 걸려 있는데, 이는 이 당시 대구가 얼마나 중요한 국가 산업이었는지 확실히 보여 준다.

아일랜드에서 발견된 바이킹 왕 시그트뤼그 실키스케그(Sigtrygg Silkiskerg, 970?~1042?) 은화 동전 사진. 실키스케그 왕은 비단수염 시그트뤼그(Sihtric Silkbeard)라고도 불렸다. 왼쪽 위의 동전이 바로 실키스케그 치하의 동전이고, 나머지 동전은 1000년 중반 아일랜드에서 발행된 동전이다. 이처럼 유럽 변방에 위치한 아일랜드가 국제 교역을 위해 동전을 주조했던 이유는 바이킹들이 유럽의 전통적인 주요 교역항은 파괴하였지만, 아일랜드처럼 유럽 변방 지역에 있는 해안 지역과 미처 개척되지 않은 동쪽의 드네프르강 및 흑해 연안은 파괴하지 않고, 오히려 이곳을 중심으로 활발한 교역 활동을 펼쳤기 때문이다. 아일랜드 출토. 영국박물관 소장

19 보스턴 앞바다는 뉴펀들랜드에서 남쪽으로 뻗어 있는 그랜드 뱅크스 대륙붕의 연장선에 위치한다. 이 때문에 뉴펀들랜드와 마찬가지로 보스턴 앞바다에서도 대구가 풍부하게 서식한 것이다.

보스톤 하원의 천장에 매달린 신성한 대구(Sacred Cod). 1895년 매사추세츠 의회가 이 대구상을 위하여 지은 찬가는 다음과 같다. "그 모습은 초라하고 디자인도 평범하지만, 지느러미를 달고 있는 이 색칠된 대구상에는 황금 조각상이나 깎아놓은 대리석이 주는 위엄보다 더 큰 위풍당당함이 담겨 있다." 독자 여러분들도 동의하시는지? (Humble the subject and homely the design; yet this painted image bears on its finny front a majesty greater than the dignity that art can lend to graven gold or chiselled marble") Licensed under the Creative Commons Attribution-Share Alike 4.0 International license. Author: Liberma. https://commons.wikimedia.org/wiki/File:Sacred_Cod_-_For_Wikipedia.jpg

## (6) 바이킹과 차치(Chach) 광산

한편 바이킹족이 동쪽으로 진출하여 이슬람과 무역로를 개척할 무렵, 카스피해 동쪽의 중앙아시아에서는 대규모 금 광산과 은 광산의 생산이 절정을 맞이하고 있었다. 특히 우즈베키스탄의 차치(Chach, 오늘날 우즈베키스탄 수도인 타슈켄트) 광산은 8세기에 연 생산량이 23톤에 이를 정도로 금과 은의 생산이 활발했다.[20] 우즈베키스탄의 활발한 은 생산으로 타슈켄트, 사마르칸트(Samarkand), 부하라(Bukhara)는 중앙아시아에서 은화를 주조하는 3대 도시로 부상한다. 우즈베키스탄 이외에도 아프가니스탄의 북동부인 판즈 계곡(Panjshir Valley)의 광산에서도 6세기부터 은이 생산되었고, 타지키스탄의 파미르 고원에서도 9세기부터 은이 생산되었다.

중앙아시아 지역에서 생산된 막대한 양의 은은 기본적으로 이슬람 경제에 엄청난 활황을 불어 넣은 사실상의 혈액이었다. 즉, 8~10세기 이슬람의 황금시대

20 알레산드로 지로도, 『철이 금보다 비쌌을 때』, 까치글방, 2016, p. 70. 차치 광산 생산량의 53%가 은, 25%가 금이었다고 한다. 한편 타슈켄트는 튀르크어로 "돌의 나라"라는 뜻이다. 한자로는 "石國"이다. 고구려 유민으로 당나라 장수가 된 고선지 장군이 당나라에 반기를 들자 750년 점령한 곳이 바로 이곳 석국, 타슈켄트이다. 이 지역에는 비단길이 형성된 시절부터 보석 원석을 가공하여 보석을 만드는 산업이 유명하였는데, 이 때문에 이 지역을 타슈켄트라고 불렀다고 한다. 하지만 고선지에게 항복한 석국의 왕을 당나라 황제가 처형해 버리자, 서역의 여러 나라가 당나라의 횡포를 참지 못해 당시 서쪽의 강국인 압바스 왕조에게 원조를 요청한다. 이 때문에 일어난 전투가 바로 751년의 탈라스 전투이다.

를 이룬 중요한 토대는 의심할 여지 없이 중앙아시아 지역에서 생산된 은이었다. 이 지역에서 생산된 은은 이슬람 외에도 역사학자 토인비가 중국 역사상 최고의 전성기라고 평가했던 당나라의 번영에도 기여하였다. 아울러 중앙아시아의 은으로 제작되어 이슬람으로 유입된 은화는 당시 이슬람과의 교역로를 개척한 바이킹을 통해 전 유럽으로도 퍼져나갔다.

특히 이슬람 은화인 디르함의 유럽 확산은 바이킹의 역할이 매우 컸다. 왜냐하면 9~10세기 전성기를 맞이한 바이킹족은 별도의 화폐가 없었기 때문이다. 바이킹족은 필요할 경우 디르함을 여러 "은 조각(hacksilver)"으로 쪼개어서 소액 결제에도 사용할 만큼, 디르함을 사실상 자신들의 화폐로 사용했다. 바이킹의 활동이 유럽 전역에 미침에 따라 이들이 사용한 이슬람 화폐 디르함은 러시아, 스칸디나비아 반도, 프랑스, 영국, 아일랜드, 독일 등 유럽 전역에서 발견된다.[21] 예컨대 러시아와 발트해 주변에는 대량의 이슬람 디르함이 무더기로 발견되는데, 그 양은 최소 20만 디르함에 이른다. 디르함이 약 3그램 내외이므로 러시아 주변에서만 발견된 이슬람화 은의 양은 순도 100%를 가정했을 때 약 600kg이다.

이처럼 6~10세기까지 중앙아시아의 은광을 바탕으로 주조된 은화는 이슬람, 중국의 당·송, 바이킹, 서유럽 상호 간 무역 결제의 기본 통화로 사용되었다. 중앙아시아의 은 광산 때문에 중세에는 전 세계 무역의 결제 통화가 은화로 정착되는 은본위제가 확립되었다고 이야기해도 과장은 아니라고 본다. 특히 바이킹은 9세기부터 유럽 해안 전역을 약탈하면서 서유럽의 교역 체계를 파괴한 동시에, 볼가강과 드네프르강 유역을 개척하면서 이슬람의 디르함을 유럽 전역으로 공급하여 상업 활동의 명맥을 유지하는 중요한 역할을 하였다.

그러나 11세기부터 기후 온난화라는 기후 변화로 이 지역이 사막화되기 시작했다. 기온은 올랐지만, 강수량이 줄어든 것이다. 덥고 건조한 중앙아시아는 이 때문에 사막화라는 재앙을 맞이했다. 그 결과 중앙아시아 지역의 많은 이들이

21 로널드 펀들레이, 케빈 H. 오루크, 『*권력과 부*』, 에코리브르, 2015, p. 139. 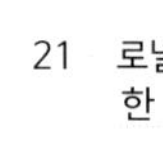 이를 근거로 이슬람의 디르함은 최소한 이슬람과 유럽 지역만 놓고 보면 이 시기 세계 기축통화의 역할을 한 것이라고도 볼 수 있겠다.

굶어 죽었다. 11세기 말부터는 셀주크 튀르크인들이 중앙아시아는 물론 페르시아와 아라비아 반도까지 휩쓸기 시작했다. 기후 변화로 농작물이 감소하고 있는 상태에서 전쟁까지 겹치자 이 지역이 인구도 급격히 감소했다. 중앙아시아와 이슬람 지역은 기후 온난화가 서유럽이나 중국에 미친 결과와는 완전히 반대로 나타난 것이다. 마침내 광산 도시도 쇠퇴하고 은 생산 또한 급감한다. 우연의 일치인지는 몰라도 광산 도시의 쇠퇴로 은의 유입이 감소하는 12세기부터 이슬람의 전성시대도 막을 내린다.

한편 무역 결제 통화로 은이 아니라 금을 요구한 나라는 콘스탄티누스 대제의 화폐개혁으로 금본위제를 유지한 비잔틴 제국이 거의 유일했다. 이 때문에 비잔틴 제국은 중앙아시아의 은 생산 감소에 따른 결제 수단의 부족에도 불구하고, 금융 공황 없이 국제무역이 계속 활발하게 이루어질 수 있었다. 아마도 비잔틴 제국의 수도인 콘스탄티노플에는 전 세계 황금의 절반 이상이 거래되었을 것이다. 바로 이 때문에 1204년 4차 십자군 원정은 금이 넘치는 유럽판 엘 도라도 콘스탄티노플을 공격 목표로 삼지 않을 수 없었다. 비록 그것이 종교적 신념에 100% 반한다 할지라도.

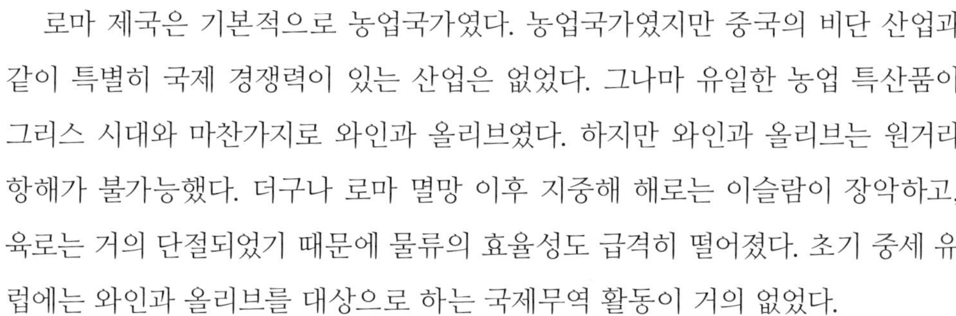

# 04 초기 중세 서유럽의 교역 양털과 노예

스칸디나비아 바다 코끼리 상아로 만든 장식품, 영국 박물관 소장

## (1) 거미줄처럼 세밀한 옷감

로마 제국은 기본적으로 농업국가였다. 농업국가였지만 중국의 비단 산업과 같이 특별히 국제 경쟁력이 있는 산업은 없었다. 그나마 유일한 농업 특산품이 그리스 시대와 마찬가지로 와인과 올리브였다. 하지만 와인과 올리브는 원거리 항해가 불가능했다. 더구나 로마 멸망 이후 지중해 해로는 이슬람이 장악하고, 육로는 거의 단절되었기 때문에 물류의 효율성도 급격히 떨어졌다. 초기 중세 유럽에는 와인과 올리브를 대상으로 하는 국제무역 활동이 거의 없었다.

그나마 양털을 이용한 모직물은 중세 때부터 서유럽에서 대량으로 생산되었다. 이는 서유럽 전역에서 양치기가 성행하면서 양모의 공급이 충분하였고, 유럽 특유의 서늘한 날씨로 인해 모직물의 수요도 많았기 때문이다. 유럽의 양모는 중세 이전부터 지중해 유역의 특산품이었다. 예컨대 BC 18세기에 오늘날의 터키인 아나톨리아 지방의 상인들이 유럽 양모를 수입해서 메소포타미아 지역에 위치해 있던 아시리아에 양모를 수출할 정도였으니까. 그만큼 양모는 유럽의 전통적인 수출품이었다.

양털의 품질이 가장 좋은 곳은 영국이었다. 영국의 양모는 유럽에서 가장 비싼 값으로 팔렸다. 영국은 로마가 진출한 BC 55년 이후로 양모 산업이 조금씩 발전했다. 로마의 황제들은 영국의 양털로 짠 옷을 보고 "거미줄처럼 세밀한 옷감"이라고 칭찬했다고 한다. 하지만 5세기에 색슨(Saxon)족이 침략하면서 양모 산업 대부분이 파괴되었다. 이즈음 영국의 양모 산업은 거의 최저 생계를 유지하기 위한 수단일 뿐이었다. 이후 양모 산업이 조금씩 부흥하면서, 영국은 8세기부터 유럽 대륙으로 양모를 수출하기 시작했다.

양모는 와인이나 올리브와 달리 부패하지 않아 원거리 수출이 가능했다. 양모 수출이 활발해지면서 양모 수출과 관련된 염색, 직조 산업도 동반 성장했다. 이로 인해 영국의 도시화도 진전되었다. 활발한 양모 수출은 유럽의 국제 분업 체제를 재편했다. 우선 영국의 양털을 수입하여 의류로 만드는 도시가 영국 해협 맞은편 지역에서 생겨났다. 오늘날 벨기에 북부 지역인 플랑드르(Flanders) 지방은 이렇게 해서 번영을 누렸다.

즉, 플랑드르 지방의 브뤼헤(Bruges), 헨트(Ghent), 이프레(Ypres), 릴(Lille), 두에(Douai), 아라스(Arras) 등은 양털로 의류를 제작하는 산업이 번성하였다. 이 도시들은 유럽에서 가장 비싼 가격을 지급하고 영국의 양털을 수입하였고, 그보다 더 비싼 가격으로 유럽 전역에 모직물을 팔았다. 이들 도시가 번성하기 시작하자 전 유럽의 자치 도시에서 모직물 제작공들이 플랑드르로 집중해서 몰려들었다. 프랑스의 정기 시장(fair) 샹파뉴(Champaign)가 양털 때문에 생겨났다고 이야기하면 과장일지는 모르지만, 샹파뉴 시장에서 가장 인기 있는 상품은 단연코 영국의 양털이었다. 영국의 양털은 남쪽 멀리 북부 이탈리아까지 전해져 이탈리아의 피렌체, 제노바, 루카 등의 도시들이 양털을 수입한 후 염색하여 옷을 만들기 시작했다. 이탈리아를 포함한 유럽은 물론이고, 러시아의 노브고로드까지 영국의 양털은 수출되었다.

이처럼 영국의 양모 산업은 유럽 전체의 산업구조를 재편했다. 심지어는 수출되던 영국 양털 가격이 등락하면 이에 따라 유럽 전체의 경제가 호황과 불황의 등락을 거듭했다. 이는 영국의 양모 산업이 유럽 전역에 걸쳐 전방과 후방으로 깊고 넓게 벨류 체인(value chain)이 형성되어 있었고, 그 규모가 유럽에서 가장 컸다는 뜻이다. 오늘날 이와 비슷한 산업이 바로 자동차 산업이다. 자동차 산업은 독일의 BMW나 미국의 GM이 한국이나 중국으로부터 자동차 부품을 수입할

정도로 벨류 체인의 폭이 깊고 지리적 범위가 넓다. 자동차의 원료인 휘발유나 경유 또한 중동에서 나는 원유에서 추출되므로, 중동의 원유 산업과도 밀접하게 관련되어 있다.

또한 중세 유럽의 양모 산업과 마찬가지로 자동차 산업은 원유와 함께 현재 전 세계 교역 1, 2위 품목이기도 하다. 즉, 자동차는 2012년까지 원유, 석유제품과 함께 교역 품목 1조 불이 넘는 3대 품목 중 하나였고, 2024년까지도 교역 1조 불이 넘는다.[1] 유럽 최대 국가 독일의 수출 품목 1위도 자동차로, 수출액도 1천억 불이 넘는다. 나아가 자동차 산업은 할부 구입이 보편화되면서 2008년 금융위기의 가장 직격탄을 맞은 산업이 바로 자동차 산업일 정도로 금융과의 관련성도 매우 깊다. 영국의 양모 산업 또한 중세 뱅커들 대출의 주요한 담보물로, 오늘날 자동차 산업과 마찬가지로 금융과의 관련성이 매우 깊었다.

영국 버밍험 인근에 위치한 박스그로브 小 수도원(Boxgrove Priory)의 인장 사진. 인장은 각종 문서가 수도원에서 직접 제작한 진본임을 증명하는 도구였다. 당시 영국의 수도원은 양모 산업이 성장하자 양을 직접 기르고 양털을 수출까지 하는 주요한 상업 활동의 주체였다. 좌측은 박스그로브 小 수도원의 전경을 묘사한 그림이고, 우측은 성모 마리아를 묘사한 그림이다. 청동으로 제작된 이 인장은 박스그로브가 아니라 런던에서 발견되었다. 1200~1300년경, 영국박물관 소장

불행히도 영국의 양털 수출은 관세 정책, 기근과 질병, 전쟁 등과 같은 외부 요인에 영향을 많이 받아 변동성이 컸다. 이 때문에 영국 양털의 수출이 감소하면 유럽의 모직물 산업 단지는 파산하거나 그곳의 거주자들이 굶어 죽을 지경이었다. 마치 오늘날 원유 가격의 등락에 따라 전 세계 경제의 호황과 불황이 반복되듯이. 단언컨대 영국의 양털은 중세 유럽 경제의 가장 근원적인 원자재라고 불러도 될 만큼 중요한 품목이었다.

아울러 영국의 양모 산업이 성장하자 지방의 영주나 대주교, 수도원도 양털 산업에 뛰어들었다. 이 당시 영국에서 부의 척도는 얼마나 많은 수의 양을 가지

1 출처 trademap.org. ① 〈2012년 수출 품목〉 1위: 원유 - 3.38조 불, 2위: 석유제품 - 1.96조 불, 3위: 승용차 - 1.31조 불. 2013년 후에는 교역 1조 불이 넘는 품목에 반도체와 휴대폰이 추가된다. ② 〈2022년 수출 품목〉 1위: 원유 - 4.02조 불, 2위: 전자제품 - 3.60조 불, 3위: 석유제품 - 2.53조 불, 4위: 승용차 - 1.61조 불

고 있는가에 달려 있었다. 실제로 영국 의회의 상원 의장석은 다른 의석이 가죽 의자인 것과 달리 양털로 장식되어 있다. 양모 산업의 성장으로 양모 국제교역이 활발해지면서 영국의 영주들이나 왕은 양모 수출에 세금을 부과하기 시작했다. 양모 수출이 활발할수록 세금 수입도 늘었다. 백년 전쟁 때 프랑스와 전쟁을 벌인 에드워드 3세의 전쟁자금 중 일부는 바로 양털 수출로부터 징수한 세금에서 비롯된 것이었다.[2]

하지만 양털은 중동과 인도 등 당시 가장 부유한 나라들에서는 수요가 거의 없었다. 날씨가 더웠으므로 모직물을 소비할 이유가 없었기 때문이다. 당시 서유럽의 특산물이라고 할 만한 것은 와인, 올리브, 유리 제품, 프랑크 지역의 명검 등이었는데, 프랑크 명검을 제외하고는 주로 역내 교역이었다. 양모, 모직물도 예외가 아니었다. 따라서 유럽은 이슬람 지역과의 국제교역 활동의 대상이 된 수출 제품을 거의 보유하고 있지 않았다. 오히려 이슬람 지역으로부터 향신료, 상아, 비단 등의 사치 소비재를 대규모로 수입해야 했다. 특히 아프리카 코끼리의 상아는 너무나 귀해서 유럽인들은 스칸디나비아 반도의 바다코끼리 상아를 대용품으로 사용하기도 했다.

## (2) 슬라브, 스키아 보스트로(S-ciào Vostro)

다만 유럽 전체로 놓고 보면 이슬람 지역으로 가장 많이 수출(?)된 대상은 역설적이게도 동유럽 지방의 슬라브(Slave)였다. 슬라브인들을 잡아서 노예로 삼아

2 Edward D. English, 『*Enterprise and Liability in Sienese banking, 1230-1350*』, Cambridge : Medieval Academy of America, 1988, p. 44, p. 50. 백년 전쟁이 끝난 해는 콘스탄티노플이 함락된 1453년과 같다. 양국 간 마지막 전쟁은 프랑스 남부의 카스티용 전투(Battle of Castillon)였다. 즉, 1453년 7월 17일, 프랑스는 300여 문의 대포를 앞세워 1만여 명 내외의 영국군을 궤멸시켰다. 영국군 사상자는 5,000여 명이었는데, 프랑스군 사상자는 100여 명에 불과했다. 프랑스는 이로써 1346년 8월, 백년 전쟁 초기 크레시 전투에서의 대패를 깔끔하게 설욕했다. 마침 영국에서 1455년 장미전쟁이 터지면서 영국은 프랑스에서 칼레와 채널 제도를 제외한 프랑스 내 모든 영토를 잃고 만다. 프랑스는 칼레를 1558년에 수복하지만, 채널 제도는 프랑스가 수복하지 못해 현재 자치령 국가이면서 영국이 외교와 국방을 책임지고 있어 오늘날까지도 영국령으로 남아 있다.

이슬람과 다른 지역에 팔았던 이들은 다름 아닌 바이킹족이었다. 특히 "교양이라고는 전혀 없고 약탈에 의존해 살았던" 루시족은 이 지역 주민들을 강제로 납치하여 이슬람에 대량으로 팔았다. 이 지역에 살던 슬라브족들이 노예를 뜻하는 대명사로 바뀔 정도였으니까 아마도 엄청난 양의 노예가 이슬람으로 팔려나간 것으로 보인다.

예컨대 10세기 초에 바그다드를 방문한 토스카나 사절단은 아부 아흐메드(Abū Muḥammad Alī ibn Aḥmad, 별칭 알무크타피 빌라흐, 878~908) 칼리프에게 슬라브인 내시 20명과 슬라브인 소녀 20명을 선물로 주었다. 후기 우마이야 왕조의 수도였던 이베리아 반도의 코르도바에도 961년에 1만 3,000명 이상의 슬라브인 노예들이 있었다고 한다.[3] 이슬람인들은 슬라브 노예를 거세하기를 즐겼는데, 거세를 하면 이해력과 대화에서 더 적극적인 사람으로 변한다고 믿었기 때문이다.[4] 중세 아랍어에서 내시를 의미하는 시클라비(siqlabi)와 노예를 의미하는 사칼리바(saqaliba) 모두 슬라브인을 가리키는 사칼리비(saqlibi)에서 유래한 말이다.

10세기 중반 무렵에는 루시족이 모피, 주석과 노예를 이슬람에 매도하는 교역 도시로 체코의 프라하가 크게 번성하였다. 체코의 프라하뿐 아니라 그 서쪽, 오늘날 프랑크푸르트 인접 도시인 마인츠(Mainz)도 노예와 이슬람을 통해 들어온 동방 물품의 교역으로 크게 번성했다. 10세기 이슬람 탐험가였던 이브라힘 이븐 야큐브((Ibrahim ibn Yaqub, 912~966)는 마인츠를 지나가면서 "그렇게 먼 서방 지역에서 후추, 생강, 정향, 감송향, 강황 같은 먼 동방에서 나는 양념류와 향료를 볼 수 있다는 것은 참으로 놀

프라하 구시가지 광장(Staroměstské náměstí). 이곳은 현재는 유명한 관광지이지만, 중세 유럽에서는 엄청난 규모의 노예를 사고파는 노예 시장이었다.

---

3 피터 프랭코판, *앞의 책*, p. 208

4 피터 프랭코판, *앞의 책*, p. 210

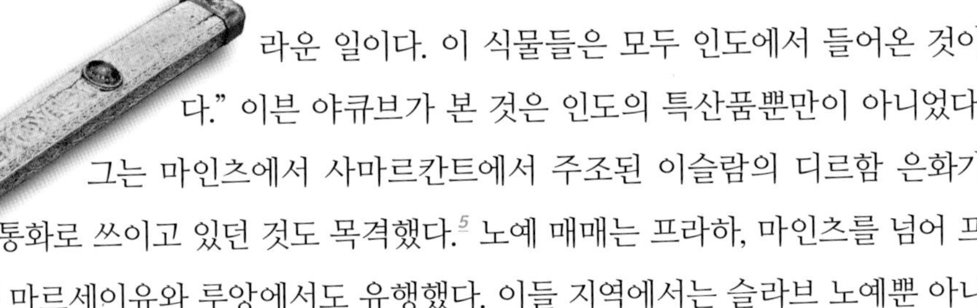

라운 일이다. 이 식물들은 모두 인도에서 들어온 것이다." 이븐 야큐브가 본 것은 인도의 특산품뿐만이 아니었다. 그는 마인츠에서 사마르칸트에서 주조된 이슬람의 디르함 은화가 통화로 쓰이고 있던 것도 목격했다.[5] 노예 매매는 프라하, 마인츠를 넘어 프랑스의 마르세이유와 루앙에서도 유행했다. 이들 지역에서는 슬라브 노예뿐 아니라, 북유럽 전역의 노예, 아일랜드와 플랑드르 노예들도 매매 대상이었다.

중세 시대 스칸디나비아 반도의 바다코끼리 상아로 만든 제품들. 800~1200년 사이 이슬람의 번영으로 유럽의 코끼리 상아 공급이 급속히 감소하면서, 유럽인들은 대용품으로 스칸디나비아 반도의 바다코끼리 상아를 사용했다. 얼마나 이 제품이 귀했는지 유럽인들은 상아 제품을 가급적 재활용했다. 우측의 기다란 제품은 1150~1170년 사이에 조각되어 왕의 의자 다리로 사용되던 것인데, 1350년경에 재활용되어 聖유물함(reilquary)으로 재탄생한 제품이다. 1150~1170년경 제작, 1350년경 재활용, 노르웨이 출토. 영국박물관 소장. 좌측 3개의 게임 칩(tableman)은 귀족들이 테이블 게임에 사용한 것으로, 스칸디나비아 반도의 바다코끼리 상아로 만든 것이다. 1180~1200년경, 독일 쾰른 출토. 영국박물관 소장

제노바와 베네치아 또한 노예 교역에 도시의 명운을 걸 정도로 열성이었다. 특히 제노바와 베네치아는 그 대상이 기독교이든 이슬람이든 상관이 없이 무차별적으로 노예 교역에 종사하는 것으로 악명이 높았다. 얼마나 노예 교역에 집중했는지 새로운 단어까지 생겨날 정도였다. 예컨대 베네치아 말에는 "스키아 보스트로(s-ciào vostro)"라는 말이 있는데, 이 말은 글자 그대로 해석하면 "나는 당신의 노예"라는 뜻이다. 그런데 이 말이 얼마나 자주 쓰였는지, 이 말을 줄인 "스키아보(schiavo)"가 안녕이라는 인사말로 대체되고, 스키아보를 더 줄인 "차오(chao)"라는 말은 헤어질 때 쓰는 인사말로 바뀐다.[6]

노예무역이 성행하자 슬라브인뿐만 아니라 지중해 유역의 기독교인들도 노예 포획의 대상이 되었다. 이 때문에 지중해는 노예를 잡기 위한 바이킹과 이슬람의 해적선으로 들끓었다. 이슬람 지역에서 노예를 대규모로 수입했던 이유는 대

---

5 피터 프랭코판, *앞의 책*, p. 208

6 바이킹족들은 노예로 삼은 슬라브인들을 특별히 트롤(Thrall)이라고 불렀다. 한편 노예라고 해서 결코 무시해서는 안 된다. 인도 북부에서는 노예 출신 무사가 왕이 되어 술탄이 된 적도 있다. 바로 튀르크계 민족으로 이슬람을 신봉했던 아이바크(Aibak, ? ~1210)가 1206년 델리에 왕조를 처음 세운 것이다. 아이바크가 마구간 청소부에서 시작해서 노예 전사가 되고, 마침내 왕까지 되었기 때문에 이 왕조를 노예왕조(1206~1290)라 부르기도 한다.

규모 군대의 군인이나 사탕수수 재배에 따라 노예 노동력에 대한 수요가 높았기 때문이다. 즉 설탕 재배는 중노동과 집단 노동이 반드시 필요했는데, 이 노동을 담당하는 이들이 주로 노예였던 것이다.[7] 노예는 이슬람뿐만 아니라 스칸디나비아 반도의 바이킹족 국가에서도 성채나 도로 등의 건설 과정에 투입되었다. 어떤 이는 슬라브 인구가 가장 많을 때 노예 인구가 스칸디나비아 반도 인구의 25%를 차지했다고 추론하기도 한다.[8]

바이킹과 이슬람 간의 노예 교역은 매우 활발했다. 특히 현금이 풍부했던 이슬람은 노예 수요가 매우 높았다. 한 기록에 따르면 9세기경 칼리프와 그의 아내가 무려 1,000명의 여자 노예를 소유하였으며, 다른 기록에는 그 수가 4,000명은 넘었다고 한다. 칼리프뿐 아니라 이슬람 사회 누구나 노예를 소유했으므로, 노예는 언제 어디에서나 볼 수 있었다. 로마 제국이 전성기 시절 필요한 노예 숫자가 매년 25~40만 명이었는데, 이슬람권의 노예 수요는 이보다 훨씬 컸다는 주장도 있다.[9]

노예 교역이 활발해지면서 6~11세기까지 노예 교역은 스웨덴, 노르웨이 등 스칸디나비아 국가 경제의 근간으로 자리 잡았다. 전술한 구트프레드 왕이 레릭의 거주자들을 강제로 이주시킨 오늘날 덴마크의 헤이다부(Haithabu, 오늘날 Hedeby)와 볼가강 근교의 볼그하(Bolghar) 등이 노예를 교역하는 주요 도시였다. 노예 교역이 지나치게 확산하자 776년 교황 하드리아누스 1세(Hadrianus PP. I, 700~795)는 "입에 담

---

7 유럽에 설탕이 전파되고 전 세계로 확산하면서, 아프리카 노예 무역 또한 최고조에 이른다. 가와기타 미노루, *앞의 책*, p. 26. 한편 이슬람 지역으로 수출된 노예 중의 중앙아시아와 흑해 유역의 초원 지대 유목민도 있었는데, 이들 일부는 크림 반도와 캅카스 항구 등을 통해 이슬람의 노예로 팔려가 군인으로도 활약했다. 이들 백인 노예 군인 중 뛰어난 이들은 맘루크(Mamluk)라 불렀다. 맘루크는 무력과 함께 정치력이 뛰어나 현재의 이란, 아프가니스탄 땅에서 977년부터 1186년까지 가즈니 제국(Gaznaviyan)을 건국한 적이 있다. 가즈니 제국의 이란 시인 피르다우시(Ferdowsi, ? ~1025)는 약 6만 구절에 이르는 대서사시 "샤흐나메(Sahnameh)"를 저술하기도 했다. 셀주크 튀르크족의 노예 병사였던 토그릴 베그(Togrul Beg, c.995~1063)는 파티마 왕조가 점령하고 있던 바그다드로 쳐들어가 그곳을 점령한 적도 있다. 이집트에서도 맘루크는 1250년부터 1517년 오스만 제국에 정복당할 때까지 권력을 장악하였다. 특히 이집트의 맘루크 군대는 1260년 팔레스타인 북부의 아인 잘루트(Ain Jalut) 전투에서 몽골 군대를 대파함으로써, 몽골의 서진을 저지하여 이슬람 전체가 몽골에 넘어가는 상황을 막기도 하였다.

8 http://www.sciencemag.org/news/2016/04/viking-may-have-first-taken-to-seas-to-find-women-flaves

9 피터 프랭코판, *앞의 책*, p. 206

기도 싫은 사라센 인종"에게 남녀 노예를 가축처럼 파는 것을 강력히 규탄했다.[10] 한 기록에 따르면 서기 870년, 헤이다부에서 많은 기독교인들이 노예로 팔려나가는 것을 본 브레멘의 랑베르 주교가 커다란 충격을 받고, 자신의 사재를 털어 기독교인을 사서 해방했다고 한다. 물론 기독교라고 고백하지 않는 이는 해방의 대상이 아니었다. 아마도 슬라브인들을 포획하여 사고파는 노예 교역 때문에 바이킹들의 팽창은 더욱더 가속화되었을 것이다. 18세기에 세계를 제패한 유럽이 이 당시만 해도 쓸 만한 수출 품목이 없어 동부 유럽에 거주하는 인력을 노예로 수출했다는 것이 왠지 씁쓸하기만 하다.

불가리아인들에게 세례를 행하는 포티오스 1세. 포티오스 1세는 콘스탄티노플 총대주교이다. 원래 성직자가 아니라 학자로 고대 그리스 문헌 수집에 열정적이었으며, 대학에서 철학을 가르치기도 하였다. 포티오스의 반대파조차도 그가 악마에게 영혼을 팔아서 지식을 얻었다면서, 그의 지식수준에 혀를 내두를 정도였다. 그런데, 당시 미카엘 3세의 섭정이었던 바르다스(Bardas, ?~866)가 며느리와 염문을 뿌리자, 이를 비난한 총대주교인 이그나티오스(Ignatios, c.798~867)를 해임하면서 얼떨결에 총대주교가 된다. 이에 따라 불과 일주일 만에 삭발식, 부보제, 보제, 신부, 주교를 거쳐 총대주교가 된다. 작자 미상. 16세기경. 출처: Wikipedia, Public Domain

한편 바이킹 루시족은 러시아 지방의 특산품인 모피와 동유럽의 노예를 이슬람의 은과 콘스탄티노플의 비단과 교환했다. 이 과정에서 이슬람의 은화 디르함이 대규모로 유럽에 유입되었다. 그 결과 루시족은 모피와 노예 교역을 통해 막대한 부를 축적한 후, 주변국을 위협하기 시작했다. 예를 들어 루시족은 860년에 주변에서 가장 부유한 콘스탄티노플을 습격하여 물품 약탈은 물론 도시 주민들까지 잡아다가 노예로 팔았다. 콘스탄티노플 총대주교 포티오스 1세(Photios I, 810~893)는 바이킹 루시족이 "교외를 유린하고 모든 것을 파괴하였으며, 아무 데나 칼로 쑤시고 동정심이라

10 피터 프랭코판, *앞의 책*, pp. 210~211

고는 전혀 없으며 아무것도 봐주지 않는다"라고 기록했다. 이후 동로마는 10세기 협정을 통해 바이킹 루시족의 콘스탄티노플 출입을 연간 최대 50명으로 제한했고, 지정된 문을 통해서만 출입하되 출입한 후에도 활동을 감시했다. 무엇을 살 수 있고, 살 수 없는지에 대한 품목 제한도 있었다.[11]

### (3) 무함마드, 샤를마뉴, 그리고 루리크

바이킹 루시족은 콘스탄티노플 약탈은 물론이고 카스피해 연안의 이슬람 상인들을 차례로 제압하여 "피가 강물처럼 흐르게" 만들더니 "전리품을 잔뜩 챙겨 더 이상 공격할 대상이 없어지자," 이 지역 교역을 주도하고 있던 하자르족까지 공격했다. 그 결과 하자르족의 수도인 이틸은 965년에 약탈당하여 지도에서 흔적도 없이 사라졌다. 당시 한 작가는 "가지에 잎이 하나 남아 있다면 루시 가운데 하나가 그것을 떼어낼 것이다. 하자르에는 포도 하나, 건포도 하나도 남아나지 못했다."[12] 그 결과 루시족의 수도였던 키이우(키예프)는 이 지역에서 중세의 핵심 도시로 부상한다. 이는 11세기 후반 혼맥으로도 입증된다. 1054년 키이우(키예프) 공국의 대공인 야로슬라프 1세(Yaroslav I, c.978~1054)의 딸들은 노르웨이 왕, 헝가리 왕, 스웨덴 왕, 프랑스 왕과 혼인했다. 더 나아가 그의 아들 하나는 폴란드 왕의 딸과 결혼했고, 다른 아들은 동로마 제국의 공주와 혼인했다. 블라디미르 2세 모노마흐(Vladimir II Monomakh,1053~1125)의 아내는 웨식스의 기타(Gytha of Wessex, 1053~1098)인데, 그녀는 1066년 헤이스팅스 전투에서 정복왕 윌리엄에게 살해된 해롤드 2세(Harold II, c.1022~1066) 왕의 딸이었다. 이처럼 키이우(키예프)의 지배 가문은 유럽에서 가장 많은 혼맥을 가진 집안으로 부상했다.[13]

그렇다고 이 지역의 유목 민족이 루시족에게 항상 제압당했던 것만은 아니

11 피터 프랭코판, *앞의 책*, p. 216

12 피터 프랭코판, *앞의 책*, pp. 213~214

13 피터 프랭코판, *앞의 책*, pp. 221~222

었다. 하자르족이 약해지면서 동쪽으로 세력을 확장한 페체네그 칸국(Pecheneg Khanates)은 972년 루시족의 키이우(키예프) 공국을 공격하여, 스비아토슬라프 1세(Sviatoslav I, 943~972) 키에프 대공을 살해한 적도 있다.[14] 페체네그족들은 스비아토슬라프 1세의 두개골에 금박을 입혀 전리품으로 보관하고, 특별한 의식이 있을 때 그곳에 술을 넣어 마셨다고 한다.[15] 한편 바이킹 루시족은 이슬람의 물품을 서유럽으로 전달하는 역할뿐 아니라, 서유럽의 물품을 이슬람에 전달하는 역할을 하기도 하였다. 대표적인 품목이 프랑크 지역에서 생산되던 명검 울프베르흐트(Ulfberht)였다. 이슬람인들은 평상시에도 칼을 차고 다녔는데, 프랑크 지방의 울프베르흐트는 이슬람인들에게 매우 인기 있는 품목이었다.

하여튼 바이킹과 이슬람의 교역 활성화로 인해 바이킹의 주요 거주지였던 스웨덴의 비르카(Birka), 고틀랜드(Gotland), 룬드(Lund)와 덴마크의 헤이다부(Haithabu, 헤데비) 뿐 아니라, 중부 유럽에 있는 폴란드의 볼린(Bolin), 체코의 프라하 등의 도시가 주요 교역 도시로 번성하였다.[16] 예컨대 스웨덴의 스톡홀름 부근 멜라렌(Mälaren) 호수에는 게르만의 룬 문자(Runic alphabet)로 새겨진 돌이 발견되었는데, 이 돌은 11세기 중반 톨라라는 여인이 자신의 아들 하를드르와 전우들을 기념하기 위해 세운 것이다. 거기에는 "남들처럼 그들은 황금을 찾아 먼 길을 떠났다." 그리고 "그들은 남쪽에서, 세르클란드(고대 노르드어: Serkland)에서 죽었다."라고 새겨져 있다.[17] 세르클란드는 세르키르의 땅이라는 뜻인데, 세르키르는 사라센, 즉 이슬람인을 의미한다. 이를 해석하면 "스웨덴의 바이킹들이 황금을 찾아 이슬람으로 떠났고, 장사에 성공한 뒤 이슬람 땅에서 죽었다."

이처럼 바이킹과 이슬람의 활발한 교역 활동으로 인해 스웨덴과 덴마크는 중

---

14 페체네그족은 전투 시 가족 모두를 데리고 다니는 것으로 유명하다. 이 때문에 사람들은 페체네그족을 움직이는 국가라고 부르기도 한다. 이 방식은 보급과 사기 측면에서는 매우 유리하지만, 만약 전투에서 패하면 국가 전체가 몰살당하는 위험이 있다.

15 피터 프랭코판, *앞의 책*, p. 214

16 로널드 핀들레이, 케빈 H. 오루크, *앞의 책*, p. 138

17 피터 프랭코판, *앞의 책*, p. 219

세 유럽에서 황금, 노예, 비단 교역에 힘입어 프랑크 왕국과 함께 3대 강국으로 부상하였다. 특히 교역 활동을 통해 강성해진 덴마크는 9세기 중엽에 잉글랜드를 침공하여 웨섹스 왕국(Kingdom of Wessex)을 제외한 앵글로색슨족 6 왕국을 정벌하여 데인로(Danelaw)를 세웠고,[18] 1016년 덴마크 왕 크누트 대왕(Cnut, 994~1035)은 아예 바이킹 선박 200여 척에 1만여 명의 병력을 싣고 잉글랜드를 침략하여 자신의 왕국을 세우기까지 한다. 당시 크누트 대왕은 덴마크 왕, 노르웨이 왕을 겸하고 있었고, 스웨덴 일부도 점령한 상태였다. 따라서 그의 왕국은 앵글로-스칸디나비아-덴마크를 아우르는 "크누트 大 제국"이었다.

블라디미르 2세. 키이우 루스의 대공. 그의 모친은 비잔틴 제국 콘스탄티누스 9세 황제의 딸이고, 그의 부인은 잉글랜드 왕 해롤드 2세의 딸이다. 80여 차례의 정복 전쟁을 펼쳤으며, 키이우를 침입한 튀르크족도 성공적으로 물리쳐 키이우 황금시대를 이끌었다. 작자 미상. 출처: Wikipedia, Public Domain

데인로와 크누트 大 제국의 영향으로 스칸디나비아와 덴마크 언어인 고대 노르드어가 영어로 대거 침투하기도 한다. 즉 영어로 sk나 sc로 시작하는 단어는 거의 모두가 스칸디나비아나 덴마크 바이킹들이 쓰던 단어가 그대로 전파된 것이다. 예컨대 영어의 sky(하늘)는 고대 노르드어로 sky(구름), scale(저울, 규모)은 skal(저울), score(점수)는 skor(등급), skin(사람 피부)은 skinn(동물 가죽), skirt(치마)는 skyrta(남성의 반 팔 상의), skate(홍어, 스케이트)는 skata(물고기), skip(뛰다)은 skopa(뛰다), 영어의 mistake(실수)는 고대 노르드어로 mistake(유산)에서 유래한 것이다.[19] 셰익스피어의 명작 햄릿도 원제가 "덴마크 왕자 햄릿의 비극"

---

18 9세기경 덴마크의 바이킹족이 잉글랜드를 침략한 이후 수도로 삼은 도시가 요크(York)이다. 덴마크가 점령한 잉글랜드 지역을 데인로(Danelaw)라고 부른다. 한편 덴마크의 바이킹족 침략에 유일하게 살아남은 앵글족의 웨섹스 왕국 알프레드 대왕(Alfred the Great, c.848~899)은 데인족의 끊임없는 무력 침략을 효과적으로 막아 내어 잉글랜드 통일의 기틀을 마련하였다. 알프레드 대왕은 머시아 왕국과 혼인 동맹을 맺는 등 세력 확장에 힘썼으며, 그 결과 그의 손자인 애셀스턴(AEthelstan, 894~939)이 데인족을 대부분 축출하여 통일 잉글랜드의 첫 번째 왕으로 등극하는 데 성공한다. 애셀스턴의 통일 잉글랜드는 다시 크누트 왕에게 정복당하는데, 크누트 왕 사후 애셀스턴의 자손인 에드워드(King Edward the Confessor, c.1002~1066)가 잉글랜드 왕의 지위를 다시 찾게 된다. 에드워드가 1042년부터 수도원을 개조하여 왕실의 교회로 재개발한 가장 유명한 건축물이 바로 웨스트민스터 사원이다. 에드워드 사후인 1066년에는 또 다른 바이킹족인 노르망디 공 윌리엄이 영국을 침공하여 헤이스팅즈 전투에서 승리하면서, 잉글랜드는 또다시 바이킹의 나라가 된다.

19 김동섭, 『*100단어로 읽은 중세이야기*』, 책과함께, 2022, pp. 141~149. 고대 노르드어에서 사람의 피부는 hud인데, 영어에서는 동물의 가죽을 뜻하는 hide와 유사하다.

울브베르흐트 명검. 베른 박물관(Bergen Museum) 소장. Author: H Bucher jnr del, 출처: Wikipedia, Public Domain

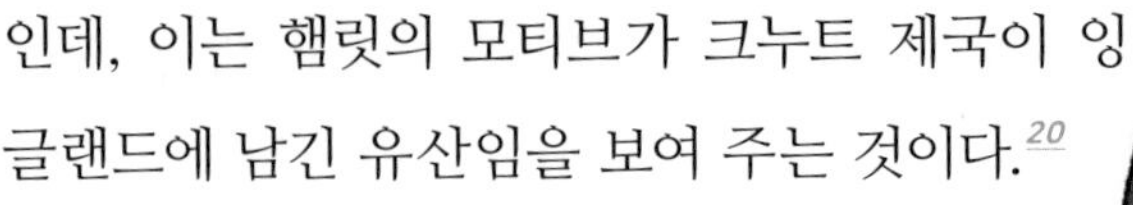

인데, 이는 햄릿의 모티브가 크누트 제국이 잉글랜드에 남긴 유산임을 보여 주는 것이다.[20]

서유럽의 물품을 거래하는 지역도 발트해, 북해, 라인강 등 유럽의 동북쪽으로 이동했다. 이처럼 9세기 이후 서유럽 교역 지도는 그야말로 바이킹들이 다시 그린 것이나 마찬가지이다. 특히 영국은 데인족에 이은 크누트, 크누트에 이은 노르망디족의 정벌 등 아예 바이킹들의 놀이터가 되었다. 바이킹의 활동으로 발트해와 북해에 형성되기 시작한 상업 도시는 후에 한자 동맹으로 발전하는 기초적인 토대 도시가 된다. 바이킹족의 활발한 교역 활동은 침체된 서유럽의 국제 교역 활동을 조금이나마 보완하고, 서유럽을 이슬람·콘스탄티노플 등 주요 무역국과의 국제교역 체계에 편입시킨 매우 중요한 역할을 하였다. 필자는 이슬람의 무함마드와 서유럽의 샤를마뉴를 연결하여 준 사람이 스칸디나비아 바이킹 루시족장 출신 루리크(Rurik, 830~879)라고 해도 결코 틀린 말은 아니라고 생각한다.[21]

크누트. 덴마크 왕자 출신으로 강력한 바이킹의 전투력을 바탕으로 잉글랜드와 노르웨이를 점령하여, 덴마크, 잉글랜드, 노르웨이 왕이 된다. 그는 덴마크 언어와 잉글랜드 언어의 융합을 시도하기도 하는데, 이 때문에 영어와 독일어는 현재에도 매우 비슷한 형태를 띠고 있다. 3국의 왕으로서 그의 영토가 덴마크, 잉글랜드, 노르웨이, 스웨덴 일부 등 북해 전역에 걸쳐 있었으므로, 그가 세운 국가를 북해 제국(North Sea Empire)이라고 불렀다. 『*영국 왕실의 혈통연대기(Genealogical chronicle of the English Kings, 1275-1300)*』 중에서 발췌. 출처: Wikipedia, Public Domain

20 햄릿의 배경이 된 엘시노어 성(Elsinore Castle) 또한 크누트 대 제국의 내해였던 북해 해변의 크론보르 성(Kronborg)이라는 설이 있다.

21 로널드 핀들레이, 케빈 H. 오루크, *앞의 책*, 2015, p. 140. 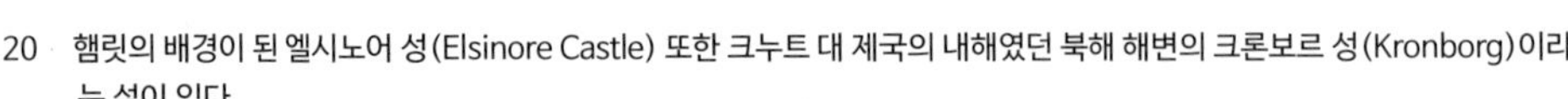 루리크는 스칸디나비아 반도에서 러시아 땅으로 이동한 바이킹인 루시(Rus', 혹은 루스, Rus)족의 일파인 바랑기안(Varangian)족 출신이다. (서쪽으로 이동한 스칸디나비아 반도 출신의 바이킹족은 노르만, 동쪽으로 이동한 바이킹족은 루시 혹은 루스족이라고 부른다.) 루리크는 오늘날 노브고로드(Novgorod, 새로운 마을이라는 뜻) 근방인 라도가(Ladoga)에서 862년에 공국(노브고로드 공국)을 세우고, 주변에 영향력을 행사했다. 882년에는 루리크의 후손들이 오늘날 우크라이나에 있는 키이우(Kiev, 키에프, Kiev)로 이동하여 공국을 세우는데, 이것이 바로 키이우 공국이다. 키이우 공국은 1240년 몽골의 침입으로 멸망하기까지 사실상 러시아의 지배자였다. 이후 러시아에는 뚜렷한 지배자가 없었다. 다만 몽골의 영향력 아래에서 러시아를 대리 통치하고 있던 모스크바 공국이 힘을 키우고 있었다. 1613년, 마침내 모스크바 공국의 귀족이었던 미하일 로마노프(Mikhail Romanov, 1596~1645)가 1613년 영주 회의(젬스키 소보르, zemskii sobor)에서 차르

## Codex Atlanticus: Wool vs Cotton

목초지에서 피리와 종을 이용해서 양을 기르는 영국의 목동. 양은 12~13세기 영국 경제의 근간이었다. 작자 미상. 1240~1250년대 그림. 출처: Wikipedia. Public Domain

영국의 양털 생산은 12~13세기 영국 국가 경제의 근간이었다. 동시에 영국 양털이 플랑드르, 프랑스, 독일, 이탈리아 등 유럽 각지로 수출되면서, 유럽 경제의 근간이기도 하였다. 하지만 1264년부터 시작된 헨리 3세와 시몽 드 몽포르 간 2차 남작 전쟁(Second Barons' War, 1264~1267) 이후 영국이 1266년부터 플랑드르로 수송되는 양모 수출을 금지하면서, 1275년까지 약 10년 동안 영국과 플랑드르 지방과의 양털-모직물 제조 국제 분업 체계는 붕괴된다. 그 결과 유럽 각지로 향하는 양모 수출도 급격히 감소했다. 이 때문에 플랑드르 지방 이외의 상인, 특히 이탈리아의 상인들이 영국의 양털을 직접 확보하기 위해 고군분투하기 시작했다. 다만 전쟁이 끝나자 영국의 양모 수출은 점진적으로 다시 회복되었다.

1275년, 수많은 전쟁을 벌였던 에드워드 1세는 안정적인 전쟁자금 조달을 위해 양털 수출에 대한 관세 제도를 서유럽 역사 최초로 성공적으로 안착시켰다. 왜냐하면 1215년에 제정된 마그나 카르타로 인해 귀족들에 대한 조세 징수가 사실상 매우 어려워졌고, 이에 따라 왕실의 재정수입도 감소했기 때문이다. 더구나 양털은 영국 수출 1위 품목이었다. 전쟁자금이 필요했던 에드워드 1세가 양털 수출에 주목했던 것은 어쩌면 당연한 일이었는지도 모르겠다.

하여튼 에드워드 1세의 관세 신설은 이탈리아 루카의 롬바르드 뱅커 루카

---

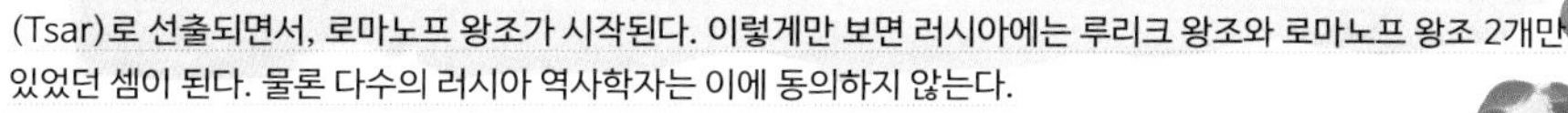
(Tsar)로 선출되면서, 로마노프 왕조가 시작된다. 이렇게만 보면 러시아에는 루리크 왕조와 로마노프 왕조 2개만 있었던 셈이 된다. 물론 다수의 러시아 역사학자는 이에 동의하지 않는다.

시오 나탈레(Lucasio Natale, ?~1279)가 주도했다는 주장이 있다. 사실인지 아닌지 확인은 할 수 없지만, 확실한 것은 에드워드 1세는 나탈리와 9차 십자군 전쟁에 같이 참여하는 등 친분이 매우 두터웠다. 이후 나탈리는 루카의 핵심 뱅크인 리카르디 뱅크(Riccardi Bank) 설립을 주도하게 된다. 이에 대해서는 ***『황금, 설탕, 이자 - 성전기사단의 비밀(下)』*** 編의 리카르디 뱅크에서 상술한다.

하여튼 에드워드 1세가 자신이 신설한 양털 관세가 어떤 역사적 의미를 가졌는지는 13세기 당시에는 전혀 몰랐을 것이다. 하지만 이 조치는 유럽 국가들이 중앙집권 국가로 전환할 수 있었던 가장 기초적이고 획기적인 조치였다. 중국이 최초의 통일 왕조인 진나라(BC 221~206) 때부터 토지세, 인두세, 상업세 등의 강력한 중앙집권적 조세 징수 체계가 구비되어 있었던 것과 너무나 다르다. 이처럼 유럽 왕실의 전쟁 욕구와 이를 간파한 롬바르드 뱅커들의 절묘한 결합으로 유럽의 중앙 집권 체제의 기초인 조세제도가 마련되었다고 평가하면 지나친 단언인가? 아마도 이탈리아의 뱅커가 없었으면, 그나마 중국보다 무려 1,500년이나 뒤늦게 도입된 중앙집권적 조세 체제마저 더 늦어졌을지도 모르겠다.

에드워드 1세의 관세 도입 이후에도 영국의 양모 수출은 증가세를 이어갔다. 중세 온난기의 도래로 날씨도 따뜻했고 인구도 늘면서 양모 수요가 늘었기 때문이다. 예컨대 1281년부터 1285년까지 5년 평균으로 약 26,000여 포대(sack)가 영국에서 유럽 각지로 수출되었다. 당시 1포대는 364파운드, 현재의 165.107kg에 해당하므로, 대략 4,300톤에 이르는 규모이다. 백년 전쟁(1337~1453) 직전인 1331~1335 기간에는 연평균 33,000여 포대가 영국에서 유럽으로 수출되었다.

하지만 백년 전쟁은 영국의 양모 산업에 결정타를 날렸다. 일단 유럽 대륙으로의 수출길이 완전히 막혔다. 설사 우여곡절 끝에 수출되는 양모가 있다 하더라도 전쟁으로 인해 대금 결제 자체가 안 되었다. 이 때문에 백년 전쟁이

끝난 후에 영국은 5년 평균으로 1만 포대의 수출을 넘긴 적이 없다. 더구나 이탈리아 뱅커들이 유럽의 양모 수출을 독점 대행하면서 이탈리아 양모 산업이 급성장했다. 양모를 활용한 옷감 생산의 국제적 비교 우위 또한 플랑드르 지방에서 피렌체, 루카를 비롯한 이탈리아 도시 국가로 넘어가게 된다.

절치부심한 영국 왕실은 헨리 7세(Henry VII, 1457~1509)를 필두로 한 튜더 왕조(1485~1603) 때부터 모직물 산업을 국가 전략산업으로 지정하였다. 특히 헨리 7세는 양모 산업과 함께 플랑드르 지방을 통하지 않고 옷을 직접 제조하는 모직물 공업을 집중 육성했다. 헨리 7세의 업적은 양털과 같은 단순한 원료 생산에 집중한 것이 아니라, 좋은 원료를 바탕으로 한 모직물 제작 등 제조업 육성 쪽으로 초점을 바꾸었다는 점이다.

헨리 7세. 튜더 왕가의 첫 번째 잉글랜드 왕. 요크 왕가 최후의 왕인 리처드 3세가 전사하자 왕위에 올랐다. 에드워드 4세의 딸과 결혼하여, 장미전쟁을 마침내 끝냈다. 그의 오른손에는 붉은색 장미가 들려져 있는데, 이는 그가 붉은색 장미가 가문의 상징이었던 랭카스터 공작인 '곤트의 존' 가계에 속했기 때문이다. 작자 미상. 1505~1508년 작품. 국립초상화 박물관 소장. 출처: Wikipedia, Public Domain

이로 인해 헨리 7세 치세 말기인 16세기 초 영국은 양모 산업 관련 제품이 전체 수출의 90%를 차지하는 사실상의 "모직물 국가"로 변모했다. 이후 면화가 도입되어 대량 생산되기 시작한 1800년까지 약 300여 년 동안 양모 산업은 영국 왕실과 국가 경제의 근간이 되었다. 사람들은 모직물을 '영국 왕실 왕관의 꽃,' '영국 왕실의 지참금'이라고까지 불렀다. 그 결과 영국의 경제사가 애쉬톤(T. S. Ashton, 1889~1968)은 이 시기 "잉글랜드와 웨일즈에서는 모직물 제작을 전업이 아니라 부업으로 하는 곳이 아마도 하나도 없을 것이다."라고 평가할 정도였다.[22]

튜더 왕조가 주도한 모직물 산업의 전략적 육성은 영국인들 모두가 너도나도 양을 길러 모직물 산업에 뛰어들게 만들었다. 15세기 말부터 본격화된 농

22 Keith Sugden and Anthony Cockerill, 『*The Wool and Cotton Textile Industries in England and Wales up to 1850*』, p. 1 재인용(T. S. Ashton, 『The industrial revolution 1760 - 1830』, Oxford, 1968, p. 23)

경지를 목초지로 만든 영국의 인클로져 운동도 이 과정에서 촉발된 것이다. 토머스 모어(Thomas More, 1478~1535)는 1516년에 발간한 그의 책 『유토피아(Utopia)』에서 16세기 인클로져 운동을 "온순한 양들이 인간을 걸신들린 듯이 삼켜 먹는다."라고 묘사할 정도였다.[23]

토마스 모어. 헨리 8세 시대 법률가이자 인문주의자. 런던 법조계 가문 출신으로 옥스퍼드를 졸업한 후, 하원 의원이 된다. 헨리 7세의 특별세 신설에 반대하다가, 공직을 박탈당하기도 한다. 하지만 헨리 8세 때는 그의 개인 비서로 등용되어, 헨리 8세를 측근에서 보좌하면서 국정의 여러 부문을 총괄하는 등 승승장구한다. 1529년에는 아라곤의 카탈리나(Catalina de Aragón)와 이혼을 반대한 토마스 울지(Thomas Wolsey, 1473~1530) 추기경이 해임되자, 토마스 울지를 대신하여 최고 법관(Lord High Chancellor) 자리에까지 올랐다. 그러나 헨리 8세가 잉글랜드 교회의 수장은 로마 교황이 아니라 바로 자신이며, 카탈리나의 딸인 메리가 아니라 앤 불린의 딸인 자식이 왕위를 계승한다는 왕위계승법까지 만들어 신하들에게 동의를 강요했다. 토마스 모어는 왕위계승법 서약을 거부하며 묵비권을 행사했고, 이 때문에 최고 법관 자리에서 쫓겨나는 것은 물론 런던탑에까지 갇히는 신세가 된다. 재판 과정에서 적극적으로 자신의 무죄를 항변하는 모습이 이를 지켜보는 이를 감동시켜 위대한 법률가의 모습을 보여 주었다고 한다. 하지만 반역죄가 인정되어, 1535년 목이 잘리며 단두대의 이슬로 사라진다. 『우신예찬』을 저술한 에라스무스와는 절친 사이이다. 그는 자신의 대표 소설 『유토피아』에서 공산주의 경제와 종교의 자유를 보장하는 민주주의 정치 체계를 이상적인 공화국으로 묘사하였으며, 인클로져 운동을 온순한 양들이 인간을 잡아먹는 것으로 묘사했다. 독일-스위스 화가인 한스 홀바인(Hans Holbein the Younger, c.1497~1543)의 1527년 작품. 뉴욕시의 프릭 콜렉션(Frick Collection) 소장. 출처: Wikipedia, Public Domain

마르크스는 이 인클로져 운동이 소유권 개념의 도입과 자본가·노동자 계급 등장이라는 자본주의 모태가 태동하는 결정적인 계기라고 평가했다. 필자가 판단하기에는 그 정도까지는 아니라고 보지만, 인클로져 운동이 엄청난 사회적 파급력을 가지고 있었던 것만은 틀림없는 사실이다. 1770년, 영국의 양모 산업은 영국 전체 생산의 25%를 넘나드는 가장 핵심 산업으로 부상했다.[24]

인클로져 운동을 주도했던 지주 계층이 바로 젠트리(gentry)로, 영국 신흥 귀족층인 젠틀맨(gentleman)의 모태이다. 젠트리는 양모 산업을 통해 자본을

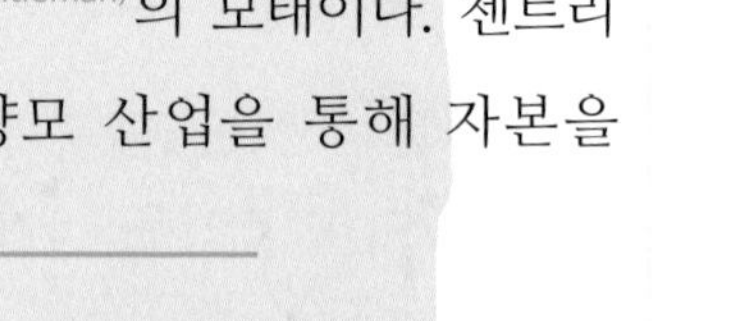

23 "By which your sheep, which are naturally mild and easily kept in order, may be said now to devour men."

24 Keith Sugden and Anthony Cockerill, 『The Wool and Cotton Textile Industries in England and Wales up to 1850』, p. 4

축적하고, 이 자금을 활용해서 자본가 계급으로 부상했다. 마르크스의 말대로 양이 자본가 계급을 만든 것이다. 이 자본가 계급은 뱅커들과 때로는 협력하고 때로는 경쟁하면서, 세계 시장을 지배하게 된다.

영국 양모 산업이 사양길을 걷게 된 결정적 계기는 역설적이게도 지리상 발견이었다. 즉, 지리상 발견으로 인도로 가는 직항로가 열리면서, 16세기부터 세계 최고의 경쟁력을 자랑하고 있던 인도의 면직물이 영국으로 쏟아져 들어온 것이다.[25] 인도는 기원전 3,000년경부터 면화를 재배했고, 오랫동안 축적된 방직, 방적 기술을 보유하고 있었다. 덥고 습하면서 기후 조건도 완벽하여 면화 자체의 품질도 전 세계 최고였다. 면직물은 일단 가볍고, 따뜻하고, 채색이 쉬웠고, 세탁이 쉬웠으며, 무엇보다 엄청난 인구의 인도 직조공이 만들었으므로 가격이 쌌다.

따라서 직항로를 따라 인도로 직접 진출한 영국의 동인도회사가 인도의 면직물인 캘리코(calicos)를 수입하면서 영국의 소비자들은 면직물에 완전히 매료되기 시작했다. 이로 인해 영국의 모직물 산업은 글자 그대로 산업 자체가 붕괴할 정도의 괴멸적인 피해를 입었다. 모직물 노동

다니엘 디포. 런던 상인의 아들로 태어나, 성공회가 아닌 비국교도 출신이었다. 성공회가 아니었으므로, 양말, 모직물, 와인 판매 등 벌이는 사업마다 족족 망하였다. 할 수 없이 정치 평론가로 전업하여 글을 쓰다가, 비국교도라는 이유로 탄압을 받아 감옥에 갇히기도 했다. 이때 영란은행의 설립자 윌리엄 패터슨에게 탄원서를 작성하여, 겨우 풀려난다. 그러던 1719년, 번역 회수로는 성경 다음으로 많다는 *『로빈슨 크루소』*를 발표하여 공전의 히트를 치면서 유명해졌다. 경제학에도 조예가 깊어, 영국 무역의 우월함을 강조한 *『완벽한 영국 상인(The Complete English Tradesman』*이라는 소설을 쓰기도 하고, 비즈니스 및 경제 칼럼 쓰기에 집중하여 경제 저널리즘의 선구자로도 평가받는다. 원래 이름은 다니엘 포(Daniel Foe)였으나, 귀족 이름처럼 들리게 하려고 디(De)를 붙였다고 한다. 어린 시절 런던의 절반 이상이 타 버린 런던 대화재를 겪었으나, 그와 그의 이웃집은 화재 피해를 입지 않은 기적 같은 일이 있었다고 한다. 작자 미상. 17~18세기경. 영국 해양박물관 소장. 출처: Wikipedia, Public Domain

25 우리나라는 고려 말 문익점이 목화씨를 붓 뚜껑에 숨겨서 한반도로 가져왔다는 설화가 유명하다. 하지만 이는 증명되지 않는 설화일 뿐이고, 이보다 훨씬 전에 한반도에서 면화가 재배되었을 가능성이 높다. 일본은 서기 800년에 곤륜 사람이 목화씨를 가져와 여러 곳에 나누어 심게 했다는 일본서기의 기록이 있다고 한다. 한편 면화는 조선 시대 의복 혁명을 불러일으킬 정도로 엄청난 파급 효과를 가져왔다. 비단을 제외하고 거의 모든 의복이 면화 제품으로 바뀐 것이다. 이는 영국이 면화 제품을 수입한 이후의 상황과 매우 비슷하다.

자가 길거리에서 면직물을 입은 사람들을 공격하여 면직물을 갈기갈기 찢고 폭행하는 사건도 비일비재했다. 『로빈슨 크루소』의 작가 다니엘 디포(Daniel Defoe, 1660~1731)도 이 저항에 합류했다. 결국 영국 의회는 1701년, 캘리코 법(Calico Act)을 통과시켜 인도의 면직물 수입량을 제한했다.

하지만 단순한 관세 부과나 수입 제한으로 대세를 거스를 수는 없었다. 값싸고 촉감이 좋으며 품질 좋은 면직물을 경험한 영국 소비자들이 굳이 까끌까끌하고 비싼 모직물을 사야 할 이유가 도대체 무엇인가? 더구나 인도에서 수입하는 면직물 규모를 모직물이 대체하려면, 영국과 아일랜드 전체에 양을 길러도 모자랐다. 이게 가능이나 한 일인가? 이에 따라 영국인들은 너도나도 면화 자체 생산에 돌입했다. 즉, 영국 최초의 면직물은 인도 면직물의 모조품이었던 것이다.

아울러 면직물은 아시아와 아프리카에서도 대인기였다. 예컨대 말라카 제도에 처음 도착한 네덜란드인들은 그곳의 향신료를 얻기 위해 황금이 아니라, 인도 동부의 코로만델(Coromandel)에서 만든 면직물을 지급해야 했다. 유럽 노예 교역을 위해 아프리카로 유입된 면직물 또한 아프리카인들을 완전히 사로잡았다. 심지어 1775년과 1788년, 프랑스가 아프리카 노예를 얻기 위해 지급한 물물교환 품목의 절반이 인도산 면직물이었다.[26] 요컨대 인도산 면직물은 오늘날로 치면 달러화 비슷한 엄청난 유동성을 가진 국제 결재 수단이었다.

이런 점에 고무받은 영국은 1750년대 전후 면직물의 대량 생산을 위해 당시 발전되기 시작한 과학기술을 생산 과정에 도입했다. 이에 따라 1764년, 면화에서 실을 효율적으로 뽑는 "암탕나귀(jenny, 제니)" 방적기, 1769년 물을 끓여 효율적으로 동력을 얻게 되는 와트의 개량된 증기기관, 1769년 수력으로 실을 뽑는 아크라이트 수력 "개똥지빠귀(throstle, 스로슬)" 방적기, 1779년 제니 방적기와 아크라이트 수력 방적기를 혼합한 크롬프턴의 "노새(mule, 뮬)" 방적기 등이 도입되었

---

26 케네스 포메란츠, 스티븐 토픽, *앞의 책*, p. 442

다.[27]

이 중 가장 핵심은 와트의 증기기관이었다. 원래 와트의 증기기관은 석탄 광산에서 차오르는 물을 외부로 빼내기 위해 발명된 것이었다. 하지만 와트의 증기기관은 열 에너지를 운동 에너지로 전환한 그야말로 천지가 개벽하는 마술 장치로서, 모든 기계제품에 장착되기 시작했다. 증기기관이 면화 산업에 적용되면서 효율적인 동력원으로 각광을 받자, 원료인 석탄 산업과 철로 된 피스톤을 만들기 위한 철강 산업도 발전했다. 우연히도 증기기관의 물을 끓이는 원료인 석탄 또한 영국에서 넘쳐날 만큼 많았다. 이들 면방적 기계와 철강 및 석탄 산업 등이 자본가들과 뱅커들이 효율적으로 동원한 자금과 결합하면서, 면화 산업의 생산은 그야말로 폭발적으로 증가했다. 우리가 흔히 부르는 산업혁명의 시작이었다.

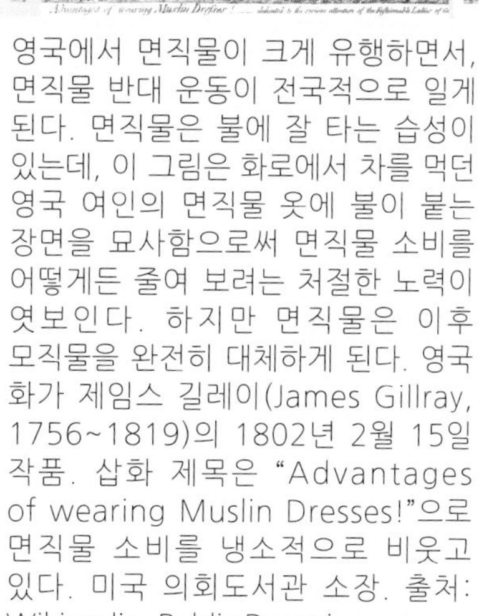

영국에서 면직물이 크게 유행하면서, 면직물 반대 운동이 전국적으로 일게 된다. 면직물은 불에 잘 타는 습성이 있는데, 이 그림은 화로에서 차를 먹던 영국 여인의 면직물 옷에 불이 붙는 장면을 묘사함으로써 면직물 소비를 어떻게든 줄여 보려는 처절한 노력이 엿보인다. 하지만 면직물은 이후 모직물을 완전히 대체하게 된다. 영국 화가 제임스 길레이(James Gillray, 1756~1819)의 1802년 2월 15일 작품. 삽화 제목은 "Advantages of wearing Muslin Dresses!"으로 면직물 소비를 냉소적으로 비웃고 있다. 미국 의회도서관 소장. 출처: Wikipedia, Public Domain

이 때문에 1801년부터 영국 면방직 산업의 부가가치가 모직물 산업을 앞지르기 시작했다. 이뿐만이 아니었다. 영국 면방직 산업은 주요 원료인 면화를 당시 경쟁력이 가장 높았던 인도에서 수입했었다. 하지만 산업혁명 이후 대량 생산 체제를 갖추면서 영국은 인도의 면방직 산업을 완전히 궤멸시켜 버렸다. 간단히 말해 영국의 면방직 산업은 기계가 만든 제품이 인간이 만든 면방직 제품을 말살한 "근대판 터미네이

27 방적기(spinning machine)는 면화에서 실을 뽑는 기계이고, 방직기(weaving machine)는 뽑은 실로 면 원단을 만드는 기계이다. 방적기는 솜에서 실을 뽑는 도구로 동서양을 막론하고 거의 5,000년 동안 여성의 몫이었다.

터"였다. 마르크스의 표현대로라면 "기계가 사람을 잡아먹는" 처절한 대량 살육 현장이 된 것이다.

기계로 인한 대량 생산 체제만이 인도 면방직 산업 몰락의 원인은 아니었다. 영국 정부는 자국 면화 산업 육성을 위해 가능한 모든 방법을 총동원했다. 대표적으로 영국은 식민지 인도에서 면화 실을 사용한 직물인 모슬린(muslin)을 만들던 인도 직공을 철저히 억압했다. 고도로 숙련된 인도 직공은 인도 면직물이 세계 최고 경쟁력을 가지게 된 가장 핵심적인 요인이었기 때문이다. 어떤 경우에는 모슬린 직공의 오른손 엄지손가락을 잘라 면직물 자체를 만들지 못하게 했다.

뱅골 지역의 다카에서 고급 면직물을 입고서 물담배(hookah)를 피는 여인. 18세기 뱅골 지역의 면직물은 의심할 여지 없는 세계 최고의 품질을 자랑했다. 영국 태생 화가 프란체스코 레날디(Francesco Renaldi, 1755~c.1798)의 1789년 작품. 예일 영국미술관(Yale Center for British Art) 소장. 출처: Wikipedia, Public Domain

한편 2등급 면직물을 만들던 인도 직공이 농업을 겸한 농민이었던 반면, 1등급 면직물 직공은 오늘날 방글라데시 수도인 다카(Dhaka) 지역에 거주하면서 면직물만 전문으로 제조하는 직공이었다. 이들은 주로 선금을 받아 면직물을 구입하고 생활비에 사용했는데, 보통 선금을 받던 곳이 한 군데가 아니라 여러 군데였다.

하지만 영국의 동인도회사는 1750년대 벵골 지역을 점령하자마자, 이 선금 관행을 오직 한 곳에서만 받도록 입법화했다. 만약 여러 군데서 선금을 받으면, 두 가지 일을 기한 내에 완수하였다 하더라도 형사 처벌의 대상이 되었다. 아울러 동인도회사는 이를 감시하기 위해 직조공의 집에 경비를 세울 수도 있었다. 특히 동인도회사의 선금은 이전 직조공의 시세보다 15~40%나 낮았다! 1766년 영국 의회에 출석한 동인도회사 간부는 이런 조치들로 인해 동인도회

사의 면직물 수출이 2배로 늘어날 것으로 기대한다고 자랑스럽게 말했다.[28]

관세 조치도 동원되었다. 영국에 수입되는 인도 면직물에 대해서는 100%에 가까운 관세를 물렸다. 영국 면직물이 인도에 수출되는 경우에는 관세가 없거나 2.5%에 불과했다. 인도의 영국 식민지 1호였던 벵골만 유역은 이와 같은 조치로 인해 직조공이 아예 직조를 포기하고 농업으로 전환하였고, 다카 지역의 베틀도 자취를 감추었다. 그 결과 다칼 지역의 풍성한 직조공 공동체는 완전히 사라졌고, 1830년대 벵골 지역의 면방직 산업은 흔적도 없이 사라졌다!!!

인도 면방적 산업을 궤멸시킨 영국의 면방직 산업은 1890년대, 영국 내수의 60%를 장악했고, 인도 전체의 내수 시장도 50% 이상을 장악했으며,[29] 세계 교역도 완전히 장악했다. 영국의 요구에 맞춰 미국 남부 또한 전체가 면화 밭으로 바뀌었다. 면화 밭에 필요한 대규모 노동력은 아프리카에서 흑인을 생포하여 대량으로 조달했다. 이제 더 이상 인도는 면직물의 원료인 면화 공급지로서의 역할도 필요 없었다. 그 결과 인도의 면방직 산업은 전 세계 면화 시장의 지배적 지위를 완전히 상실했다. 4,000년이 넘는 인도의 면화 산업이 자본가와 뱅커의 결합으로 인한 영국 면화 산업의 기계화와 뱅킹으로 단 50년 만에 장렬하게 산화한 것이다!

영국과 인도의 면방적 산업 결투는 오늘날 섬유산업 지평과 너무나도 다르다. 영국은 인도의 면방적 산업을 기계로 제압했지만, 이후 금융 산업에 집중하면서 영국의 면방적 산업은 사양 산업이 되었다. 나아가 20세기 화학 혁명에 따라 면사, 양모, 비단실과 같은 천연 섬유보다는 석유를 정제해서 나오는 화학섬유의 생산량이 폭발적으로 늘었다. 즉, 2017년 기준으로 전 세계 화학섬유 생산량은 6,799만 톤으로 전체 섬유사 생산량 9,477만 톤의 71.7%를

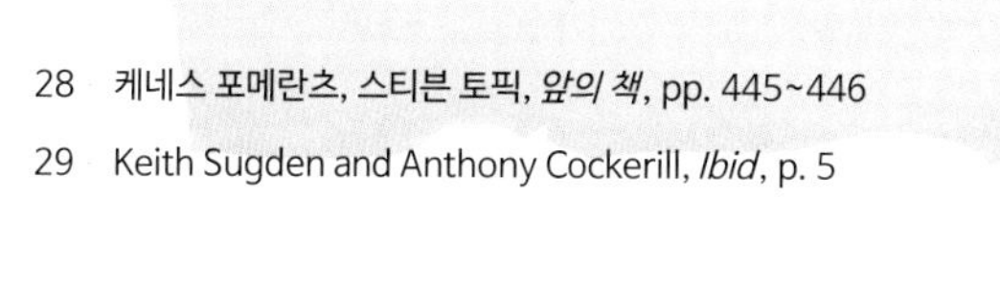

28 케네스 포메란츠, 스티븐 토픽, *앞의 책*, pp. 445~446

29 Keith Sugden and Anthony Cockerill, *Ibid*, p. 5

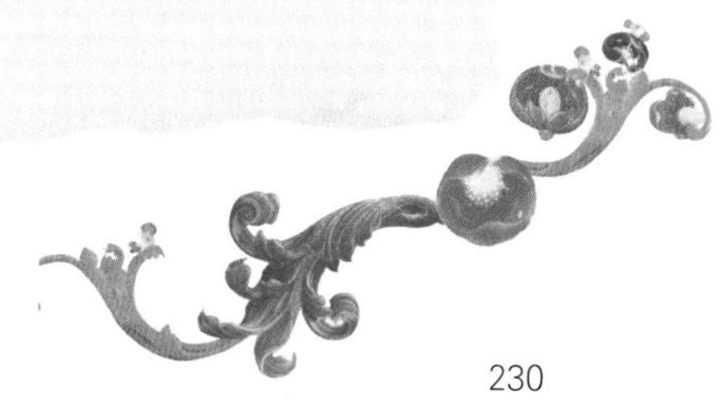

차지한다. 천연 섬유 생산량은 2,677만 톤으로 비중이 28.3%에 불과하다. 천연 섬유 중 면사는 2,543만 톤, 양모는 116만 톤, 비단실은 18만 4천 톤이다.[30] 2020년 기준으로는 화학섬유 생산량이 62%, 면사가 24%, 양모가 1%, 비단실은 0.1%의 시장 점유율을 차지한다.[31] 오늘날 기준으로도 면사 생산량이 양모 생산량의 20배가 넘는 셈이다.

오늘날 면방적을 포함한 섬유산업의 최강국은 단연 중국이다. 중국은 2005년 WTO 가입 이후, 전 세계 섬유산업의 지평을 근본적으로 뒤흔들어 놓았다. 우선 섬유산업의 기초 소재인 실(絲) 중 합성섬유는 2017년 3월 기준으로 중국이 6,500만 톤을 생산하여 중국의 세계 시장 점유율이 70.2%를 차지한다.[32] 면방적(spinning) 설비도 2016년 기준으로 1억 285만 추로 전 세계 시장 점유율 42.4%, 2019년 기준으로는 8,299만 추로 37.2%이고,[33] 제직(weaving) 설비 규모 또한 2014년 기준으로 153만대로 전 세계 설비의 43.8%를 차지했다.[34] 중국은 송나라 시절 조선과 해운산업이 집중적으로 발달했던 절강성에 전체 섬유 기업의 40% 내외가 밀집되어 있다.

중국의 세계 섬유 및 의류 수출액도 2016년에 2,629억 불로 전 세계 섬유·의류 수출액 7,263억 불의 36.2%로 1위를 차지했다. 2020년 중국의 섬유·의류 수출액은 2016년보다 비중이 더 올라가 43.5%를 차지했다.[35] 중국 이외의

---

30 FEB, 『*Fiber Organon*』, 화학섬유 통계는 합성섬유와 재생섬유를 포함한 수치이다.

31 https://www.commonobjective.co/article/what-are-our-clothes-made-from

32 FEB, *Ibid*, 2017.3월 기준(단위 1,000톤, 괄호는 비중): 전 세계 92,610, ① 중국 65,019(70.2%) ② 인도 8,052(8.7%) ③ 대만 2,675(2.9%) ④ 미국 2,635(2.8%) ⑤ 인니 2,320(2.5%) ⑥ 한국 2,187(2.4%)

33 대한방직협회(단위 1,000추, 괄호는 비중): 2019 기준 - 전 세계 223,013, ① 중국 82,992(37.2%) ② 인도 55,000(24.7%) ③ 방글라데시 13,430(6.0%) ④ 파키스탄 13,409(6.0%), 2016 기준 - 전 세계 242,368, ① 중국 102,850(42.4%) ② 인도 53,416(22.0%) ③ 파키스탄 13,621(5.6%) ④ 인도네시아 12,315(5.1%) ⑤ 방글라데시 11,907(4.9%) ⑯ 한국 1,014(0.4%)

34 ITMF, 『*International Textile Machinery Shipment Statistics*』(2014 기준, 면직기·화섬직기·모직기 합계, 단위: 대, 비중): 전 세계 3,495,049, ① 중국 1,531,126(43.8%) ② 파키스탄 447,100(12.8%) ③ 인도네시아 293,057(8.4%) ④ 태국 181,500(5.2%) ⑤ 브라질 87,580(2.5%) ⑫ 한국 43,172(1.2%)

35 WTO, 『*World Trade Statistical Review*』, 2021 - 2020년 기준 수출 비중: ① 중국 43.5% ② EU 18.1%

섬유 및 의류 제조 강국은 전통 면화 작물의 메카였던 인도, 방글라데시, 파키스탄 등이다. 섬유 및 의류를 수입하는 국가 순위는 중국을 제외하고는 전 세계 GDP 순위와 비슷하다. 예컨대 2016년 기준 전 세계 섬유 및 의류 7,700억 불 수입 중 15.6%인 1,200억 불을 미국이 수입하여 1위를 기록했다. 그 뒤로 독일, 일본, 프랑스이며 영국은 5위를 기록했다. 2020년 기준으로는 EU가 1위, 미국이 2위이다.[36] 이처럼 오늘날 섬유 산업의 생산 능력에서 명함도 못 내미는 영국이 면방적 산업으로 산업혁명을 시작하여 해가 지지 않는 나라를 만들고, 그 과정에서 수 천 년 전통의 인도 면방적 산업을 단 50여 년 만에 궤멸시켰다는 역사적 사실이 오늘날 실상만 보면 무슨 동화책에서나 나오는 꾸며낸 이야기 같아 왠지 씁쓸하기만 하다.

③ 인도 5.1%, WTO Statistics Database(2016 기준, 단위 백만 불, 괄호는 비중): 전 세계 726,302, ① 중국 262,924(36.2%) ② 인도 34,177(4.7%) ③ 이탈리아 33,425(4.6%) ④베트남 30,756(4.2%) ⑤ 독일 30,655(4.2%),

36 WTO, *Ibid(World Trade Statistical Review)*, - 2020년 기준 수입 비중: ① EU 24.3% ② 미국 48.1% ③ 베트남 4.4%, WTO Statistics Database(2016 기준, 단위 백만 불, 괄호는 비중): 세계 770,110, ① 미국 119,953(15.6%) ② 독일 47,728(6.2%) ③ 일본 36,080(4.7%) ④ 프랑스 29,714(3.9%) ⑤ 영국 328,991(3.8%) ⑬ 한국 13,752(1.8%)

# 05 초기 중세 서유럽의 뱅킹 ⑦ Quidquid sorti accedit, usura est!

톨레도 대성당, 스페인 톨레도 소재

## (1) 우스라(Usura), 원금을 넘으면 무조건 고리대!

구약성서의 출애굽기에는 다음과 같은 구절이 있다. "네가 만일 너의 백성 중에서 가난한 자에게 돈을 꾸어 주면, 너는 그에게 채권자 행사를 하지 말고 이자도 받지 말라."[1] 출애굽기의 이자 수령 금지는 문구 그대로 해석하면 가난한 유대인에게 돈을 빌려주었을 때 이자를 받지 말라는 규정이다.[2] 이를 달리 해석하면 유대인 이외의 이민족에게는 대출도 할 수 있고, 이자도 받을 수 있다는 뜻이다. 신명기에는 아예 이를 명확히 규정해 두었다. "이방인(노크리, nokri)"에게는 이자를 받고 돈을 꾸어 주어도 되지만, 너희 동족에게는 이자를 받고 꾸어 주어서는 안 된다." 실제로도 유대인들은 고대 이집트나 바빌로니아의 지배를 받을 때 다른 민족을 상대로 이자 사업을 활발하게 수행하였다. 출애굽기 외에도 구약성서와 신약성서에는 이자 수령에 대한 부정적인 인식이 도처에 기록되어 있다.[3]

---

1 출애굽기 22:25~31

2 유대인(Jews)은 그들 스스로 자신을 지칭하는 이름이고, 다른 민족은 그들을 히브리인(Hebrew)이라 불렀다.

3 ① 네 형제가 가난하게 되어 빈손으로 내 곁에 있거든 너는 그를 도와 거류민이나 동거인처럼 너와 함께 생활하게 하되, 너는 그에게 이자를 받지 말고 네 하나님을 경외하여 네 형제로 너와 함께 생활하게 하라. (레위기 25:35~36) ② 네 형제에게 이자를 받고 돈을 빌려주면 안 된다. 돈이든 곡식이든 또 그 밖의 어떤 것이든 이자를 받아서는 안 된다. (신명기 23:19~20) ③ 고리대금업에 손을 대지 않았고 물론 이자도 받은 적이 없으며 항상 공정했던 사람은 정녕 살 것이다. 이것이 하느님의 말씀이니라. (에제키엘 18:8) ④ 네 원수에게 아무런 대가도 기대하지 말고 돈을 빌려 주어라. (누가복음 6:35) ⑤ 이자를 받으려고 돈을 빌려주지 않으며, 무죄한 이에게 해가 되는 뇌물을 받지 않는다네. (시편 15:5) ⑥ 내가 너희들이 취한 밭, 포도 농장, 올리브 농장, 저택, 그리고 이자를 그들에게 돌려주라 하

아우구스티누스. 역사적으로 유명한 사람 중에서 성장 과정이 가장 자세히 알려져 있는 인물 중의 하나이다. 오늘날 알제리 지역에서 태어난 그는 모친이 그리스도교였다. 16세 때는 카르타고로 유학을 가, 키케로의 글을 읽고는 완전히 철학에 빠져 버렸다. 한때 논리정연한 마니교에 빠져 정통 카톨릭을 벗어난 적도 있었으나, 밀라노 주교인 암브로시우스(Sanctus Ambrosius, 340~397)를 만나면서 교화를 받아 세례를 받고 정식 카톨릭 성자가 된다. 이후 아우구스티누스는 인간의 원죄는 인간 본성에 내재한 것이라는 이른바, 원죄론이라는 강력한 담론을 주장하였고, 성부·성자·성령은 분할할 수 없는 하나라는 삼위일체론도 만들었다. 이런 그의 신학 이론은 이후 "그리스도교 신학은 곧 아우구스티누스의 각주이다."라는 평가까지 만들었다. 나아가 그는 철학에도 엄청난 재능을 보였는데, 대표적으로 시간은 직선으로 움직이고 과거와 미래는 존재하지 않고 오직 현재만이 분할할 수 없는 형태로 존재한다는 시간론을 설파하였다. 서양 역사 최초의 역사 철학서인 『신국론』은 그의 엄청난 지적 능력의 결정체이기도 하다. 이 때문에 그가 주장한 정신적 고리대금이라는 철저한 反 이자 철학은 후대 뱅킹의 발전을 철저히 억압하는 정신적 굴레로 작용하게 된다. 이탈리아 화가 산드로 보티첼리(Sandro Botticelli, c.1445~1510)의 1480년 작품. 피렌체의 오니산티 교회(Chiesa di Ognissanti) 소장. 출처: Wikipedia, Public Domain

특히 로마가 기독교를 국교로 공인한 이후 "부족법"에 불과한 구약성서의 이 율법들은 중세의 교부 철학자들이 플라톤의 이데아론을 적용하면서 "보편법"으로 진화했다. 즉, 3~7세기 중세의 교부(敎父) 철학자들(Patristic Philosopher)은 구약성서의 이 조항을 인류 모두에게 적용되는 보편적인 규정으로 해석하였다. 이에 따라 출애굽기의 이자 금지라는 근본정신이 기독교인들에게 확대 적용되면서, 기독교인들은 서로 이자나 고리를 주고받으면 안 되었다. 중세 최고의 지성 제롬(St. Jerome, c.345~c.419)은 이보다 한 걸음 더 나아가 기독교인뿐 아니라 이방인에게도 고리를 부과하는 것을 금지했다.

심지어 초기 중세에는 실제 고리대금뿐 아니라, "정신적" 고리대금도 금지했다. 즉, 돈을 빌려줄 때 "이자를 받을 생각"만 해도 죄악이었다. 4세기 기독교인 최고의 교부 철학자였던 아우구스티누스(Aurelius Augustinus, 354~430)는 "처음에 빌려줬던 것보다 더 많이 받기를 기대하

---

였거늘. (느헤미야 5:11)

는 것은 정신적 고리대금"에 해당한다고 주장했다.[4] 아우구스티누스의 주장은 이자 수령 자체의 금지를 넘어서, 아예 이자를 생각하는 것조차 금지하는 것이었다.

하지만 초기 중세의 이자 금지에 대한 기독교 교리는 개념상 다소 혼란이 있었다. 중세 교부 철학자들이 금지하는 것은 "우스라(usura)"였다. 우스라가 이자 자체인지, 아니면 고리의 이자인지 여부는 주장하는 이들에 따라 서로 달랐다. 어떤 이는 우스라가 빌려간 돈에 대한 모든 형태의 이자라고 주장하는 이도 있었고, 합리적인 수준을 넘어서는 고리라고 주장하는 이도 있었다.

우스라가 만약 고리대금업을 뜻한다면, 기독교 교리가 금지하는 고리대금업의 수준은 어느 정도일까? 전술한 대로 모직물 산업으로 번성하였던 오늘날 프랑스에 속한 아라스(Arras) 지방의 갑부들 중 크레스팽 가문(Crespin Family)은 주로 상황이 어려웠던(distressed) 채무자들을 찾아가 돈을 빌려주고 연 14%의 이자를 받았다. 연 14%는 오늘날 기준으로 보면 심각한 고리대금업이라고는 할 수 없다.[5] 하지만 1295년 브뤼헤 시(City of Bruges)는 크레스팽 가문의 부도덕한 "고리" 행태를 교황에게 고발하였다.[6]

반면 제롬이나 아우구스티누스가 금지한 우스라를 해석할 때, 후대의 신학자들이 우스라를 매우 엄격하게 해석하는 경우도 있었다. 예컨대 12세기, 이탈리아 볼로냐의 수도승 그라티아누스(Franciscus Gratianus, ? ~ 1158)가 교회법으로 정립한 교리집인 그라티아누스 교령집(Decretum Gratiani, 1140년경)에는 우스라에 대하여 다음과 같이 정의하고 있다. "Quidquid sorti accedit, usura est." 즉 원금을 넘는 대출

---

4 시드니 호머·리처드 실라, 『*금리의 역사*』, 리딩리더, 2011, p. 125

5 우리나라의 경우 2017년까지는 법정 최고 이자율(대부업)이 27.9%였으나, 이후 법 개정을 통해 2020년 기준으로는 24%였고, 2021년에는 다시 20%로 낮추어 2024년 기준 20%이다. 다만 실제 사채 이자는 이보다 더 가혹하다.

6 Raymond De Roover, 『*Money, Banking and Credit in Medieval Bruges: Italian Merchant-Bankers Lombards and Money Changers, A Study in the Origins of Banking, Cambridge : Medieval Academy of America*』, 1948, pp. 11-12

은 어떠한 형태의 이자든 무조건 우스라였다.[7] 심지어 명시적으로 이자를 수령하는 대출 계약(overt usury) 외에 다른 형태의 계약을 통해 이자를 수령하는 계약(palliate usury)도 금지되어 있었다.

14세기 이탈리아 은행 풍경. 성경은 교만, 시기, 분노, 나태, 탐식, 허영, 정욕, 그리고 탐욕을 7가지 죄악으로 정의한다. 중세 유럽인들은 일반적으로 은행업을 탐욕의 화신으로 간주했다. 중세 교부 철학자들이 이자를 생각만 해도 정신적 고리대금업이라 하여 죄악시했던 이유가 바로 이것이다. 출처: 14세기 프로방스에서 거주하다 제노바로 이주한 코차렐리 가족을 위해 만들어진 서적인 *『코차렐리 코덱스(Cocharelli Codex)』* 중 탐욕 부분. Public Domain

필자는 우스라가 이자 자체라기보다는 부당하게 높은 고금리로 해석하는 경우가 중세 시대에 좀 더 보편적이었던 것으로 본다. 왜냐하면 중세에는 일반적으로 모든 형태의 대출 계약에 대해서는 신학자들이 교리에 부합하는지 여부를 일일이 검토하는 과정을 거쳐야 했는데, 이 검토 과정에서 대출 이자가 교리에 어긋나지 않는 경우에만 인정되어 대출이 이루어졌기 때문이다.[8]

이는 이자 자체를 금지했다기보다는 합리적인 수준이거나 기독교의 목적에 맞는 이자는 일부 허용했다는 뜻이다. 나아가 325년, 니케아 공의회에서는 성직자들의 대부업을 금지했다. 이는 뒤집어 이야기하면 이때까지 성직자들이 어떤 형태로든지 대부업을 영위하고 있었다는 뜻이다. 동족에 대한 이자 자체를 금지하는 명백한 성서 규정하에서 성직자들이 대부업을 통해 높은 이자를 받았을 리는 없다. 이자를 아예 받지 않았다면 대부업이라고 불릴 이유도 없고, 성직자

7 "Whatever exceeds the principal is usury." Raymond De Roover, *Ibid*, p. 10

8 이와 같은 관행은 현재 이슬람 파이낸싱에서도 그대로 유지된다. 이슬람 지역에서는 뱅킹 활동에 대해 오늘날까지도 단순한 이자 수령을 금지하고 있다. 은행들이 이자를 받기 위한 계약을 체결하기 위해서는 사전에 반드시 코란 학자들로부터 일종의 승인을 받아야 한다. 예컨대 이슬람 은행들을 대상으로 신디케이션 론을 일으킬 경우, 사전에 9명의 이슬람 교리학자들로 구성된 위원회부터 해당 신디케이션 론이 코란에 위배되지 않는다는 확인을 사전에 반드시 받아야 한다.

들의 대부업을 금지했을 리도 없다. 따라서 최소한 4세기 초반까지는 성직자들의 대부 활동을 포함하여, 합리적인 수준의 이자는 어느 정도 허용되지 않았을까 추정해 본다.

### (2) 카피튤라리(Capitulary)

우스라가 이자 자체이든, 고리 대금업이든 우스라를 금지하는 기독교의 교리는 8세기 말 서유럽을 통일한 샤를마뉴 대제가 칙령으로 선포하면서, 단순한 교리가 아닌 실제 법령으로 정착되었다. 즉 샤를마뉴 대제가 광범위한 영토를 통일하기 위해 선포한 법령인 "카피튤라리(capitulary)"에 우스라 금지 조항이 들어간 것이다.[9] 카피튤라리에 우스라 금지 조항이 포함되는 것은 교리가 적용되는 성직자뿐만 아니라, 일반인들도 우스라 금지 조항의 적용을 받게 되었다는 뜻이다. 일례로 샤를마뉴 대제의 조치에 따라 850년 파비아(Pavia) 종교회의에서는 성직자가 아니라 일반 평신도들이 고리 대금업을 했다는 이유로 이 평신도들을 파문했다.[10]

이처럼 샤를마뉴 대제의 조치로 인해 우스라 금지 조항은 중세인들의 정신세계는 물론이고, 실제 세계까지 지배하는 강력한 규율로 확립되었다. 샤를마뉴 대제의 이 조치는 서유럽에서 뱅킹을 수행하는 대다수 뱅커들과 상인들의 실제 생활은 물론이고, 그들의 의식 세계까지 철저히 압박했다. 비록 12세기부터는 중세 온난기와 십자군 전쟁, 상업혁명으로 뱅킹이 산발적으로 부활하기는 하였다. 하지만, 우스라 금지 조항은 메디치 가문 등 이탈리아 금융 가문이 사회 지도층으로 부상하기 전까지 서유럽에서 서유럽인들 뱅커 세력의 등장을 가로막은 가장 육중한 장벽으로 작용했다. 어떤 이는 우스라 금지 규정이 서유럽의 경우 중세부

---

9 Charles R. Geisst, 『*Beggar Thy Neighbor: A History of Usury and Debt*』, University of Pennsylvania Press, 2013, p. 26

10 Charles R. Geisst, *Ibid*, p. 26

터 무려 18세기까지 지속적으로 뱅킹 활동에 악영향을 미쳤다고 평가하기도 한다.[11]

카피툴라리 제70장. 출처: Wikipedia, Public Domain

이와 같은 사회적 분위기는 기독교 설교와 서유럽 문화 곳곳에서 발견된다. 예컨대 13~14세기 유럽 최고의 문호 단테(1265~1321)는 그의 걸작 『*신곡*』에서 고리대금업자는 살인자와 그 죄의 무게가 비슷하다고 묘사하였다. 14세기 이탈리아 문호 보카치오(1313~1375)의 대작 『*데카메론*』의 첫째 날, 첫째 이야기에 등장하는 차펠레토(Chapeleto)는 모든 악덕을 소유한 악인 중의 악인인데, 그의 직업은 다름 아닌 고리대금업자를 대신해 원금과 이자를 수금하는 사람이었다. 14~15세기 프란체스코 수도회 소속 가톨릭 성인 베르나르디누스(Bernadinus Senesis, 1380~1444) 또한 그의 설교에서 "천국에 있는 모든 성인과 천사들이 고리대금업자에게 '지옥으로, 지옥으로, 지옥으로'라고 고함쳤다."라고 설파했다. 16~17세기에 활동한 셰익스피어의 베네치아의 상인 샤일록 또한 사람의 살덩어리를 이자 대신 받으려고 했던 파렴치한 고리대금업자였다.

우스라 금지로 인해 자연스럽게 뱅킹 활동에 대해서도 극도의 거부감이 중세 전반을 지배했다. 이에 따라 뱅킹은 단순한 저장 이외의 대출 기능을 아예 수행할 수가 없었다. 비록 샤를마뉴 대제와 오파 왕의 화폐개혁으로 상업 활동의 명맥은 이어갔지만, 상업 활동을 촉발해야 할 뱅킹 활동은 우스라 금지라는 교리에 막혀 철저히 억압당했다. 뱅킹 활동의 저하는 다시 중세 상업 활동의 발전을 억제하였다. 상업과 뱅킹이 순차적으로 동시에 저하되는 악순환의 덫에 걸린 것이다. 초기 중세의 서유럽은 유럽 역사상 가장 고립된 암흑시대(Dark Age)로 빠져들었다.[12]

11 Raymond De Roover, *Ibid*, p. 10

12 로널드 핀들레이, 케빈 H. 오루크, *앞의 책*, p. 91

### (1) 무라슈와 아들들(Murashu & Sons)

우스라 금지로 인해 서유럽의 뱅킹 활동이 완전히 사라졌을까? 대답은 "No"이다. 오히려 서유럽의 우스라 금지는 다른 형태의 뱅킹을 발전시켰다. 바로 유대인 뱅킹(Jewish Usury)이다. 우선 기독교인들의 관점에서 보면 유대인들은 예수를 죽인 이교도들이다. 따라서 우스라 금지라는 기독교 교리가 유대인들에게는 적용되지 않았다. 유대인 처지에서도 동족이 아닌 이들을 대상으로 한 이자 대출은 가능했다. 즉 유대인은 기독교인에 대한 이자 대출이 가능했다. 결론적으로 디아스포라로 인해 전 유럽에 퍼진 유대인들의 기독교인에 대한 이자 대출만이 거의 유일한 "합법적"인 뱅킹 비즈니스가 되었다. 어떻게 보면 우스라 금지는 중세 시대 유대인들에게 전 유럽에 걸쳐 뱅킹 영업의 사실상 독점권을 부여한 것이나 마찬가지였다. 뱅킹 역사상 이보다 더한 역설적인 사건이 있을까?

나아가 유대인들은 고대부터 대출이나 이자 수령과 같은 뱅킹 활동에 오랫동안 종사해 왔다. 따라서 뱅킹에 상당한 정도의 전문성을 가지고 있었다. 유대인들이 거주했던 지역인 바빌로니아나 이집트 주변의 지역에서는 유대인들 외에도 뱅킹 활동을 수행하는 이들이 적지 않았다. 왜냐하면 수메르, 아카드, 바빌로니아, 아시리아, 레반트, 이집트 등은 상업과 뱅킹 활동이 고대부터 매우 활발했던 지역이었기 때문이다.

그런데도 유독 유대인들만이 뱅킹에 두각을 나타낸 이유는 그들 특유의 민족성에 기인한다. 즉 유대인들은 기민하고, 열심히 일하고, 머리가 좋았다(shrewd, hard-working and smart). 나아가 유대인들은 교육 수준이 높아서 문자와 숫자 해독에 매우 뛰어난 역량을 보유하고 있었다. 특히 구약성서의 가르침 때문인지 몰라도 유대인들은 여호와를 중심으로 동족 간 결속력과 유대감이 상상을 초월할 정도로 강력했다. 이집트 절대 권력자 파라오도, 아시리아의 샬마네세르 5세(Shalmaneser V, BC ?~722)도, 新 바빌로니아의 네부카드네자르 2세(Nebuchadnezzar II, BC c.634~c.562)도, 심지어 로마의 황제도 여호와라는 유대인의 유일신 체계를 꺾지 못했다. 예컨대 기원전 63년, 폼페이우스(Gnaeus Pompeius Magnus, BC 106 ~ BC 48)가 예루살렘을 정복했을 때 "많은 제사장들은 적들이 칼을 들고 다가오는 것을 보고도 예배를 드리며 동요하지 않았다. 그들은 헌제를 부으면서 살육되었고, 향을 사르다가 죽었다."[1] 오히려 그 과정에서 유대인들의 결속력만 강화되었다. 유대인들의 율법인 토라(Torah) 또한 상업적 거래에서 절대적인 신뢰를 강조하였다.[2] 신뢰가 생명인 뱅킹 영업에서 유대인들의 이와 같은 결속력과 신뢰 관계는 엄청난 자산으로 작용했다.

대표적으로 기원전 5세기 니푸르(Nippur)에서 발견된 점토판에 기록된 무라슈(Murashu) 가문은 토지, 종자, 농기구 등을 빌려주고 이자를 받았던 뱅커였다. 실제로 회사라고 하기에는 부족하지만, 이들은 엄연히 "무라슈와 아들들(Murashu & Sons)"이라는 회사 이름도 가지고 있었다. 무라슈 가문은 주로 토지 소유자였던 페르시아 공무원과 전사들을 대신하여, 원리금을 수령하고 관리하는 채권자 역할을 도맡았다. 페르시아 정부는 무라슈 가문을 세금을 징수하는 대리인으로 삼기도 했다. 특히 무라슈 가문의 고객은 약 2,500명에 이를 만큼 그들의 뱅킹 사업 또한 성황이었다. 무라슈의 영업 반경은 페르시아 제국 영토 중 메소포타

1 플리비우스 요세푸스, 『*유대 전쟁사 1*』, ㈜나남, 2008, p. 52

2 토라(Tohra)는 히브리어로 법이라는 뜻이다. 일반적으로 구약성서의 첫 다섯 편, 즉 창세기, 출애굽기, 레위기, 민수기, 신명기를 말한다.

클라우디우스 황제. 그는 이탈리아가 아닌 오늘날 프랑스 땅인 갈리아 태생으로, 이탈리아 밖에서 출생하여 로마 황제가 된 최초의 인물이다. 어려서부터 약간 귀가 먹고 병약하여 티베리우스와 칼리굴라 황제의 잔인한 경쟁자 제거 작전에서 살아남을 수 있었다. 그러다가 칼리굴라 황제가 근위대의 암살로 사망하자, 근위대 병사인 그라투스(Gratus)의 추대를 받아 황제가 된다. 클라우디스 황제는 암살 당시 황실의 혼란에 겁을 먹고 도망쳐 숨어 있었는데, 그라투스는 커튼을 걷고 그를 불러내어 황제로 추대한다. 그것도 모르고, 클라우디우스 황제는 목숨을 살려달라고 애원한다. 그림은 이 장면을 그린 것이다. 하지만 황제가 된 이후에는 로마 역사 최초의 인구 조사를 실시하여 로마 재정을 건전하게 하고, 동시에 로마 전역에 항만, 터널, 도로 등 인프라를 건설하였으며, 트라키아, 유대 속주 등 직접 통치 지역을 확대함으로써 로마의 기틀을 다졌다. 하지만 그는 4번이나 결혼했지만 장성한 아들이 없었다. 특히 그의 마지막 부인은 아그리피나(Agrippina the Younger, 15~59)였는데, 그녀는 로마 최초의 황제 아우구스투스의 증손자였다. 그녀가 클라우디우스 황제와 결혼한 후 그녀의 아들인 루키우스(Lucius Domitius Ahenobarbus, 37~68)는 클라우디우스의 양자가 되었다. 결혼 후 클라우디우스와 아그리피나는 심각한 권력 다툼을 벌였는데, 혹자는 아그리피나가 독버섯을 이용해어 클라우디우스 황제를 암살했다고 주장한다. 쿨라우디우스 황제 사후 아그리피나의 아들인 루키우스가 로마 황제가 되는데, 이가 바로 로마 최악의 황제인 네로 황제이다. 네덜란드 화가 로렌스 타데마(Lawrence Alma-Tadema, 1836~1912)의 1867년 작품. 출처: Wikipedia. Public Domain

미아의 중부와 남부 전역에 걸쳐 있었다. 이들은 유대인이었다. 소수설이긴 하지만 ***『황금, 설탕, 이자 - 바빌로니아의 수수께끼(下)』*** 編에서 서술한 바 있는 바빌로니아의 최대 뱅커 에기비(Egibi) 가문도 유대인이라는 설이 있다.

BC 1세기경, 지중해와 아랍, 아프리카, 인도 사이의 국제교역으로 매우 번성한 이집트의 알렉산드리아에서 가장 부유한 뱅커는 알렉산더 리시마쿠스(Alexander Lysimachus, BC 10 ~ ?)였다. 그는 알렉산드리아의 세관 행정을 책임지는 관리였던 알라바크(Alabarch)였고, 나중에는 옥타비아누스 황제의 조카로 클라우디우스(Claudius) 황제의 모친인 안토니아 미노르(Antonia Minor, BC 36 ~ AD 37)가 이집트에 소유한 토지를 관리하기도 하였다. 알렉산더 리시마쿠스는 클라우디우스 황제와도 어릴 때부터 매우 친했다고 한다.

한편 헤롯 왕조의 아그리파(Herod Agrippa, BC 44 ~ AD 11) 왕이 빚 때문에 유다 땅에서 알렉산드리아

로 쫓겨났을 때, 알렉산더 리시마쿠스는 200,000 드라크마라는 거액을 아그리파의 부인인 키프로스(Cypros)에게 빌려 주었다. 알렉산더가 아그리파가 아닌 그의 아내에게 거액을 빌려준 이유는, 그의 아내가 가진 인간적인 고귀함 때문이었다고 한다. 키르포스 부인에게 돈을 빌려준 알렉산더 리시마쿠스는 다름 아닌 유대인이었다. 알렉산더 외에도 알렉산드리아에서는 유대인들이 국제교역과 뱅킹을 장악하고 있었다. ***『황금, 설탕, 이자 - 바빌로니아의 수수께끼(下)』*** 編에서 전술한 대로 알렉산드리아는 예루살렘 이외 지역에서 유대인이 가장 많아 거주하던 도시이기도 하였다.

안토니아 미노르. 그녀는 아테네 태생으로 로마 초대 황제 옥타비아누스 황제의 조카이자, 티베리우스 황제의 처제이다. 20세에 로마의 장수로 티베리우스 황제의 동생인 드루수스(Nero Claudius Drusus, BC 38~9)와 결혼하여, 많은 자식을 낳았다. 하지만 성인까지 장성한 이는 로마 장수 게르마니쿠스(Germanicus, BC 15 ~ AD 10,) 딸인 리빌라(Livilla, BC 13 ~ AD 31), 그리고 후에 황제가 되는 클라우디우스 3명뿐이었다. 드루수스가 말에서 떨어져 입은 부상 합병증으로 사망한 후에는 재혼 요청이 많았지만, 끝내 재혼하지 않고 죽을 때까지 독신으로 지냈다. 이 때문에 로마 시민들로부터 인기가 많았으며, 그녀의 생일이 공휴일이 되기도 했다. 하지만 그녀의 딸인 리빌라가 티베리우스 황제의 암살에 가담한 사실이 알려지자, 그녀를 방에 가두고 굶겨 죽일 만큼 독한 면도 있었다. 작자 미상. 1세기경. 로마 국립박물관(Museo nazionale romano di palazzo Altemps) 소장. 출처: Wikipedia. Public Domain

## (2) 아쉬케나짐(Ashkenazim)

유대인들의 뱅킹 활동은 디아스포라(Diaspora) 이후로 오히려 전 유럽으로 퍼져나갔다.[3] 특히 유대인들이 유일신 체계를 바탕으로 로마 황제에게 무력으로 저항하면서 골머리를 앓고 있던 하드리아누스(Publius Aelius Hadrianus Augustus, 76~138, 재위 117~138) 로마 황제는 AD 135년, 유대인의 예루살렘 거주를 금지하고 유대인들을 가나안 땅에서 영구 추방하였

3 디아스포라란 유대인들이 정착지에서 쫓겨나거나 강제로 이주하는 상황을 일컫는다. 유대인의 디아스포라는 크게 4번 있었다. 아시리아(BC 722, 샬마네세르 5세), 新 바빌로니아(BC 587, 네부카드네자르 2세), 로마(AD 70: 티투스 황제, AD 135: 로마 하드리아누스 황제). 이 국가들은 유대인 지역을 정벌하면서 정착하고 있던 유대인들을 다른 지역으로 쫓아내거나 강제로 이주시켰다.

다. 유다(Judea)라는 지역 이름도 시리아 팔레스티나(Syria Palestina)로 바뀌었다. 이 때문에 유대인들은 정착지를 완전히 잃고 2차 대전이 끝나는 1948년까지 2천 년 가까이 떠돌이 신세가 되었다.

디아스포라 외에 이집트와 동로마에서도 유대인 추방이 이어졌다. 414년, 유대인 뱅킹의 중심지 알렉산드리아에서는 유대인을 타겟으로 하는 폭동이 일어나서 유대인이 대규모로 추방당했다. 동로마도 상황은 마찬가지였다. 유스티니아누스 황제(Justinian I, 482~565)는 527년, 기독교 교구 안에 위치한 유대인 회당(synagogue)을 불법화하고, 모두 교회로 전환하라고 명령했다. 역설적으로 이와 같은 유대교 억압 조치로 인해 유대인들이 중부 유럽과 프랑스로 이주하면서 유대인의 거주 범위가 오히려 넓어졌다.

헤롯의 아그리파. 헤롯 대왕의 손자로, 어렸을 때부터 로마 황실에서 자라 로마 황실에 상당히 많은 지인들이 있었다. 예컨대 그는 티베리우스 황제의 아들인 드루수스(Drusus Julius Caesar, BC 14 ~ AD 23)와 후일 황제가 되는 클라우디우스의 친구였다. 하지만 드루수스가 사망한 후에는 주변에 사람이 급격히 사라지면서 유대 땅으로 다시 돌아간다. 유대 땅으로 돌아간 후에도 칼리굴라 황제와 클라우디우스 황제 주변을 맴돌아, 이를 바탕으로 유대 땅에서 왕이 되면서 나름대로 로마로부터 자치권을 획득하게 된다. 이 때문에 나중에 유대인들은 로마 제국으로부터 독립의 꿈을 키우게 되고, 그의 사후 유대 반란의 계기 중 하나를 제공하기도 한다. 다만 로마인인지, 유대인인지에 대한 정체성 논란은 이후에도 계속된다. 53세에 극심한 복통을 호소한 후 5일 만에 갑자기 사망하는데, 그가 지나치게 권력 지향적이라서 이 와중에 독살되었을 것이라는 설이 있다. 프랑스 판화 작가 조르주 르베르디(Georges Reverdy, 1531~1564)의 1553년 메달리온 작품. 출처: Wikipedia, Public Domain

8세기 말, 프랑스로 이주했던 유대인들은 샤를마뉴 대제의 카롤링거 왕조가 독일로 영토를 확대하자, 라인강 유역의 독일까지 진출했다. 특히 라인강 유역의 서부 독일과 북부 프랑스로 이주한 유대인들은 신성 로마 제국 시절인 11세기부터 아쉬케나짐(Ashkenazim)이라는 독특한 디아스포라 커뮤니티를 형성했다. 이들은 바빌로니아 시대 때 형성된 독특한 유대인들의 생활양식과 종교의식을 그대로 유지하여 자신들만의

정체성을 간직한 집단이었다. 우연의 일치인지는 몰라도 바빌로니아 시대의 전통을 간직한 아쉬케나짐 유대인(Ashkenazim Jews)들은 유럽과 미국의 뱅킹 산업을 장악한 금융계의 핵심 인물들을 많이 배출하였다. 영국과 유럽의 국채 시장을 장악하여 19세기 전 세계 무역과 외교를 좌우했던 금융계의 황제 로쉴드(Rothschild) 가문, 20세기 초 미국의 철도·철강·전력·전신 회사 등의 자금조달을 책임지면서 쉬프의 시대를 개막했던 제이콥 쉬프(Jacob Schiff), 오늘날 최고의 투자은행으로 설명이 필요 없는 골드만삭스 창업자 마커스 골드만(Marcus Goldman) 등이 모두 아쉬케나짐 유대인 출신이다.

중세 말 독일의 고리대금업 장면. 왼편의 고리대금업자가 오른편의 상인에게 돈을 빌려주려고 하는 장면. 유대인들은 8세기 프랑스로 이주했다가, 11세기부터는 라인강 유역의 독일까지 진출한다. 그들은 이곳에서 바빌로니아 시대의 전통을 간직한 아쉬케나짐 유대인 집단을 형성하고, 활발한 고리대금업 활동을 전개한다. 독일 화가 알브레히트의 1498년 판화 작품. 독일 휴머니스트 세바스찬 브란(Sebastian Brant, c.1457~1521)의 *『바보들의 선박(Stultifera Navis)』*에서 발췌. 출처: Wikipedia. Public Domain

일례로 19세기 뱅커의 절대 왕좌 로쉴드 가문은 자신들이 바빌로니아의 전통을 간직하고 있음을 알게 모르게 강조한다. 대표적으로 19세기 오스트리아의 로쉴드 가문에 속했던 알폰세 마이어(Alphonse Mayer von Rothschild, 1827~1905)의 아들인 알버트 안셀름(Albert Anselm Salomon Nimrod Rothschild, 1922~1938)은 미들 네임에 님루드(Nimrud)라는 이름을 사용했다. 로쉴드 가문이 설립한 자금 운용 회사 중에는 영국의 건지(Guernsey)섬에 설립한 "님루드 종합 지주회사(Nemrod Diversified Holdings Ltd, NDHL)"도 있다. 모음을 사용하지 않았던 레반트 지역의 언어에 따르면 님로드, 넴로드는 원래 NMRD로 표기되며, 이는 창세기에 나오는 시나르(수메르) 땅의 왕이었던 님로드(Nimrod)이다. 님로드의 영토는 바벨(Babel, 바빌로니아), 아카드(Akkad), 에렉(Erech, 우룩) 등에 이르렀으며, 성경에는 나와 있지 않지만 많은 이들이 그가 바벨탑을 건설한 이라고 믿는다. 즉, 님

님로드. 성경에 따르면 그는 노아의 증손자로, 힘이 아주 센 사냥꾼이며 지상에서 지배세력을 넓힌 권력자라고 묘사되어 있다. 성경에는 기록되어 있지는 않지만 바벨탑을 건설한 지도자로도 알려져 있다. 사학자들은 님로드가 실제 인물인지에 대해서는 의문을 표시한다. 다만 메소포타미아 지역에서 님로드와 가장 유사한 이름을 가진 이가 아시리아의 나람-신(Naram-Sin)이라는 점을 들어, 그가 나람-신이라는 주장을 하는 이도 있다. 영국 화가 데이비드 스콧(David Scott, 1806~1849)의 1832년경 그림. 글라스고우 박물관(Glasgow Museums Resource Centre) 소장. 출처: Wikipedia. Public Domain

로드는 바빌로니아의 왕이 거의 확실하다. 왜 로쉴드 가문은 굳이 님로드라는 이름을 자신의 이름과 회사에 사용하는 것일까? 필자 추정에는 로쉴드 가문이 금융과 관련된 바빌로니아의 비법과 전통을 간직하고 있음을 일반인에게 드러내지 않고 알리기 위해서 NMRD라는 단어를 사용하지 않았을까 추정해 본다. 필자가 이자의 탄생을 ***『바빌로니아의 수수께끼』***라고 이름 붙인 이유 또한 바로 이 때문이다!

하여튼 아쉬케나짐 유대인들이 뱅킹 활동에 전문성이 높았던 이유는 근대 이전 독일이 중앙집권 체제가 아니라, 지방의 공국이 난립하는 거의 완벽한 지방분권 체제였기 때문이다. 지방 분권 체제이다 보니 유대인에 대한 통제도 느슨했다. 통제 수준도 수백 개의 공국별로 차이가 컸으므로, 어떤 경우에는 지방 정부의 필요에 따라 유대인들이 지방의 유력자와 경제적 공생 관계를 맺으면서 뱅킹 활동에 독점적으로 종사하는 경우도 있었다.

아쉬케나짐이 중부 유럽의 유대인 커뮤니티라면, 노르망디 지방의 루앙(Rouen)은 프랑스 지역의 유대인 중심지였다.[4] 루앙은 노르망디 공국의 수도이기도 하

4 루앙에는 루앙 대성당이라는 거대한 성당이 있다. 유럽 유대인의 금융 중심지답게 성당이 완공된 1876년부터 1880년, 쾰른 대성당이 완공되기 전까지 루앙 대성당은 유럽에서 가장 높은 성당이었다. 현재는 독일의 울름(Ulm) 대성당(161m)과 쾰른 대성당(157m)에 이어 세 번째로 높은 성당(151m)이고, 프랑스에서는 가장 높은 성당이다. 한편 루앙 대성당의 중앙 첨탑 좌우로는 탑이 솟아 있는데, 정면 좌측은 로만 타워, 노란색으로 지어진 정면 우측 탑은 버터 타워라고 부른다. 버터 타워라고 부르는 이유는 금식 기간인 사순절 중에 버터를 먹을 수 있는 면죄부를 팔아 모금한 돈으로 건설했기 때문에 지어진 이름이다. 꼭대기 종탑에는 루앙의 마르센 광장에서 19세의 나이로 남장을 하며 동성애를 했다는 등 이단으로 몰려 화형당한 잔 다르크를 기념하기 위해 프랑스에서 가장 무거운 종인 잔 다르크 종이 설치되어 있다. (잔 다르크는 신의 계시를 받아 패배 직전의 프랑스를 백년 전쟁에서 구원했지만, 명성이 지나치게 커지면서 부담을 느낀 프랑스 귀족들이 잔 다르크를 1만 리브르 뚜르누와를 받고 영국에 넘기면서 이단으로

였는데 1066년, 인구 70만에 잉글랜드 영토의 ⅓에 불과한 노르망디 공국의 윌리엄이 인구 200만이 넘는 잉글랜드를 정복한 것도 루앙에 거주하던 유대인들의 막강한 자금력 덕택이었다. 특히 정복왕 윌리엄의 주력은 중무장 기병과 궁병이었는데, 이들 병과는 충분한 자금이 없으면 모집도, 운영도 불가능한 매우 값비싼 군대였다. 예컨대 1066년 10월 14일, 헤이스팅즈 전투(Battle of Hastings)가 벌어진 센락(Senlac) 언덕에 진을 친 영국 왕 해롤드 2세(Harold Godwinson, c.1022~1066)의 주력 부대는 잉글랜드 보병인 허스칼(Huscarl) 부대였다.[5] 나름 무시무시한 도끼와 방패로 무장한 천하무적 보병이었는데, 이에 맞서는 정복왕 윌리엄의 주력은 중무장 기병과 궁병이었다.[6] 윌리엄은 퇴각하는 기만 전술로 언덕 아래로 잉글랜드 보병을 유인했고, 결국 영국 왕 해롤드 2세는 노르망디 중무장 기사 4명의 장창, 방패, 칼 등으로 가슴, 머리, 배, 허벅지가 산산조각이 난 채로 전사했다. 헤이스팅즈 전투 이후 윌리엄이 영국을 정복하자 프랑스의 루앙에 거주하던 유대인은 영국까지 진출했다.

윌리엄 1세. 윌리엄 1세는 노르망디 공국의 공작이었지만, 이 지역의 유대인 황금을 활용하여 중무장 기병과 궁병을 모집, 인구가 3배가 넘는 잉글랜드를 침략하여 결국 잉글랜드를 정복한다. 런던 초상화 박물관 소장

루앙에서 가장 유명한 뱅킹 사례는 정복왕 윌리엄의 장남 로베르(Robert Curthose,

---

몰려 죽음에 이른다.) 한편 19세기 말에 인상파 화가 모네는 시시각각 변하는 루앙 대성당의 전면을 30여 점이 넘는 연작 그림으로 남기기도 했다.

5 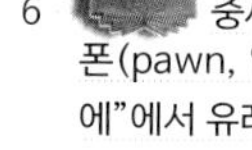 허스칼은 왕이나 가신을 경호하는 용병이다. 북부 유럽어에서 유래한 말로 원래는 하인이라는 뜻이나, 영국에서는 왕을 경호하는 자유민인 무장 수행원이라는 뜻으로 바뀐다. 일반 군인에 비해 장비가 더 좋고, 전문적인 군사 훈련을 받았다.

6 중세 프랑스의 보병은 파오니에(paonier)라고 불렀다. 파오니에는 이후 체스의 피온(peon, 프랑스) 혹은 폰(pawn, 영국)의 어원이 된다. 영어로 선구자인 pioneer도 부대의 선두에서 공격의 선봉을 맡은 보병인 "파오니에"에서 유래한 말이다.

네덜란드 화가 마리누스 반 레이메르스왈레(Marinus van Reymerswaele, c.1490~c.1546)의 1542년 작품「세금 징수원들」. 세금 징수원을 포함한 네덜란드의 뱅커들은 거의 모두가 유대인이었다. 뮌헨 알테 피나코테크(Alte Pinakothek) 소장. 출처: Wikipedia. Public Domain

Duke of Normandy, c.1050~1134)의 전쟁자금 조달 건이다.[7] 로베르의 전쟁자금 사례를 소개하려면 정복왕 윌리엄과 장남 로베르의 사이에 대해서 먼저 이야기해야 한다. 정복왕 윌리엄이 영국을 정복한 후인 1077년, 로베르의 동생인 윌리엄 루퍼스(William Rufus, 후에 영국의 윌리엄 2세, William II of England, 1060~1100)와 헨리(후에 영국의 헨리 1세, Henry I of England, c.1068~1135)가 로베르 머리 위로 왕실의 침실에 있는 커다란 그릇을 떨어뜨리는 장난을 친 적이 있다. 로베르는 화가 머리끝까지 치밀어 윌리엄과 헨리와 큰 싸움을 벌이게 된다.

이때 부친인 정복왕 윌리엄이 중재하여 싸움을 그만두게 하는데, 동생을 벌주지도 않고 자신에게 그냥 참으라고만 하는 부친에 대해 로베르는 매우 심한 모욕감을 느꼈다고 한다. 로베르는 결국 국왕이자 부친인 정복왕 윌리엄의 노르망디 수도인 루앙성을 포위하고 반란을 일으켰다. 반란은 곧 진압되어 정복왕 윌리엄은 로베르 체포 명령을 내렸고, 로베르는 북부 프랑스의 샤또뇌프-엉-띠므헤(Châteauneuf-en-Thymerais)로 도주하는 신세가 되었다. 보다 못한 정복왕 윌리엄

7 정복왕 윌리엄 1세가 잉글랜드 침공 전 노르망디 공으로 있을 때, 서자인데다 나이까지 어렸으므로 반란이 끊이지 않았다. 1046년에는 윌리엄 1세의 광대인 골레(Golet)가 지방 귀족들이 윌리엄 암살을 모의한다는 이야기를 듣고, 한밤중에 그길로 윌리엄에게 달려가 큰 소리로 사람들을 깨운 후 윌리엄에게 알림으로써 겨우 암살을 모면하기도 하였다. 윌리엄은 반란을 진압한 후, 감옥에 갇힌 반란 주동자 중 한 귀족으로부터 결투 신청인 챌린지를 받은 적이 있다. 보통 챌린지를 받으면 절대 거절하지 않는 것이 관행이었으므로, 윌리엄 1세는 이 챌린지를 거절하지 않았다. 하지만, 그렇다고 반드시 결투가 성사되는 것은 아니었다. 윌리엄 1세도 마찬가지였는데, 그 이유는 도전자 귀족이 챌린지를 던진 다음 날 바로 감옥에서 사망했기 때문이다. 그가 왜 죽었는지는 독자 상상에 맡기겠다.

의 아내인 마틸다(Matilda of Flanders, 1031~1083)가 중재에 나서 두 사람은 겨우 화해하게 된다.

이후 1087년 둘째 아들인 윌리엄이 사냥터에서 사고로 죽자 정복왕 윌리엄은 노르망디 공국은 장남인 로베르에게 물려주고, 잉글랜드는 3남인 윌리엄 루퍼스에게 물려준다.[8] 얼마 후 정복왕 윌리엄이 사망하자 곧바로 로베르와 윌리엄 루퍼스는 유산을 사이에 두고 사이가 틀어졌다.[9] 특히 로베르는 잉글랜드 왕이 되고자 자신의 명성을 유럽 전역에 어떻게든 알리고 싶었다. 마침 1차 십자군 모집이 전 유럽을 휩쓸던 터라 로베르는 전쟁 참여를 결정했지만, 그의 수중엔 돈이 거의 없었다. 그는 1096년 노르망디 땅 전체를 담보로 맡기기로

쿠엔틴 마시스(Quinten Metsys, c.1456~1530)의 「환전상과 그의 아내」. 마시스가 살았던 앤트워프는 16세기 유럽 뱅킹의 중심지였다. 따라서 각국 동전을 환전하는 환전상들의 천국이기도 했다. 정면 좌측의 남성은 저울을 이용해서 동전의 무게를 꼼꼼히 재고 있고, 정면 우측의 여성은 성모 마리아가 그려진 성경을 펼쳐 놓고 읽고 있다. 환전상인 남성이 저울을 들고 있는 왼쪽 손은 손등에 핏줄 자국을 선명하게 그려 넣어, 마치 악마의 손처럼 보인다. 하여튼 성경을 펼쳐 놓고 성경이 금지하는 고리대 업무에 열중하고 있는 모습을 통해 마시스는 도대체 무슨 이야기를 하고 싶었던 것일까? 성서 옆의 작은 볼록 거울에는 창틀이 십자가 모양으로 그려져 있는데, 이 또한 고리대를 금지하는 기독교의 상징이기도 하다. 볼록 거울을 자세히 보면 붉은색 터번과 옷을 입은 인물이 그려져 있다. 필자가 보기엔 아마도 그림을 그리고 있는 마시스 자신으로 보인다. 뒤편 선반에는 대출 기록을 빼곡이 기록해 놓은 듯한 서류와 장부가 가지런히 놓여 있고, 그 위에 탐스러운 사과 하나도 놓여 있다. 사과는 혹시 에덴 동산에 등장하는 금단의 열매를 뜻하는 것은 아닐까? 즉, 고리대 업무는 사람이 해서는 안 되는 금단의 업무라는 뜻은 아닐까? 그리고 선반 뒤로 얼핏 보이는 두 사람은 무슨 이야기를 하고 있을까? 1514년 작품. 루브르 박물관(현재 루브르 아부다비에 대여 중) 소장. 출처: Wikipedia. Public Domain

8 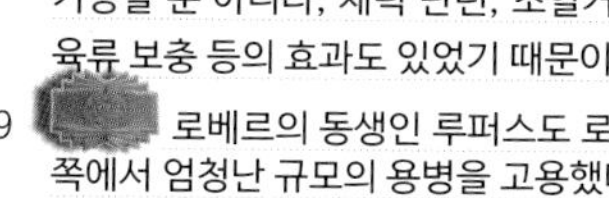 중세 유럽에서 사냥은 윌리엄처럼 왕뿐만 아니라 귀족들의 중요한 여가 활동이었다. 사냥을 통해서 전쟁 연습도 가능할 뿐 아니라, 체력 단련, 소일거리, 육류 보충 등의 효과도 있었기 때문이다.

9 로베르의 동생인 루퍼스도 로베르와의 결전을 위해 영국에 거주하던 유대인들의 힘을 빌려, 영국과 프랑스 양쪽에서 엄청난 규모의 용병을 고용했다고 한다.

네덜란드 화가 마리누스 반 레이메르스왈레(Marinus van Reymerswaele, c.1490~c.1546)의 1542년 작품「환전상과 그의 아내」. 이 작품은 쿠엔틴 마시스가 1514년에 그린「환전상과 그의 아내」를 레이메르스왈레가 재해석해서 약간 변형한 그림이다. 프라도 미술관 소장. 출처: Wikipedia. Public Domain

하고, 막내 동생 헨리 1세로부터 전쟁자금 1만 마르크를 빌렸다.[10] 이 막대한 규모의 대출은 루앙에 살던 유대인들이 아니었으면, 절대로 불가능했을 것이다.

이처럼 역설적이게도 디아스포라와 이집트·페니키아·동로마 지방 등에서 동유럽으로 이주한 유대인에 대한 탄압은 뱅킹의 전문성을 소유한 유대인들이 프랑스, 독일, 영국 등 유럽 전역으로 진출하는 결정적 계기가 되었다. 결과적으로 디아스포라로 인해 유대인 뱅커들은 유럽 전역에 뱅킹 네트워크를 자연스럽게 형성하였다.

### (3) 유대인 재정부(Exchequer of the Jews)와 제타레(Gettare)

이와 같은 상황에서 유럽 전역의 우스라 금지는 자연스럽게 유대인들의 뱅킹 활동을 가속화 했다. 최소한 10세기 무렵까지는 우스라 금지로 인해 유대인 말고는 뱅킹 활동을 할 수 있는 주체가 거의 없었기 때문이다. 특히 유대인들은 토지·주택을 소유하거나 길드에 가입하는 것조차 허락되지 않았다. 한 기록에 따르면 11세기부터 유럽의 유대인들은 거의 모든 직업에서 배제되었다.[11]

유대인들이 할 수 있는 직업 자체가 이처럼 매우 제한적이었기 때문에, 유대

10 J. O. Prestwich, 『*War and Finance in the Anglo-Norman State*』, Transactions of the Royal Historical Society Vol. 4, 1954, pp. 26~27

11 David Graeber, *Ibid*, p. 287

인들은 성서가 죄악시하는 대부업 말고는 마땅한 직업이 없었다. 유대인들이 대부업에 집중하면서 담보물 평가에 대한 유대인들의 전문성도 타의 추종을 불허했다고 한다. 예컨대 담보로 자주 맡기는 다이아몬드, 에메랄드, 진주 등과 같은 보석에 대한 감정에서 유대인들은 유럽에서 독보적인 존재였다. 『Fun Fun 상식』 어떤 이는 1,000년 무렵부터 유대인 상인들이 전 세계의 다이아몬드 무역을 좌우했다고 주장하기도 한다.[12]

하여튼 유럽의 왕들(kings)과 지역의 통치자들(dukes)은 유대인들에게 대부업과 같은 뱅킹을 할 수 있는 특권(license)을 부여하되, 공짜로 부여하지는 않았다. 즉, 유럽의 왕들이나 통치자는 유대인의 대부업을 허용하면서 그 반대급부로 돈을 받았다. 얼마의 돈을 받았는지는 지역별로 차이가 있었다. 한 기록에 따르면 1297년, 이탈리아의 아스콜리(Ascoli)에서는 이자를 받고 대부업을 하는 경우, 1년에 100 플로린의 금화를 납부했다고 한다.[13] 플로린이 대략 금화 3.53그램이므로 단순 명목가치로 환산하면 대략 143,500~282,000불 내외이다.[14]

라이센스 수입에 추가하여 유대인들의 뱅킹 활동에 대해서는 세금까지 매겼다. 정확히 얼마의 세율을 부과했는지에 대한 기록은 많지 않으나, 대략 10% 내외로 추정된다. 예컨대 1467년 피렌체에서는 유대인이 뱅킹 활동을 위해 예탁받은 돈의 10%를 세금으로 부과했다고 한다.[15] 뱅킹으로 인한 수익에 부과한 것이 아니라, 예탁금 전체의 10%이므로 상당히 부담스러운 세율이었을 것이다. 1475년에는 이 세율이 다시 12%로 올랐다. 결론적으로 유럽 왕실도 사실상 유대인의 뱅킹 사업 허가를 통해 경제적 이득을 취한 것이다.

다만 유대인과의 공생 관계를 통해 경제적으로 이득을 보고 있던 유럽 왕실

---

12 에이미 추아, *앞의 책*, p. 223.

13 Lon Poliakov, 『*Jewish Bankers and the Holy See: From the Thirteenth to the Seventeenth Century*』, Routledge Library Editions, 2012, p. 53

14 2017년 9월 기준 금값이 그램당 대략 41불, 2024년 기준으로 약 70~80불이므로, 3.5그램은 대략 143.5~282달러이다.

15 Leon Poliakov, *Ibid*, p. 64

이었지만, 그들이 유대인들의 뱅킹 활동을 장려하거나 상업적 자유를 부여한 것은 결코 아니었다. 단지 우스라 금지로 인해 공백이 발생한 뱅킹 활동을 어떻게든 수행해야 했기 때문에, 어쩔 수 없이 유대인을 활용한 것뿐이었다. 이에 따라 12세기 영국에서는 유대인들의 모든 경제적 거래관계는 왕실의 '유대인 재정부(Exchequer of the Jews)'에 반드시 등록해야 했다.[16]

이탈리아도 전당포(pawn) 사업을 유대인에게만 허가하면서도, 일정 지역에만 머물고 해당 지역에서의 이탈을 금지했다. 대표적인 도시가 베네치아이다. 1516년 베네치아에서는 유랑 생활을 하고 있는 유대인들에게, 일종의 피난처를 제공하고 한곳에 머물게 했다. 당시 베네치아 도시 정부가 유대인들에게 허용한 지역은 대포를 제작하는 버려진 공장이 있던 곳이었다. 베네치아인들은 이곳을 금속을 제조하는 버려진 공장이 위치한 곳이라 해서 "제타레(gettare)"라고 불렀다. 이 일정 지역은 후일 유대인 집단 거주지인 게토(Ghetto)로 바뀐다.[17] 제타레 혹은 게토에서 유대인들은 주로 전당포 사업을 운영했다.

유럽인들은 게토에서 전당포 사업 활동을 하는 유대인들을 뱅커가 아니라 대부업자(money lender)라고 비하해서 불렀다. 유대인들의 전당포 사업 이자율은 대체로 연 30~40%, 심할 경우에는 그 이상이었던 것으로 보인다. 예컨대 1372년 중세 이탈리아 금융 중심지 루카(Lucca)에서는 유대인들의 고리대 이자율 한도가 연 40%였는데, 이는 유대인들의 고리대 이자율이 40%를 훨씬 넘었다는 증거이다.[18] 어떤 경우에는 32.5~300%에 이르는 이자율을 부과했고, 최악의 경우에

---

16 Exchequer는 프랑스어 에쉬키에(echiquier)에서 유래한 말이다. 에쉬키에는 원래 체스판을 가리키는 말인데, 왜 재무관으로 뜻이 바뀌었을까? 노르만족이 영국을 점령한 이후 왕의 재무관들이 각지에서 수령한 돈을 평평한 사각 판에 쏟아붓고 이를 계산했는데, 이 사각 판이 격자무늬로 되어 있는 천으로 덮여 있어 체스판과 매우 비슷했다고 한다. 이때부터 영국의 재무관을 에쉬키에, 영어로 익스체커라고 부르게 되었다.

17 게토 이전에도 이탈리아와 유럽 전역에서 유대인들은 별도의 거주지가 지정되어 있었다. 예컨대 유대인에게 가장 적대적이었던 로마 교황 바울 4세(Paul IV, 1476~1559)는 로마에서 가장 빈민가였던 곳에 유대인 집단 거주 지역(seraglio)을 지정하기도 하였다. 다만 본문에서 전술한 대로 게토라는 명칭이 생긴 것은 16세기 초 베네치아가 처음이었다. 한편 현재 프라이빗 뱅킹(M.M. Warburg & Co.), 투자은행(S.G. Warburg & Co.), PEF 운용사(Warburg Pincus)로 활약하고 있는 워버그(Warburg) 가문의 창업 초기 모델 또한 16세기에 베네치아 공화국으로부터 허가를 받아 이자 사업을 하던 뱅킹이었다.

18 Lon Poliakov, *Ibid*, p. 57

는 1,000%가 넘는 살인적인 이자율을 부과하기도 했다.[19] 이와 같은 고리의 유대인 전당포 사업이 성업하면서, 유대인들에 대한 유럽인들의 인식은 갈수록 나빠졌다. 혹자는 유럽인들의 유대인에 대한 고질적인 반감이 표면적으로는 종교적인 이유를 띄고 있었지만, 사실상 초기 중세 유대인들의 전당포 사업 때문에 더 악화된 것이라고 주장하기도 한다.[20]

19 시드니 호머·리처드 실라, *앞의 책*, p. 128

20 17세기 유대인 게토에서 행한 설교에는 다음과 같은 설교도 있었다. "유대인들이여, 우리가 당신들에게 가진 증오를 당신이 우리에게 가진 증오와 비교해 보라. 우리는 주인이고 유대인 당신들은 노예이다...우리는 당신네 유대인들이 우주의 왕이신 우리의 지도자를 죽였다는 것을 잘 알고 있다...(Compare, O Jews, the hatred you have for us with that we have for you, and the reasons we have, with those you allege. We are the masters and you the slaves. We tolerate you in our country, we alow you to have dealings with us, we make use of you in many ways and, if you behave well, we give you privileges, favours and caresses. Knowing that your religion is erroneous, we tell you so with charity, we preach to you and publish books to make you see what everyone sees. We do not punish you with prison, exile and death except when we are provoked by your misdeeds; and yet we know that you have killed our leader, the Lord of the universe, that you have wanted to persecute and exterminate us...)" Lon Poliakov, 『*Jewish Bankers and The Holy See: from the thirteen to the seventeenth century*』, Routledge Library Editions, 2012, pp. 185~186. 이 설교를 행한 이는 길리오 모로시니(Giulio Morosini, 1612~1683)로, 베네치아 상인 가문 출신이었다. 유대인을 극도로 폄하하는 이 설교를 행한 길리오는 역설적이게도, 카톨릭으로 개종한 유대인 출신이다.

## Fun Fun 상식: 다이아몬드는 영원히~

다이아몬드는 천연 광물 중 가장 단단하다. 특히 광채가 매우 뛰어나다. 다이아몬드 가치를 결정하는 것은 4C, 즉 색상(color), 투명도(clearness), 컷(cut), 그리고 캐럿(carat)인데, 아무리 작은 다이아몬드도 같은 무게의 금보다 훨씬 비싸다. 1 캐럿은 0.2그램인데, 최소 4,000달러이다. 최근에는 단 2주 만에 만들어지는 랩 그론(Lab Grown) 다이아몬드 때문에 가격이 하락하고는 있지만, 여전히 보석 중에서는 최고로 비싼 가격이다.

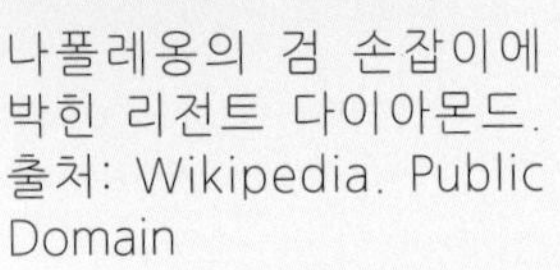

나폴레옹의 검 손잡이에 박힌 리전트 다이아몬드. 출처: Wikipedia. Public Domain

따라서 유대인들은 어느 곳에 정착하든 다이아몬드 사업을 운영하였다. 15세기 이전까지 유대인이 가장 많이 거주했던 이베리아 반도 또한 유럽 다이아몬드 거래의 중심지였다. 그러나 1492년 스페인에서 유대인이 대거 축출되면서 이베리아 반도의 유대인(세파르디 유대인, Sephardi Jews) 중 일부는 네덜란드의 앤트워프로 이동했다. 이는 북부 네덜란드에서는 개신교를 비롯해 모든 종교가 사실상 허용되어 있었기 때문이다. 그 결과 앤트워프는 1550년 무렵부터 다이아몬

둥근 형태의 피렌체 다이아몬드로 머리를 장식한 오스트리아 대공녀 마리아 마달레나(Maria Magdalena von Österreich, 1589~1631)와 그의 아들. 마달레나는 코시모 2세와 결혼하면서 결혼 예물로 피렌체 다이아몬드를 받았다. 마달레나와 코시모 2세는 행복한 결혼 생활을 하였으며, 8년 동안 무려 8명의 자녀를 낳게 된다. 이 다이아몬드의 이름은 코시모 2세가 최종 소유자가 되면서 피렌체 다이아몬드이지만, 원래 원산지는 인도이다. 이 다이아몬드는 미국 소설가 댄 하넬(Dan Hanel)의 2015년 소설 『*IN THE SHADOW OF DIABLO: Death at the Healing Waters*』의 중심 소재가 되기도 한다. 플랑드르 화가 유스터스 수스터만스(Justus Sustermans, 1597~1681)의 1623년경 그림. 미시간의 플린트 예술 박물관(Flint Institute of Arts) 소장. 출처: Wikipedia. Public Domain

드의 중심지, 유럽 대부업의 중심지로 부상했다.

한편 다이아몬드는 브라질에서 다이아몬드가 나온 1725년 이전은 거의 모두가 인도산이다. 45 캐럿으로 주인을 해친다는 저주가 내린 블루 호프 다이아몬드(Blue Hope Diamond), 55.23캐럿으로 루브르 박물관이 보관하고 있는 상시 다이아몬드(Sancy Diamond), 108.9 캐럿으로 영국 엘리자베스 1세 여왕의 왕관에 박힌 코이누르 다이아몬드(Koh-i-nur Diamond), 137캐럿으로 마리 앙투아네트가 혼수품으로 프랑스에 가져왔다는 피렌체 다이아몬드(Florentine Diamond), 140캐럿으로 나폴레옹이 칼끝에 붙이고 다녔다는 리전트 다이아몬드(Regent Diamond), 280캐럿(발굴 당시에는 787캐럿이었다는 주장이 있음)으로 무굴제국 황제 샤 자한(1592~1666)이 소유한 후 각종 비사를 남기며 마지막 소유자 나디르 샤(Nader Shah, 1688~1747) 암살 이후 현재는 사라진 그레이트 모굴 다이아몬드(Great Mogul Diamond) 등 역사상 가장 유명한 다이아몬드는 모두 인도에서 채굴된 것이다. 호프, 코이누르, 그레이트 모굴 다이아몬드는 인도 쵀대 광산인 골콘다 광산에서 나온 것이고, 호프, 상시, 리전트, 피렌체 다이아몬드는 세계 4대 다이아몬드라고 부른다.

코이누르 다이아몬드를 차고 있는 영국 빅토리아 여왕. 독일 화가 프란츠 빈터할터(Franz Xaver Winterhalter, 1805~1873)의 1856년 작품. 출처: Wikipedia. Public Domain

나디르 샤(Nader Shah, 1688~1747)와 그가 마지막으로 소유했던 다이아몬드인 그레이트 모굴 다이아몬드 그림. 나디르 샤는 1736년 새로운 페르시아 왕조인 아프샤르 제국(Afsharid)의 창시자이다. 그는 당시 세상에서 가장 큰 다이아몬드인 그레이트 모굴 다이아몬드를 가지고 있었는데, 1747년 그가 암살된 이후 이 다이아몬드는 영원히 사라졌다. Public Domain

# 07 초기 중세 서유럽의 뱅킹 3
# *Court Jews*

샤토 뒤세, 프랑스 위세 소재

## (1) 유대인의 특권, 궁정 거주: 궁정 유대인

중세 유럽의 왕들과 지방의 통치자들은 우스라 금지를 유대인들에 대해서는 적용되지 않는 것으로 이해했다. 유대인들 또한 동족이 아닌 이들에 대해서는 이자 대출이 허용되었다. 이에 따라 중세 유럽의 왕들은 자신들의 여유 자금을 유대인들에게 빌려주고, 유대인들은 이 자금을 다시 다른 기독교인들에게 빌려주었다. 이와 같은 거래 구조에서는 기독교인들도, 유대인들도 교리를 위반한 것이 아니게 된다. 유대인들도 다른 직업에 종사하는 것이 사실상 금지되어 있었으므로, 뱅킹 업무 말고는 종사할 수 있는 직업이 사실상 없었다.

이를 통해 유럽의 지도층들은 유대인을 중개자로 삼아서 사실상의 이자 놀이를 하였다. 여유 자금을 가지고 있거나 많은 자금이 필요했던 유럽의 왕실과 귀족들에게는 필연적인 선택이었다. 오늘날 용어로 하면 유럽의 지도층은 유대인에게 자금을 예탁한 것이 된다. 결과적으로 자금을 예탁한 유럽의 지도층과 자금을 예탁 받은 유대인들은 좋든 싫든 긴밀한 관계를 가질 수밖에 없었다.

이처럼 유럽의 왕족이나 귀족에게 전담으로 소속되어 그들의 자금을 관리하거나 이자를 대신 받아주는 유대인들을 "궁정 유대인(Court Jews)"이라 불렀다. 이들을 궁정 유대인이라 부른 이유는, 유대인들이 뱅킹 서비스를 제공해 주는 대가로 유대인 집단 거주지인 게토가 아니라 왕실 전용 공간이었던 궁정(Court)에 머

물 수 있는 특권이 부여되었기 때문이다. 당시 궁정은 왕실 전용 공간으로서 왕의 통치행위가 직접 행해지는 정치 활동의 중심지일 뿐 아니라 문학, 예술, 과학 활동의 중심지였다. 이처럼 궁정은 많은 돈이 모이고 실제로 대량으로 사용되는 공간이었으므로, 같은 장소에 유대인과 같은 뱅커들이 상주하는 것이 매우 편리했다.

궁정 유대인은 왕실이나 궁정이 아니라 하더라도 게토 이외 자신들이 원하는 지역에서 독자적인 거주 공간을 가지고, 왕실과 긴밀한 관계를 유지하는 경우도 많았다. 궁정 유대인의 주요 임무는 자신을 고용한 왕족이나 귀족의 자금을 예탁받아 운용하는 것이었다. 즉, 왕족이나 귀족의 여유 자금을 다른 이들에게 빌려주고 이자를 받아 자금을 불리는 것이다.

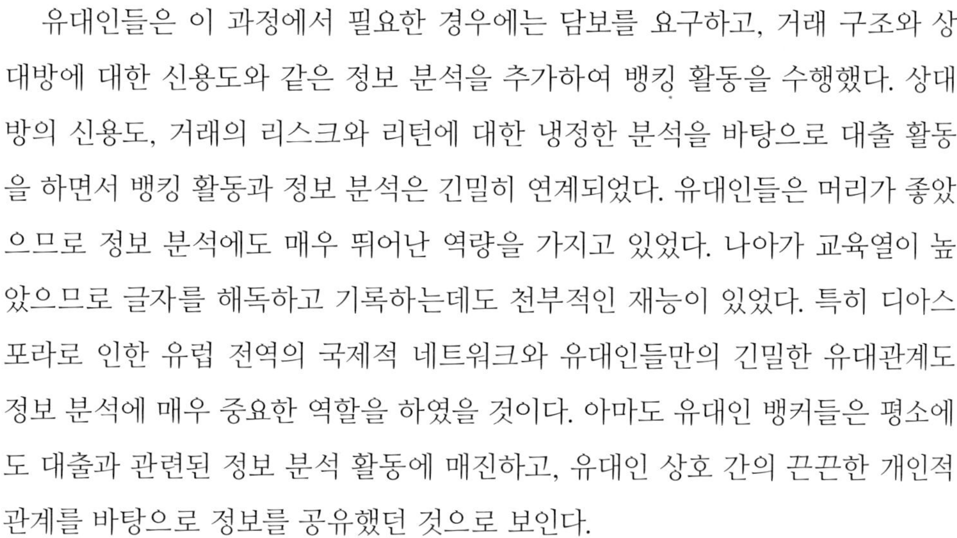

유대인들은 이 과정에서 필요한 경우에는 담보를 요구하고, 거래 구조와 상대방에 대한 신용도와 같은 정보 분석을 추가하여 뱅킹 활동을 수행했다. 상대방의 신용도, 거래의 리스크와 리턴에 대한 냉정한 분석을 바탕으로 대출 활동을 하면서 뱅킹 활동과 정보 분석은 긴밀히 연계되었다. 유대인들은 머리가 좋았으므로 정보 분석에도 매우 뛰어난 역량을 가지고 있었다. 나아가 교육열이 높았으므로 글자를 해독하고 기록하는데도 천부적인 재능이 있었다. 특히 디아스포라로 인한 유럽 전역의 국제적 네트워크와 유대인들만의 긴밀한 유대관계도 정보 분석에 매우 중요한 역할을 하였을 것이다. 아마도 유대인 뱅커들은 평소에도 대출과 관련된 정보 분석 활동에 매진하고, 유대인 상호 간의 끈끈한 개인적 관계를 바탕으로 정보를 공유했던 것으로 보인다.

하지만 예탁 자금을 받은 유대인들에 대한 처사는 가혹했다. 예컨대 유대인들이 예탁 자금에 대한 이자 수취를 못하거나 원금 손실이 발생한 경우, 유럽 지도층은 유대인들을 가차 없이 죽였다. 자금을 위탁받은 유대인이 죽으면 일반적으로 왕실은 그들의 재산을 몰수했다. 유대인들은 이와 같은 절체절명의 상황을 피하기 위해, 유럽 전역에 흩어진 유대인 대부업자들의 네트워크를 활용해 자금을 융통했다. 최소한 파산만은 면하기 위해서였다. 이 과정에서 유대인들의 뱅킹 역량은 더욱 강화되었다. 유대인들의 뱅킹 활동이 활발해지면서 뱅킹 영업은 국제 무역금융(international trade financing), 환전 및 예금 뱅킹(exchange or deposit banking), 그리고 전당포 뱅킹(pawn banking) 등으로 세분화, 전문화되었을 것으로 추정된다.[1]

왕실에 상주하던 궁정 유대인들은 뱅킹 서비스뿐 아니라 왕실이 필요로 했던 황금, 귀금속 등과 같은 생활 물자뿐 아니라 탄약, 전투 식량 등 전쟁물자를 전 유럽으로부터 조달하는 역할도 동시에 수행하였다. 뱅킹과 물자 조달은 사실상 동전의 양면과 같은 활동이므로, 유대인 뱅커들이 물자 조달 활동을 동시에 수행한 것은 매우 자연스러운 현상이었다. 특히 전 유럽을 상대한 물자 조달 활동은 필연적으로 무역 활동으로 연결되었고, 무역 활동은 다시 필연적으로 외교 활동과 연계되었다. 즉, 궁정 유대인은 뱅커이면서 무역상이면서 동시에 외교관이었다! 기독교의 우스라 금지라는 엄격한 교리가 자금과 무역과 국제정치를 동시에 관장하는 막강한 힘을 가진 돌연변이인 궁정 유대인을 잉태한 셈이다.

이처럼 뱅킹과 무역 활동을 통해 자연스럽게 외교관이 된 궁정 유대인이 출현하면서, 궁정 유대인 중에 상당한 권력을 지닌 자들이 등장하기도 한다. 이 시점이 언제인가에 대한 논란은 있다. 대다수 학자들은 이 시점이 17세기 이후라고 주장한다. 하지만 필자가 보기에는 최소한 영국에서는 이미 12세기에도 이와 같은 권력을 가진 궁정 유대인이 있었다. 후술하는 아론(Aaron)과 이삭(Issac)이 대표적이다.

### (2) 슈타들란(Shtadlan)

궁정 유대인의 권한이 커지면서 자금과 정치권력을 보유하게 된 일부 궁정 유대인은 해당 지역의 유대인들과, 특별한 경우에는 국경을 넘은 다른 지역의 유대인들까지 보호하는 역할을 하기도 했다. 중세 시대에 궁정 유대인 중에서 게토에

---

1 국제 무역금융은 국제무역 과정에서 필요한 단기 자금 융통 활동, 환전은 서로 다른 통화 간 교환 활동, 전당포는 전당물(pledge)을 맡기고 소액을 빌리는 활동이다.

서 거주하는 유대인들을 보호하는 이들을 "슈타들란(shtadlan)"이라 불렀다. 궁정 유대인들이 다른 지역의 유대인까지 보호한 이유는 동족이라는 이유도 있었지만, 이들이 자신의 유럽 전역에 분포된 뱅킹 네트워크의 일부였기 때문이다.

궁정 유대인의 탄생은 기독교의 고리대 금지로 인해 발생한 역설이다. 그 결과 십자군 전쟁 이전까지 유럽에서 뱅킹은 거의 유대인들만 영위할 수 있었다. 이 때문에 유대인들은 서유럽의 뱅킹 산업을 사실상 독점했다. 유대인이 뱅킹을 독점하면서 독점 이익을 누리게 되고 결과적으로 유대인들에게 많은 자금이 집중되기도 하였다. 그 과정에서 유대인들은 왕이나 귀족들의 금융과 물자 조달 업무까지 위탁받아 무역과 외교 영역에서도 영향력을 확보할 수 있었다. 인류 역사에서 이처럼 처절하게 핍박받던 민족이 고리대 금지라는 논리 때문에 뱅킹 장악을 통해 정치와 외교까지 좌지우지하는 지위에 오른 유대인의 운명보다 더 역설적인 사건이 있을까?

다만 궁정 유대인의 주군인 왕이나 귀족이 권좌에서 밀려나거나 죽으면, 해당 궁정 유대인은 추방되거나 심지어 사형에 처해졌다. 죄목도 다른 게 아니라 그가 축적한 부 그 자체였다. 유대인 관점에서 이는 궁정 유대인의 뱅킹 영업에 가장 취약한 아킬레스건이었고, 이를 어떻게든 단절시켜야 하는 과제를 안고 있었다. 즉 왕실과 비즈니스 관계는 긴밀하게 유지하되 지나치게 의존하지 않는 전략으로 왕실과의 관계를 새롭게 정립할 필요가 있었다. 이와 같은 전략을 구사하여 성공한 최초의 유대인 뱅커가 바로 그 유명한 로쉴드(Rothschild) 가문이다.

# 08 초기 중세 서유럽의 뱅킹 4
## Aaron of Lincoln and Isaac of London

클로 뤼세 성, 프랑스 앙부아즈 소재

### (1) 유대인 아론, 12세기 영국의 최고 부자

중세 초기에 가장 유명한 궁정 유대인은 영국의 링컨 지방에 거주하던 아론(Aaron of Lincoln, c.1125~1186)이었다. 명칭에서 알 수 있듯이 그는 링컨 출신이었다. 하지만 유대인이었으므로 그 이전 어디에서부터인가 영국으로 이주하였을 것이다. 왜냐하면 윌리엄의 영국 정복(1066) 이전에는 유대인에 대한 기록이 영국에는 없기 때문이다.

영국에서 유대인에 대한 가장 오래된 기록은 유대인의 전용 무덤으로 1068년에 만들어진 런던의 크리플게이트(Cripplegate)이다. 유대인들은 크리플게이트 지역 외에는 매장될 수 없었으므로, 영국에 거주하던 유대인들은 이 무덤에 묻히기 위해 전국에서 런던까지 시체를 운반해야 했다. 그래서인지 크리플게이트 주변에는 유대인들의 거주지가 자연스럽게 형성되었다. 크리플게이트는 왕의 조세권한이 미치지 못했던 씨티 오브 런던의 정 북쪽에 위치한, 25개 고대 지역구(ancient ward) 중의 하나이기도 하였다. 이 지역에는 오늘날에도 도로 이름이 "유대거리(Jewin Street)"로 불리는 거리가 있다. 하여튼 아론의 조상은 추정컨대 노르망디 공 윌리엄이 영국을 정복한 이후 프랑스에서 데리고 왔을 가능성이 높다. 하지만 그의 조상이 누구인지, 언제 영국으로 건너왔는지는 정확히 알려진 바가 없다.

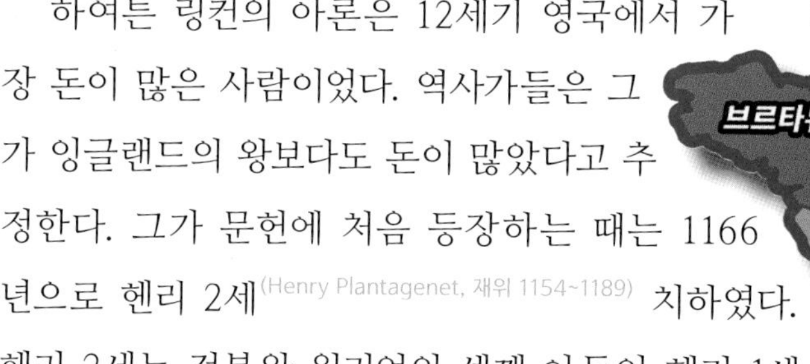


하여튼 링컨의 아론은 12세기 영국에서 가장 돈이 많은 사람이었다. 역사가들은 그가 잉글랜드의 왕보다도 돈이 많았다고 추정한다. 그가 문헌에 처음 등장하는 때는 1166년으로 헨리 2세(Henry Plantagenet, 재위 1154~1189) 치하였다. 헨리 2세는 정복왕 윌리엄의 셋째 아들인 헨리 1세(Henry I of England, c.1068~1135)의 딸 마틸다와 프랑스의 앙주(Anjou) 백작이던 조프루아(Geoffrey V of Anjou, 1114~1151)의 아들로, 와인 산지 가스코뉴를 소유한 아키텐 여공 엘리오노르(Eleanor of Aquitane, 1122~1204)와 혼인하여 프랑스의 서쪽 영토를 차지하였다.[1] 1153년에 헨리 2세는 프랑스에서 바다를 건너 영국을 침공하여 이듬해 영국 왕이 되면서 플랜태저넷(Plantagenet) 왕조를 열었다. 이때의 잉글랜드를 보통 "앙주 영국(Angevin England)"이라 부른다. 헨리 2세의 플랜태저넷 왕가 이후 랭카스터 왕가도 프랑스에 있는 앙주 백작의 영토를 지키기 위해 많은 노력을 기울였고, 결국 백년 전쟁으로까지 이어졌다.[2]

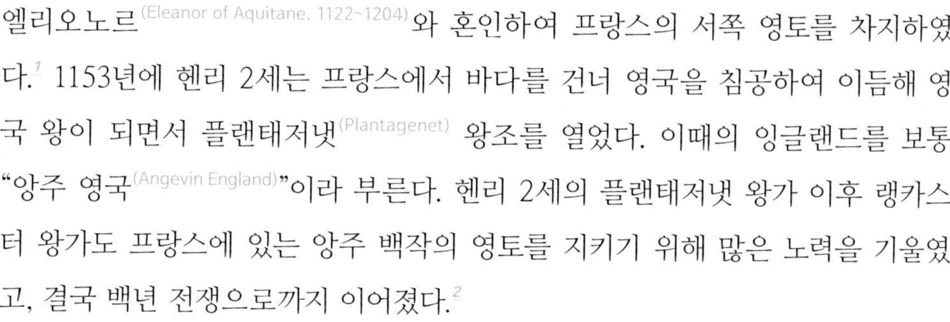

1 당시 엘리오노르는 아키텐 공작 기욤 10세의 딸로, 아키텐 공국 등의 광범위한 영토를 상속받아, 12세기 당시 유럽에서 가장 부유한 여성이었다. 헨리 2세와 혼인하기 전 프랑스의 왕이던 루이 6세의 아들 루이 7세와 결혼했다. 2차 십자군 전쟁 실패로 왕과의 갈등이 커지면서 결국 이혼하고, 헨리 2세와 재혼한다. 재혼 후 사자심 왕 리처드 1세, 존 등 4명의 아들을 낳았다.

2 중세 유럽에서 왕 아래의 귀족은 공작(duke), 후작(marquis), 백작(count), 자작(viscount), 남작(baron) 등 5개 등급으로 나누어진다. 5개 귀족의 단어는 모두 프랑스어에서 나왔다. ① 공작은 귀족 중 가장 넓은 영토를 보유한 大제후로, 왕과 거의 대등한 경제적 힘을 보유하고 있다. 카페 왕조의 시조였던 위그 카페(Hugues Capet, 941~996)도 왕이 되기 전에 파리가 속해 있는 일드 프랑스(Île-de-France) 지방의 공작이었다. 공작은 지도자를 의미하는 라틴어 "둑스(dux)"에서 유래한 말이다. 오늘날 독일에서는 1870년 통일 이전 세력이 독보적으로 강성한 공작이 없어, 선제후인 공작끼리 선거를 통해 왕을 뽑았다. ② 후작은 왕국의 국경을 수비하는 역할을 주로 맡았으며, 외침에 대비하여 군사권과 자치권의 재량이 다른 귀족보다 훨씬 많았다. 후작을 독일에서는 변경 백작 혹은 변경백(Margrave)이라고 불렀다. ③ 백작은 왕이나 공작의 신하로서 실질적으로 왕의 군대를 보충하는 중요한 역할을 하였다. 공작은 왕과 대등한 지위라 동원이 쉽지 않고, 후작은 변경을 지키느라 군대를 쉽게 동원하기 어렵기 때문이다. 예컨대 프랑스 왕 앙리 1세(Henry I of France, 1008~1060)는 노르망디 공작 정복왕 윌리엄의 땅을 자주 침략했다. 이때 앙리 1세는 노르망디 인근에 위치한 앙주에 있는 백작 조프루아(Geoffrey II, Martel, 1006~1060)를 거의 언제나 소환해서 윌리엄과 전쟁을 벌였다. 이는 백작이 왕의 실질적이고 가장 유용한 왕의 신하였다는 뜻이다. ④ 자작은 백작을 보좌하는 귀족이다. 백작이 왕의 부름을 받아 군대를 동원할 때, 필요하면 백작의 명으로 군대를 동원하게 된다. Vis는 보좌한다는 뜻이다. ⑤ 남작은 원래 프랑스어로 자유민이라는 뜻인데, 지방의 귀족이 처음으로 왕에 충성을 맹세하는 경우 획득하는 지위이다.

헨리 2세는 중앙의 재무부로 하여금 지방 영주의 토지로부터 걷는 토지세(ferm)를 두루말이 종이(파이프 롤, Pipe Roll)에 기록하게 했다. 이 기록에는 아론이 헨리 2세에게 총 616파운드 12실링 8데나리를 빌려주었다는 기록이 있다.[3] 헨리 2세는 아론으로부터 돈을 빌린 후 노르위치(Norwich), 윈체스터(Winchester), 콜체스터(Colchester), 루틀란드(Rutland), 옥스포드(Oxford), 케임브리지(Cambridge), 요크(York), 버킹험(Buckingham)에 있는 조세 징수원(sheriff)들로 하여금 헨리 2세의 빌린 돈을 갚게 했다. 이 사실로 보아 아론은 각 지방에 자신을 도와 자금을 수금하는 네트워크를 보유했던 것으로 보인다. 실제로 13세기 영국 유대인들의 토지·주택 대장인 "세타로드(Shetaroth)"에는 유대인 페이테빈(Peitevin)과 레오(Leo)가 아론의 대리인(attorney)으로서 자금을 수금했다는 기록이 있다.[4]

아론은 동시에 헨리 2세의 궁정 유대인으로, 사실상 헨리 2세의 자금과 물자를 조달하는 에이전트였다. 예컨대 파이프 롤 기록에 따르면 아론은 잉글랜드의 여러 카운티에 거주하는 농민들을 통해서 건초 더미와 곡식들을 사들였다. 이 거래가 아론의 곡물 투기 사례라고 주장하는 이가 있다.[5] 하지만 이 거래가 곡물의 투기 거래를 위한 아론의 자기자본 거래로 보기는 어렵다. 왜냐하면 곡물의 투기 거래는 대규모로 이루어져야 하고, 매우 복잡한 정보 분석 과정을 거쳐야 하기 때문이다. 중세 초기에 이와 같은 투기 거래가 가능할 만큼 곡물 시장이 넓고 깊었을 가능성은 낮다. 필자가 보기에는 왕실이나 귀족의 부탁으로 단순히 곡물 거래를 대행한 것이 거의 확실해 보인다.

특히 아론은 영국 전역에 걸쳐 유대인들 네트워크가 있었으며, 이를 활용해

---

3 오늘날 명목가치로는 약 360배를 곱하면 된다. 즉 대략 220,000파운드이다.

4 Joseph Jacobs, 『*Aaron of Lincoln*』, The Jewish Quarterly Review, Vol. 10, No. 4 (Jul., 1898), p. 631

5 Joseph Jacobs, *Ibid*, p. 638. 이 책의 저자인 조셉 제이콥스는 이 사례가 아론이 곡물 투기 거래의 증거라고 주장했으나, 필자가 보기에는 설득력이 약하다.

서 영국 전역에 걸친 뱅킹 활동에 종사했다. 그의 뱅킹 활동과 전국적 네트워크 덕분에 영국 각지에서 거대 성당과 수도원들이 대규모로 건설되었다. 그의 자금으로 건설된 성당과 수도원은 최소한 16개에 이른다고 한다.[6] 12세기 중엽 건설된 캔터베리 州의 성 알반 성당(St. Albans Cathedral), 링컨 성당(Lincoln Cathedral), 피터버로우 성당(Peterborough Cathedral) 등은 모두 아론의 대출 활동에 따라 건설된 것이다. 일례로 그는 "유대인 아론이 그에게 빚을 지고 있는 성 알반(St Alban)의 집을 방문했을 때, 아론은 성 알반에게 집을 마련해 주고 그에게 창문을 만든 이는 자신"이라고 수도사들에게 거만한 말투로 말하고 다녔다고 한다.[7]

헨리 2세. 헨리 2세는 앙주 영국을 개창한 군주이다. 아론을 궁정 유대인으로 두고 자금 및 전략 물자 조달 등 금융 관련 업무를 맡겼다. 런던 초상화 박물관 소장

아론의 대출은 주로 토지를 담보로 한 것이다. 중세 초기 유대인들은 부동산을 소유하는 것이 금지되어 있었는데, 담보라는 독특한 제도를 이용하면 이를 우회할 수 있었다. 담보는 원리금 지급이 계속될 동안에는 소유권을 행사할 수 없으므로 유대인 뱅커들이 이를 뱅킹 비즈니스에 활용한 것이다. 이는 바빌로니아의 모기지 전통을 그대로 따라 한 것이다. 유대인이기 때문에 바빌로니아인들이 발명하고 페니키아인들이 계승한 모기지 기법을 당연히 알고 있었을 것이다. 아론의 고객은 성당뿐 아니라 남작, 자작 등의 귀족과 기사들에 걸쳐 광범위하게 걸쳐 있었다. 아론은 토지뿐 아니라 곡식, 무기, 주택 등 유형 자산이면 무엇이든 담보로 잡았다.

아론의 대출 이자로 남아 있는 기록 중의 하나는 다음과 같다. 1179년 그는 비스브루크(Bisbrooke)의 교구 목사 중의 한 사람에게 10파운드를 빌려주고, 연 43%의 이자를 받았다.[8] 돈을 빌려 주기 전에 목사는 아론에게 원금과 이자 전

6 Joseph Jacobs, *Ibid*, p. 635

7 "Aaron the Jew, who held us in his debt, coming to the house of St. Alban(Domum Sancti Albani) in great pride and boasting, with threats kept on boasting that it was he who had made the window for our St. Alban, and that he had prepared for the saint a home when without one", Joseph Jacobs, *Ibid*, p. 636

8 Joseph Jacobs, *Ibid*, pp. 638-639

체를 합한 금액에 해당하는 토지를 아론에게 담보로 제공했다. 기록에 남아 있는 아론의 이자율은 최저 22%, 최고는 86%에 이르렀다. 86%의 이자율이면 1년이 지나면 이자가 원금에 육박하고 2년 어느 시점부터는 이자가 원금을 넘게 된다. 이렇게 높은 이자를 부과하는 것이 가능했던 이유는 이 당시에는 유대인들을 제외하고는 자금을 빌려주는 다른 뱅커 세력들이 없었기 때문이다. 다시 말하면 유대인들은 뱅킹 영업에서 경제학 용어로 일종의 독점적 지대를 향유하고 있었던 것이다. 하여튼 이처럼 무자비한 이자율로 이자 놀이를 하였을 때 돈을 빌린 상대방은 유대인 아론을 어떻게 생각하게 될까?

수도원장(abbot)은 수도원의 수장이다. 수도원장은 종교적 지도자이기도 했지만, 수도원을 경영해야 했던 최고 경영자이기도 하였다. 중세의 수도원은 대규모 부가 집중된 일종의 기업이기도 했으므로, 본문에서 언급한 대로 이자 놀이 사업에도 관련되었을 것으로 추정된다. 사진의 벽돌은 수도원의 바닥에 깔린 타일인데, 헤일즈 수도원(Abbey of Halies)의 수도원장이었던 앤서니 멜턴(Anthony Melton)의 이름인 "멜턴"이 새겨진 벽돌이다. 맥주를 보관했던 양조통은 "턴(tun)"이라고도 불렸는데, 필자는 "멜턴"이라는 이름 끝의 발음과 관련성을 위해 의도적으로 삽입한 것으로 생각한다. 1525~1540년경, 헤일즈 수도원 출토. 영국박물관 소장

그는 이자 놀이뿐만 아니라 다른 사람의 부채를 깎아서 대신 갚아 주고, 그 차액을 이익으로 수취하는 비즈니스도 하였다. 일종의 부실채권 투자였다. 예컨대 미우스 수도원(abbey of Meaux)의 근처에 사는 윌리엄 포사드(William Fossard)라는 인물이 총 1,800마르크(marks)를 유대인들에게 빌렸다. 윌리엄은 돈을 빌리기 위해 그의 주택이나 토지를 담보로 제공했다. 윌리엄이 돈을 갚지 못하자, 그는 미우스 수도원장인 필립(Philip)에게 빚을 대신 갚아 달라고 부탁했다. 대신 미우스 수

도원장에게는 그가 가진 저택을 제공했다. 미우스 수도원장은 아론에게 가서 이 문제를 상의했다. 아론은 540마르크의 빚을 수도원이 대신 갚아 주면 대출 원금을 1,260마르크로 삭감(hair cut)하여 자신이 대납할 것을 제안했다.

미우스 수도원장은 이를 받아들였고, 아론은 동족인 유대인들에게 540마르크의 원금을 깎는 대신 1,260마르크의 빚을 즉시 변제했다. 포사드가 이들 유대인들에게 제공한 담보 부동산과 동산은 아론이 가져갔다. 윌리엄 포사드는 아론에게 1,260마르크의 삭감된 부채를 지게 되고, 미우스 수도원은 540마르크의 신규 부채를 아론에게 지게 된다. 즉 아론은 720(1260-540)마르크의 돈으로 1,800마르크에 해당하는 부동산을 가져갔다. 물론 미우스 수도원이 540마르크를 아론에게 변제한다는 조건에서다. 만약 아론이 다른 유대인들의 부채를 1,260마르크보다 더 싸게 매입했다면 어떻게 될까? 예컨대 빚을 못 받게 될 가능성이 높은 유대인들과 협상해서 1,160마르크만 쥐어 주고, 자신은 윌리엄과 미우스 수도원에게 1,260과 540, 즉 1,800마르크를 받는 거래를 하면 어떻게 될까? 왜냐하면 아론이 다른 유대인들의 채권을 몇 %에 할인해서 인수했는지는 윌리엄과 미우스 수도원에게 알려줄 의무가 없기 때문이다. 이 거래라면 아론은 1,160마르크로 1,800마르크의 원금을 확보하게 된다.[9] 단순 수익률로 50.7%이다.

물론 윌리엄이나 미우스 수도원으로부터 원금을 못 받을 위험성을 고려하면 높지 않은 수익률일 수도 있을 것이다. 하지만 윌리엄으로부터는 담보로 잡힌 부동산과 동산을 넘겨받았고, 미우스 수도원은 수익원이 많으므로 돈을 떼일 염려는 낮을 것이다. 오늘날로 치면 부실채권을 싸게 인수하여 집요하게 원리금을 받는 NPL(non-performing loan) 투자 비즈니스 모델인 것이다.

이런 식의 이자 놀이로 그가 벌어들인 돈은 도대체 얼마나 되었을까? 그의 부가 얼마인지 정확히 기록은 없다. 하지만 역사가들은 그가 당시 영국에서 가장 돈이 많은 부자였다는데 의문을 제기하지 않는다. 1186년, 아론이 사망하자

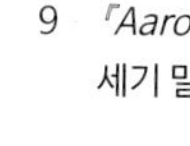

9 『*Aaron of Lincoln*』을 저술한 조셉 제이콥스(Joseph Jacobs)는 1,800마르크가 1,200파운드라고 계산했다. 그리고 19세기 말 가치로 1,200파운드는 그 3배인 3,600파운드라고 추정했다.

그가 가진 재산은 모두 헨리 2세가 몰수했다. 몰수의 명분은 성경이 금지하고 있는 고리대금을 아론이 행했으므로, 이는 모두 불법이라는 것이다. 사망 이후 왕실이나 귀족들의 유대인 재산 몰수는 중세 궁정 유대인의 일반적인 운명이었다.

이에 따라 아론이 가진 부동산은 헨리 2세와 그 후세의 소유로 바뀌었다. 아론이 가진 현금자산은 헨리 2세가 프랑스 왕 필리프 2세(Philip II, Philip Augustus, 재위 1179~1223)와의 전쟁자금으로 사용하기 위해 배에 가득 실어 프랑스로 보냈다.[10] 하지만 영국 남부의 쇼어햄(Shoreham)에서 출발하여 프랑스 북부의 디에페(Dieppe)에 도착할 예정이었던 아론의 "보물선"은 허망하게도 도버 해협 어딘가에서 폭풍우에 휘말려 침몰했다. 이 보물선에 얼마나 많은 양의 금으로 된 보화와 은으로 된 동전이 실려 있었던 것일까?

현금 이외에 아론이 가지고 있던 채권도 잉글랜드 왕실이 승계하였다. 기록에 따르면 아론 사망 당시 남작과 기사 등 430명의 채무자와 15,000파운드의 채권이 남아 있었다고 한다.[11] 그 금액이

10 필리프 2세는 루이 7세의 아들이다. 루이 7세는 엘레오노르 공작의 전 남편으로, 엘레오노르는 루이 7세와 이혼하고 헨리 2세와 결혼했다.

11 Joseph Jacobs, 『Aaron of Lincoln』, The Jewish Quarterly Review, Vol. 10, No. 4 (Jul., 1898), p. 642. 한편 잉글랜드를 정복한 노르망디의 정복왕 윌리엄이 그의 넷째 아들 헨리 1세에게 물려준 유산이 5,000파운드라고 한다. 15,000파운드면 왕실의 유산보다 많은 금액으로 당시 아론이 얼마나 많은 금액을 채권으로 관리하고 있었는지 보여 준다. 한편 윌리엄은 첫째 아들인 로베르(Robert II, Duke of Normandy, c.1050~1134)에게는 노르망디를 물려 주었고, 그의 둘째 아들인 리샤르(Richard, 1054~1070)에게는 잉글랜드를 물려줄 계획이었다. (장남인 로베르는 자신에게 잉글랜드를 물려주지 않았던 부친의 뜻에 반발하여, 윌리엄 2세 및 헨리 1세와 전쟁을 벌이기도 한다.) 하지만 리샤르는 잉글랜드 왕이 되기 전 윌리엄의 만든 왕유림에서 말을 타고 가다가 나뭇가지에 부딪히는 사고로 사망한다. 이 때문에 얼굴이 붉은 셋째 아들인 윌리엄 2세(William II, 1087~1100)가 왕위에 올랐으나, 윌리엄 2세마저 윌리엄이 만든 왕유림의 사냥터에서 화살을 맞고 급사한다. 이에 따라 그의 동생인 헨리 1세가 왕위에 즉위한다. 아들 두 명이 급사한 왕유림은 사실은 윌리엄이 사냥에 완전히 미쳐서 자신만의 사냥을 위해 특별히 조성한 것이다. 윌리엄은 왕유림 안에서 불법으로 사냥하던 밀렵꾼들에 대해서는 손발을 자르거나 거세하는 형벌을 가할 만큼, 왕유림 사냥터를 애지중지했다. 이 왕유림에서 그의 아들이 두 명이나 급사한 것이다. 마지막으로 정복왕 윌리엄의 막내아들 헨리 1세는 학식이 높아 별명이 학자 헨리였으나, 아들이 없었다. 이로써 노르만 왕조는 막을 내렸다. 이후 헨리의 장녀

얼마나 컸는지 영국 왕실은 국고국에 아론의 부서(Aaron's Exchequer)를 별도로 신설하여 이 채권을 관리했다. 이 부서에는 2명의 재무부 관리와 2명의 서기가 근무하고 있었다.[12]

아론이 사망한 지 3년 후인 1189년에는 아론의 채무자 중 리차드(Richard Malebisse)라는 사람이 요크에 거주하던 아론의 에이전트를 살해하는 일이 일어났다. 이 폭동은 1190년까지 1년 넘게 지속되었다. 이때 요크 성에서 유대인 성인 남자는 물론이고 여자와 아이까지 합쳐 죽은 유대인이 150명에 이르렀다. 사람들은 이를 "1190년 대학살(Massacre of 1190)"이라고 불렀다. 아론을 비롯한 궁정 유대인들의 살인적인 이자율이 얼마나 끔찍한 결과를 초래했는지 보여주는 실제 사례이다. 아론 사망 15년 후인 1201년, 이 15,000파운드 중 50%에 이르는 7,500파운드가 여전히 회수가 되지 않고 남아 있었다고 한다. 이는 아론의 채권에 대한 채무자들의 저항이 매우 심각한 수준이었음을 보여주는 것이다.

헨리 3세의 은화 동전 14,000페니로 대략 58파운드에 해당한다. 1969년 콜체스터(Colchester)에서 발견되었는데 콜체스터에서 매년 잉글랜드 왕실에 납부했던 세금으로 추정된다. 이 동전은 납으로 만든 통 안에 담겨 있었고, 주위의 다른 두 납통은 비워져 있었다. 아마도 콜체스터에 거주하던 유대인 뱅커였던 사뮤엘의 아론(Aaron son of Samuel)과 그의 두 아들인 사뮤엘과 조쎄(Samuel and Joce)의 소유물로 추정된다. 하지만 이들 유대인 뱅커들은 1290년 에드워드 1세의 추방령으로 모두 영국에서 쫓겨나게 된다. 1256~1278년경, 콜체스터 출토. 영국박물관 소장

아론은 링컨 이외에 요크에도 있었다. 이 유대인 뱅커는 링컨의 아론과 구분하기 위해 요크의 아론(Aaron of York, c.1190~c.1253)이라고 부른다. 요크의 아론도 링컨의 아론과 마찬가지로 왕실의 보호를 받던 궁정 유대인이었다. 헨리 2세의 손자

인 마틸다(Matilda, 1102~1167)가 신성 로마 제국 황제 하인리히 4세와 사별한 후 프랑스의 앙주 백작인 조프루아 플랜태저넷(Geoffrey Plantagenet, Geoffrey V, 1113~1151)과 재혼하여 헨리 2세(Henry II, 1133~1189)를 낳아 영국에 플랜태저넷 왕조를 개막한다.

12 Joseph Jacobs, *Ibid*, p. 642

스쿤석 위에서 왕위에 오르는 스코틀랜드의 알렉산더 왕. 그는 10살 때 잉글랜드의 헨리 3세 딸인 11살의 마가렛과 결혼한다. 그들 둘 사이에는 3명의 아이가 있었는데, 어릴 때 모두 사망한다. 이 때문에 그는 그의 손녀로 추정되는 노르웨이의 마가렛(Margaret, the "Maid of Norway")을 후계 왕으로 지명한다. 한편 그는 두 번째 결혼 상대자인 파이프(Fife) 왕국의 여왕 생일을 기념하기 위해 폭풍우가 부는 날씨와 주변의 만류에도 불구하고 에딘버러를 떠나 무리하게 여행하던 도중에 말에서 떨어져 사망한다. 이 때문에 스코틀랜드는 갑자기 왕위에 오를 만한 사람이 사라지는 권력의 공백기를 맞이한다. 그림의 스코틀랜드 왕위 즉위식은 고대부터 내려오는 의식을 따르는데, 이 의식은 땅의 지배자로서의 왕이 아니라 부족의 아버지로서 왕위를 상징한다고 한다. 작자 미상. 후기 중세 시대. 출처: Wikipedia. Public Domain

인 헨리 3세(Henry III of England, 1207~1272, 재위 1216~1272)는 요크의 아론을 토지에 부과되는 세금(tallage)을 평가하는 세금 관리인(talliator)으로 임명하였다. 헨리 3세는 요크의 아론에게 모든 세금을 면제하는 대신 주기적으로 그에게 현금을 요구했다. 예컨대 헨리 3세의 딸이 스코틀랜드 왕 알렉산더(Alexander III of Scotland, 1241~1286)에게 시집갈 때 요크의 아론은 왕을 대신해 딸의 지참금을 대신 지급했다.

헨리 3세의 현금 요구는 갈수록 커져서, 아론의 요크는 1250년에 은 30,000마르크와 금 200마르크를 헨리 3세에게 바쳤다. 이를 통해 추정컨대 요크의 아론도 링컨의 아론과 마찬가지로 엄청난 부자였던 것으로 보인다. 하지만 이와 같은 잦은 현금 요구 때문에 아론의 요크는 결국 파산 지경에 이르렀다. 전쟁자금이 필요했던 헨리 3세는 요크의 아론이 파산 상태인 것을 인지한 이후에, 그를 세금 관리인 자리에서 냉정하게 쫓아냈다. 더 나아가 헨리 3세는 아론 이외의 유대인 뱅커들도 시쳇말로 "우려" 먹다가 가치가 떨어지면, 그의 동생인 콘월 백작(Earl of Cornwall, 1209~1272)에게 넘겼다. 헨리 3세와 콘월 백작의 유대인 우려먹기에 대해 당시 영국의 한 연대기는 이렇게 기록했다. "형제 중 한 명은 가죽을 벗겨 먹고(fray), 다른 한 명은 내장을 꺼내 먹었다(embowel)."[13]

13 David Graeber, *Ibid*, p. 288

## (2) 런던의 이삭, 런던의 유대인 최대 뱅커

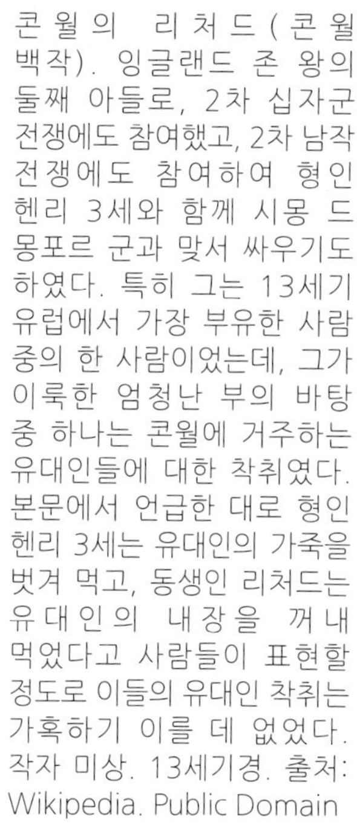

콘월의 리처드(콘월 백작). 잉글랜드 존 왕의 둘째 아들로, 2차 십자군 전쟁에도 참여했고, 2차 남작 전쟁에도 참여하여 형인 헨리 3세와 함께 시몽 드 몽포르 군과 맞서 싸우기도 하였다. 특히 그는 13세기 유럽에서 가장 부유한 사람 중의 한 사람이었는데, 그가 이룩한 엄청난 부의 바탕 중 하나는 콘월에 거주하는 유대인들에 대한 착취였다. 본문에서 언급한 대로 형인 헨리 3세는 유대인의 가죽을 벗겨 먹고, 동생인 리처드는 유대인의 내장을 꺼내 먹었다고 사람들이 표현할 정도로 이들의 유대인 착취는 가혹하기 이를 데 없었다. 작자 미상. 13세기경. 출처: Wikipedia. Public Domain

링컨의 아론과 유사한 시기에 런던에서도 유대인 뱅커가 있었다. 그의 이름은 이삭 필 조쎄(Isaac fil Rabbi Joce of London)였다. 그는 링컨의 아론과 동일하게 영국 전역에 자신의 에이전트를 거느리고 있었다. 그의 전국 네트워크는 아론보다 더 촘촘하고 넓었다. 벅스(Bucks), 베드포드(Bedford), 켄트(Kent), 노드탬프턴(Northampton), 글라우체스터(Gloucester), 도르셋(Dorset), 에섹스(Essex), 옥스포드(Oxford), 랭카샤이어(Lancashire), 노포크(Norfolk), 케임브리지(Cambridge), 데본(Devon), 햄프셔(Hampshire) 등이 그의 에이전트가 거주하던 지방 소도시였다. 링컨의 아론보다 많은 에이전트를 거느렸다는 사실에서 지방에 자신의 에이전트를 운영하는 전국적 뱅킹 시스템을 영국에서 처음으로 만든 이가 링컨의 아론이 아니라 런던의 이삭이라고 주장하는 이도 있다.

런던의 이삭이 언제 영국으로 이주했는지는 아론과 마찬가지로 확실한 기록이 없다. 하지만 확실한 것은 아론이나 이삭 이전에는 유대인에 대한 기록이 없다는 점이다. 이는 1066년 윌리엄이 영국을 정복한 이후에나, 유대인들이 프랑스에서 영국으로 대거 이주했을 가능성이 높다는 것을 뜻한다. 윌리엄이 영국을 정복할 당시 유대인들의 본거지는 프랑스 북부에 위치한 도시 루앙(Rouen)이었다.

루앙은 샤를 3세가 911년 7월 20일, 생클레르 쉬르 엡트 조약(Treaty of Saint-Clair-sur-Epte)을 통해 프랑스의 노르망디에 정착한 노르만 시조인 롤로(프랑스어 Rollo, 노르드 어로는 "공구 흐롤프," Gongu Hrólfr, c.846~c.932)에게 하사한 이후 윌리엄의 영국 침공 때까지 노르만족의 수도 역할을 하고 있었다. 이 루앙에는 많은 유대인들이 로마 시대 때부터 뱅킹 사업에 종사하고 있었다. 루앙의 유대인 집단 거주 지역(Jewry)은 유대인

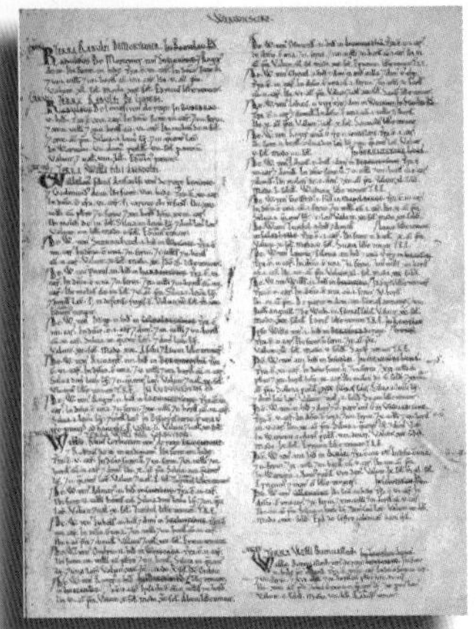

둠즈데이 북 중 버밍엄이 포함된 워위크셔(Warwickshire) 부분. 둠즈데이 북은 노르망디 공 윌리엄이 잉글랜드를 정복하고 난 후에 만든 토지 조사서이다. 정복 후 조세 징수를 효율적으로 하기 위해 만든 책으로, 조사 규모와 그 상세함에서 중세에 만든 수준이라고 보기 어려울 정도의 놀라운 수준을 자랑한다. 예컨대 이 책은 토지 소유주와 면적은 기본이고, 해당 지역의 인구, 시설물, 가축 수, 농노 수, 농노와 영주와의 관계 등을 상세히 기술하고 있다. 이렇게 자세히 기록한 이유는 당연히 최대한 많은 조세를 거두기 위해서였다. 라틴어로 쓰여 있어, 이 책을 읽고 이해할 수 있는 이는 라틴어를 배운 중세의 식자층이어야 했다. 필자가 보기에 중세 시대에 이 정도로 엄청난 능력을 소유한 이들은 유대인밖에 없다고 본다. Doom이라는 이름은 중세에는 법이라는 뜻이며, 해석하면 "(조세 징수) 기준서" 정도가 된다. 11세기경. 출처: Wikipedia. Public Domain

들이 특히 많이 거주하는 곳으로 유명한 곳이었다고 한다. 루앙은 로마 시대 때 갈리아에서 리옹에 이어 두 번째로 큰 도시였다. 12세기 말, 루앙에는 약 6,000명의 유대인이 있었다고 하는데, 이는 당시 주민의 약 20%에 이르는 대규모였다.

루앙에는 뱅킹 활동을 하는 유대인이 매우 많았으므로, 정복왕 윌리엄이 영국을 침공한 이후 이들 중 일부를 영국으로 데려갔을 가능성이 매우 높다. 혹시 윌리엄이 1085~1086년 잉글랜드 전역의 농가와 토지를 샅샅이 조사하여 농가의 쟁기 수, 숲의 크기, 방아의 연간 수입, 목초지와 농지 면적 등을 철저히 조사했다는 보고서 "둠즈데이 북(Doomsday Book)"은 그가 프랑스에서 데려간 유대인의 도움으로 만들지는 않았을까?[14] 바이킹족이었던 윌리엄이 세금 징수를 효율적으로 하여 자신의 재산을 증식할 목적으로 잉글랜드 전역의 토지를 조사하는 보고서인 둠즈데이 북을 만들 생각을 과연 스스로 할 수 있었을까? 필자가 보기에는 루앙에 거주했던 유대인의 도움을 받아서 작성했을 가능성이 높다.[15]

---

14 둠(doom)은 중세 영어로 법률, 심판이라는 뜻이다. 직역하면 "심사용 책" 혹은 "심판용 책"이다. 이후 요한묵시록의 심판의 날이 세상의 종말로 여겨지면서, 둠은 심판에서 파멸로 그 뜻이 바뀌게 된다.

15 정복왕 윌리엄은 잉글랜드 정복에 성공한 이후 1075~1079년 노르망디의 캉(Caen)에서 돌을 가져와 템즈강가에 높이 28m의 탑을 쌓아 올린다. 이 탑은 성을 방어하는 군사시설이면서, 동시에 왕의 숙박시설이기도 했다. 기독교 세계에서 가장 큰 아성이고, 11세기 유럽의 궁전 중에서 가장 완벽한 궁전이었다. 현재는 '백탑(White Tower)'이라는 명칭으로 바뀌어서, 런던탑 내의 중앙에 위치해 있다. 윌리엄은 잉글랜드 곳곳에 이와 같은 요새 성을 쌓아, 잉글랜드인을 효율적으로 통치했다. 정복왕 윌리엄이 지은 또 다른 성은 1070년경 완공한 윈저성이 있다. 윈저성은 오늘날도 영국 왕실의 거주지이다. 코로나 사태 이후 영국 왕실은 런던의 버킹엄궁이 아니라, 주로 윈저성에서 거주했다.

하여튼 런던의 이삭은 영국 왕실로부터 런던에 거주하던 유대인들을 공식적으로 대표하는 지위를 부여받았다. 따라서 그는 링컨의 아론보다 사회적 지위가 더 높았던 것으로 보인다. 유대인 사회에 대한 영향력은 당연히 막강했고, 이들 외에도 부채를 지고 있는 왕실 이외의 귀족들에 대한 영향력도 결코 무시하지 못할 만큼 상당했던 것으로 추정된다. 자신들의 갑옷을 담보로 맡기고 돈을 빌린 기사들이 이삭이나 아론에게 어떻게 대했을지, 성당은 물론이고 성직자의 주거지까지 지어주는 이삭이나 아론과 같은 궁정 유대인들에게 수도사들이 어떤 대접을 하였을지 상상하는 것은 어렵지 않을 것이다. 전형적인 궁정 유대인의 모습이다.

### (3) 유대인 행정 명령(Ordinance of the Jewry)

나아가 링컨의 아론과 런던의 이삭은 협업을 했을 가능성이 높다. 둘 다 유대인이었고 전국적 네트워크가 있었으므로, 이들이 서로를 몰랐을 리가 없다. 뱅킹 과정은 협업이 필수적이었으므로 이들 사이의 협업은 매우 자연스러웠을 것이다. 이 협업 때문에 궁정 유대인들의 영향력이 커지자, 중앙의 왕실이 궁정 유대인의 세력 확장을 그냥 지켜보기만 하는 것이 더더욱 불편했을 것이다.

이처럼 링컨의 아론이나 런던의 이삭은 뱅킹 활동을 통해 영국 왕실조차도 함부로 통제할 수 없을 정도의 권력을 보유하게 된다. 이를 지켜본 영국 왕실은 궁정 유대인에 대한 특별한 조치의 필요성을 절감하였다. 헨리 2세의 아들인 리처드 1세(재위 1189~1199) 통치 기간인 1194년, 마침내 영국 왕실은 "유대인 행정 명령(Ordinance of the Jewry)"을 반포한다.

유대인 행정 명령을 실행하기 위해 리처드 1세는 왕실 내에 별도의 기관(Exchequer of the Jews)을 웨스트민스터 사원에 설치한다. 이 행정 명령에 따라 유대인들이 소유한 모든 채권, 저당, 모기지, 토지, 저택, 지대, 동산은 모두 중앙정부인 재무부에 등록해야 했다.[16] 만약 유대인이 자신의 재산을 등록하지 않으면, 왕이 은닉 자산을 모두 몰수하는 것은 물론이고 해당 유대인을 투옥하였다. 특히 다른 유대인의 은닉 자산을 알고 있는 경우, 반드시 왕실 재무부에 신고해야 했다. 물론 신고자의 비밀은 보장해 주었다.

나아가 유대인이 자금을 빌려주는 금융 거래를 할 수 있는 지역을 오직 7개의 도시에 한정했다. 추정컨대 그 일곱 군데 도시는 런던(London), 링컨(Lincoln), 노르위치(Norwich), 윈체스터(Winchester), 켄터베리(Canterbury), 옥스포드(Oxford), 케임브리지(Cambridge), 노팅험(Nottingham), 히어포드(Hereford), 그리고 브리스톨(Bristol) 등에서 뽑혔을 것이다. 자금 대출 계약서를 작성할 때에도 기독교인 법률가 2명, 유대 법률가 2명, 2명의 등록 공무원(two legal registrars), 세인트 메리 교회(Church of St. Mary)의 서기 등이 참석해야 했다. 자금 대출과 관련된 이자, 만기, 디폴트 조건 등의 상세 내용은 약정서(indenture)를 작성하여 대출받은 이가 사인을 한 후, 한 부는 대출을 한 유대인이 보관하고 나머지 한 부는 상자에 보관하였다. 이 상자에는 3개의 열쇠가 있었는데 하나는 기독교인이, 하나는 유대인이, 나머지 하나는 세인트 메리 교회가 보관했다.

네덜란드 화가 마리누스 반 레이메르스왈레(Marinus van Reymerswaele, c.1490~c.1546)의 「두 명의 세금 징수원」, 그는 루벵과 앤트워프에서 화가 수업을 받았는데, 앤트워프 출신 화가로 환전상 그림을 즐겨 그렸던 쿠엔틴 마시스(Quentin Matsys, 1466~1530)의 영향을 많이 받았다. 이 그림에 등장하는 중세와 근대의 세금 징수원은 거의 모두가 유대인이었다. 출처: Wikipedia. Public Domain

일단 약정서가 작성된 이후에는 돈을 빌린 이들은 유대인들에게 어떠한 형태의 추

16 Edited by Linda E. Mitchell, 『Voices of Medieval England, Scotland, Ireland, and Wales: Contemporary Accounts of Daily Life』, Greenwood, 2016, p. 72. 영국 재무부의 효시는 유대인들의 대출 행태 관리였던 셈이다.

가적인 돈을 지급해서는 안 되었다. 약정서는 기독교인, 유대인, 세인트 메리 교회 3자가 모두 출석하지 않으면 변경할 수 없었다. 세인트 메리 교회는 이 모든 거래를 리스트로 만들어 보관했고, 약정서가 변경되면 리스트의 내용도 같이 변경했다.

1233년 잉글랜드 재정부의 유대인 징세 문서(Exchequer Receipt Roll, 1233) 표지. 이 문서는 중세 잉글랜드에서 가장 번영하였던 도시인 노르위치(Norwich)에 거주하던 유대인들에 대한 세금 징수 기록이다. 특히 노르위치에서 가장 부자였던 유대인인 이삭 필 쥬르넷(Issac fil Jurnet)은 노르위치 귀족들에게 막대한 돈을 빌려주어 거의 왕처럼 살았고, 심지어 그는 노르위치 외곽 항구의 부두도 소유하고 있을 정도로 권력이 막강했다고 한다. 특히 그는 노르위치에서 효율적인 이자 징수를 위해 같은 유대인인 모세 모크(Mose Mokke)와 그의 아내인 아비게일(Abigail 혹은 Avegay)을 수금 직원으로 고용했는데, 노르위치의 재정부 문서에 모세와 아비게일의 그림이 악마와 함께 그대로 그려져 있다. 국가 기록 보관소(National Archives) 소장. Public Domain.

유대인 행정 명령의 표면상 취지는 유대인의 고리대 금융으로 인한 사회적 부작용을 최소화하기 위해 유대인의 금융 거래를 중앙에서 통제하는 것이었다. 하지만 유대인 행정 명령의 본질은 유대인이 금융 거래와 뱅킹 활동을 통해 정치, 사회적으로 영향력을 확대하는 것을 용인하지 않겠다는 것이었다. 반대로 말하면 유대인은 12세기에 이미 왕실이 직접 통제해야 할 만큼 뱅킹을 통해 정치, 사회적 영향력을 조금씩 키워나가고 있었다는 뜻이다. 이 조치로 유대인의 뱅킹 활동은 상당한 타격을 받게 된다. 특히 유대인들에게 자금을 위탁하거나 담보를 맡긴 기독교인들은 자신들의 재산 목록이나 거래 목록이 공개되면서, 유대인들에게 자금 위탁을 하는 것이 사실상 불가능하였다. 이처럼 13세기까지 최소한 영국에서는 유대인 뱅킹 활동이 침체기로 접어들게 된다.

## Codex Atlanticus: 뱅킹과 유대인

본문에서 언급한 대로 1066년 정복왕 윌리엄이 영국을 정복하면서 많은 유대인이 영국에 유입되었다. 유대인들은 활발한 금융 활동을 통해 세력을 확장했고, 12세기에 이미 영국 왕실이 이들을 직접 통제해야 할 만큼 뱅킹을 통해 정치, 사회적 영향력을 조금씩 키워나가고 있었다. 하지만 1194년 유대인 행정 명령과 후술하게 될 1290년 에드워드 1세의 유대인 금융업자 전원 추방 사건 이후 영국에서 유대인 뱅커들은 그 영향력을 거의 상실하게 된다. 이후 영국의 뱅킹 활동은 후술하는 이탈리아의 롬바드르 뱅커들의 차지가 되었다. 그 결과 유대인 뱅커들은 13세기 무렵 이후부터 영국에서 거의 자취를 감추게 된다.

하지만 유대인 뱅커들의 영국 진출에 결정적인 사건이 발생한다. 바로 1688년 명예혁명이다. 명예혁명으로 영국의 왕이 된 네덜란드의 오라녜 공작 빌럼 3세(Willem III van Orange, 1652~1702)는 네덜란드가 "재앙의 해"라고 부르는 1672년에 네덜란드의 왕이 되었다. 재앙의 해라고 부르는 이유는 그 해에 인접국인 군사 대국 프랑스가 네덜란드를 침공하고, 동시에 제3차 영국-네덜란드 전쟁(1672~1674)까지 일어난 해이기 때문이다.

절체절명의 이 위기 상황에서 빌럼 3세를 도운 이들이 바로 유대인 뱅커들이었다. 대표적으로 카르도조(Cardozo) 가문, 핀토(Pinto) 가문, 멘데스(Mendes) 가문, 스피노자(Spinoza) 가문, 눈스 다 코스타(Nunes da Costa) 가문, 베가(Vega) 가문 등이 전쟁 상황에서 네덜란드 왕실을 도왔는데, 이 유대인 가문들은 주로 이베리아 반도에서 종교적 박해를 피해 네덜란드로 이주한 세파르디 유대인들이었다. 1648년 독립 당시 네덜란드는 종교의 자유가 허용된 유일한 서유럽 국가였으므로, 유대인들이 대거 이동하여 안착하기에 더없이 좋은 국가였기 때문이었

다. 한 기록에 따르면 17~18세기경 암스테르담 거주인은 대략 10~20만 명이었는데, 유대인들이 전체 인구의 대략 5% 내외를 차지할 정도였다.

이들 유대인들이 프랑스와 영국에 저항하는 빌럼 3세의 네덜란드를 적극 도왔던 이유는 만약 네덜란드가 멸망하면 유대교라는 종교 활동의 자유를 보장받는 유일한 서유럽 국가가 사라지기 때문이었다. 놀랍게도 신생국 네덜란드는 유대인 뱅커들의 도움을 받아 육군 대국 프랑스와 스페인 무적함대를 격파한 해군 대국 영국 모두를 물리쳤다.

**<17세기 암스테르담에서 유대인이 차지하는 비율>**

| 연도 | 세파르디 유대인 | 아쉬케나짐 유대인 | 암스테르담 총인구 | 유대인 비율 |
|---|---|---|---|---|
| 1609 | 200 | n.a. | n.a. | n.a. |
| 1622 | n.a. | n.a. | 104,961 | n.a. |
| 1630 | 1,000 | n.a. | 115,000 | n.a. |
| 1637 | n.a. | n.a. | 145,900 | n.a. |
| 1655 | 1,800 | n.a. | n.a. | n.a. |
| 1674 | 2,500 | 5,000 | n.a. | n.a. |
| 1685 | n.a. | n.a. | 185,700 | n.a. |
| 1720 | n.a. | 9,000 | n.a. | n.a. |
| 1748 | 3,000 | 10,000 | 241,000 | 5.4% |
| 1780 | 3,000 | 19,000 | n.a. | n.a. |
| 1795 | 2,400 | 21,000 | n.a. | n.a. |
| 1796 | n.a. | n.a. | 217,000 | n.a. |
| 1805 | 총 유대인: 24,000 | | n.a. | n.a. |

Herbert I Bloom, 『*The Economic Activities of the Jews of Armsterdam in the seventeenth centuries*』, published between 1792 1805, pp. 31~32

양국을 모두 물리친 이후 빌럼 3세는 영국과의 관계 개선을 위해 1677년에는 제임스 2세의 딸로 신교도인 메리(Mary II of England, 1662~1694)와 결혼하였고, 1678년에는 프랑스와 평화조약을 맺었다. 이제 네덜란드는 영국과 프랑스라는 강대국의 협공에서 벗어나 엄연한 독립 국가로서의 위상을 갖추기 시작했다.

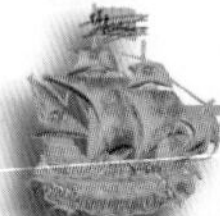

제임스 2세. 잉글랜드와 스코틀랜드를 동시에 다스리던 왕. 부친은 크롬웰의 반란으로 사형에 처해진 찰스 1세였고, 크롬웰의 독재정치에 완전히 질려버린 영국인들이 이에 반발하여 왕으로 추대한 찰스 2세가 그의 형이었다. 찰스 2세와 제임스 2세는 형제애가 돈독하기로 유명했는데, 이 때문에 찰스 2세의 후임이 그의 동생인 제임스 2세가 된 것이다. 독실한 카톨릭 신자였으며, 어렸을 때부터 전장에서 뼈가 굵은, 투철한 군인 정신의 소유자이기도 했다. 이 때문인지 몰라도 제임스 2세는 섬나라 영국에서 상비군으로 육군을 창설하였고, 이로 인해 청교도가 주류인 휘그당은 물론이고 그의 왕권을 옹호하던 토리당조차도 반발했다. 용감하고 정직한 성품으로 국정 운영 능력도 상당히 뛰어나다는 평가를 들었으나, 융통성이 없어 정치력은 부족하여 결국 명예혁명으로 쫓겨나게 된다. 네덜란드 화가 피터 랠리(Peter Lely, 1618~1680)의 1650년경 작품. 영국 랭카스터의 볼튼 박물관 및 미술관(Bolton Museum and Art Gallery) 소장. 출처: Wikipedia. Public Domain

한편 찰스 2세가 아들이 없자 그의 동생으로 독실한 카톨릭 교도인 제임스 2세(James II of England, 1633~1701)가 1685년 영국의 왕이 되었다. 제임스 2세는 열렬한 카톨릭 교도였는데, 카톨릭 교도의 공직 임명을 금지한 1673년 심사율을 위반하여 카톨릭 교도의 공직자 임명을 강행함으로써 성공회와 극단적으로 대립했다. 더 나아가 1688년에는 그의 나이 53세에 늦둥이 아들인 제임스(James Francis Edward Stuart, 1688~1766)를 보더니 섬나라 영국에서 상비 육군까지 양성하기 시작했다.[17]

親 카톨릭 행보에 우려 깊은 시선으로 바라보던 영국 의회는 제임스 스튜어트의 출생과 제임스 2세의 상비 육군 양성을 자신들에 대한 무력 탄압 신호로 받아들였다. 이에 의회는 개신교도였던 제임스 2세의 딸 메리의 남편인 네덜란드 빌럼 3세를 영국의 공동 왕으로 추대하고는 동시에 군대 파병까지 요청했다. 빌럼 3세는 제임스 2세 즉위 초부터 유대인 뱅커들의 도움을 받아 700만 길더라는 거금을 모집한 상태였다.

특히 안토니오 모차 마차도(Antonio Mocha Machado)와 자코브 페레이라(Jacob Pereira)라는 유대인 뱅커는 빌럼 3세의 전쟁자금과 빵, 곡물, 말, 마차 등의 군수 물품 조달에 적극 협력했는데, 빌럼 3세는 이

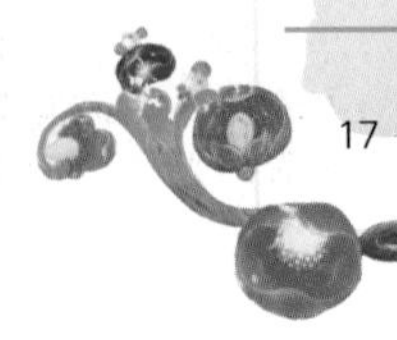

17 제임스 스튜어트는 제임스 3세라고도 불린다. 그는 후일 메리와 앤이 후사 없이 사망하자, 왕위 복귀를 주장한다. 제임스 3세의 왕위 복귀를 주장하는 당파를 자코바이트(Jacobite)라고 부른다.

들을 네덜란드의 조달장관이라 부를 정도였다.[18] 빌럼 3세는 이들 유대인들의 도움을 받아 모은 돈으로 1,700문의 대포를 장착한 53척의 군함, 기마병 3,000여 명, 보병 1만여 명이라는 엄청난 규모의 군대를 이끌고 1688년 11월에 영국에 상륙했다.

영국의 제임스 2세는 제대로 저항하지도 못하고, 대군을 거느린 빌럼 3세에게 투항하였다. 이 명예혁명으로 인해 네덜란드의 빌럼 3세를 따라 세파르디 유대인과 아쉬케나짐 유대인은 대거 영국으로 건너가게 된다. 대략 세파르디 유대인 3,000여 명과 아쉬케나짐 유대인 5,000여 명이 영국으로 건너간 것으로 추정된다. 이 네덜란드의 유대인들은 콜 옵션, 풋 옵션 등의 파생상품 거래까지 가능한 주식시장을 런던에 세우고, 국채 발행 기법을 도입하는 등 본격적으로 영국에 자신들의 금융 지식을 전파, 이식하기 시작했다. 영국이 세계 패권국가로 발돋움 한 중요한 이유 중의 하나가 바로 네덜란드 유대인들의 이주라고 보는 견해도 있는데, 필자도 100% 동의한다.

하여튼 1688년 명예혁명과 1689년 권리장전을 계기로 하여 영국에서는 카톨릭, 성공회, 개신교, 유대교 등의 지리멸렬했던 종교 대립이 드디어 막을 내렸다.[19] 종교 대립이 막을 내리자 영국은 이제 실질적으로 통일된 국가를 달

18 에이미 추아, *앞의 책*, p. 282

19 그러나 영국 내부의 종교 갈등이 완전히 해소된 것은 아니었다. 특히 1800년에 UK에 통합된 카톨릭 국가 아일랜드와의 갈등은 현재도 진행 중이다. 가장 대표적인 사건이 1845년경부터 시작된 감자 대기근 사태이다. 감자는 원래 1550년대 스페인 군인이 페루 측 안데스 산맥에서 발견한 것이다. 감자는 식용작물을 모조리 죽이는 서리를 견딜 수 있었고, 단위 면적 당 생산량도 높았으며, 열량이 쌀이나 밀보다 훨씬 높다. 아울러 감자 재배를 위해서는 노동력이 거의 들지 않고 보관도 쉬워, 포토시 은광에서 일하는 노동자들의 주식이었다. 이 때문에 유럽에 감자가 소개될 당시 감자는 노예의 음식이라 하여 천대받았다. 하지만 1600년 무렵부터 유럽 인구가 증가하자 식량으로 주목받기 시작했으며, 특히 프로이센의 프리드리히 대제(Friedrich der Groβe, 1712~1786)가 감자 생산을 적극 장려했다. 프로이센의 감자 사랑이 어느 정도였냐 하면, 1778~1779년에 프로이센은 오스트리아와 바이에른 계승 전쟁을 치르는데, 군용 식량을 감자에만 의존하면서 이 전쟁을 '감자 전쟁'이라 부르기도 한다. (이 전쟁은 보헤미아 감자 수확고가 바닥나면서 끝났다고 한다.) 프랑스 대혁명을 전후한 시기 유럽 농업이 피폐해지면서, 제정 러시아를 포함하여 감자는 유럽 전역으로 확산한다. 한편 16세기 영국의 튜더 왕조가 아일랜드를 정복하면서 국토 전체를 초토화했는데, 얼마나 심각했는지 한 기록에 따르면 1641~1652 사이 아일랜드 전체 인구의 80%가 죽거나 도망갔다고 한다. (케네스 포메란츠, 스티븐 토픽, *앞의 책*, p. 288) 그 결과 생산성이 높고 보관이 쉬운 감자는 아일랜드의 유일한 주식이 된다. 불행히도 19세기 감자 곰팡이로 감자가 썩는 감자마름병으로 아일랜드 전역에 유행하면서 여러 종이 아니라 오직 하나의 종만으로 재배하던 아일랜드의 감자 생산력이 급감했다.

성한 것이나 마찬가지였다. 진정한 통합을 이룬 영국의 국력은 때마침 유입된 유대인의 첨단 금융기법과 결합하면서 무한대로 팽창하기 시작했다. 즉, 황금, 설탕, 이자가 결합하기 시작했다. 무역확대와 유대인들 금융기법의 상호 결합으로 영국의 국력이 팽창하면서 유대인들의 영향력도 확대되기 시작했다.

제임스 슈파이어(James Spyer, 1861~1941). 슈파이어 가문의 알려진 시조는 1691~92년에 프랑크푸르트 암 마인(Frankfurt am Main, 간략히 프랑크푸르트) 유대인 공동체의 수장이었던 마이클 이삭 슈파이어(Michael Isaac Speyer, 1644~1692)이다. 로스차일드 가문보다 훨씬 부자 가문으로 프랑크푸르트에서 가장 부유한 가문이었다. 하지만 유럽에서 정확한 행적은 알려지지 않아, 많은 활동이 베일에 가려져 있다. 19세기 중반인 1837년에 필리프 슈파이어(Philipp Speyer, 1815-1876)가 대서양을 건너 미국으로 이주하면서, 미국 사업도 본격 시작한다. 사진의 제임스 슈파이어(James Joseph Speyer, 1861-1941)는 프랑크푸르트에서 태어나 1838년 설립된 라자드 슈파이어-엘리센(Lazard Speyer-Ellissen) 은행에서 뱅킹 수업을 받았다. 1885년에는 뉴욕으로 건너가 스파이어 앤 코(Spyer & Co)에 근무하였고, 1899년에는 그곳 사장이 된다. 특히 철도 건설 사업에 뛰어든 슈파이어 가문은 쿤 뢰브, JP 모건과 함께 미국의 3대 투자은행으로 부상한다. 하지만 1차 세계 대전 이후 철도 붐이 끝나자, 보유하고 있던 철도 채권의 시가평가 가격이 급격히 하락했다. 특히, 1930년대는 나치가 집권하면서 독일 슈파이어 은행을 폐쇄하고, 프랑크푸르트의 빌라 슈파이어((Villa Speyer)는 나치가 아예 건물을 철거해 버렸다. 이런 와중에 지나치게 철도 사업에 집중한 제임스 슈파이어의 독단적 경영 스타일이 겹치면서 뱅킹 사업이 급격히 쇠퇴한다. 결국 미국의 슈파이어 은행은 1939년에 문을 닫게 된다. 포브스紙 1917년 판. "미국을 만드는 남자들(Men who are making America)". 출처: Wikipedia. Public Domain

부유한 유대인들을 마음대로 착취하였던 중세 유럽과 달리, 근대에 이르러서는 막강한 자금능력과 정치적 영향력을 보유한 유대인들이 영국뿐 아니라 유럽 도처에서 등장하기 시작하였다.

근대 역사상 가장 유명한 유대인 뱅커는 단연코 로쉴드(Rothschild) 가문이다. 로쉴드 가문은 궁정 유대인 출신이다. 기존 궁정 유대인의 최대 약점이

하지만 전 국민이 굶어 죽을 정도의 흉작은 절대 아니었다. 그러나 아일랜드 거주 영국 지주들은 생산된 감자를 해외로 실어 날랐고, 결국 최소 100만 명의 아일랜드 인들이 굶어 죽었으며 최소 100만 명이 해외로 떠났다. 해외 이민자 중에는 미국 최대의 거부 철강왕 앤드류 카네기가 있었고, 아일랜드계의 직간접 후손 중에는 우드로 윌슨, 존 F. 케네디, 지미 카터, 로널드 레이건, 부시 부자, 조 바이든 등의 대통령도 있다. 하여튼 대기근 사태 이후 영국과 아일랜드는 돌아올 수 없는 강을 건넜고, 테러와 무장 반란에 시달리던 영국은 1949년, 아일랜드 공화국 창설에 동의한 후 결국 결별했다. 하지만 현재도 영국령인 북아일랜드를 두고 양국의 갈등은 계속되고 있다.

었던 왕실에 대한 절대적인 종속 관계를 완전히 탈피하고, 철저히 상업적 논리에 기반한 독립 관계 정립에 최초로 성공한 가문이 바로 로쉴드 가문이다.

특히 로쉴드 가문이 어떤 식으로 궁정 유대인의 약점을 극복했는지 전혀 알려져 있지만, 확실한 것은 유럽 왕들의 재산 약탈을 피하기 위해 예탁 재산을 철저히 비밀리에 관리했다는 점이다. 이 때문에 로쉴드 가문은 거의 언제나 유대인 뱅커 음모론의 가장 중심에 서 있었다.

제이콥 쉬프(Jacob H. Schiff, 1847~1920) 사진. 제이콥 쉬프를 이야기하려면 아브라함 쿤(Abraham Khun, 1819~1892) 이야기부터 먼저 해야 한다. 쿤은 독일 마인츠 태생 유대인으로, 1840년경 그의 형과 함께 뉴욕시로 이민을 간다. 1849년에는 의류 상인인 솔로몬 뢰브(Solomon Loeb, 1828~1903)의 여동생인 레지나 뢰브(Regina Loeb)와 결혼한다. 1867년에는 폭발적으로 성장하는 미국 경제에 자금을 공급하는 투자은행인 쿤 뢰브 앤 코(Kuhn Loeb & Co.)를 설립하여, 주로 미국의 철도와 건설 사업에 자금을 대었다. 1875년에는 솔로몬 뢰브의 유대인 사위인 제이콥 쉬프(Jacob H. Schiff, 1847~1920)를 영입한 이후, 미국 전역의 철도 산업 붐과 쉬프의 사업 수완이 결합함에 따라 회사가 급격히 팽창한다. 이에 따라 스탠다드 오일 창업자 락펠러(John D. Rockefeller, 1839~1937)와 철강왕 앤드루 카네기(Andrew Carnegie, 1835~1919)의 인수합병 작업에 필요한 막대한 자금 조달을 책임지기도 했다. 특히 제이콥 쉬프는 일본의 러일 전쟁에 필요한 자금을 조달한 것으로도 유명하다. 즉 일본은행 부총재였던 다카하시 고레키요(1854~1936)가 영국의 여러 은행에서 500만 파운드의 공채를 조달한 이후, 추가로 공채를 매각하기 위해 미국을 방문했다. 그러던 어느 날, 은행가 만찬에서 옆자리에 앉은 제이콥 쉬프가 일본군의 사기가 얼마나 높은지에 대해 질문했고, 코레키요가 이에 적극 응답함으로써 500만 파운드의 공채 추가 매각에 성공한다. 이후 제이콥 쉬프는 친분이 있는 리먼 브라더스 등 유대인 뱅커들을 설득하여, 일본은 총 7,200만 파운드에 이르는 공채 발행에 성공하게 된다. 일본의 러일전쟁 승리는 제이콥 쉬프가 없었으면, 절대로 가능하지 않았을 것이다. 이 일로 인해 쉬프는 메이지 천황으로부터 훈1등 욱일대수장이라는 훈장을 수여받는다. 일설에는 러시아의 反 유대인 정책인 포그롬 정책에 항의하는 의미로, 쉬프가 다카하시 코레키요에게 적극적으로 자금을 지원했다고 한다. 이 일화 이후 유대인 세계 지배에 대한 음모론이 급격히 확산한다. 미국 기업인 월간 잡지인 『*세상만사(World's Work, 1900~1932)*』에서 발췌. 출처: Wikipedia. Public Domain

로쉴드 이외에도 워버그(Warburg), 슈파이어(Speyer), 셀리그만 앤 코(J. & W. Seligman & Co.), 쿤 뢰브 앤 코(Khun, Loeb & Co.), 멘델손 앤 코(Mendelssohn & Co.), 아른홀트 앤 블라이쉬뢰더(Arnhold and S. Bleichroeder), 살로몬 브라더스(Salomon Brothers), 골드만 삭스(Goldman Sachs), 리먼 브라더스(Lehman Brothers), 라덴버그 탈만(Ladenburg, Thalmann & Co), 라자드

(Lazard) 등의 기라성 같은 금융기관들이 모두 유대인들이 창업한 뱅킹 회사이다.

이들 유대인 뱅커들은 종교적인 이유와 정보의 비밀성이라는 뱅커 영업의 특성 때문에 유대인 뱅커 가문들끼리만 주로 결혼했다. 예컨대 쿤 뢰브 앤 코, 슈파이어 가문, 셀리그만 가문, 리만 브라더스 가문, 골드만 삭스 가문 등은 상호 간에 복잡하게 얽힌 혼인관계를 맺으면서 뱅킹 영업을 확대했다. 2차 대전 이전까지만 해도 뱅킹 산업은 개인 간 돈독한 친목 관계가 일감을 가져오는 일종의 "관계 산업(relationship business)"이었으므로, 이들 상호 간 혼인 관계는 비즈니스 확대에 엄청난 동력이 되었다.

조제프 셀리그만(Joseph Seligman, 1819~1880). 그는 독일 바이에른 왕국의 바이어스드로프(Baiersdorf)에서 태어난 유대인이다. 조제프는 어머니 가게에서 일하면서 독일 공국의 화폐를 환전하는 일을 하는 과정에서 뱅킹 일을 배웠다. 하지만 고향에서의 사업이 어려워지자, 17세 때인 1836년에 미국 펜실베이니아로 건너가, 소형 물품을 판매하면서 착실히 돈을 모아 나갔다. 1846년에 셀리그만 앤 코(Seligman & Co.)를 설립하여 본격적인 무역과 뱅킹 업무를 시작한다. 그러던 중 남북전쟁이 터지자 북부군의 유니폼을 제작하여 군에 납품하면서 사세를 급격히 키웠다. 특히 남북전쟁 중 2억 불의 전쟁 공채를 매각하여 사실상 북부의 승리로 이끈 게티스버그 전투와 비견되는 성과를 거두기도 한다. 남북전쟁이 끝나자 1864년에 다른 형제들과 합병하면서 설립된 J. & W. 셀리그만 앤 코(J. & W. Seligman & Co.)는 철도 사업 투자에 뛰어들었고, 스탠다드 오일과 제너럴 모터스 등 거대 회사의 설립에도 자금 조달의 일부를 담당했다. 율리시스 그랜트 대통령 시절에는 재무장관 자리를 제안받기도 하였으나 거절하였다. 그가 사망한 후 J. & W. 셀리그만 앤 코는 파나마 운하 건설에 필요한 자금조달을 주도하기도 하였다. 작자 미상. 출처: Wikipedia. Public Domain

이 때문에 세간에서는 유대인들 뱅커 가문끼리의 결혼을 통해, 유대인들이 전 세계의 정치와 경제를 좌우한다는 일종의 음모론을 제기하기도 한다. 『*화폐전쟁*』의 저자 쑹훙빙은 마치 이들이 치밀한 의도를 가지고 세계를 지배할 목적으로 유대인 가문끼리의 혼인을 통해, 금본위제와 미국의 FRB, CIA까지 창설했다는 식으로 "유대인 뱅킹 음모론"을 펼치기도 했다.

유대인의 금융에 대한 음모론은 단순한 가십 거리가 아니라 현대에 와서도 실제 유대인에 대한 잔인한 핍박으로 이어졌다. 대

표적으로 중세 영국의 에드워드 1세와 마찬가지로 현대 독일의 히틀러는 정권을 잡은 후 유대인 금융 세력을 철저히 분쇄했다. 이 때문에 많은 유대계 독일 뱅커들이 미국으로 망명하였다.

우리에게 잘 알려져 있지 않지만, 히틀러보다 앞서서 뱅커들과 유대인들의 국제적 조직과 음모론을 설파한 이도 있었다. 바로 미국의 7대 대통령인 앤드류 잭슨(Andrew Jackson, 1767~1845) 대통령이다. 잭슨 대통령은 1828년, 자신의 대통령 후보 연설에서 은행가들을 상대로 "뱅킹 시스템을 이 나라의 국민들이 이해했다면 내일 아침에 바로 혁명이 일어날 것"이라고 경고했다.[20] 이 때문인지 몰

하임 살로몬(Hyme Salomon, 1740~1785). 그는 1492년 이베리아 반도에서 유대인 大 축출이 일어났을 때, 폴란드로 이주한 세파르디 유대인의 후손이다. 폴란드 레즈노에서 태어난 그는 중부 및 동부 유럽으로 이주한 세파르디 유대인이 사용하던 언어인 이디시(Yiddish) 말을 쓰지는 못했다고 한다. 1770년 폴란드 일부 영토가 리투아니아로 분할되면서 영국으로 이주했고, 1775년에는 뉴욕으로 향했다. 그는 뉴욕에서 국제무역을 담당하는 이들의 금융 중개인 직업을 시작했으며, 이때 마침 미국 독립 전쟁이 일어난다. 그는 간첩 협의로 영국군에게 체포되었다가 사형 선고까지 받았으나, 기어이 탈출하여 미국 독립군의 군 자금 조달 업무를 담당한다. 이 과정에서 건국의 아버지 중 한 사람인 금융가 로버르 모리스(Robert Morris, 1734~1806)와 친분을 쌓기도 한다. 특히 1781년 미국 독립 전쟁의 사실상 마지막 전투인 요크타운(Yorktown) 전투에서 자금이 바닥이 나 2만 달러가 반드시 필요했던 조지 위싱턴은 하임 살로몬의 도움으로 극적으로 2만 달러를 마련한다. 하지만 지나치게 많은 국채를 인수하면서, 독립 전쟁 후 채권 상환이 안 되자 극도의 빈곤 속에서 갑자기 사망한다. 그가 사망한 이후 그의 후손인 아서, 허버트, 퍼시 형제들(Arthur, Herbert, Percy Salomon)은 1910년 투자은행인 살로몬 브라더스(Salomon Bothers)를 설립하는데, 이 투자은행은 1980년대와 1990년대 "월가의 왕"으로 불릴 만큼 채권 거래 시장의 절대 강자로 군림했다. 예컨대 모기지를 담보로 묶어 증권을 발행하는 MBS는 살로몬 브라더스가 만든 것이고, RJR Nabisco 인수전에도 뛰어든 적이 있다. 그러나 1991년 미국 국채 매입 시 허위 사실로 입찰에 참가했다는 의혹으로 SEC로부터 벌금을 받고 사세가 급격히 기운다. 그러다가 1997년 Traveler's Group에 인수되고, 나중에 Traveler's Group을 인수하는 Citi Group에 흡수되어 살로몬 브라더스라는 상표는 사라졌다. 2022년에는 살로몬 브라더스 출신들이 이 상표를 다시 살리기 위해 노력 중이라고 블룸버그가 보도하기도 했다. 작자 미상. 메릴랜드 국가 기록 보관소(National Archives at College Park) 소장. 출처: Wikipedia. Public Domain

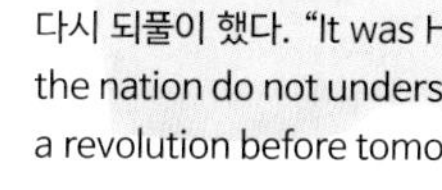

20 "That if the general population really understood the monetary system and banking system, there would be a revolution before morning." 잭슨 대통령의 연설 내용을 헨리 포드는 다음과 같은 취지로 다시 되풀이 했다. "It was Henry Ford who said in substance this: 'it is perhaps well enough that people of the nation do not understand our banking and monetary system, for if they did, I believe there would be a revolution before tomorrow morning.'" 『Social Justice』, April 19, 1937, p. 10.

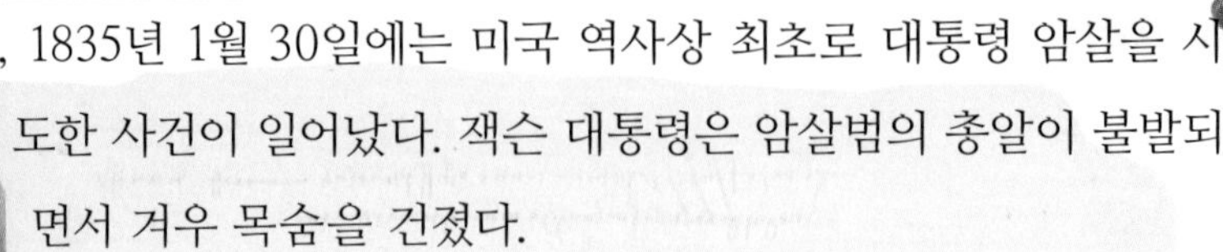

Codex Atlanticus

라도, 1835년 1월 30일에는 미국 역사상 최초로 대통령 암살을 시도한 사건이 일어났다. 잭슨 대통령은 암살범의 총알이 불발되면서 겨우 목숨을 건졌다.

잭슨 대통령 말고 히틀러의 유대인 박해가 시작된 1934년보다 10년 이상 앞서 게르만인은 유대인과 결코 공존할 수 없는 종족이라고 "예언"까지 한 미국인도 있다.[21] 그는 미국에서 자동차 신화를 이룬 포드 회장 헨리 포드(Henry Ford, 1863~1947)였다. 헨리 포드는 유대인들이 금융뿐만 아니라 미국의 영화, 극장, 미디어, 부동산 영역 등에서 막강한 영향력을 발휘하고 있다고 주장했다. 이와 같은 사실들로 인해 겉으로만 보면 유대인끼리 결속하여 뱅킹을 통해 세계 경제와 정치를 지배한다는 유

리먼 브러더스의 창립자 중 한 사람인 임마뉴엘 리먼(Emanuel Lehman, 원래 이름 Mendel Lehmann, 1827~1907). 리먼 브러더스의 조상은 아브라함 리먼(Abraham Lehmann)으로, 그는 독일 동남부 지방인 바바리아의 림파르(Rimpar)에서 소를 사고파는 유대인 상인이었다. 그의 아들 중 헨리 리먼(Henry Lehman, 원래 이름 Hayum Lehmann, 1822~1855)이 미국 앨라배마로 이주하여 의류 판매상을 하고 있었고, 1847년 엠마뉴엘 리먼이 이 회사에 합류하면서, 회사 이름이 "리먼 앤 브로(H. Lehman and Bro)"로 바뀐다. 1850년에는 막내동생인 마이어 리먼(Mayer Lehman, 1830~1897)이 앨라배마로 이주하여 합류하면서 회사 이름이 다시 "리먼 브러더스(Lehman Brothers)"로 바뀐다. 리먼 브러더스는 의류 사업을 하다가 당시 노예 노동을 활용한 면화의 국제 무역 사업에 뛰어든다. 남북전쟁 후에는 뉴욕으로 이전하는데, 1870년 뉴욕 면화 거래소 설립을 주도하면서 작물의 상품화 및 1880년대부터는 철도 채권 사업 발행과 자문 사업에 두각을 드러내기 시작했다. 1906년부터 회사는 본격적인 금융 회사로 변모하기 시작했고, 주요 기업들의 IPO 작업 전반을 주도하는 거대 금융기관이 되었다. 1960년대 이후부터는 리먼 가족의 직계가 모두 끊어져 사실상 전문 경영인 체제로 전환되었다. 리먼 브러더스 출신 중 가장 유명한 사람이 천 세계 최대 자산운용사인 블랙스톤 설립자이자 회장인 스티븐 숄츠만(Stephen A. Schwarzman, 1947~)이다. 1984년 어메리칸 익스프레스(American Express)의 증권 중개 자회사인 쉬어슨(Shearson)이 인수하기도 하지만, 1994년 다시 리먼 브러더스로 독립한다. 리먼 브러더스는 2000년대 이후 MBS 증권 중개에 거의 전 회사의 역량을 집중하다가, 2008년 금융위기의 원인을 제공하고 동시에 그해에 파산한다. 작자 미상. 『*허버트 리먼 페이퍼(Herbert H. Lehman Papers)*』에서 발췌. 출처: Wikipedia. Public Domain

---

21 Henry Ford, 『*The International Jew*』, AAARGH INTERNET EDITION, 2003, p.11 "The Jew in Germany is regarded as only a guest of the people; he has offended by trying to turn himself into the host. There are no stronger contrasts in the world than the pure Germanic and pure Semitic races; therefore, there has been no harmony between the two in Germany; the German has regarded the Jew strictly as a guest, while the Jew, indignant at not being given the privileges of the nation-family, has cherished animosity against his host." (29 May, 1920)

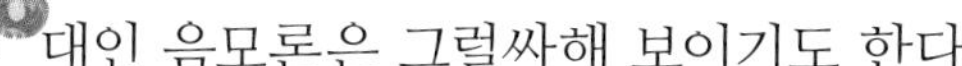



대인 음모론은 그럴싸해 보이기도 한다.

유대인 뱅킹 음모론이 사실인지 아닌지는 여전히 알 수 없다. 필자는 사실이 아니라고 믿는다. 유대인이 뱅킹에 특화된 이유는 고대부터 뱅킹 활동에 전문성이 있었고, 디아스포라와 우스라 금지라는 독특한 역사적 배경으로 인해 중세 때

마커스 골드만(Marcus Goldman, 1821~1904). 세계 최대의 투자은행인 골드만 삭스 창업자. 그는 독일 바이에른 지방 출신으로 아쉬케나짐 유대인이었다. 그의 부친인 볼프 골드만(Wolf Goldman)은 가축 상인이었는데, 1811년 유대인들도 성을 가질 수 있게 되면서 성을 마르크스(Marx)에서 골드만으로 바꾸었다고 한다. 마커스는 1848년 유럽 전역이 혁명으로 몸살을 앓자, 미국으로 건너가 필라델피아에서 말이 끄는 수레에서 행상을 하고 다녔다. 돈을 벌기 시작한 후에는 옷 가게를 차렸지만, 돈을 더 벌기 위해 뉴욕으로 이주한다. 마커스는 뉴욕의 파인 스트리트에서 차용증을 중개하는 금융 중개 회사 "마커스 골드만 앤 코(Macus Goldman & Co.)를 세우고, 차용증과 기업 어음을 중개하면서 사세를 키웠다. 1885년에는 아들 헨리(Henry Goldman, 1857~1937)와 사위인 루드비히 드레퓌스(Ludwig Dreyfuss, c.1840~1918)를 영입했고, 사명을 현재의 회사명인 "골드만 삭스(Goldman Sachs & Co.)로 바꾼다. 1906년부터는 기업 공개 시장에도 뛰어들었고, 이후에는 주식 중개업에도 진출한다. 1927년에는 불세출의 골드만 영웅인 시드니 와인버그(Sidney J. Weinberg, 1891~1969)가 수석 파트너가 되어 골드만을 이끌게 된다. 시드니 와인버그의 골드만 삭스 첫 보직은 정문을 관리하는 수위의 보좌직으로, 맡겨진 모자나 옷의 먼지를 솔을 써서 제거하는 일이었다. 와인버그는 1929년 주식시장 붕괴로 회사가 파산할 지경의 위기를 잘 극복하였으며, 이후에는 프랭클린 D. 루스벨트와의 개인적 친분을 바탕으로 그의 대통령 당선과 뉴딜 정책 실행에 크게 기여하기도 하였다. (1952년에는 공화당 출신의 아이젠하워 대통령을 지지하였는데, 그의 지지는 아이젠하워 대통령 당선의 결정적 요인이 된다.) 나아가 2차 대전이 터지고 미국의 참전이 결정되자, 전쟁 생산 이사회의 자문관이 되어 전쟁 물자 동원과 조달을 주도하였으며, 동시에 미국 민간인의 전쟁 참여를 독려한 사람이 바로 시드니 와인버그였다. 전쟁이 끝나고 1956년에는 당시로서는 가장 큰 규모의 기업 공개인 포드 자동차의 기업 공개 주간사를 맡았는데, 이는 시드니 와인버그가 창업자 헨리 포드의 장손자인 헨리 포드 2세와 매우 친밀했기 때문이다. 시드니 와인버그는 1969년 죽을 때까지 골드만 삭스의 회장이었다. 1970년에는 런던에 사무소를 열면서 국제화의 본격적 시동을 걸었고, 1976년부터는 시드니 와인버그의 아들인 존(John Weinberg, 1925~2006)이 수석 파트너 자리를 이어받아 회사를 잘 이끌었다. 1980년대에는 인수합병 시장의 최대 주간사로 명성을 날렸으나, 2008년 금융위기 때는 모기지 증권에 대한 보험 상품을 만들어 매각함으로써 금융위기의 진원지라는 의혹도 받아야 했다. 하지만 금융위기 이후에도 사세는 기울지 않았고, 2016년에는 개인 무담보 대출 시장에도 진출했다. 그러나 2015년에는 말레이시아 1MDB의 부패 사건에 연루되어, 39억불이라는 거액의 벌금을 물기도 했다. 이처럼 숱한 스캔들과 의혹에도 불구하고, 골드만 삭스는 여전히 전 세계 투자은행의 수위 자리를 지금도 계속 지키고 있다. 작자 미상. 1900년경 사진. 출처: Wikipedia, Public Domain

도 유대인들만 유일하게 뱅킹 활동을 지속해 왔기 때문이다. 나아가 유대인은 기독교 공인 이후 예수를 죽였다는 이유로 종교적·정치적 박해의 대상이 되면서, 전당포 영업 이외의 다른 직업을 영위할 수도 없었다.

다른 민족과의 결혼 또한 쉽지 않아서, 결과적으로 유대인 가문끼리만 혼인할 수밖에 없었다. 유대인 가문끼리의 결혼도 필자가 보기에는 유대인에 대한 부정적인 인식으로 유대인 가문끼리 결혼하는 것이 불가피한 선택이었기 때문이지, 어떤 의도가 있었다고 단정하기는 어렵다. 유대인들의 결속력 또한 유일신 여호와에 대한 절대 숭배를 바탕으로 다른 민족은 근처에도 가지 못하는 최고 수준이었다. 이 모든 요인들 때문에 유대인들은 뱅킹에 특화되고, 유력 뱅커들 중에 유대인이 많았던 것이다.

아울러 중세까지만 해도 유대인의 뱅킹은 결코 주목받은 적이 없었다. 유대인들의 뱅킹은 "고리대"라는 이름으로 유럽 사회에서 철저히 멸시받은 직업이었다. 유대인에게 예치한 금액 중 원금이 삭감되면 유럽의 왕실과 귀족들은 유대인을 가차 없이 죽이기도 하였다. 특히 중세 말, 근대 초에는 유대인 뱅커 말고 롬바르드 뱅커라 불리는 기독교인 뱅커들도 등장했다. 뱅킹의 정치, 외교적 영향력을 처음으로 확대한 이는 유대인이 아니라, 천주교 신자였던 이들 이탈리아 머천트 뱅커들이었다. 이런 점을 종합했을 때 유대인들이 어떤 전체적인 계획 하에 일을 꾸미고 있다는 설득력이 있는 객관적인 증거는 여전히 발견할 수 없다.

다만 오늘날까지도 금융업계에서 유대인들의 종사자가 많은 것은 변함없는 사실이다. 고대에는 예루살렘을 제외하고 가장 많은 유대인이 살았던 곳은 지중해 금융 중심지 알렉산드리아였다. 오늘날에도 이스라엘의 텔 아비브(Tel Aviv) 메트로폴리탄 지역을 제외하고, 가장 많은 유대인이 사는 곳은 전 세계 금융 중심지 뉴욕이다. 뉴욕은 1950년대 한 때 200만 명의 유대인이 살았고, 2024년 기준 뉴욕시 총인구 809만 명 중 약 20%인 160만 명의 유대인이

살고 있는 것으로 추정된다.

뉴욕에 거주하는 유대인의 절대 인구뿐만 아니라 미국 금융계의 핵심 인물 또한 유대인이 대다수이다. 2008년 금융위기 이전 大 평화 시대(Great Moderation)를 조성한 연방준비은행 의장 그린스펀(Alan Greenspan), 그린스펀의 후임으로 2008년 금융위기 때 양적 완화로 전 세계 경제를 구원한 버냉키(Ben Bernanke), 버냉키와 함께 2008년 금융위기를 수습한 뉴욕 준비 은행장 가이트너(Timothy Geithner), 2008년 금융위기에서 베어스턴스를 인수한 제이피 모건의 제이미 다이먼(Jamie Dimon), 2008년 금융위기의 진원지였던 AIG의 그린버그(Maurice H. Greenberg) 회장, AIG에 가장 많은 CDO를 중개한 골드만 삭스의 블랭크파인(Lloyd C. Blankfein) 회장, 2008년 금융위기 직후 650억 불에 이르는 천문학적인 규모의 헤지펀드 사기 사건 주인공 메이도프(Bernard Madoff), 설명이 필요 없는 조지 소로스(George Soros) 모두 유대인이다.

우연히도 2008년 금융위기의 핵심 주인공들은 모두 유대인들이었는데, 이쯤 되면 2008년 금융위기도 유대인들이 의도적으로 일으킨 것이라는 음모론도 나올 법하다. 대표적인 인물이 *『화폐전쟁』*의 저자 쑹훙빙(宋鴻兵, 1967~)이다. 필자가 보기에 최소한 2008년 금융위기의 원인이 유대인들의 음모라는 그의 주장은 세계 무역 구조와 뱅킹의 특성에 대한 기초적인 이해 없이, 겉으로만 드러난 유대인 뱅킹이라는 피상적인 사실에만 주목하면서 도달한 황당한 3류 소설이라고 본다. 다시 말해 2008년 금융위기에 대한 그의 주장은 객관적인 사실에 근거한 것이 아니라, 유대인 뱅커가 많다는 초보적인 사실에 흥분하여 비전문가적 상상이 빚어낸 조잡한 음모론일 뿐이다.

2008년 금융위기의 원인은 유대인의 음모 때문이 아니라, 소비 대국 미국과 생산 대국 중국의 양대 세계 무역구조와 거대 뱅커들, 그리고 거대 뱅커들이 자신들의 규모를 키우기 위한 핵심 무기였던 파생금융 상품 때문이었다.[22]

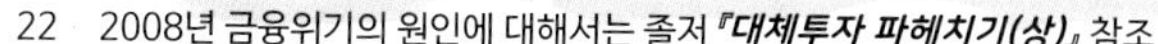

22 2008년 금융위기의 원인에 대해서는 졸저 ***『대체투자 파헤치기(상)』*** 참조

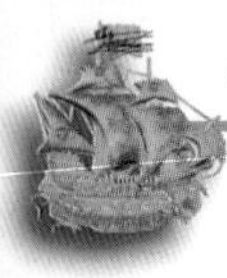





단지 그 사건의 중심에 유대인들이 중요한 위치에서 활동했을 뿐이다. 쑹훙빙의 이론이 맞다면 생산 대국 중국이 2000년대 초반 세계 경제에 편입된 것도 유대인의 음모이어야 한다. 그렇다면 쑹훙빙의 조국 중국이 유대인들의 지시에 따라 전 세계 제조업 생산의 ⅓을 차지하는 생산 대국이 되었나?

2008년 금융위기는 별건으로 하더라도, 파트너 구두닦이에서 최고의 파트너까지 오른 전설적인 골드만 삭스의 시드니 와인버그는 2차 세계 대전 때 "전쟁 생산 이사회(War Production Board)"의 자문관(assistant director)이었다. 그가 유대인이라는 사실에만 주목해서, 전쟁 생산 이사회에 간여했다는 이유로 2차 대전 때 유대인이 미국 정부의 전쟁물자를 좌지우지했다는 음모론의 일부가 되어야 하는가? 필자는 아니라고 보지만, 이에 대한 판단은 독자의 몫이다.

다만, 중세와 근대의 경우는 유대인의 거의 독점 영업이었던 뱅킹 활동이 왕권을 강화하려는 왕정과 긴밀히 연결될 수밖에 없었다. 특히 근대의 외교는 해당 외교관이 아니라면 그 내용을 전혀 알 수 없는 철저한 비밀주의 외교였다. 이 때문에 중세와 근대 역사만 보면 최소한 표면적으로는 유대인들이 마치 비밀리에 국가 설립에 간여하고 외교 질서를 수립하는 데 적극 간여하는 것처럼 보였을 수는 있다. 네이선 로쉴드가 대표적인 사례이다. 이 때문에 유대인의 음모론은 최소한 조세제도가 확립되기 이전 근대의 유대인 뱅커들에 대해서는 완전히 황당한 소설은 아닐 가능성도 있다.

하지만 2차 대전 이후부터는 본질적으로 뱅킹 산업이 양 당사자 사이에 철저한 비밀 보장을 원칙으로 하는 관계 비즈니스에서 거의 완전히 탈피하였다. 이제 뱅킹 비즈니스의 성공 여부는 넘쳐나는 정보를 누가 얼마나 효율적이고 신속하게 분석해서 과감히 투자하는지에 따라 달려 있다. 예컨대 관계 비즈니스에 집착했던 유대인 뱅킹 회사 쿤 뢰브 앤 코는 2차 대전 이후 결국 회사의 성장이 멈추면서 리먼 브라더스에 합병되었다가, 이후에는 회사가 아예 사라졌다.

아울러 2차 대전 직전까지 유럽 국가들이 필요한 파이낸싱을 뱅커들에 의존할 수밖에 없었던 이유는 조세제도가 제대로 확립되지 않았기 때문이었다. 이에 따라 나폴레옹이 워털루 전투에서 패배한 이후 유럽의 정치 질서는 네이선 로쉴드의 국채 발행 시기와 규모가 결정할 정도였다. 하지만, 2차 대전 이후 조세제도가 확립되면서 국가의 파이낸싱 능력도 특정 뱅커들에게 의존하는 경향 또한 현저히 사라졌다. 따라서 유대인 뱅커들이 자신들의 국제 네트워크를 활용한 뱅킹 활동을 통해 국가와의 공동 비즈니스 추진 과정에서 행사하던 정치, 외교적 영향력은 이제 더 이상 세간의 주목거리도 되지 않을 만큼 미미하다고 생각한다.

다만 조세제도 미비로 정부의 재정이 부족한 몇몇 개발도상국들은 현재에 와서도 특정 뱅커들에 대한 의존도가 여전히 높다. 특히 남미 국가들은 재정 부족 때문에 국채 발행을 통한 자금조달 빈도가 매우 높다. 이들 국가들은 자금조달은 물론이고 자금을 융통하는 과정에서도 특정 뱅커들과 긴밀한 유대관계를 형성할 가능성이 있다고 본다. 예컨대 아프리카 국가의 경우에는 영국계 뱅크들이 거의 모든 뱅킹 영역에서 다른 나라의 뱅커들을 압도한다.

요약하면 유럽에서 12~13세기 이탈리아의 롬바르드 뱅커들이 등장하기 전까지 유대인들은 뱅킹 산업을 영위하는 거의 유일한 민족이었다. 중세 영국도 뱅킹 활동이 없다가, 11세기 정복왕 윌리엄의 영국 정벌로 인해 유입된 유대인들이 뱅킹 활동을 전파했을 정도였으니까. 하지만 유대인들에 대한 부정적 인식 때문에 유대인들의 활발한 뱅킹 활동은 오히려 유럽 왕들의 철저한 탄압 대상이 되었다. 이 때문에 12~13세기부터는 이탈리아의 롬바르드 뱅커들이 전면에 나서 유럽의 뱅킹 산업을 장악하게 된다.

그러나 롬바르드 뱅커들이 전면에 등장했다고는 해도 뱅킹 부분에서 유대인들의 영향력이 완전히 없어진 것은 아니었다. 단지 유대인 뱅커들의 활동은 사회적 감시망을 피해 수면 아래에 잠재되어 있었을 뿐이었다. 이베리아 반도

의 세파르디 유대인과 라인강 유역 독일의 아쉬케나짐 유대인들이 바로 그들이다.

뱅킹에서 유대인들의 영향력 확대는 종교의 자유가 허용된 네덜란드가 건국되면서 결정적인 계기를 만나게 된다. 특히 네덜란드가 영국을 침공한 명예혁명을 계기로 뱅킹 활동을 유지하던 유대인들이 영국으로 대거 이주하였고, 이들의 유대인 뱅킹 활동이 마침 종교 갈등을 종식하고 대외로 눈을 돌리던 영국의 대외 확장 정책과 결합하었다. 그 결과 유대인들의 정치, 외교, 금융 분야에서의 영향력은 눈덩이처럼 확대되었고, 이 때문에 일각에서는 유대인들이 세계 질서를 좌우한다는 음모론을 제기하기도 하였다.

유대인 뱅커인 아브라함 골드스미드(Abraham Goldsmid, c.1756~1810). 그는 본문에서 언급한 것처럼 네덜란드에서 거주하다가 명예혁명 이후 영국으로 이주한 유대인 뱅커이다. 즉, 그는 네덜란드에서 1765년 무렵 영국으로 이주한 아론 골드스미드(Aaron Goldsmid, ?~1782)의 아들이다. 아브라함은 부친인 아론, 형인 벤자민(Benjamin Goldsmid, c.1753~1808)과 함께 카펠 거리(Capel Street)에서 영국의 국채를 중개하며 돈을 벌었다. 골드스미드 가문의 모토는 Concordia et Sedulitate, 즉 Concord and Diligence(화합과 근면)로 유대인 상호 간 단합과 열정적인 뱅킹 사업이라는 유대인 뱅커의 고유한 특징이 그대로 드러난다. 이후 나폴레옹 전쟁 때는 베어링과 함께 영국 국채 시장에서 영향력이 막강한 큰 손으로 부상한다. 1808년 그의 형이던 벤자민이 사망하자, 아브라함 혼자서 뱅킹 영업을 영위하며 고군분투 사업을 키웠다. 그러던 1810년, 1,400만 파운드라는 대규모 영국 국채를 베어링과 동시에 인수하여, 시장을 놀라게 했다. 불행히도 국채를 인수했던 바로 그해인 1810년 9월 11일, 동업자이던 프란시스 베어링이 70세의 나이로 자택에서 사망했다. 바이런이 유럽의 제왕이라고 불렀던 프란시스 베어링의 죽음으로 그와 공동으로 인수한 영국 국채 가격은 거의 매일 폭락세를 보였다. 마침 동인도회사는 자사 교환증서의 현금화를 위해 500만 파운드의 교환증서를 아브라함에게 위탁했는데, 국채 가격이 폭락하자 동인도회사는 자사 교환증서를 돌려줄 것을 아브라함에게 요청했다. 기한은 1810년 9월 28일. 그러나 기한 다음 날인 1810년 9월 29일, 아브라함은 자택에서 숨진 채 발견된다. 런던 초상화 박물관 소장

필자는 조세제도가 확립되기 이전 근대 유럽 국가들의 경우에는 유대인 음모론이 황당한 소설이 아닐 가능성은 여전히 있다고 본다. 객관적인 증거는 없지만 조세제도가 없는 유럽 국가가 내부 통치

나 전쟁에 필요한 자금을 특정 뱅커들에게 의존하는 것은 매우 당연한 논리적 귀결이기 때문이다. 이 사정은 재정이 부족한 현재의 일부 개도국에게도 여전히 적용된다.

다만 현재에 이르러서도 글로벌 뱅킹 산업을 유대인들이 장악하여 자신들에게 유리한 방향으로 세계를 경영한다는 유대인 음모론의 근거에 대한 객관적 증거는 여전히 부족하다고 생각한다. 설령 만에 하나 보이지 않는 음모에 따라 유대인들이 현재 전 세계 뱅킹 산업을 배후 조종하는 것이 사실이라고 하더라도, 이에 대한 객관적인 증거가 있어야 한다. 필자는 주요 금융계 인물이 유대인이라는 사실 이외에는, 현재의 유대인 음모론을 뒷받침하는 객관적인 증거를 아직도 본 적이 없다. 명확한 증거도 없으면서 추정에 바탕을 두고 이를 일반적인 진실인 것처럼 침소봉대하는 것은 과학적인 접근이 결코 아니지 않을까?

# 09 중세 이슬람의 황금시대 Golden Age for Islam

알함브라 궁전, 스페인 그라나다 소재

## (1) 대천사 지브랄(Jibril)과 신의 말씀(Koran)

히라 암혈에서 수행하는 무함마드. 무함마드의 얼굴은 처음부터 베일에 가려져 있거나, 있더라도 후대에 지워져 있는데, 이는 무함마드의 얼굴이 알려지면 우상 숭배의 대상이 될 것이라는 우려 때문이라고 한다. 1595년경 작품. 오스만 튀르크 제국의 서사시 『시예르이 네비(Siyer-i Nebi)』에서 발췌. 톱카프 궁전 소장. 출처: Wikipedia. Public Domain

570년, 유목민인 쿠라이시(Quraysh) 부족의 하심(Hashim) 가문 일원인 무함마드(Muhammad, 일명 마호멧, 570 ~ 632)가 아라비아 반도 서쪽의 황량한 땅 메카에서 태어났다. 쿠라이시 부족은 원래 유목민이었으나, 장사로 돈을 번 후 메카에 정착하여 대외무역 활동과 특히 순례자에 대한 장사에 집중했다. 당시 메카는 대상로 교역의 중심지였고, 유대인들과 비정통파 기독교, 메소포타미아 종교, 토착 신앙들이 뒤섞인 다신교 종교의 요람이기도 하였다. 예컨대, 630년 무함마드가 메카를 점령했을 때 이스마일이 세웠다는 메카의 신전 카바(Kaaba)에는 무려 360개에 달하는 우상이 있었다고 한다.[1] 그중에는 아카드의 여신인 이쉬타르 여신의 신상도 있었다. 쿠라이시 부족은 메카의 관리자로서 순례자들에게 음식과 물을 팔아 돈을 벌고 있었다.

가난하게 태어났어도 상업으로 돈을 벌고 안정적 생활을 하

---

1 카바는 아랍어로 입방체(cube)라는 뜻이다. 카바 신전의 외벽 동쪽 모서리에는 지름 30㎝가량의 검은 돌(Hajar al-Aswad)이 박혀 있다. 전설에 따르면 천사 가브리엘이 아브라함과 이스마일에게 이 돌을 주었고, 카바 신전을 지을 때 이 돌을 모퉁이에 사용했다고 한다. 이 검은 돌의 정체는 확실치 않으나, 운석이라는 가설이 가장 신빙성이 있다.

히라 암혈에서 가브리엘 천사의 계시를 받는 무함마드. 라시드 앗딘(Rashid al-Din Hamadani, 1247~1318)의 세계 역사상 첫 번째 세계사 책인 *『연대기의 집성(Compendium of Chronicles, 원어 Jami' al-tawarikh)』*에서 발췌. 1307년경 작품. 출처: Wikipedia. Public Domain

고 있던 무함마드는 메카 근방의 자발 누르(Jabal Al-Nour)산에 있는 히라 암혈(Cave of Hira)에서 기도 생활을 하던 중, 610년부터 대천사 지브랄(Jibril, 가브리엘)이 꿈속인지 생시인지에 계속 나타나 "낭송하라"라는 환영에 시달렸다. 처음에는 무슨 영문인지를 몰라 격렬하게 거부했지만, 나중에는 신기하게도 저절로 자신의 입에서 성스러운 "신의 말씀(Koran)"이 튀어나오는 경험을 하였다. 시쳇말로 신들린 것이다. 그는 결국 종교인으로 변신했다. 그는 613년경부터 유일신 알라의 사자로서 포교를 시작하여 19년 후 죽을 때까지 이슬람 율법을 중동 지방에 전파했다.[2] 그의 말에 따르면 알라의 가르침을 따르면 "마시면 유쾌해지는 포도주가 강물처럼 흐르는 정원"을 맛볼 것이다." 만약 알라신의 말을 믿지 않으면 "영원히 지옥에 살며, 펄펄 끓는 물을 마시고 내장이 갈가리 찢어질 것이다."[3]

하지만 메카의 전통은 다신교였다. 노인의 모습을 한 아브라함 상과 황금으로 만든 손에 예언의 일곱 화살을 들고 있는 붉은 마노 조각상 등을 숭배하던 메카의 지배층들인 대상인들이 우상 숭배를 배격하는 무함마드의 급진적인 일신교를 좋아할 리가 없었다. 특히 메카의 대상인들에게는 카바 신전에 모셔둔 300개가 넘는 우상은 수많은 순례자를 불러 모으는 일종의 현금 박스였다. 그런데 우상 숭배 배격에, 그것도 유일신 알라를 믿으라고? 무함마드는 622년 박해를 피해 야스리브(Yaslib)로 도피한다. 622년 9월 20일, 메디나에 도착한 이날은 이슬람의 기원이 된다. 야스리브는 무함마드가 도착한 이후 "예언자의 도시," 메디나로 불리었다. 이슬람인들은 이 사건을 "헤지라"라고 부른다.

2 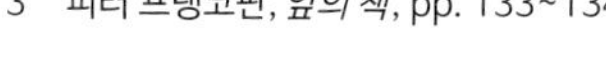 7세기경 무함마드를 믿는 사람을 무민(Mumin)이라 불렀고, 그 권위에 복종하는 사람을 무슬림(Muslim)이라고 불렀다.

3 피터 프랭코판, *앞의 책*, pp. 133~134

우측 무함마드가 기도 시간에 (좌측 오른쪽부터) 아브라함, 모세, 그리스도, 그리고 다른 선지자들을 이끌고 있는 모습. 작자 미상. 1436년 작품. 원래 무함마드의 얼굴은 그 모습이 알려지면 우상 숭배의 대상이 된다고 해서, 만들 때부터 혹은 후세에 모두 지워졌다. 하지만 이 그림은 무함마드의 얼굴이 그대로 그려져 있는 몇 안 되는 그림 중의 하나이다. 바바라 해너월트(Barbara Hanawalt, 1941~)의 『*중세 삽화 역사(The Middle Ages. An Illustrated History)*』에서 발췌. 출처: Wikipedia. Public Domain

야스리브로 이주한 무함마드는 알라신에 대한 포교 활동을 벌인다. 무함마드의 이슬람 포교 과정에는 특별한 원칙이 있었다. 즉, 무함마드는 먼저 공격하지는 말되, 적대적으로 나오는 이에 대해서는 죽음으로 맞서라고 가르쳤다. 하지만 초기의 선교 과정은 지지부진했다. 신도 규모도 작았고, 이단 종교를 가만두지 않겠다는 메카의 군대도 무시할 수 없었다. 할 수 없이 무함마드는 야스리브에 거주하던 실질적인 지배자인 유대인들과 초기에 전략적 동맹을 맺어야 했다. 그러다가 624년, 무함마드를 추종하는 이슬람인들이 3배가 넘는 메카 군대를 바드르(Badr) 전투에서 격파하면서, 가속도가 붙었다. 야스리브와 메카가 휴전에 합의했지만, 신의 가호를 받고 승리했다는 소문이 퍼지면서 삽시간에 이슬람교도들의 수가 급증하였다.

이후 이슬람 종교는 전파의 속도 측면에서 역사상 유래가 없는 초고속 기록을 세웠다. 625년 메카 군대에게 일시적으로 패하기는 하였지만, 627년 메카의 1만 대군을 격파했고, 630년에는 결국 메카를 점령한다. 무함마드는 메카에 들어오면서 "진리가 이제 왔으니 거짓은 무너졌도다!"라고 외쳤다. 역설적이게도 이슬람 세력의 확장에는 수십만 군대가 동원된 것이 아니었다. 고고학자 이안 모리스(Ian Mathew Morris, 1960~)는 이들의 규모가 5,000명을 넘지 않았고, 최대가 15,000여 명이었을 것이라고 추정했다.[4] 기껏해야 1만여 명에 불과한 별동대 수준의 게릴라전으로 정복 전쟁을 펼치면서, 역사상 가장 빠른 세력권 확장을 이룩한 이유는 무엇일까?

---

4 이안 모리스, *앞의 책*, p. 493

## (2) 만약 신이 원하신다면, 인샬라(In shā Allāh)!

우선 이들이 세력을 확장할 무렵 아라비아 반도 주변에는 그들의 확산을 저지할만한 강성한 국가가 없었다. 동로마는 유스티니아누스 황제(Justinian I, 482~565)의 무리한 영토확장으로 인해 그의 사후에는 제국이라고 부르기도 부끄러운 상태로 전락한 상태였다. 특히 유스티니아누스 황제 시절인 5~6세기 지중해 유역에서 처음으로 살인적인 페스트가 만연했다. 이 시기 페스트는 14세기 전 유럽을 강타한 페스트에 견줄 만큼 궤멸적이었다. 한 기록에 따르면 542년 콘스탄티노플에서만 하루에 1만 명의 사람들이 페스트로 죽어 나갔다고 할 정도였으니까.[5] 그 결과 동로마 인구는 급격히 줄었고 외세의 침략에 대항할 힘이 거의 소진되어 버렸다.

여기다가 동로마는 동쪽의 페르시아와도 끊임없는 전쟁을 벌였다. 동로마는 6세기경 새로이 등장한 튀르크인들과도 연합하여 페르시아를 괴롭혔지만, 결정적인 승리도 결정적인 패배도 없는 전투가 계속되었다. 7세기 초는 페르시아가 동로마에 우위를 점했다. 대표적으로 사산조 페르시아의 호스로 2세(Khosrau II, ?~628)는 609년에 에데사를 점령한 후 610년 안티오키아, 613년에는 다마스쿠스, 614년에는 예루살렘도 점령했다. 호스로 2세는 예루살렘에서 그리스도가 순교한 십자가까지 탈취했다. 예루살렘의 유대인들은 '악독 같은 짐승처

이슬람이 발호할 당시 사산조 페르시아는 내전 상태였다. 즉 6세기 사산조 페르시아의 왕인 호르미즈드 4세(Hormizd IV, c.540~590)의 가혹한 통치에 불만을 품고 사산조 페르시아의 장군 바흐람 코빈(Bahram Chubin, ?~591)이 반란을 일으킨 것이다. 바흐람은 파죽지세로 수도 크세티폰을 향했고, 호르미즈드 4세 왕은 이 와중에 그의 장남 호스로 2세와 처남 비스탐(Vistahm)의 손에 살해당하였으며, 그 후 호스로 2세가 왕위에 올랐다. 이에 아랑곳하지 않고 크세티폰을 쳐들어온 바흐람 코빈은 호스로 2세를 격퇴하여, 마침내 수도 크세티폰을 함락시켰다. 호스로 2세는 크세티폰에서 도주한 이후 동로마의 도움을 받아, 바흐람 코빈을 크세티폰에서 축출하고 다시 정권을 잡게 된다. 물론 호스로 2세는 자신을 도운 동로마를 향해 다시 정복 전쟁을 벌인다. 그림은 크세티폰을 함락하려는 바흐람 코빈과 이를 방어하는 호스로 2세의 전투 모습. 다르위시 무함마드(Darwish Muhammad, 1443~1562)의 1481년 작품. 톱카프 궁전 소장. 출처: Wikipedia. Public Domain

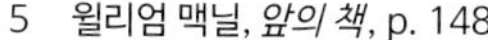

5 윌리엄 맥닐, *앞의 책*, p. 148

니네베 전투. 호스로 2세는 정적인 바흐람 코빈을 제거하는 데 도움을 준 동로마에게 영토 서쪽의 상당 부분을 할양했다. 하지만 이 땅에 대한 미련을 갖고 있던 호스로 2세는 동로마 황제 모리스(Maurice, c.539~602)의 살해를 구실로 삼아 평화 조약을 깨고 602년부터 동로마 영토를 침범하기 시작했다. 그러다가 627년, 동로마의 헤라클리우스 황제가 당시 한겨울에는 전쟁을 하지 않는다는 불문율을 깨고 627년 12월에 니네베로 쳐들어가, 호스로 2세의 군대를 궤멸시켰다. 이후 사산조 페르시아는 극도의 내분 상태로 진입하여, 결국엔 이슬람 세력에 흡수된다. 프랑스 삽화가 로비네 테스타르(Robinet Testard, c.1470~c.1531)의 1490년경 작품. 출처: Wikipedia. Public Domain

럼' 페르시아 군을 도와 예루살렘 기독교인 학살을 도왔다고 한다.[6] 호스로 2세는 619년에는 이집트의 알렉산드리아까지 점령하면서 사산조 페르시아 시절 최대 영토를 확보했다.

동로마도 가만있지 않았다. 동로마 황제 헤라클리우스 (Flavius Heraclius Augustus, 575~641)는 군관구제와 둔전병제를 최초로 실시하여 국방을 튼튼히 한 뒤, 622년 페르시아로 쳐들어갔다. 캅카스 산맥을 향해 진군하여 튀르크 카간과 동맹을 맺고, 남쪽으로 이동하여 627년에는 니네베 부근에서 페르시아군을 대파했다. 페르시아 수도 크세티폰까지 진격한 헤라클리우스 황제는 직전에 암살된 호스로 2세의 아들인 카바드 2세(Kavadh II, ?~628)가 예루살렘 정복 때 탈취한 성십자가 및 영토 반환 등을 약속한 항복 문서를 내자 콘스탄티노플로 철군한다. 630년 철군 길에 들른 예루살렘에서 헤라클리우스 황제는 614년 기독교인 학살에 참여한 유대인들에 대한 복수 차원에서 그들에게 기독교로 개종하거나 아니면 예루살렘을 떠나라고 명령했다.

이처럼 아라비아 반도 전역이 동로마와 페르시아 상호간 난투극의 현장이 되면서, 동로마와 페르시아 모두 국력을 소진하고 기진맥진한 상태였던 것이다. 특히 페르시아는 극심한 내부 분열로 인해 628년부터 632년 기간에 왕이 6~8명이었는데, 사실상 무정부 상태나 다름없었다. 이슬람 세력의 확장에는 이와 같은 힘의 공백이라는 구조적 국제 정세가 결정적이었다.

6 피터 프랭코판, *앞의 책*, p. 125

둘째, 무함마드는 포교와 경제적 보상을 연계시켰다. 즉 믿지 않는 이들을 정벌하여 그들에게서 물건을 빼앗아 가지는 것은 너무나 정당하다고 가르쳤다. 전쟁과 포교, 전리품이 하나로 묶인 것이다. 630년대에는 아예 전리품 분배를 감독하는 공식 기관으로 정부 기관(디완, Diwan)인 바이트 알-말(Bayt al-mal, بيت المال)까지 만들었다.[7] 그 결과 전리품 중 그 유명한 수메르의 20%는 칼리프에게, 나머지는 신도들과 전투에 참여한 사람들이 공평하게 분배한다는 원칙도 확립되었다. 새로운 신자들은 더 많은 전리품을 챙기기 위해 새로운 포교 전쟁에 뛰어들었다. 메카의 귀족들도 마찬가지였다. 무함마드는 메카의 귀족들에게 이슬람을 믿지 않으면 귀족 자리도 없다고 위협했다.[8]

셋째, 이슬람인들은 영토확장 과정에서 이슬람으로 개종하는 경우, 세금을 납부하지 않아도 된다는 율법을 적용했다. 즉 이슬람인들은 이슬람으로 개종하면 인두세인 지즈야(jizyah)와 토지세인 카라지(kharaj)를 면제받았다. 역설적이게도 이슬람 지배층은 점령지에서 적극적인 이슬람 개종 활동을 펼치지 않았다. 종교적인 관용 정책도 이유 중의 하나였지만, 그보다 중요한 이유는 이슬람으로 개종하면 세금을 징수할 수 없었기 때문이다. 이것이 바로 이슬람인들이 기독교인이나 유대인과 공존하면서 세력을 급속히 확장할 수 있었던 또 하나의 이유이다.

이 때문에 초기 이슬람인들의 정복 전쟁은 예상외로 폭력적이지 않았다. 예컨대 다마스쿠스는 현지 성직자와 아랍 지휘관 상호 간 항복 조건에 대해 서로 합의한 후 즉시 항복했다. 양측의 타협은 합리적이고 현실적이었다. 즉, 교회를 폐쇄하지 않고 건드리지도 않으며, 기독교계 주민들을 박해하지 않는 대가로 주

7 디완(Diwan)은 현대 용어로 정부 부처 혹은 부처 내의 국을 의미한다. 이슬람 초기에는 이슬람 군인을 등록하고 관리하는 디완이 가장 먼저 등장하였고, 그 후로는 필요에 따라 거의 우후죽순처럼 생겨났다. 이슬람 확장 초기 전리품은 획득 즉시 배분했으나, 우마르 칼리프(재위 634~644) 시대 때부터는 전리품이 워낙 많아서, "돈의 집"이라는 뜻의 바이트 알-말(Bayt al-mal, بيت المال)을 설치하여 그곳에 전리품을 보관한 후 나중에 분해하게 된다.

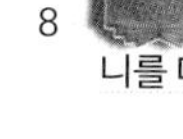

8 하지만 무함마드 자신은 매우 검소했다. 그는 거친 깔개 위에서 잠을 청하고 보리, 물, 약간의 대추야자로 끼니를 때웠다. 그가 죽은 후 남은 것은 당나귀 한 마리와 기부하기 위해 남겨놓은 약간의 땅밖에 없었다고 한다.

민들은 이슬람의 지배권을 인정하는 데 동의한 것이다.[9] 물론 세금은 무조건 내야 한다! 알렉산드리아도 마찬가지였다. 이슬람인들이 점령한 후 도시의 무장은 해제되었지만, 막대한 공물을 바치는 대가로 교회는 보존되었다.

넷째, 이슬람이 강조하는 유일신 하느님과 그 심부름꾼으로서 무함마드라는 메시지는 기독교, 유대교와 일맥상통하는 측면이 많았다. 다시 말해 이슬람이 태동할 당시에는 기독교 및 유대교와 이슬람은 그 경계가 선명하게 구분되는 종교가 아니었다. 예컨대 다마스쿠스의 요안네스(John of Damascus, 676~749)에 따르면 이슬람교는 기독교의 이단이지 다른 종교가 아니었다. 그는 무함마드가 구약과 신약 모두를 읽고 자기 나름대로 이를 해석하여 이슬람을 창시했다고 주장했다.[10] 특히 이슬람은 구약성서를 같이 사용한다는 점에서 기독교와 유대교가 숭상하는 인물이 겹쳤다. 모세는 무사, 노아는 누흐, 욥은 아이유브, 제카리아는 자카리아, 이삭은 이츠하크, 아브라함은 이브라함, 이스마엘은 이스마일, 야곱은 야쿠브로 발음 또한 비슷했다. 이슬람은 예수(이사)와 성모 마리아(마르암)에 대해서도 존경심을 표했기 때문에, 최소한 7세기까지만 해도 기독교인들에게도 크게 거부감은 없었다. 예컨대 679년, 에데사의 교회가 지진으로 무너지자 이슬람 지도자들이 교회를 새로 지어줄 정도였으니까.[11] 만약 신이 원하신다면. 인샬라!

### (3) 무적의 지하드(Jihâd)

이와 같은 우호적인 요인들 때문에 무함마드 사후 2년 뒤인 634년, 이슬람 세력은 아라비아 반도 전역을 통일했다. 이때까지만 해도 주변국은 이슬람군을 이슬람 상인들 간 내전에 참가한 게릴라들 수준이라고 평가 절하했을 것이다. 아

9 피터 프랭코판, *앞의 책*, p. 153

10 피터 프랭코판, *앞의 책*, p. 159

11 이런 추세는 7세기가 끝날 무렵부터 급변한다. 즉, 이슬람은 8세기부터는 현지 주민들을 강제로 개종시키는 폭력적인 정책을 채택하기 시작한다.

니 실제로 이때만 해도 이슬람 군대 상호 간 전투는 메디나와 메카 상인들 간 내전 수준이었다. 하지만 메카를 점령한 메디나 상인을 주축으로 한 이슬람인들은 634년 4월, 아라비아 반도 밖의 레반트로 진격하기 시작했다! 동로마 군대가 막아섰지만, 이슬람인들을 막지 못했다. 634년 7월, 아즈나딘(Battle of Ajnadayn)에서 비잔틴 군대가 이슬람인들에게 대패한 후, 동로마는 레반트 지역에서 통제권을 완전히 상실했다. 634년 8월, 동로마의 중동 최대도시인 다마스쿠스가 한 달도 안 되어 이슬람의 공격에 힘없이 함락되었다.

637년, 이슬람 세력은 레반트 지역의 상징인 고대 교역 도시 안티오크와 그리스도교의 상징인 성지 예루살렘을 정복했다! 이제 이슬람 세력은 더 이상 지방 군벌이 아니라, 제국의 군대로 발전해 가고 있었다. 특히 이슬람 세력의 예루살렘 정복은 역사적으로 매우 중요한 의미를 가진다. 즉, 이슬람의 확장으로 로마 시대까지 예루살렘을 포함한 시리아 지역과 페르시아 지역을 경계로 유지되었던 그리스 문명과 페르시아 문명의 단층선이 무너졌다. 이슬람 확장 이전 예루살렘과 시리아 지역을 포함한 서쪽은 그리스·로마와 기독교 문명권이었고, 페르시아 지역을 포함한 동쪽은 페르시아 문명과 혼합 종교 권역이었다. 한때는 이 경계 지역에서 그리스 문명과 페르시아 문명이 혼재된 국가인 파르티아가 중계 무역을 통해 강성하기도 했다.

필자는 이 시리아·페르시아 경계선이 양측 문화권의 불안하지만, 안정적인 역학관계를 유지했던 "평화 단층선"이었다고 생각한다. 하지만 이 평화 단층선이 동로마와 사산조 페르시아의 패권 약화를 틈타 이슬람 세력이 무너뜨린 것이다. 이는 중세 유럽의 십자군 전쟁을 유발하는 결정적 계기가 되었고, 십자군 전쟁으로 인해 서양의 동양 지배를 촉발한 성전기사단까지 만들어졌다. 이슬람의 예루살렘 점령은 근대에 와서도 맥마흔 선언·사이크스-피코 협정·밸푸어 선언 등 근대 영국의 황당무계한 외교정책에서부터 이스라엘-아랍 간 무력 충돌, 트럼프 대통령의 친이스라엘 정책, 하마스의 이스라엘 무장 공습 등 중동 정세 불안의 근본 원인을 제공하며, 오늘날까지도 기독교와 아랍권 유혈 갈등의 단초를 제공

이슬람의 확장

하게 된다.

이슬람은 예루살렘뿐 아니라 639년, 불과 4,000여 명의 이슬람 군대로 알렉산드리아를 접수했고, 642년에는 이집트 전체가 이슬람 세력의 수중에 떨어졌다. 이집트는 이때까지만 해도 그리스·로마 문명, 그리고 기독교 문명의 영향을 받고 있었다. 하지만 이후 이집트는 영원히 이슬람 문명권으로 편입된다. 이슬람이 이집트 전체를 지배한 후 이슬람의 세금 수입은 100년 후 세배로 폭증했다.[12] 서쪽으로 계속 나아간 이슬람 군대는 644년에는 트리폴리까지 점령했다. 670년에는 트리폴리의 서쪽을 넘어 북아프리카의 튀니지까지 진격하여 마침내 698년 북아프리카 최대의 항구 도시인 카르타고가 이슬람 세력에 함락(Battle of Carthage)되었다.

동쪽의 페르시아 상황도 레반트 지역의 동로마와 유사한 상황이었다. 강성했던 사산조 페르시아 또한 호스로 1세(Khosrau I, 501~579, 재위 531~579)와 그의 손자인 호스로 2세 이후 막장 드라마 수준 이상으로 형제들 간, 부자들 간 암투가 벌어지면서 지리멸렬한 상태였다. 따라서 1만여 명의 이슬람 별동대라 하더라도, 사산조 페르시아에게는 대적하기조차 버거운 대군과 마찬가지였을 것이다. 동쪽으로도 확장을 시도한 이슬람 세력은 636년, 세계 최초로 동서양을 통일했던 키루스 대왕의 페르시아 제국 후손인 사산조 페르시아와 카디시아(Qadisiyyah)에서 맞붙었다.

이른바 카디시아 전투(Battle of al-Qadisiyyah)에서 최강 칼리프였던 우마르 1세(Umar I, 584~644)의 부장인 사아드(Saad ibn Abi Waqqas, 595~674)가 이끄는 3만 명의 이슬람군은 페

---

12 피터 프랭코판, *앞의 책*, p. 154

르시아의 맹장 로스탐 패록자드(Rostam Farrokhzad, ?~636)가 이끄는 6만 명의 페르시아 대군을 5일 만에 패퇴시켰다. 카디시야 전투는 엘람(Elam) 민족이 3천 년 전 이라크의 거대 도시 우르(Ur)와 라가쉬(Lagash)를 철저히 파괴시킨 후 이를 되갚아 준 최초의 복수전이 되어 버렸다. 이 전투가 얼마나 유명했는지, 1980년 이란을 침공한 사담 후세인은 자신의 이란 침공을 "2차 카디시야" 전투라고 부를 정도였다. 카디시야 전투 후 패기를 상실한 사산조 페르시아는 651년 어이없게도 이슬람 세력에 완전히 무릎을 꿇었다.

카디시야 전투. 3만여 명의 이슬람군이 6만여 명의 페르시아 군을 사실상 전멸시킨 역사적인 전투. 이 그림은 좌측 붉은색 옷을 입은 사아드와 우측 푸른색 옷을 입은 로스탐이 서로 격돌하는 장면이다. 페르시아 장편 서사시 『샤나메(Shahnameh)』에서 발췌. 1614년경. 영국박물관 소장. 출처: Wikipedia. Public Domain

한편 서쪽으로 진격을 계속한 이슬람 세력은 710년, 지브롤터 해협까지 넘었다. 그들의 서유럽 본토 진격에는 거칠 것이 없었다. 8세기 초 이슬람 세력은 프랑스 내륙 깊숙이까지 세력을 확장했다. 만약 732년 샤를마뉴 대제의 조부로서 프랑크 왕국을 통치하던 샤를 마르텔(Charles Martel, ? ~ 741)이 프랑스의 뚜르(Tours)와 푸아티에(Poitiers)에서 아브드 알-라만(Abd al-Rahman ibn Abd Allah al-Ghaifiqi, ? ~ 732)이 거느린 이슬람 세력을 격파하지 못했다면, 오늘날 파리 몽마르뜨 언덕에는 샤쾨르(Sacr-Coear) 성당이 아니라 무슬림 사원이 건립되어 있었을 것이다.[13]

지브롤터 해협을 건넌 이슬람인들은 750년 우마이야 왕조와 압바스 왕조 상호 간 내전 등의 혼란을 수습하고 다시 결집한 후 중부 지중해까지 나아갔다. 827년, 이슬람인들은 이탈리아 반도 코앞의 시칠리아를 침략하여 831년에는 시칠리아 최대 도시 팔레르모를 장악하였다. 시칠리아 침략은 이후에도 계속되어

13 샤를 마르텔은 이슬람 세력을 격퇴했을 뿐만 아니라, 아키텐, 프로방스, 부르고뉴 지방을 정복하여 영토를 넓히기도 하였다. 샤를 마르텔 왕의 아들이 피핀 3세(Pippinus III Brevis, 혹은 Pipin the Short, 714~768)인데, 그는 메로빙거 왕조의 마지막 왕을 축출하고 카롤링거 왕조를 수립했다. 피핀 3세의 아들이 오늘날 프랑스, 이탈리아, 독일을 통일한 샤를마뉴 대제(Charlemagne, 774~814)이다.

732년 샤를 마르텔의 푸아티에 전투. 이슬람군은 주력이 기병이었고 프랑스군은 주력이 보병이었다. 프랑스군은 주로 수비에 주력했고, 이슬람군은 공격에 주력했다. 사령관인 아브르 알-라만은 무리하게 공격을 계속하다 이 전투에서 사망했고, 사령관이 사망하면서 이슬람 군대는 물러났다. 중앙 우측의 황금색 수염에 하얀색 옷을 입고 붉은색 망토를 걸친 이가 바로 샤를 마르텔 왕. 베르사유 궁전 소장

878년에는 시라쿠사, 902년에는 타오르미나가 이슬람 세력권에 편입되었다.[14]

나아가 이슬람 세력의 동쪽 확장은 사산조 페르시아를 넘어서까지 진행되었다. 즉 이슬람 군대는 714년에 아프가니스탄을 넘어 인더스강 유역의 파키스탄 지역까지 진출했다. 인도 서북부를 장악한 이슬람 세력은 힌두교 세력이 확고하게 자리 잡아 강력한 왕국이 존재했던 인도로는 진입하지 못하고, 동북쪽으로 방향을 바꾸어 중앙아시아까지 진출했다. 이 지역은 실크로드를 장악하기 위한 중국 당태종의 제국 확장 전략에 따라 7세기 중반에 이미 중국에 편입된 지역이었다. 타림 분지를 장악한 당나라는 안서도호부 서쪽으로 팽창을 추구했고, 그 결과 중국과 이슬람의 충돌은 불가피했다. 751년, 두 제국은 오늘날 키르기스스탄의 탈라스(Talas)강에서 맞붙었다. 압바스 왕조의 사마르칸트 총독인 지야드 이븐 살리흐(Ziyad ibn Salih, ?~?)는 7만 명에 불과한 고선지 군대와 맞섰다. 정복군인 당

동양식 방식으로 종이를 제작하는 이슬람인들. 1699년경. 영국박물관 소장. 출처: Wikipedia. Public Domain

14 하지만 시칠리아섬 전체에 대한 통제권은 획득하지 못했다. 만약 이슬람 세력이 시칠리아섬 전체를 장악했다면 오늘날 이탈리아도 이슬람 세력권으로 편입되었을 가능성이 높다.

나라는 병력 수 면에서 절대적으로 불리한데다가, 고선지의 동맹국인 튀르크 계열의 카를루크(Qarluq) 족마저 살리흐에 포섭되면서 고선지는 결국 살리흐에 패했다.

이 시기 이후 중앙아시아 지역은 다시는 중국에 편입되지 못했다. 특히 중국은 탈라스 전쟁 직후인 755년부터 안록산과 사사명의 난까지 일어나면서, 더 이상 타림 분지 서쪽으로 진출할 생각을 하지 못했다. 탈라스강을 넘으면 바로 타림 분지였지만, 이슬람 또한 더 이상 동쪽으로 나아가지 않았다.[15] 그러나 이슬람은 탈라스 전투에서 영토 확장보다 더 중요한 것을 노획했다. 바로 종이다. 이슬람은 사마르칸트로 압송된 중국인 포로를 통해 종이 기술을 획득했고, 이슬람은 종이 기술을 다시 유럽에 전했다. 중국의 종이 기술은 이슬람 문화를 한 단계 업그레이드하는 데 결정적인 역할을 하게 된다.[16]

이슬람은 중국 이외에도 바다를 건너 동쪽으로 더 나아가 당시 통일 신라와도 접촉했던 것으로도 추정된다. 신라 49대 헌강왕(? ~ 886) 때 유행하던 처용가의 처용은 이슬람 상인이라는 설이 있다.[17] 실제로 이슬람 황금기 시절 이슬람인들에게 동쪽의 "실라(Sila)"는 황금이 넘치는 풍요로운 땅이라고 알려져 있었다. 이슬람 상인의 활동 반경은 신라 외에도 말레이시아 반도와 인도네시아 여러 섬에까지 이르렀다. 이슬람의 상권은 그야말로 지구의 절반을 차지했다. 아니 미주 대륙이 발견되기 전까지 이슬람의 상권은 전 세계였다. 팍스 이슬라미카(Pax Islamica) 시대가 도래한 것이다!

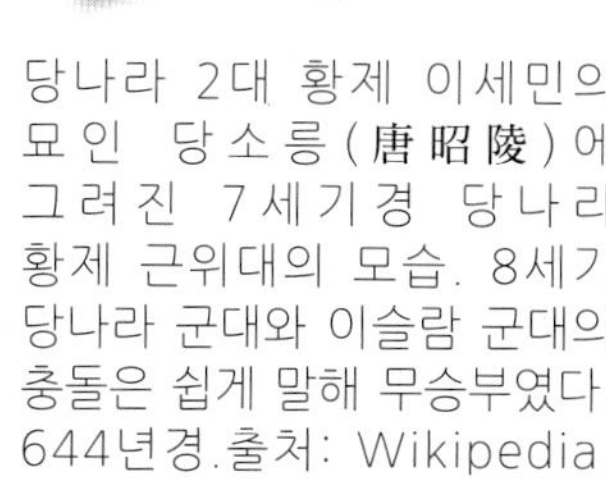

당나라 2대 황제 이세민의 묘인 당소릉(唐昭陵)에 그려진 7세기경 당나라 황제 근위대의 모습. 8세기 당나라 군대와 이슬람 군대의 충돌은 쉽게 말해 무승부였다. 644년경. 출처: Wikipedia. Public Domain

15 탈라스강의 위치는 정확히 알려져 있지 않지만, 오늘날 카자흐스탄에 있는 발하슈 호(Lake Balkhash) 근방으로 알려져 있다. 한편 탈라스 전투는 아틀라흐 전투(Battle of Artlakh) 전투로도 알려져 있다.

16 탈라스 전투에서 종이가 이슬람으로 전해졌다는 통설을 명백히 허구라고 주장하는 이도 있다. 피터 프랭코판, *앞의 책*, p. 166

17 이슬람인이 아니라 이슬람이 멸망시킨 사산조 페르시아의 후손, 즉 페르시아인이라는 설도 있다.

# 10 중세 이슬람의 황금 세계 기축통화 디나르와 디르함

하기야 소피아, 터키 이스탄불 소재

## (1) 황금의 약탈

이슬람의 정복 전쟁 결과 가장 주목할 만한 것은 바로 막대한 양의 황금과 은의 유입이었다. 즉 이슬람 세력이 사산조 페르시아, 이집트, 시리아, 중앙아시아 등을 정벌하면서 이 지역에 잠재해 있던 막대한 양의 황금과 은이 이슬람 세력의 차지가 된 것이다. 나아가 이슬람 세력이 이집트 남부의 누비아·서아프리카를 정복하자 이 지역으로부터 산출되는 황금 또한 이슬람 세력의 것이 되었다. 얼마나 많은 양의 금이 이슬람 지역으로 유입되었는지 정확한 기록은 없다.

다만 몇 가지 사례를 통해서 그 유입 정도를 가늠할 수 있다. 우선 당시 세계에서 가장 많은 황금을 보유하고 있던 나라는 사산조 페르시아였다. 637년, 사산조 페르시아의 수도인 크세티폰(Csetiphone)이 이슬람에 함락되면서, 크세티폰의 "백색성(White Castle)"에 산더미처럼 쌓여 있던 황금 장식품과 황금 잉곳, 보석 등이 이슬람 세력으로 넘어갔다. 특히 약 1,000㎡ 크기의 황금과 진주로 장식된 비단 장식품 "코스로에스의 봄(Spring of Chosroes: Vahar I Khusro)"이 이슬람 세력으로 넘어갔다.[1] 당시 시가로 360만 디르함에 이르는 엄청난 고가의 장식품이었다.[2] 디르함

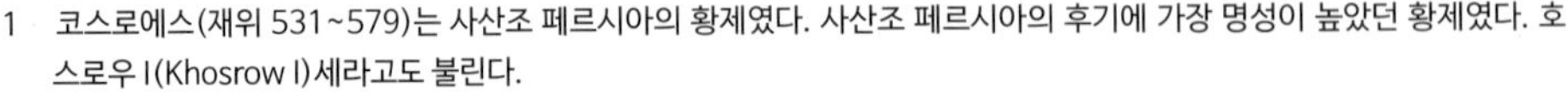

1 코스로에스(재위 531~579)는 사산조 페르시아의 황제였다. 사산조 페르시아의 후기에 가장 명성이 높았던 황제였다. 호스로우 I(Khosrow I)세라고도 불린다.

2 Ian Blanchard, 『*Mining, Metallurgy and Minting in the Middle Ages: Asiatic supremacy, 425~1125*』, Franz Steiner Verlag, 2001, p. 103.

이 2.97g이므로, 360만 디르함은 10,692kg의 은이다. 2017년 9월 기준 은 1kg의 시세가 556달러, 2024년에는 이보다 더 올라 은 1kg의 시세가 대략 900달러를 넘어 1,000불 내외를 넘나들므로, 이를 은 1kg의 시세에 곱하면 명목가치로만 약 59.5~100억 달러이다. 비단과 금으로 된 장식품 하나의 가격이 약 6조 원이 넘는 것이다!!! 필자가 보기에는 이는 지나치게 과장된 수치이지만, 그만큼 이 사례는 이슬람이 사산조 페르시아로부터 엄청난 양의 금과 은을 확보했다는 반증이다. 일설에 따르면 651년 사산조 페르시아의 정벌로 이슬람은 총 90억 드라크마의 재물을 확보하였다고 한다.[3] 드라크마가 대략 은화 4g 내외이므로, 90억 드라크마는 약 36,000톤이다. 이를 2017년 9월 기준 시가로 환산하면 약 200억 불, 2024년 기준으로 환산하면 약 360억 불이다. 이 수치는 명목가치로만 계산한 것이므로, 이를 물가 수준을 고려한 실질가치로 환산하면 이보다 훨씬 올라갈 것이다.

사산조 페르시아뿐 아니라 이슬람은 이집트, 시리아, 스페인을 정복하면서 추가로 금과 은을 확보하였다. 이집트의 경우 651년, 압달라(Abdallha ibn Sa'd, 646~656)가 나일강 상류를 정복하면서, 금이 풍부한 누비아 지방으로 가는 길목을 확보했다. 나아가 이집트와 시리아 각지에 분포된 신전에 보관된 황금 또한 이슬람의 수중에 떨어졌다. 특히 파라오 무덤이나 신전에 보관된 엄청난 양의 황금은 이슬람의 핵심 약탈 대상이었다. 이슬람이 중동과 아프리카 북부를 통일한 이후에도, 파라오의 무덤에 보관된 황금에 대한 사냥은 끊임없이 계속되었다. 예컨대 이븐 툴룬(Ibn Tulun, 재위 868~883) 시대 때 이집트 파라오 무덤에서 약 4톤에 이르는 황금이 발견되었다. 932년에는 피라미드 근처의 파라오 무덤에서 "황금과 은으로 된 얼굴(faces of gold and silver)"이 발견되면서, 이슬람인들이 흥분에 휩싸이기도 했다.

이집트뿐 아니라 스페인도 이슬람인들의 황금 약탈의 주요 대상 지역이었다. 예컨대 711년, 스페인의 톨레도를 점령한 이슬람 세력은 진주와 보석으로 장식

---

3 로널드 핀들레이, 케빈 H. 오루크, *앞의 책*, p. 97

된 170개의 금 왕관, 왕검, 그리고 금과 은으로 된 수백 개의 화병 또한 확보했다.[4] 특히 톨레도에는 로마의 티투스 황제가 예루살렘을 정복하면서 로마로 가져간 솔로몬 왕(Solomon 혹은 Jedidah, BC c.990~c.931)의 황금 탁자가 410년 알라리크가 약탈하면서 이곳에 보관되어 있었는데, 이 또한 이슬람 세력이 몰수했다.[5] 이처럼 많은 금과 보물이 확보되면서 8세기 무렵 이슬람 지역의 금은 같은 무게의 소금과 가격이 같을 정도로 가격이 떨어졌다. 이슬람 동쪽 지역도 마찬가지였다. 한 아랍 역사가는 현재 파키스탄에 있는 신드(Sind) 지역을 정복함으로써 6,000만 디르함이라는 금액이 굴러 들어왔다고 썼다.[6]

## (2) 금화 디나르(Dinar)와 은화 디르함(Dirham), 글로벌 기축통화

이처럼 황금의 유입이 급증하자 화폐 제도 개혁의 필요성은 높아졌다. 이슬람 제국 초기의 화폐 제도는 황금 보유량이 많지 않았으므로, 은화를 기본으로 한 은본위제였다. 은화의 단위는 1드라크마로 은화 4.15그램이었다. 하지만 정복 전쟁 결과 막대한 금이 유입되면서 제국의 통일이 완성되던 690년대에는, 우마이야 칼리프의 아브드 알 말리크(Abd al-Malki ibn Marwan, 646~705) 주도로 이슬람 권역은 금과 은을 동시에 통용하는 복본위제로 이행하였다. 이 화폐 제도 개혁으로 디나르(Dinar)는 4.25그램의 금, 디르함(Dirham)은 2.97그램의 은으로 가치가 지정되었다. 양 통화 사이의 교환 비율은 20디르함이 1디나르와 동일한 가치로 정해졌다. 이슬람 주화의 특징은 바빌론, 로마, 서유럽 국가들과 달리 신이나 군주의 표

---

4 Ian Blanchard, *Ibid*, p. 104

5 솔로몬의 황금 테이블은 원래 예루살렘에 있었으나, 티투스 황제가 예루살렘 반란을 진압하면서 로마로 가져왔다. 이후 로마에 계속 보관되어 있다가 알라리크가 로마를 약탈하면서, 스페인의 톨레도로 다시 이동한다. 그러다가 8세기 이슬람이 톨레도를 점령하면서, 솔로몬의 황금 테이블은 다시 이슬람 권역으로 이동한다. 그렇다면 이슬람 세력이 몰수한 솔로몬 왕의 황금 테이블은 현재 어디에 있을까? 바그다드, 다마스쿠스, 알레포 등지에는 솔로몬 왕의 황금 테이블에 대한 기록이 곳곳에 남아 있다. 즉, 이 황금 탁자가 이슬람 권역으로 이동한 것은 확실하다. 하지만 그 뒤로는 행방이 묘연하다. 이 황금 탁자는 도대체 어디로 간 것일까?

6 피터 프랭코판, *앞의 책*, p. 161

상을 담지 않았다는 점이다. 우상 숭배를 극도로 배격했던 이슬람 국가들의 주화는 주로 문자만을 표면에 새겼다.

금뿐만 아니라 751년 당나라로부터 중앙아시아를 차지한 이후, 이 지역에 매장된 엄청난 양의 은이 이슬람 세력으로 유입되었다. 지금의 이란과 부하라·사마르칸트가 위치한 트란속사니아(Transoxania) 지방은 5세기 무렵부터 은이 생산되기 시작한 전략적 요충 지역이다. 이슬람 세력이 이 지역을 점령하자 막대한 양의 은이 이슬람 권역으로 유입되었다.

이슬람 권역을 향해 금과 은이 지속적으로 유입되면서, 디나르와 디르함은 300여 년 동안 평가 절하되지 않고 절대적인 안정성을 누렸다. 이슬람의 통화는 이슬람 지역은 물론이고, 서유럽, 불가리아, 흑해 주변의 동유럽, 러시아, 심지어 덴마크, 스웨덴 등 북유럽 지역에서도 대량으로 발견될 정도로 중국을 제외하고 사실상 8~10세기 세계 무역의 기축통화였다.[7] 『*이슬람의 황금시대*』는 이슬람 문명의 최전성기라는 뜻이지만, 실제로는 글자 그대로 이슬람 지역에 황금이 넘쳤다는 점에서 거의 완벽한 묘사이다.[8] 더구나 이슬람 권역은 화폐 주조 이후 남은 금과 은을 유럽 지역으로 수출하면서 추가적인 이익을 향유했다. 이에 따라 유럽에는 이슬람 지역의 막대한 은이 대량으로 유입되었다. 9~10세기 이슬람에서 서유럽으로 유입된 은이 미친 파급 효과는 16세기 남미로부터 스페인을 통해 유럽에 흘러든 은의 파급 효과와 비슷하다고 한다.[9]

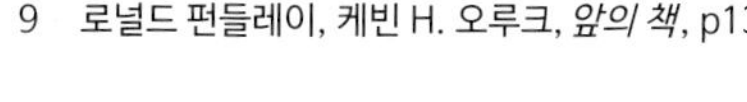

7 북유럽, 중유럽, 동유럽에 발견된 이슬람 은화는 약 20만개라고 한다. 로널드 펀들레이, 케빈 H. 오루크, *앞의 책*, p138. 다만 서유럽에 유입된 은화는 서유럽과 이슬람 지역의 직접 교역의 결과가 아니라, 스칸디나비아에 거주하였던 바이킹과 이슬람의 교역에 따라 유입된 은이 간접적으로 유입된 것이었다.

8 『*이슬람의 황금시대*』는 프랑스 사학자 모리스 롬바르드(Maurice Lombard. 1904~1965)가 쓴 책의 제목이다.

9 로널드 펀들레이, 케빈 H. 오루크, *앞의 책*, p133

# 11 중세 이슬람의 교역 중세 엘도라도

코르도바 알카사르 외관, 스페인 코르도바 소재

## (1) 아르메니아 양탄자, 사마르칸트 종이, 설탕과 노예

이처럼 이슬람의 화폐가 안정되고 국제적으로 신뢰성이 높은 기축통화 역할을 하면서, 이슬람의 교역은 8세기부터 10세기까지 전 세계에서 가장 번영하였다. 물론 이 바탕에는 안정적인 제국 영토의 확보가 전제되었다. 이슬람 세력권은 스페인, 북아프리카, 아라비아 반도, 페르시아, 파키스탄, 중앙아시아에 이르는 방대한 교역망을 하나의 영향권 아래 통합했다. 나아가 이 과정에서 화폐의 원료로 사용할 황금과 은의 대량 확보가 있었다.

특히 이슬람은 상업에 대해 매우 적대적이었던 서유럽의 카톨릭교나 중국과 달리 상업과 상인에 대해 매우 우호적이었다. 대부분의 이슬람 통치자들 또한 종교가 무엇이든 상업 활동에 대해서만큼은 억압하지 않았다. 전쟁이 자주 일어나긴 했지만 주로 육지를 무대로 전개되었고, 바다에서는 항해 금지 구역 같은 것이 없어 해적 활동을 제외하고는 상시 개방되어 있었다.[1] 이슬람 창시자 무함마드 역시 상인 출신이었다. 그가 태어난 메카는 인도와 유럽 사이에 중계 무역을 담당하던 대상(隊商, 카라반, caravan)들이 모여든 상업 도시이기도 했다. 이슬람의 위대한 학자들 또한 그들의 일생 중 상인으로서 돈벌이를 한 이들이 많다.[2] 이슬람

1 케네스 포메란츠, 스티븐 토픽, *앞의 책*, p. 49

2 Abdelkader Chachi, 『*Origin and Development of Commercial and Islamic Banking Operations*』, Islamic

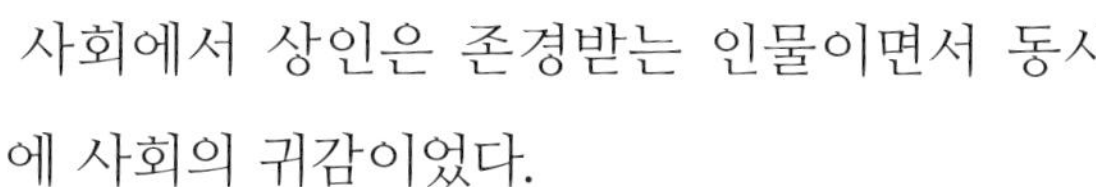

순례길에 오른 중세 이슬람인. 바스라의 아랍 시인 알-하리리(Al-Hariri of Basra, c.1054~1122)가 12세기경에 그린 그림. 출처: Wikipedia. Public Domain

사회에서 상인은 존경받는 인물이면서 동시에 사회의 귀감이었다.

상업적 방식에 대한 이슬람의 우호적인 태도 외에도, 이슬람 세계는 저술과 기록, 회계 등의 분야에서 상업과 접목하거나 활용하는 방식이 당시 전 세계 최고였다. 힌두 지방에서 사용되던 힌두 숫자를 상업적인 활동에 활용하고, 서유럽인들이 힌두 숫자를 아라비아 숫자로 오해할 만큼 보편화시킨 것 또한 이슬람 상인들의 독창적인 아이디어였다. 이슬람인들의 성지 순례 관행 또한 역내 교역을 촉진한 중요한 요인 중의 하나였다. 즉, 성지 순례를 가는 도중 자신의 특산품을 팔고, 타지의 특산물을 사는 것이다.[3] 복식부기 또한 이슬람 사회에서는 상업 회계의 기본이었다.

이슬람 제국의 확장으로 이슬람 권역에서는 당시 유럽과 아시아 대륙 전체를 통틀어 전 세계에서 가장 활발한 교역 활동이 전개되었다. 이슬람 세력권은 중앙아시아, 인도, 중국, 동남아시아는 물론이고, 심지어 비잔틴 제국 등 당시 거의 모든 유라시아 권역과 교역하는 세계에서 가장 개방된 지역이었다.[4] 특히 이슬람 국가는 로마와 마찬가지로 교역로 확장과 유지에 각별한 노력을 기울였다. 예컨대 이슬람 정부는 이슬람 전역의 무역로를 관할하는 우정 장관까지 둘 정도였다.[5] 이슬람은 로마와 달리 해상로 개척에도 적극적이었다. 이슬람의 무역 선박은 삼각 범선으로 여러 개의 돛을 달아 역풍에도 앞으로 나아갈 수 있도록 설

Econ, Vol. 18. No 2, 2005, p. 9

3 Abdelkader Chachi, *Ibid*, p. 10

4 로널드 핀들레이, *앞의 책*, 2015, p. 92

5 로널드 핀들레이, *앞의 책*, 2015, p. 100

계되었으므로, 해상무역로 또한 육상 무역로 못지않게 그 범위가 매우 넓었다.[6] 지중해가 로마 제국의 내해였듯이, 인도양은 이 시기 이슬람 제국의 내해가 되었다.

국제교역이 활발해지면서 이슬람 지역 내의 수공업도 발달했다. 이슬람의 수공업은 단순 가공뿐 아니라, 분업에 기초한 대량 생산 체제도 포함하고 있었다. 예컨대 페르시아 철학자 알 가잘리(Al-Ghazali, 1058~1111)가 저술한 12세기 초의 저서 *『종교 과학의 부흥(Ihyā' 'Ulûm al-Dîn, The Revival of the Religious Sciences)』*이라는 책에서 이슬람 국가에는 25개의 분업 체제로 구성된 바늘 공장이 있었다고 기술했다.[7] 이 믿을 수 없는 묘사가 만약 사실이라면, 이슬람 국가는 애덤 스미스가 국부론에서 기술했던 서유럽의 노동 분업 체계보다 무려 600여 년이나 앞서 대량 생산체제를 구현한 셈이다. 이처럼 이 당시 이슬람 경제는 금과 은의 안정적 공급, 이에 따른 화폐 가치의 안정, 화폐 가치의 안정에 따른 국제무역의 발달, 국제무역의 발달로 인한 역내 재화의 대량 생산과 소비 촉진이라는 **"역사상 가장 광범위한 형태의 완벽한 경제적 선순환"** 형태를 보였다. 이슬람 경제는 그야말로 자신들의 역사에서 가장 위대한 황금기를 구현하였다.

이슬람 권역 내에서 생산된 수공업 제품 중에서는 아르메니아의 양탄자가 최고의 교역제품으로 각광을 받았다.[8] 중국에서 수입된 종이는 사마르칸트에서 재생산되어 아랍 전역으로 전파되었다. 그 결과 10세기 이전 아랍 지역의 양피지는 모두 종이로 바뀌는데, 종이의 전파 때문에 아랍의 과학과 인문학은 급격한 발전을 시현하게 된다. 아랍뿐만 아니라 이탈리아 상인들을 거쳐 유럽으로도 종이가 전파된다.

종이나 양탄자 이외 아프리카 등으로부터의 노예는 아랍 권역이 수입하던 주요 대상이었고, 아라비아에서 생산되던 말은 아랍의 주요한 수출품이었다. 노예

---

6 당시 유럽은 돛이 하나인 범선으로 역풍이 불면 꼼짝없이 뒤로 후진해야 했다.

7 David Graeber, *Ibid*, p. 279

8 로널드 핀들레이, 케빈 H. 오루크, *앞의 책*, p. 101

교역은 아랍 권역에서 매우 광범위하게 성행하였는데, 이는 노예 노동이 설탕 생산에 반드시 필요했기 때문이다. 얼마나 노예무역이 성행했는지, 심지어 성직자조차도 노예 매매에 대한 저서를 남기기도 했다. 예컨대 11세기 바그다드 출신의 의사이자 신학자인 알 묵타르(Ibn Bultn Abu'l-Hasan al-Mukhtar, c.1038~c.1075)는 아리스토텔레스와 히포크라테스 등 그리스 철학과 의학에 심취했던 당대 최고의 지식인이었다. 그는 의약서, 천문학서, 종교 교리서 등 수많은 저서를 남겼는데, 그중 하나가 노예 매매 입문서였다.

좋은 노예를 소개하는 11세기 이슬람의 한 작가가 쓴 글을 보면 "모든 흑인 노예 중에서 누비아 여자가 가장 상냥하고 부드럽고 정중하다. 매끈한 피부를 가진 그들의 몸은 날씬하고 안정되고 균형이 잡혀 있다. 그들은 마치 시중을 들기 위해 태어나기라도 한 듯이 주인을 공경한다. ... 베자족 여자들은 피부색이 금빛이고 얼굴이 아름답고 몸매가 가냘프고 피부가 매끄럽다. 그들은 어렸을 때 데려오면 즐거운 잠자리 상대가 될 수 있다." 1080년 무렵에 저술된 페르시아 왕자의 교육 서적 『*카부스나마*(Qabus-nama, 왕자의 거울)』에도 "노예를 사려면 신중해야 한다. 남자 노예를 고르는 것은 어려운 일이다. 다들 좋아 보이기 때문이다. 안색이 누런 것은 치질이 있다는 징후이다. 잘생긴 외모와 흘러내린 머리칼과 예쁜 눈을 가진 노예를 조심하라. 왜냐하면 그런 특징을 가진 사람은 여자를 너무 좋아하거나 중개 역할을 하기 때문이다. 노예 구매 결정을 서두르지 마라. 혹시 염증이나 질병의 흔적이 있는지 여기저기 눌러보고 꼼꼼히 살펴보라."[9]

이슬람에서는 자체 특산품 교역 이외에 인도로부터 설탕과 향신료를 유럽에 전파하면서 중개 무역도 활발했다. 특히 서유럽으로 가는 육상과 해상의 향신료 수입 경로를 이슬람 권역이 거의 완전히 장악하면서, 서유럽은 이슬람을 통하지 않고서는 향신료를 구할 수가 없었다. 예컨대 서유럽과 중동의 향신료 교역 3대 도시인 시리아의 안티오크, 이집트의 알렉산드리아, 동로마의 콘스탄티노플 중

9 피터 프랭코판, *앞의 책*, p. 207

콘스탄티노플을 제외한 2개 도시가 모두 이슬람 권역에 위치해 있었다. 그나마 마지막으로 서유럽 세력권에 편입되어 있던 콘스탄티노플도 1453년, 60마리의 소와 400여 명의 군인이 옮겨야 했던, 길이 7m, 사정거리 1.6㎞, 무게 540㎏, 직경 76㎝에 이르는 무지막지한 거포인 바실리크(Basilic)를 앞세운 이슬람 수중에 떨어졌다.[10]

한편 인도의 설탕은 아랍 지역에서도 재배가 가능하였으므로, 이슬람인들은 노예를 활용하여 대규모로 설탕을 재배하였다. 대표적으로 메소포타미아 동남부의 후지스탄에는 아프리카의 흑인 노예인 잔즈(Zanj)를 활용한 대규모 사탕수수 농장이 집결해 있었다. 쌀 또한 인도로부터 수입하여 메소포타미아와 시리아에서 경작하기 시작했다. 쌀 재배를 위해 축력과 수력, 풍력을 이용한 관개 기술도 발전했다. 일설에 따르면 풍력을 이용한 수로 펌프가 오늘날 아프가니스탄, 이란, 파키스탄 지역에서 늦어도 9세기부터는 사용되었다고 한다. 수로를 이용한 농업은 이슬람인들이 점령한 이집트와 피레네 산맥 남쪽의 이베리아 반도인 알-안달루스(Al-Andalus) 지방에서 절정을 이룬다.[11]

예컨대 13세기 남부 스페인의 과달퀴비르(Guadalquivir) 강가에는 축력으로 물을

---

10 이 때문에 15세기 후반 서유럽이 대항해를 시작했다는 설이 현재의 다수설이다. 하지만 이슬람인들이 이 지역을 장악했다 하더라도 향신료 교역 자체가 끊어진 적은 없었다. 따라서 서유럽의 대항해 개시는 콘스탄티노플 함락과는 크게 상관이 없다고 본다. 오히려 송·원의 멸망과 명나라 보선단의 폐지로 인한 향신료 유입 자체의 감소가 오히려 서유럽의 대항해를 자극했을 가능성이 크다.

11 알-안달루스는 북부 아프리카의 이슬람 무장인 타리크 이븐 지야드(Tariq ibn Ziyad, ?~c.720)가 이베리아 반도의 서고트 왕국을 정복한 후 이베리아 반도 전체를 점령하고 붙인 이름이다. 즉 알-안다루스는 피레네 산맥 남쪽 이베리아 반도 전체를 가리키는 아랍어이다. (고대 로마에서는 이베리아 반도를 히스파니아라고 불렀다. 이 명칭이 오늘날 에스파냐의 어원이 된다.) 타리크가 이베리아 반도를 건넌 이유에 대해서는 설이 분분하다. 가장 유력한 설은 서고트의 로데리크 왕(Roderic, 688~711)이 귀족의 딸을 능욕하자, 복수를 위해 이 귀족이 이슬람 군대에 지원을 요청하였기 때문이라는 설이다. 타리크는 711년 5월, 7천명의 병력을 이끌고 북아프리카에서 이베리아 반도에 상륙한 후, 이곳을 타리크의 언덕이라는 뜻으로 자발 알 타리크(Jabal al Tārig)라고 불렀다. (후일 이 곳은 유럽인들은 이 명칭을 약간 변형하면서 지브롤터로 이름이 바뀐다.) 타리크는 711년 7월, 로데리크를 격퇴하여 그에게 고트족의 마지막 왕이라는 이름을 선물했고, 수도 톨레도까지 점령하여 서고트 왕국을 정복하였다. 이후 북아프리카에서 병력을 1만 8천명을 추가로 보강하여 북쪽으로 계속 진군, 이베리아 반도 전체를 점령하는 놀라운 성과를 거둔다. 이때 타리크가 이베리아 반도에 붙인 이름이 바로 알-안달루스이다. 이후 이슬람 지역이 카톨릭의 공세로 남쪽으로 밀려나자, 현재는 남부 스페인 지방을 이르는 안달루시아(Andalusia)로 이름이 바뀐다. 한편 이슬람 본국의 칼리파는 타리크의 명성이 자신보다 높아질 것을 우려하여 그를 본국으로 소환하였고, 그 뒤로 그의 이름은 더 이상 역사에 등장하지 않는다.

대는 수차(사키아, sakia)가 무려 5,000개가 있었다고 한다. 관개 농업이 발달하면서 스페인에서 가장 강폭이 큰 과달퀴비르 강가에 위치해 있던 세비야 또한 올리브나 면화의 대량 생산지로서 명성이 매우 높았다. 세비야는 고대 로마 시대에는 라스 메둘라스에서 생산된 황금과 은의 집결지였는데, 중세 이슬람 치하에서는 농업 생산의 중심도시였던 셈이다.

이유는? 스페인은 중앙의 평원인 메세타 지역에 5개의 강이 있는데, 4개 강은 모두 짧고 강폭이 좁다.[12] 단 하나인 과달퀴비르(Guadalquivir)강만이 대서양으로 흐르면서 강폭이 넓다. 후기 우마이야 왕조 시대에 아랍인들이 이 강을 "큰 강(Wadi al Kebir)"이라고 부를 정도였으니까. 이처럼 과달퀴비르강이라는 명칭도 아랍인들이 부른 큰 강이라는 이름에서 유래한 것이다. 하여튼 이 과달퀴비르강이 통과하는 주요 도시가 바로 코르도바와 세비야이다. 코르도바는 후기 우마이야 왕조의 수도였고, 세비야는 예부터 교역 활동이 활발했던 경제도시였다. 바로 이 때문에 세비야가 농업 생산과 상업 활동의 중심도시가 된 것이다. 콜럼버스가 미주 대륙을 발견하기 위해 출발한 도시가 세비야였던 것도, 모차르트(Wolfgang Amadeus Mozart, 1756~1791)의 「피가로의 결혼」이나 로시니(Gioacchino Rossini, 1792~1868)의 「세비야의 이발사」 무대가 세비야가 된 것도 바로 이런 이유들 때문이다.

목화 역시 인도로부터 수입하여 자체 생산을 하였는데, 목화를 활용한 공업은 이라크 북부에 있는 공업 중심지 모술(Mosul)이었다. 모술은 아시리아가 기원전 25세기 메소포타미아를 통일할 때 아시리아의 핵심 도시이기도 했다. 아시리아의 수도였던 니네베(Nineveh)는 모술 근교의 외곽에 위치했던 것으로 추정된다. 니네베는 기원전 6,000년경부터 사람이 살기 시작한 인류 역사상 가장 오래된 도시 중의 하나이기도 하다.

아시리아 시대에는 美의 여신인 이쉬타르(Ishtar)를 숭배하던 곳이 바로 니네베

12  이 때문에 스페인은 대표적인 물 부족국가이다. 물 부족이 너무나 심각하여 바르셀로나를 중심으로 한 카탈루니아 지방에서는 수돗물로 세차하는 것을 금지하는 법을 만들 정도다. 반대로 물이 부족하기 때문에 질 좋은 포도가 잘 자라고, 와인도 맛이 좋다. 이 때문에 스페인은 전 세계에서 포도원 면적이 가장 넓고, 와인 생산량도 이탈리아, 프랑스 다음으로 세계 3위를 차지한다.

이기도 했다. 니네베는 아시리아어로 "물고기 장소(place of fish)"라는 뜻이라고 한다. 니네베가 티그리스강가에 위치해 있어, 물고기가 많이 잡히는 곳이라 이름을 그렇게 붙였다는 설이 있다. 이처럼 아시리아 시대부터 유래가 깊은 도시 모술에서는 아랍의 황금시대 때는 목화로 실을 잣고 옷감을 만들어서, 이 면제품을 유럽 각지로 수출했다. 이슬람 황금시대 모술은 거대 저택들과 화려한 공중목욕탕이 지천에서 볼 수 있었고, 모술의 시장에는 품질 좋은 화살, 등자, 안장 등을 사기에 좋은 곳이라고 10세기의 한 학자가 기록했다.[13] 오늘날 목화에서 뽑은 실로 만든 투명한 면직물인 모슬린(muslin)은 도시 이름 모술에서 유래했다는 설이 있다. 한편 이집트는 금의 공급기지이기도 하지만, 로마 시대와 마찬가지로 주식이었던 밀을 이슬람에 공급한 중요한 전략 지역이기도 하였다. 8~13세기에 걸쳐 이슬람 전역에 광범위하게 전개된 이와 같은 농업 기술의 발전을 사람들은 "아랍의 농업 혁명"이라고 부르기도 한다.

니네베의 왕궁 상상도. 영국 아시리아 학자 오스틴 라야드(Austen Henry Layard, 1817~1894)의 1853년 작품. 영국박물관 소장. 출처: Wikipedia. Public Domain

이처럼 확장된 생산 능력, 활발한 교역 활동과 넘치는 금·은으로 인해 이슬람 세력은 페르시아, 중동, 이집트, 북아프리카 전역을 통일했던 690년대부터 이후 300년간 "**이슬람의 황금시대**(Islamic Golden Age)"를 구현했다.[14] 이 시기 이슬람인들은 직접 통치 지역을 넘어서 인도와 발레이시아, 오늘날 인도네시아, 중국, 그리고 한국까지 진출한 것으로 추정된다. 예컨대 문헌상으로 동남아시아 지역 이슬람의 첫 진출은 14세기로 알려져 있지만, 12세기 이슬람인 이드리시(Al Idrisi, 1100~1166)가 작성한 지도인 일명 "루지에로의 책"에는 오늘날 말레이시아와 자바

13 피터 프랭코판, *앞의 책*, p. 166

14 로널드 펀들레이, 케빈 H. 오루크, *앞의 책*, p. 97. 이슬람의 황금시대라는 말은 20세기 프랑스 역사학자 모리스 롬바르드(Maurice Lombard, 1904~1965)가 지은 책 『*The Golden Age of Islam*』에서 처음 사용되었다.

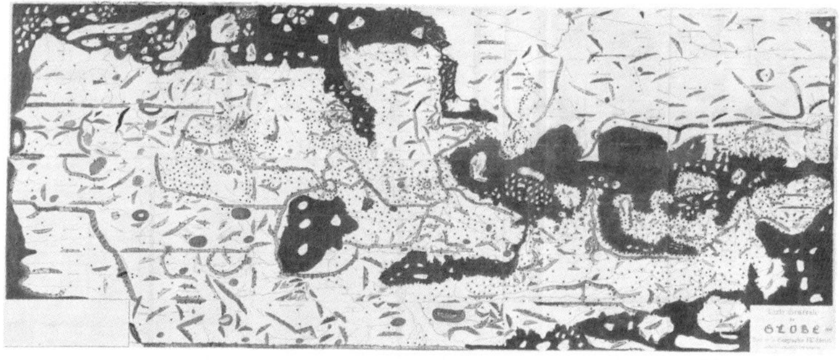
이드리시의 세계 지도. 이드리시의 세계 지도는 위쪽이 남쪽이고 아래쪽이 북쪽이다. Public Domain

섬이 "라미(rami)," "말레이 섬(ĝezira mālaï)"으로 표시되어 있다.[15] 이는 12세기 이전부터 이슬람인들이 말레이시아와 인도네시아 자바섬의 존재를 이미 알고 있었다는 뜻이다. 특히 9세기 인도네시아 근방에서 침몰한 난파선에는 무려 7만 점의 도자기, 장식용궤, 은 제품, 금과 납덩어리 등이 발견되었는데,[16] 이는 이슬람을 중심으로 인도네시아까지 뻗은 해상교역의 규모가 세계 최대였음을 보여 주는 증거이다.

이슬람인들은 아시아는 물론이고 아프리카 중남부까지 진출했다. 즉 이슬람인들은 소말리아, 케냐를 지나 오늘날 아프리카 중남부에 있는 탄자니아의 잔지바르(Zanziabar)까지 진출했었던 것으로 추정된다. 하여튼 이슬람의 황금시대는 이슬람 역사상 전무후무한 이슬람 문명 최고의 전성기였다. 11세기에 시작된 중세 기독교인들의 십자군 원정 역시, 이와 같은 이슬람의 전성기 시절 흘러넘치는 풍요로운 물자와 문물을 약탈하기 위해서 시작된 것이다.

### (2) 바스라(Basrah), 시라프(Siraf), 그리고 마디나트 알-살람(Madinat-Al-Salam)

오늘날 이라크 전체의 절반이 넘는 원유 매장량을 자랑하는 바스라(Basrah)도 이즈음에 건설된 것이다. 최초의 바스라는 636년, 2대 칼리프로서 역사상 가장 강력했던 칼리프였던 우마르 1세(Umar I, 584~644)가 건설한 군사기지였다. 하지만 페

15 1154년 세계 지도로 원제는 "Nuzhat al-mushtāq fi'khtirāq al-āfāq, Arabic: نزهة المشتاق في اختراق الآفاق"이다. 간단히 줄여서 일명 "루지에로의 책, Tabula Rogeriana"이라고도 부른다.

16 피터 프랭코판, *앞의 책*, p. 168

르시아만 입구, 티그리스·유프라테스강 근처라는 지리적 이점 때문에 이슬람의 황금시대 거의 모든 무역이 바스라를 통해 이루어졌다. 바스라는 이후 이슬람 전역의 최대 국제무역항으로 부상했다. 바스라는 8세기 무렵에는 비단, 리넨, 진주, 보옥, 헤나 염료, 장미 향수 등 세상의 무엇이든 살 수 있는 세계 시장의 중심으로 이름을 날렸다.[17] 통일 신라 시대 서역인으로 알려진 처용 또한 처음 출발한 곳이 바스라 항이 있던 바스라 지역으로 추정된다.

아라비안나이트 중 일부인 「*신드바드의 모험*(Sindbad the Sailor)」에 등장하는 신드바드는 바그다드에서 재산을 탕진한 후 인도와의 교역으로 다시 부자가 되는데, 신드바드가 인도 교역을 위해 7번을 출항한 도시 또한 바로 바스라이다. 1402년에 조선의 권근이 제작한 혼일강리도에도 바스라는 "파라(八剌)"라는 지명으로 등장한다. 조선을 비롯한 극동 지방까지도 바스라의 존재는 이미 알려져 있었던 셈이다. 1991년 걸프전과 2003년 이라크 전쟁 때 다국적군이 바스라를 집중적으로 공격한 이유도, 바스라가 가진 지정학적 중요성 때문이다.

바스라 남동쪽의 항구 도시 시라프(Siraf)도 이슬람의 황금시대에 전성기를 맞이하였다. 원래 시라프는 유대인 상인들이 집결한 교역 도시였으나, 이슬람이 이 지역을 점령하고 바스라가 부상하면서 이슬람 해상 실크 로드의 핵심 도시로 부상한다. 9~10세기경 시라프는 바스라보다 더 커지면서 페르시아만 최대 항구 도시가 되기도 한다. 10세기 페르시아의 지리학자, 수학자, 과학자인 아부 자이드 발키(Abu Zayd Ahmed ibn Sahl Balkhi, 850~934)는 시라프에서 매년 거래되는 물품의 가치가 무려 253만 디나르라고 기록할 정도였으니까. 253만 디나르이면 어느 정도 규모일까? 디나르가 4.25그램의 순금이고 2024년 기준으로 금 가격이 그램당 70~80불 내외이므로, 명목가치로만 최소 7.5억 불에 이른다! 시라프에는 이슬람 상인뿐만 아니라 중국, 인도, 아프리카, 말레이시아, 자바 상인 등 동서양의 거의 모든 상인이 집결하면서 상아, 향신료, 종이, 백단유, 진주 등 지구상의 모든 특산품이

17 피터 프랭코판, *앞의 책*, p. 166

이슬람 주요 도시(10세기경)

거래되는 국제교역 도시이기도 했다. 이슬람인들은 인도네시아의 계피와 백단향의 나뭇조각에서 나오는 휘발성 기름인 백단유(白檀油)를 당나라 물건이라고 불렀다. 특히 9~10월 바스라나 시라프를 떠나 페르시아만을 거쳐 계절풍을 타고 인도양을 가로질러 인도 서쪽의 말라바르 해안(Malabar Coast)에 다다르면 6월쯤이 되고, 이때 부는 남서 계절풍을 타고 다시 항해하면 말레이시아, 태국의 수바르나부미(Suvarnabhumi), 남중국해, 중국의 광저우까지 도착하는 자연스러운 "계절풍 항로"가 1년 내내 개설되어 있었다.[18]

당나라 시대 이슬람의 바스라와 시라프를 출항한 상선들을 목격한 중국인들은 이슬람의 거대 상선을 "남해의 거대 상선," 혹은 "파사박(波斯舶), 즉 페르시아의 거대 상선"이라고까지 불렀다. 이슬람의 거대 상선들은 보통 배 길이가 60미터이고 600~700명의 사람들이 승선할 수 있었으며, 통신을 위해 훈련된 비둘기

18 에드워드 H. 셰이퍼, 『*사마르칸트의 황금 복숭아*』, 글항아리, 2021, p. 32. 당나라의 광저우는 이처럼 번영한 국제교역항이었지만, 당나라 말기로 가면 외국인에 대한 적개심이 고조되어 광저우가 분란의 중심에 서기도 한다. 예컨대 875년 소금 밀 무역업자인 황소(黃巢, 835~884)가 난을 일으켰고, 이 반란군들이 879년 광저우로 쳐들어가 최소 10만 명에 이르는 페르시아인, 아랍인, 유대인 등의 외국 상인들을 잔혹하게 살해하였다.

인 전서구(傳書鳩)까지 데리고 다녔다.[19] 이보다 작은 다우(Dhow) 선박은 2~3개의 삼각돛을 달고 항해하며, 못 대신 코코넛 섬유로 짠 실로 연결 부분을 묶은 후 고래기름으로 방수 처리를 한, 바닥이 평평한 평저선이었다.

이 거대 상선과 다우 선박은 바스라와 시라프에서 매년 수백 척이 출항하여, 인도양과 말레이반도, 남중국해, 심지어 동해를 거쳐 신라까지 활동 반경이 뻗어 있었다. 시라프가 이처럼 너무나 번영한 나머지 한 이슬람 학자는 시라프를 간음, 고리대금과 사치가 만연한 타락한 도시로 묘사했으며, 977년 지진으로 파괴되자 신의 정당한 징벌이라고 냉소적으로 평가하기도 했다. 요컨대 시라프는 의인 10명이 없어 불과 유황으로 멸망한 향락의 도시 소돔의 이슬람 버전인 셈이다.

762년부터 767년까지 5년간 10만여 명의 노동력을 동원하여 압바스 왕조(Abbasids)의 2대 칼리프인 알 만수르(Al-Mansur, 714~775)가 철저히 계획된 도시로 건설한 이슬람 제국의 수도 "마디나트 알-살람(Madinat al-Salam)", 즉 평화의 도시 또한 국제교역에 최적화된 위치에 자리했다. 이슬람의 수도는 원래는 메디나였다. 이후 우마이야 왕조(661~750) 때는 수도를 시리아의 다마스쿠스로 이전했다. 이후 우마이야 왕조에 반기를 든 압바스 가문이 750년 자브강 전투(Battle of the Great River of Zab)에서 승리하여 우마이야 왕조는 멸망한다. 이때 압바스 왕조(750~1031)는 750년 다마스쿠스에서 한 명의 군주를 제외하고 전원을 학살할 정도로 우마이야 가문을 철저히 파괴했다. 특히 762년 2대 칼리프인 알 만수르 때 메디나와 바스라에서 반란이 일어나자 이를 진압한 알 만수르는 수도 천도를 결심했는데, 이때 새로 만들어진 수도가 바로 마디나트 알-살람(Madinat al-Salam), 즉 바그다드이다.[20]

바그다드는 티그리스강을 동쪽으로 두고, 수많은 운하를 뚫어 도시와 티그

---

19 에드워드 H. 셰이프, *앞의 책*, pp. 33~35. 중국이 거대 상선을 제작한 시기는 송나라 이후부터이다. 당나라 시대까지만 해도 중국 상선의 크기는 국제교역을 수행할 정도의 크기는 절대 아니었다.

20 한편 패잔한 우마이야 왕조 중 간신히 살아남은 1명의 왕족인 아브드 알 라흐만(Abd ar-Rahman, 731~788)이 스페인의 코르도바로 이동해서 혈혈단신의 자력으로 그곳 지배자인 에미르가 되었는데, 이 왕조를 후기 우마이야 왕조(756~1031)라고 부른다.

리스, 유프라테스강을 거미줄처럼 연결하였다. 나아가 도시의 4대 문이 이란(북동문), 시리아(북서문), 남부 메소포타미아(남동문), 아라비아·이집트(남서문) 등과 통교할 수 있는 방향에 세워져 각각 호라산(Khorasan) 문, 시리아(Syria) 문, 바스라(Basra) 문, 쿠파(Kufa) 문이라고 명명했다. 도시 중심부는 고대 메소포타미아의 도시처럼 직경이 대략 2.4㎞에 이르는 3중의 원형 성곽으로 둘러싸여 있었고, 중심 벽의 높이가 아파트 23층 높이인 34m나 되었다.[21] 핵심 중앙 지역은 직경이 1.8㎞에 이르는 중앙광장으로 왕궁과 초록색의 현란한 지붕을 가진 모스크가 자리 잡고 있었다. 이 핵심 중앙부에는 왕족, 귀족, 고위 군인만 거주할 수 있었다. 알 만수르는 이 바그다드를 평화의 도시, "마디나트 알-살람(Madinat al-Salam)"이라고 불렀다.

이후 바그다드는 실로 이슬람 무역의 폭발적인 성장을 상징적으로 보여 주는 대표적인 도시로 부상한다. 압바스 왕조가 상업을 중시하여 시장세도 징수하지 않았고, 수많은 운하가 있어서 물자의 이동에 사실상 제약이 거의 없었기 때문이다. 이에 따라 중국의 비단과 도자기, 인도의 향신료, 중앙아시아의 유리 제품, 유럽의 모직물, 유럽·아프리카의 노예와 상아 등 전 세계의 거의 모든 물자가 바그다드를 통해 거래되었다. 바그다드를 통해 드나드는 민족도 유럽인, 중국인, 인도인, 페르시아인, 아프리카인, 중앙아시아인 등 도무지 그 수를 헤아릴 수조차 없었다.

781년 칼리프 알마흐디 빌라(Abu Muhammad Abdallah ibn al-Husayn, 873~934)의 아들인 알라시드의 결혼식도 바그다드에서 열렸는데, 신부는 일찍이 본 적 없는 크기의 진주 목걸이를 목에 둘렀고 루비로 장식한 튜닉을 입었다. 이 결혼식에서 전국 각지에서 온 참석자들 "모두에게 금화를 넣은 지갑과 은화를 넣은 지갑, 그리고 향수가 담긴 커다란 은 상자를 선물했다. 색깔이 화려하고 잘 저장된 예복도 모두에게 지급되었다. 일찍이 이에 비길 만한 것은 그 어디에도 없었다."[22]

---

21 조 지무쇼,-, 다산초당, 2020, p. 112

22 피터 프랭코판, *앞의 책*, p. 165

세계 설화 문학의 왕좌 『아라비안나이트』는 이 시대에 주로 바그다드를 배경으로 한 이야기이다. 아라비안나이트에서처럼 바그다드는 오늘날 런던이나 뉴욕과 같은 위상을 향유하는, 당나라의 장안과 함께 사실상 이 시기 전 세계의 경제, 문화 수도였다. 중국에서도 바그다드의 명성은 자자했다. 교토대에 보관되어 있는 권근의 혼일강리도에도 바그다드가 육합타(六合打), 중국어 발음으로 류허타로 기록되어 있다. 다수설은 육합타의 육이 팔(八)의 오자로, 원래는 팔합타(八合打)이며 중국어 발음으로는 바헤타라고 한다. 혼일강리도의 다른 종류에는 모두 팔합타(八合打)로 기록되어 있으므로, 어느 정도 일리 있는 주장이다.

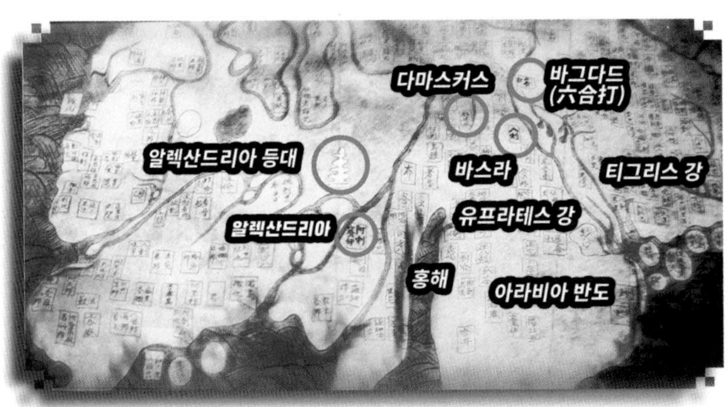

권근의 혼일강리도(교토대 本), 국립중앙박물관 3D 영상 캡처

이처럼 9세기 이슬람 지리학자 알 야쿠비(Al Ya'cubi, ?~897) 말대로 "바그다드 학자보다 더 많이 배운 사람은 세상에 없으며, 바그다드 의사보다 더 숙련된 사람도 없고, 바그다드 가수보다 노래를 더 잘하는 사람도, 바그다드 논리학자보다 더 명석한 사람도, 바그다드 법관보다 더 공정한 사람도, 바그다드 난봉꾼보다 더 무모한 사람도 세상에 없었다."[23] 이에 따라 8세기 유럽 최대의 도시 콘스탄티노플 인구가 30만 명 내외일 때, 바그다드는 인구가 무려 200만 명이었다고 한다![24] 인구의 급증으로 신체의 청결을 강조한 이슬람 율법에 따라 바그다드에는

---

23 스튜어트 고든, 『아시아가 세계였을 때』, 까치, 2010, pp. 55~56

24 인구가 만약 200만이면 이 당시 세계에서 가장 인구가 많은 도시이다. 로널드는 200만은 다소 과장된 수치로, 이때의 인구가 50만 수준이었을 것이라고 추산했다. 로널드 핀들레이, 케빈 H. 오루크, *앞의 책*, p. 99. 하지만 필자가 보기에는 50만은 지나치게 작은 숫자이고 50~100만은 되었을 것이라고 본다. 도시 인구 100만을 인류 역사상 처음으로 넘긴 도시는 로마가 처음이고, 11세기 송나라의 수도 카이펑이 두 번째이다.

공중목욕탕인 하맘이 무려 3만 개나 있었다.

그 결과 바그다드를 중심으로 한 압바스 왕조는 세계 최대의 해상교역 시스템을 구축하였고, 인구 2,600만에 연간 세수입 1,260톤이라는 기록적인 번영을 달성한다. 이는 한 사람당 48그램의 은화를 징수했다는 뜻인데, 기원전 4세기부터 13세기까지 고대 이집트 말고는 이런 번영을 달성한 국가는 동서양을 통틀어 단 한 개 국가도 없었다. 9세기 중반 칼리프는 동로마 황제에게 편지를 썼는데, "내 신민의 극히 일부가 다스리는 극히 일부 영토에서 거둔 수입이 당신이 전체 영토에서 거둔 수입보다 많을 것이오."[25] 아래 표를 보면 9세기 칼리프의 자랑이 결코 과장이 아님을 알 수 있을 것이다.

**<동서양 주요 제국의 인구 및 세수(BC 350 ~ AD 1200)>**

| 국가/연도 | 인구(백만 명) | 세수(은, 톤) | 1인당 세수(그램) |
|---|---|---|---|
| 페르시아/BC 350 | 17 | 697 | 41 |
| 이집트/BC 200 | 7 | 384 | 55 |
| 로마/AD 1 | 50 | 825 | 17 |
| 로마/AD 150 | 50 | 1,050 | 21 |
| 비잔틴/AD 850 | 10 | 150 | 15 |
| **압바스/AD 850** | **26** | **1,260** | **48** |
| 당/AD 850 | 50 | 2,145 | 43 |
| 영국/AD 1203 | 2.5 | 11.5 | 4.6 |
| 프랑스/AD 1221 | 8.5 | 20.3 | 2.3 |

출처: David Graeber, 『*Debt: The First 5000 Years*』, Melville House, 2014, p. 272

25 피터 프랭코판, *앞의 책*, p. 165

이어서 *『황금, 설탕, 이자 - 성전기사단의 비밀 編 (上-2) 券』*으로 이어집니다.-

황금, 설탕, 이자

金糖利

XPO FERENS

성전기사단의 비밀 編(上-2) 券

Gold, Sukkar, Máš

황금, 설탕, 이자를 동시에 장악하는 자가 세계를 지배한다!!!

서양은 왜 동양을 지배하게 되었는가? 세계 질서는 왜 등장했는가?
미국, 중국 대결의 승자는? 황금, 설탕, 이자의 역사 탐구를 통해 그 대답을 찾다!!!